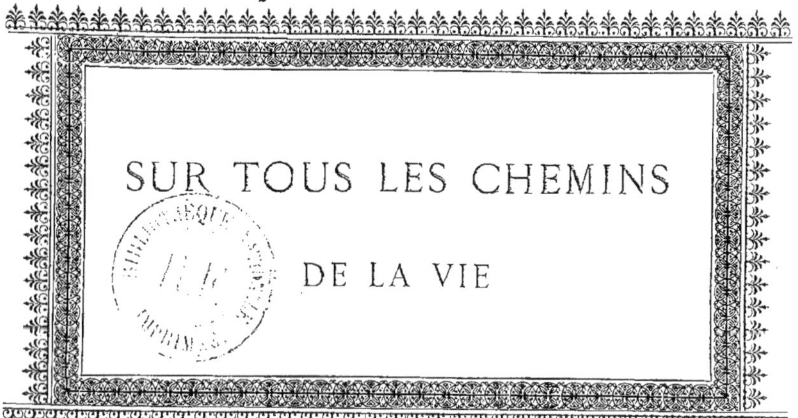
SUR TOUS LES CHEMINS
DE LA VIE

BIBLIOTHÈQUE DES MÉMOIRES CONTEMPORAINS

Pages récréatives : *Souvenirs de Ch. Nodier,* de l'Académie française.

Causeries et souvenirs intimes : *Choix des Mémoires de Brifaut*, de l'Académie française.

Le Martyre du cœur : *Scènes et souvenirs de la Révolution française :* De Saint-Méard, abbé Sicard, Pauline de Tourzel, duchesse de Duras, Alexandrine des Echerolles, Mme de Chastenay, comte Beugnot, etc.

Les drames de la captivité : *Mémoires de prisonniers célèbres* : Silvio Pellico, Andryane, Garneray, Gordon, duc de Bassano, etc.

Souvenirs de jeunesse *des Célébrités catholiques contemporaines* : Chateaubriand, Lamartine, Berryer, de Melun, de Broglie, de Carné, Féval, de Falloux, de Pontmartin, etc.

A l'école de l'adversité : *Souvenirs intimes de quelques chrétiennes du XIXe siècle.*

Les épreuves de deux Vendéennes : *Mémoires de Mme de Sapinaud et de la marquise de La Rochejaquelein.*

Deux années au fort Saint-Jean : *Mémoires du duc de Montpensier.*

Histoire de mes aventures sur terre et sur mer : *Mémoires de J.-J. Aymé.*

La Barrière maudite : *Mémoires d'Auguste de Kotzebue.*

Ma patrie et mon Dieu : *Souvenirs polonais.*

La patrie et l'exil en 1870-71 : *Souvenirs recueillis par les aumôniers militaires.*

La place Vendôme et la Roquette : *Souvenirs de Mgr Lamazou.*

La Providence m'a sauvé : *Souvenirs de Ch. Monier.*

L'écolier fugitif : *Souvenirs de Jacques Fauvel.*

D'autres volumes sont en préparation.

AVIS

SUR TOUS LES CHEMINS
DE LA VIE

Souvenirs de quelques Femmes célèbres

du XVIIIe et du XIXe siècle

Avec PRÉFACE, par M. A. LOTH

LILLE
MAISON SAINT-JOSEPH
GRAMMONT (Belgique)
ŒUVRE DE SAINT-CHARLES BORROMÉE

PRÉFACE

l'âge où l'on entre dans la vie, l'âge de la jeunesse ardente et inexpérimentée, on n'envisage ordinairement l'avenir qu'avec une insouciante confiance dans la destinée. De naïves illusions dérobent au regard de l'adolescent les tristes réalités d'ici-bas. Il n'y a le plus souvent pour lui que des perspectives heureuses; ou, si les conditions de son existence ne lui permettent pas de former des rêves de bonheur, il s'en tient à cette facile indifférence qui ne compte encore pour rien les difficultés et les douleurs trop certaines des années futures.

Les peines et les épreuves, qui deviendront si lourdes plus tard, sont encore inconnues. Tout semble aisé et joyeux. La fleur qui s'entr'ouvre aux premiers rayons du soleil, l'arbuste qui présente ses rameaux et ses feuilles à la douce brise du matin, l'oiseau qui s'éveille à la lumière du jour en chantant : c'est l'image de ces heureux débuts de l'existence, tout remplis d'illusions et de charmante sécurité.

Cependant, à mesure qu'on avance dans la vie, la route s'assombrit de tristes lueurs d'orage; elle devient tout encombrée de broussailles et d'épines qui entravent la marche et meurtrissent les pieds. Les déceptions arrivent tôt, les afflictions réelles s'y ajoutent : échecs de carrière, revers de fortune, injustices, maladies, morts de parents et d'amis, peines de cœur. On chemine péniblement à travers les obstacles et les contradictions, les épreuves et les souffrances de toute sorte.

Aucune condition n'est exempte de tribulations. Les riches ont leurs peines comme les pauvres. Les heureux du monde rencontrent des traverses, endurent des chagrins comme les déshérités de la fortune.

Le partage des afflictions est à peu près égal sur la terre. Si l'un est dénué des biens de la fortune et aux prises avec les difficultés de l'existence. l'autre, plus heureux en apparence, est atteint dans ses affections les plus chères; celui-ci connaîtra les ennuis de la mauvaise santé, les souffrances de la maladie, celui-là aura à subir les contradictions, la malveillance, les inimitiés d'autrui.

« Que de voies ouvertes dans la carrière de la vie! s'écrie saint Grégoire de Nazianze, mais combien de peines les assiègent! Point de bien ici-bas sans mélange. Plût à Dieu seulement que la part des maux ne fût pas la plus forte! Que sont en effet les richesses? un sable mouvant. La pauvreté? un supplice. La beauté? un éclair fugitif. La jeunesse? un moment d'effervescence. La vieillesse? un triste déclin. La renommée? un bruit passager, plus rapide que le vol de l'oiseau. La gloire? un peu de vent. La noblesse? un sang appauvri par le temps. Le plaisir de la table? un aiguillon à tous les désordres. Le mariage? une servitude. Des enfants? une source de chagrins. La domesticité? une gêne de tous les moments. L'agriculture? une fatigue accablante. La navigation? un fléau auquel on n'échappe que par hasard. Oui. conclut le saint docteur, tout ici-bas est peine et douleur pour les malheureux mortels. »

L'expérience apprend bien vite qu'il en est ainsi. Car il ne faut pas avoir vécu longtemps pour constater par soi-même cette loi commune de la souffrance. Qu'on en appelle, si l'on veut, au témoignage individuel. Tous ceux dont on connaît l'histoire en ont été un exemple; tous ceux qui ont écrit sur eux-mêmes ou sur les choses de la vie ont reconnu l'inéluctable sort de la triste destinée humaine.

Personne n'est exempt de souffrir. Dans tous les états, dans toutes les classes de la société chacun a sa part de tribulations et de chagrins. Le bonheur n'habite pas sur la terre. Hommes et femmes, riches et pauvres, petits et grands, jeunes et vieux, tous ont souffert, tous souffrent. L'admirable petit livre de l'*Imitation de Jésus-Christ* l'exprime d'un mot : « C'est une vraie misère de vivre sur la terre; » et il résume tout en disant : « Il n'est personne au monde sans quelque tribulation ou angoisse, fût-il roi ou pape. »

Ainsi la douleur est le lot commun de l'humanité. C'est l'expiation nécessaire du péché. La vie est véritablement la vallée de larmes dans laquelle passent l'une après l'autre les générations fatalement poussées à ce terme suprême de la souffrance qui est la mort. C'est une longue caravane dont les soupirs et les pleurs retentissent à travers les siècles. Et cet immense sanglot est fait, depuis le commencement du monde, des larmes de tous.

Il faut donc s'attendre à la condition commune. C'est sagesse d'envisager, dès le principe, la vie telle qu'elle est, afin d'apprendre à s'y conduire au milieu des inévitables misères et afflictions de toute sorte qui parsèment la route.

Le guide est en haut; en haut aussi est la voie à suivre pour s'avancer moins péniblement vers le terme final et ne pas succomber à chaque pas sous le coup des adversités.

Le divin Sauveur a dit : « Je suis la voie. » C'est à sa suite qu'il faut marcher. Et Pierre, l'interprète infaillible du Maître, a donné aux chrétiens cette règle : « Le Christ a souffert pour nous, en vous laissant son exemple, afin que vous marchiez sur ses pas. » C'est par ce chemin divin que le chrétien doit élever son âme au-dessus des tristesses et des vicissitudes du pèlerinage terrestre.

Si cette rude voie est le chemin de la Croix, c'est aussi celui de la consolation et de la paix. « Venez à moi, a dit encore le Sauveur, vous tous qui souffrez et qui êtes chargés, et je vous soulagerai. » Parole bienfaisante et douce, et qui donne au vrai disciple du Christ le moyen de supporter courageusement le poids de la vie. Elle lui apprend où est la force et d'où vient le secours. Pour marcher dans la pénible carrière de l'existence, il faut se soumettre aux ordres d'En-Haut, vivre uni à la volonté de Dieu, s'attacher à la Croix de Jésus-Christ. Là est la source de la patience et de la résignation.

La religion offre aux hommes ce souverain secours. Les âmes les plus éprouvées par l'adversité, les plus meurtries par la douleur, ont trouvé le réconfort et goûté la paix en se conformant au divin vouloir. Au lieu de se laisser abattre par l'épreuve, elles ont puisé dans les motifs de la foi et de l'espérance chrétiennes de nouvelles forces pour continuer à marcher dans le triste chemin de la vie. Le fardeau est allégé pour elles. En reprenant courage, elles ont senti l'apaisement se faire au sein de la douleur et la résignation succéder au chagrin.

C'est la leçon de toute vie chrétienne, le témoignage unanime de l'expérience.

Dans toutes les conditions, la foi a toujours été la grande ressource contre l'adversité. Dans toutes les classes de la société, on trouve des exemples de ce que peut le véritable esprit chrétien pour aider à supporter le fardeau de la vie et adoucir les amertumes du cœur.

C'est ce qu'apprend cet ouvrage, composé avec les *Souvenirs* de personnes du monde qui, ayant éprouvé, dans des conditions différentes, ce que la vie réserve à chacun de misères et de peines, ont démontré, par leur propre exemple, la salutaire influence de la religion. Les unes en effet, auxquelles cette ressource a fait défaut, ont connu toute l'amertume d'une douleur sans adoucissement; les autres, fortifiées par les pensées de la foi et les radieuses perspectives de l'espérance chrétienne, ont surmonté l'épreuve, parce qu'en vrais disciples de la Croix, elles se sont attachées à Celui qui a tracé aux hommes la voie sûre de la vie et du salut. En lui est la force, en lui la paix et la souveraine consolation.

ARTHUR LOTH

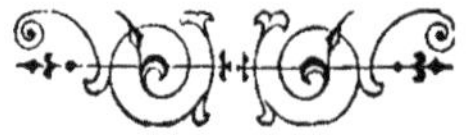

SOUVENIRS D'UNE FEMME DU MONDE

Mme de Genlis [1]

Je naquis le 25 janvier de l'année 1746 dans une petite terre située en Bourgogne, près d'Autun, et qu'on appelle *Champcéri,* par corruption, dit-on, de *Champ de Cérès,* nom primitif de cette terre. Je vins au monde si petite et si faible qu'il ne fut pas possible de m'emmaillotter, et peu d'instants après ma naissance je fus au moment de perdre la vie. On m'avait mise dans un oreiller de plumes dont, pour me tenir chaud, on avait attaché avec une épingle les deux côtés repliés sur moi; on me posa, arrangée ainsi, dans le salon sur un fauteuil. Le bailli du lieu, qui était presque aveugle, vint pour faire son compliment à mon père, et comme, suivant l'usage de province, il écartait avec soin les grands pans de son habit pour s'asseoir, on s'aperçut qu'il allait s'établir sur le fauteuil où j'étais. On se jeta sur lui pour le faire changer de place, et l'on m'empêcha ainsi d'être écrasée. On me donna une nourrice qui me nourrit au château; elle me nourrit avec du vin mêlé d'eau et d'un peu de mie de pain de seigle passée dans un tamis, sans me donner jamais une seule goutte d'aucun lait. Cette singulière nourriture, qu'on appelle en Bourgogne de la *miaulée,* réussit parfaitement; avec l'apparence de la délicatesse, je pris une très bonne santé. J'éprouvai dans mon enfance une suite d'accidents fâcheux. A dix-huit mois je me jetai dans un étang : on eut beaucoup de peine à me repêcher; à cinq ans je fis une chute, j'eus une grande blessure à la

(1) Extrait des *Mémoires de Mme de Genlis* (8 vol. in-8°, Paris). Un des derniers Éditeurs de cet ouvrage (Barrière, *Bibliothèque des Mémoires relatifs à l'histoire de France*) donne sur Mme de Genlis des détails assez curieux. Il raconte une visite qu'il lui rendit en 1823, accompagné d'une de ses nièces. « Nous la trouvâmes, dit-il, à la Place Royale, au premier, mais dans un appartement de bien médiocre apparence et surtout bien mal tenu. Mme de Genlis était assise devant une table de bois de sapin, noircie par le temps et l'usage. Cette table présentait le bizarre assemblage d'une foule d'objets en désordre ; on y voyait pêle-mêle des brosses à dents, un tour en cheveux, deux pots de confitures entamés, des coquilles d'œufs, des peignes, un petit pain, de la pommade, un demi-rouleau de sirop de capillaire, un reste de café au lait dans une tasse ébréchée, des fers propres à gaufrer des fleurs en papier, un bout de chandelle, une guirlande commencée à l'aqua-

tête; comme elle rendit plus d'une palette de sang, on ne me fit pas saigner; un dépôt se forma dans la tête, il perça par l'oreille au bout de quarante jours, et, contre toute espérance, je fus sauvée. Peu de temps après je tombai dans le brasier d'une cheminée; mon visage ne porta point, mais j'ai conservé toute ma vie deux marques de brûlures sur le corps. Ainsi fut en danger tant de fois, dès ses premières années, cette vie qui devait être si orageuse!

Mon père vendit la terre de Champcéri et acheta le marquisat de Saint-Aubin, terre charmante par sa situation, son étendue et ses droits honorifiques et seigneuriaux. Je n'ai jamais pensé sans attendrissement à ce lieu, qui m'a été si cher, et dans lequel se sont écoulées pour moi six années d'innocence et de bonheur! Oh! combien, à l'instant où j'écris, il m'est plus doux de me retracer les promenades et les jeux de mon heureuse enfance que la pompe et l'éclat des palais où j'ai vécu depuis!... Toutes ces cours si florissantes alors sont anéanties! tous les projets qu'on y formait avec tant d'assurance n'étaient que des chimères! L'impénétrable avenir a trompé également la sécurité des princes et l'ambition des courtisans! Versailles a menacé ruine; les délicieux jardins de Chantilly, de Villers-Coterets, de Sceaux, de l'Ile-Adam, sont détruits; j'y chercherais en vain les traces de cette fragile grandeur que j'y admirais jadis; mais je retrouverais les rivages de la Loire aussi riants, les prairies de Saint-Aubin aussi remplies de violettes et de muguets, et ses bois plus élevés

relle, un peu de fromage de Brie, un encrier en plomb, deux volumes bien gras, et deux carrés de papier sur lesquels étaient griffonnés des vers.... La table de Mme de Genlis, dans la confusion disparate de tant d'objets qui la couvraient, offrait une assez juste image des occupations diverses, hétérogènes, étrangères à son rang, souvent même à son sexe, dont au grand étonnement de tous, elle avait encombré sa vie. » Musique, peinture, équitation, jeu de la scène, toilette, composition d'ouvrages, enseignement, rien ne lui était étranger. Elle savait composer un médicament, saigner à propos, exécuter de petits chefs-d'œuvre de vannerie, apprêter des herbiers pour la botanique, inventer de friandes conserves ou de délicieux gâteaux, etc., etc. Mais elle avait surtout des qualités incontestables comme directrice de la jeunesse. Elle fut chargée de l'éducation de Melle d'Orléans, et plus tard, des frères même de cette jeune personne, dont l'aîné devait être un jour Louis-Philippe.

Comme écrivain, Mme de Genlis a de la facilité, de l'élégance, mais surtout une prodigieuse fécondité : le nombre des ouvrages qu'elle a composés est considérable. Dans cette bibliothèque les romans tiennent la principale place, et il faut bien dire qu'ils ne sont pas irréprochables au point de vue de la morale. Mais l'auteur, qui d'abord avait donné dans les idées philosophiques du XVIIIe siècle, revint à des sentiments sincèrement religieux, au point de faire la guerre à cette école de Voltaire et de J.-J. Rousseau, qui l'avait longtemps séduite. Ce dont elle eut plus de peine à se déprendre, c'est d'elle-même : ayant conscience de ses talents, elle en concevait une secrète vanité, dont ses conversations et ses écrits portaient forcément l'empreinte ; il lui en resta quelque chose jusqu'à la fin de sa vie.

Voici une déclaration qu'elle fait dans la Préface de ses *Mémoires*, et qui est au moins vraie, pensons-nous, pour les passages que nous reproduisons : « La malveillance n'a jamais pu, dans aucun de mes ouvrages, relever un seul mensonge, une seule citation inexacte ; cependant ces ouvrages contiennent beaucoup de critiques ; mais je ne me suis jamais permis d'en faire que pour l'intérêt de la religion et de la morale, et j'ai toujours loué de bonne foi (souvent mes ennemis mêmes, lorsqu'ils ont été irréprochables à cet égard) ; on trouvera dans ces Mémoires la même droiture et la même impartialité ; ils seront utiles parce qu'ils seront véridiques, et que l'humeur et le ressentiment n'en auront pas dicté une seule ligne. »

et plus beaux! Il n'y a point de vicissitudes pour les beautés immuables de la nature; tandis que, dans les révolutions sanglantes, les palais, les colonnes de marbre, les statues de bronze, les villes même disparaissent en un instant, la simple fleur des champs, bravant tous ces orages, croît, brille et se multiplie toujours.

Le château de Saint-Aubin ressemblait à ceux qu'a dépeints depuis Mme Radcliff. Il était antique et délabré; il avait de vieilles tours, des cours immenses, dans l'une desquelles était un canal bordé d'ébéniers, arbre très rare alors. On me logea au rez-de-chaussée, dans une tour formant une petite chambre humide qui donnait sur une terrasse, au bas de laquelle était un vaste étang. Ma mère habitait l'autre côté du bâtiment; j'étais séparée d'elle par une pièce où couchait ma gouvernante, et par un immense salon. Les appartements du premier étaient réservés pour les étrangers.

En sortant du château on se trouvait sur le bord de la Loire, et sur l'autre rive, vis-à-vis le château, était située la fameuse *Abbaye de Sept-Fonts,* dont mon père était aussi seigneur, ce qui établissait de grandes relations entre lui et les religieux de cet ordre. Nous allions quelquefois dîner dans cette abbaye, car il y avait un appartement pour les étrangers, et les Pères y donnaient à dîner. C'était un très grand plaisir pour moi de m'embarquer et de passer la Loire en bateau pour aller à Sept-Fonts. D'ailleurs j'avais tant de vénération pour ces saints solitaires que je ne me lassais point de regarder ceux qui venaient nous tenir compagnie; je savais que dans l'intérieur de leur maison ils gardaient un silence éternel, de sorte que je trouvais aussi curieux de les entendre parler, que s'ils eussent été naturellement privés du don de la parole.

Lorsque nous fûmes établis à Saint-Aubin, on commença à s'occuper de mon éducation. Mlle Urgon, maîtresse d'école du village, m'apprit à lire. Comme j'avais une très belle mémoire, j'appris avec une très grande facilité; au bout de six ou sept mois je lisais couramment. J'étais élevée avec mon frère, plus jeune que moi de quinze mois; je l'aimais tendrement; à l'exception d'une heure de lecture, nous pouvions jouer ensemble toute la journée. Nous passions une partie du jour dans les cours ou dans le jardin, et le soir nous jouions dans le salon. Mon père, trouvant nos jeux trop bruyants, imagina de nous proposer de jouer *aux Pères de Sept-Fonts* au lieu de jouer à *madame.* Cela nous parut charmant. Nous substituâmes à nos cris, à nos bruyants dialogues, des gestes et la plus paisible pantomime; et le silence qu'on nous aurait vainement recommandé de toute autre manière fut gardé avec autant de plaisir que d'exactitude.

Au milieu de nos répétitions et de nos fêtes, un incident assez singulier vint répandre pendant une soirée la terreur dans le château. C'était dans ce temps que le fameux Mandrin, à la tête de sa troupe, exerçait en Bourgogne ses brigandages; il n'en voulait, disait-il, qu'aux fermiers généraux et à leurs employés; cependant de temps en temps il mettait à contribution des personnes qui n'avaient rien de commun avec ses ennemis déclarés. Un soir on vint nous dire qu'une troupe assez considérable, avec des uniformes pareils à ceux des gens de Mandrin, arrivait dans le village, que le commandant de la troupe s'en disait colonel, et qu'il se faisait nommer le marquis de Breteuil, mais qu'on ne doutait pas que cet homme fût Mandrin. Ce récit jeta l'alarme dans le château; ma mère fut très effrayée; Mlle de Mars, ma gouvernante, le fut encore davantage; M. Corbier, notre intendant, ne montra pas dans cette grande occasion une valeur bien déterminée. Ma mère le chargea d'aller dans le village prendre des informations; il revint plein de terreur nous dire que le commandant et ses officiers, qui étaient chez le cabaretier du village, avaient des figures épouvantables, qu'ils faisaient un vacarme affreux, et qu'il était impossible de méconnaître en eux Mandrin et ses complices. Un instant après, un message nous annonça la visite de ce redoutable marquis de Breteuil. L'effroi fut au comble dans le château; pour moi j'éprouvai que la curiosité peut l'emporter sur la peur; je n'avais jamais vu de *brigand,* et j'avais un désir extrême de voir et d'examiner Mandrin. Dans ce moment critique nous vîmes arriver le P. Antoine; c'était un capucin qui desservait la cure depuis trois mois, parce que le curé était mort. Ce bon capucin, excellent religieux, était très brave, ce qu'il avait prouvé dans plusieurs incendies, en exposant sa vie avec une intrépidité admirable; nous l'aimions beaucoup; il m'avait donné des images et des chapelets, il était mon confesseur, et j'avais pour lui autant d'attachement que de vénération.

La présence du P. Antoine nous rassura un peu. Enfin on annonça M. le marquis de Breteuil, et nous vîmes paraître un homme d'assez mauvaise mine, suivi de deux officiers qui avaient des figures très rembrunies. Bien persuadée que je voyais Mandrin, je le regardais avec une application dont rien ne pouvait me distraire, et je m'étonnais beaucoup qu'un *brigand* n'eût pas des traits plus marqués. Comme il prolongeait sa visite, l'heure avançait, et l'on vint annoncer que le souper était servi; ma mère d'une voix tremblante l'invita à souper, il accepta; le P. Antoine resta; on se mit à table. Tout d'un coup un gros chat de ma mère vint sauter sur l'épaule de M. le colonel, qui au même instant pâlit et fut près de se trouver mal; un des officiers dit que M. le marquis avait une antipathie invincible pour les chats. Je me penchai vers Mlle de Mars, assise à côté de moi, et je lui dis tout bas :

« Ce n'est pas là Mandrin; car Mandrin n'aurait pas peur d'un chat. » J'avais raison, ce n'était point Mandrin; c'était en effet un marquis de Breteuil, de je ne sais plus quel régiment.

J'avais quinze ans lorsque nous allâmes au mois d'avril à Chevilly, près de Paris, chez M. et Mme de Joui. M. de Joui, père de Mme d'Esparbès, qui avait alors vingt-deux ans, était d'une famille de finance. Fils d'une Mme Thoinard, célèbre par sa richesse et son avarice, M. de Joui était fort prodigue; il avait des dettes immenses; mais sa maison était encore très brillante, et l'on ne connaissait point le mauvais état de ses affaires. Il avait de l'esprit; sa société était douce et agréable, mais nous n'en jouissions guère; il était presque toujours à Paris. Mme de Joui était un ange et l'avait toujours été; je n'ai jamais vu de piété plus sincère, d'indulgence plus parfaite, de caractère plus aimable et plus accompli; ses manières étaient remplies de douceur et de noblesse; le son de sa voix allait au cœur. Chevilly était un lieu ravissant et ne ressemblait à aucun autre. La maison n'était qu'une ferme ornée, mais commode et charmante à habiter. Elle était placée entre une grande cour et un bois délicieux, surtout au printemps, car il était exactement tapissé de violettes doubles et de muguet. Je n'oublierai jamais le plaisir extrême que j'ai goûté durant tout le printemps à cueillir des fleurs dans ce bois embaumé, pour en faire tous les matins des bouquets pour Mme de Joui!... Il y avait dans ce corps de logis, appelé *la Ferme,* une laiterie célèbre alors; elle était neuve, éblouissante, tout en coquillages nacrés et en marbre blanc, et les vases en porcelaine. On y trouvait à toute heure et en abondance de la crème excellente. Le jardin de Chevilly avait, je crois, quarante arpents; il était tout entier planté d'arbres fruitiers; sa forme était carrée, et entourée de quatre terrasses élevées, chaque terrasse bordée de rosiers superbes, disposés en talus du côté du jardin, et contenue par un treillage vert au bas duquel on voyait une guirlande de fraisiers entourant le jardin. De l'autre côté de la terrasse était un mur à hauteur d'appui, au-dessus duquel on découvrait la campagne; par delà ce mur était un profond fossé faisant tout le tour du jardin et défendu par des pointes de fer. Au bout de chaque terrasse se trouvait un petit pavillon bâti en pierres de taille, renfermant un joli salon, au-dessus duquel était une terrasse à l'italienne; on y montait par un petit escalier. Au milieu de ce magnifique verger s'élevait un grand pavillon bâti aussi en pierres de taille, et d'une élégante architecture. L'intérieur était composé d'un très beau salon au rez-de-chaussée, élevé de cinq marches; on y entrait par une grande porte de glace; le plancher était en marbre blanc, les murs peints à fresques en paysages; il était superbement meublé; toutes les chaises étaient recouvertes d'étoffe d'argent. Au-dessus de ce vaste salon se trouvait un petit appartement de trois jolies pièces; c'était là notre logement. Des arbustes et des fleurs formaient autour de ce pavillon une double couronne, rompue seulement vis-à-vis la porte de glace, pour laisser le passage libre. Ainsi nous étions là au milieu des fleurs et des fruits de toute espèce. Très souvent on venait prendre des glaces ou faire des collations dans le salon, et alors j'étais chargée d'en faire les honneurs. J'y ai reçu plusieurs fois la vieille maréchale de Villars, âgée alors de quatre-vingt-trois ans, veuve du grand Villars, qu'elle avait épousé à quinze ans; c'était la vieille la plus majestueuse que j'aie jamais vue. J'ai oublié de dire que dans un des côtés de la cour on voyait d'immenses volières remplies de toutes les espèces de poules les plus rares, la plus utile des collections, puisqu'elle produisait d'excellents œufs. Derrière l'un des côtés du jardin se trouvaient en outre de vastes basses-cours. J'ai vu depuis, en France, en Angleterre, en Allemagne, en Italie, etc., de superbes habitations, je n'en ai jamais vu de si riante et de si agréable à mon gré. M. de Joui, créateur de ce jardin, y avait dépensé des trésors; mais du moins il y avait dans cette dépense une simplicité de bon goût; ce n'était pas là un luxe financier. Il semble qu'on devrait être à l'abri du malheur de se ruiner lorsqu'on dédaigne tous les colifichets d'un faste vulgaire, et que l'on n'aime à s'entourer que des véritables richesses offertes par la nature, des fleurs, des fruits, des animaux domestiques; mais il est vrai que beaucoup d'autres goûts, beaucoup moins innocents, ont infiniment plus contribué au bouleversement de la fortune de M. de Joui que la ferme et le jardin de Chevilly.

Il m'arriva à Chevilly une aventure qui fit beaucoup d'honneur à mon courage; la voici.

Un soir qu'il était venu beaucoup de monde de Paris, on eut envie de m'entendre jouer de la harpe; j'envoyai à notre pavillon chercher ma harpe (1); on me l'apporta, mais sans clef; et, au lieu de donner une seconde commission, j'allumai ma petite lanterne de papier et je courus à notre pavillon. Il était nuit, et je savais que le laquais de ma mère et sa femme de chambre n'y étaient pas; ils sortaient le matin quand leur ouvrage était fait, pour n'y retourner qu'à l'heure de notre coucher, à l'exception de deux ou trois heures dans la journée que la femme de chambre y passait avec moi durant mes études. Nous étions tout le reste du temps à la ferme, séparée du pavillon par une immense cour et une

(1) Dès l'âge de douze à quatorze ans, l'auteur de ces Mémoires jouait de la harpe dans la perfection ; les maîtres de musique reconnaissaient sa supériorité sur eux-mêmes.

grande partie du jardin. J'allai donc en courant à notre pavillon. En approchant je remarquai sur le sable une traînée de taches qui me parut noire comme de l'encre; je n'y fis pas grande attention, et, tout essoufflée, j'arrivai à la porte de glace après avoir monté le petit perron. Je vis avec quelque surprise que la porte était entr'ouverte et que deux carreaux de glace étaient cassés. J'entre dans le salon, et j'y aperçois un extrême désordre; toutes les chaises étaient renversées, et je retrouve sur le plancher de marbre blanc ces mêmes taches que j'avais vues sur le sable et sur le perron, et qui ne m'avaient paru que de l'eau, qui dans l'obscurité semble être noire. Je me penche vers le plancher en approchant la lumière de ma petite lanterne, et je découvre avec horreur que ces taches sont de sang, ce qui me fit aisément deviner que toutes les traces que j'avais vues en étaient aussi. Saisie de frayeur, j'imaginai qu'on avait commis un meurtre dans ce pavillon et que les assassins avaient pris la fuite. Mon premier mouvement fut de me sauver, mais je pensai sur-le-champ qu'il serait beau de rapporter ma clef, et à l'instant je m'y décidai. Je traverse le salon comme un trait, sans regarder autour de moi; je monte l'escalier; j'entre dans la chambre de ma mère, frémissant d'y trouver un cadavre; je passe dans mon cabinet; je saisis ma clef, croyant tenir un trésor de gloire.

Aussitôt, avec plus de joie de mon exploit que de terreur de l'aventure, je retourne rapidement sur mes pas; je me retrouve hors du pavillon avec ravissement; je franchis à toute course le jardin et la cour; enfin je touche la ferme, je monte l'escalier, et j'entre en triomphe dans le salon en élevant le bras, montrant ma conquête et m'écriant : « Voilà bien ma clef de harpe!... » A ces mots je tombe dans un fauteuil. J'étais pâle comme la mort, je respirais à peine.... On m'entoure, on me questionne, et je conte ma superbe aventure. Elle produisit un grand effet; on éleva aux nues mon courage héroïque, les hommes surtout, car les femmes critiquaient un peu la témérité de mon action; elles n'avaient pas tort : cette espèce de vanité eût été glorieuse dans un homme, ce n'était qu'une folie dans une femme, et sans le reste d'enfantillage qu'on a toujours à quinze ans, et que j'avais plus qu'une autre, cette folie bizarre eût manqué de grâce.

Cependant tous les hommes, s'armant très sérieusement, font allumer des flambeaux et se rendent au pavillon; ils trouvèrent que je n'avais rien exagéré; ils virent les traces de sang, les carreaux de glace brisés, le salon souillé de sang dans toute son étendue et avec une effroyable abondance. Toutes leurs recherches, d'ailleurs, ne leur apprirent rien de plus. En sortant du pavillon, on vit qu'il y avait sur le sable deux traces de sang qui s'éloignaient l'une de l'autre; on suivit celle qui ne conduisait pas au pavillon; elle mena dans une basse-cour dont, malgré les défenses du maître de la maison, la porte était ouverte, et, en suivant toujours la trace, on parvint à l'étable d'une truie. Cette truie, échappée par hasard, avait parcouru le jardin; ayant trouvé la porte du salon mal fermée, elle l'avait poussée en cassant les vitres; elle s'était fait à la gorge plusieurs coupures; elle était entrée dans le salon, avait bouleversé les meubles et inondé de sang le plancher; ensuite elle avait regagné son étable. Tel fut le dénoûment de cette fameuse aventure, qui fit un grand bruit dans la société de Mme de Joui.

Peu de temps après que mon père fut de retour d'un voyage en Amérique, j'éprouvai la plus vive impression de douleur que j'eusse encore ressentie. Des embarras d'argent l'avaient déterminé à faire une lettre de change. A la surveille de l'échéance, n'ayant pas la somme entière, ma mère, au désespoir, eut le courage de s'adresser à une de ses parentes, de lui exposer sa situation et de lui demander six cents francs. Elle reçut par écrit le refus le plus sec et le plus absolu!... Mon âme oppressée pardonna dans la suite cet indigne procédé!... mais que de choses depuis ont dû me le rappeler!... Mon père fut arrêté et conduit au Fort-l'Evêque.... Il me serait impossible de donner une idée de l'excès de ma désolation.... Ma mère alla le lendemain matin à la prison; elle ne voulait pas m'y mener; je la conjurai avec tant d'instance de ne pas m'abandonner, en me laissant seule avec ma douleur, qu'elle me permit de la suivre. Quel fut mon saisissement en apercevant ce triste séjour!... et comment peindre ce que j'éprouvai en entrant dans la chambre où mon père était renfermé! Je courus me jeter à ses genoux; j'avais besoin de me prosterner devant lui pour le dédommager, par mon respect et par ma tendresse, de l'humiliation de sa situation; je baisais ses pieds, que j'arrosais de mes pleurs; il me releva en me disant que je lui faisais mal et que j'affaiblissais son courage. Nous retournâmes à la prison passer les journées presque entières pendant tout le temps que mon père y resta, c'est-à-dire pendant quatorze jours. Enfin la lettre de change fut payée, et mon père recouvra sa liberté. Mais le chagrin l'avait frappé d'un trait mortel!... Il était faible, languissant, sédentaire, ne voulant pas sortir; son seul plaisir était de m'entendre jouer de la harpe et de causer avec moi. Je le questionnais sur Saint-Domingue, sur l'esclavage des nègres, sur les belles productions du pays. Sa conversation était aussi spirituelle qu'instructive; mais chaque jour il s'affaiblissait, quoiqu'il fût encore dans la force de l'âge! Enfin, une maladie se déclara, et ce fut une fièvre maligne : il y succomba! Je le perdis après l'avoir soigné, veillé, pendant un grand nombre de nuits, seule consolation d'un tel malheur; car c'en est une d'avoir rempli ces devoirs sacrés!...

Dans ce moment affreux, une amie prêta à ma mère un appartement dans l'intérieur du couvent des filles du Précieux Sang, rue Cassette.

Je pris au Précieux Sang une grande vénération pour les religieuses des ordres austères (celles-ci suivaient la règle et pratiquaient toutes les austérités des Carmélites), ainsi que pour la perfection de leur piété, de leur sainteté, qui surpasse tout ce que j'en pourrais dire, et elles se trouvaient heureuses, parce qu'elles étaient tout à Dieu. Là point de

GENÈVE (Page 46.)

petites cabales, point d'envie, point de commérages; là ces filles angéliques n'étaient constamment occupées qu'à prier Dieu, qu'à soigner les malades de la maison, et qu'à travailler pour les pauvres. Elles faisaient pour eux des couvertures, des vêtements, des layettes d'enfant, et les dimanches, de la charpie pour les hôpitaux et pour les prisons. Plusieurs religieuses me prirent en amitié, entre autres la Mère Séraphine et la Mère Véronique. Je les regardais avec une vénération particulière en pensant qu'étant depuis leur première enfance dans ce couvent leurs bouches si pures n'avaient proféré que les louanges de l'Éternel, ou des paroles de paix et de charité, que leurs oreilles n'avaient jamais rien entendu de scandaleux, et que leurs mains « sages et ingénieuses, » comme celles de la femme forte, n'avaient travaillé que pour les infirmes et les indigents.

La Mère Véronique, attaquée de la poitrine, était condamnée par le médecin à n'avoir pas trois mois à vivre. Ma mère avait deux grands flacons de sirop de calebasse, que mon père avait rapportés de Saint-Domingue; j'en obtins un pour la Mère Véronique, et, à la grande surprise du médecin et de toutes les religieuses, je la guéris radicalement en moins de deux mois.

A quelque temps de là, j'épousai M. de Genlis.... Installée au château de Genlis, je ne perdis pas une occasion d'acquérir de l'instruction, de quelque genre qu'elle fût. Avec ce désir naturel de m'instruire, les conversations de nos vieux voisins ne m'ennuyaient pas du tout; ils parlaient d'agriculture, je les écoutais avec attention; je questionnais sur ce que je ne comprenais pas, et chaque entretien m'apprenait quelque chose. Je me suis conduite ainsi toute ma vie, et il est étonnant qu'avec cette conduite soutenue et une très belle mémoire je n'aie pas acquis par la suite une instruction beaucoup plus étendue et plus extraordinaire que celle que j'ai eue. C'est qu'un goût dominant ne permet pas que rien de ce qui lui est étranger se grave profondément dans la tête; ce sont nos pensées habituelles, nos réflexions journalières qui forment notre genre d'instruction. Je n'ai été étrangère à rien, j'ai pu parler passablement de tout, mais je n'ai su parfaitement que ce qui se rapportait aux beaux-arts, à la littérature, à l'étude du cœur humain, parce que telles étaient mes passions et que je n'ai véritablement réfléchi qu'à cela.

Dans ce temps j'appris à monter à cheval. Nous faisions souvent de très longues chasses de sanglier. Un jour j'imaginai de me perdre exprès, dans l'espoir qu'il m'arriverait quelque aventure extraordinaire; je m'échappai à toutes jambes. J'avais un très bon cheval; je m'enfonçai dans des routes détournées, ayant bien soin de tourner le dos à la chasse et de fuir le bruit des chiens et des cors. Bientôt j'eus la satisfaction de ne plus rien entendre et de me trouver dans des lieux tout à fait inconnus. Je poussai toujours mon cheval au galop. Ce que je désirais était de rencontrer un château que je n'eusse jamais vu, d'y trouver des habitants pleins d'esprit et de politesse me donnant l'hospitalité. Au bout de trois heures, courant toujours au hasard, cherchant vainement un château, je commençai à m'inquiéter; j'imaginai que j'étais au moins à douze lieues de Genlis. J'avais faim, je ne voyais point de gîte, et je m'avisai tout à coup de penser que l'on était au château de

Genlis dans de vives alarmes. Enfin, après avoir erré encore longtemps, je rencontrai un bûcheron qui m'apprit, à mon grand étonnement, que je n'étais qu'à trois lieues de Genlis. Je lui demandai de m'y conduire. Il fallut aller au pas, et je n'y arrivai qu'à la nuit fermée. On avait envoyé de tous les côtés, dans les bois immenses de Genlis, des hommes à cheval sonnant du cor; M. de Genlis était aussi à ma poursuite et ne revint qu'une heure après moi. Je fus horriblement grondée, et je le méritais; j'eus la bonne foi d'avouer que je m'étais perdue à dessein, et je donnai ma parole qu'à l'avenir je ne chercherais plus des terres inconnues.

Ma témérité à cheval pensa plus d'une fois m'être funeste; il est certain qu'il n'y a jamais eu de jeune étourdi plus hasardeux que moi dans ce genre; mais le courage et la présence d'esprit tirent de tout.

Cette nouvelle passion ne me fit négliger ni la musique, ni l'étude; j'avais trouvé, dans les offices, un grand livre in-folio destiné à écrire les comptes de la cuisine; je m'en étais emparée, et j'écrivis dans ce livre un journal très détaillé de mes occupations et de mes réflexions, avec l'intention de le donner à ma mère quand il serait rempli (1). J'y écrivais tous les jours quelques lignes, et quelquefois des pages entières. Ne négligeant aucun genre d'instruction, je tâchais de me mettre au fait des travaux champêtres et de ceux du jardinage; j'allais voir faire le cidre; j'allais aussi visiter tous les ouvriers du village lorsqu'ils travaillaient. M. de Genlis dessinait parfaitement à la plume la figure et le paysage; je commençai à dessiner et à peindre des fleurs. J'écrivais beaucoup de lettres : tous les jours à ma mère, trois fois par semaine à Mme de Montesson, quelquefois à Mme de Bellevau, et assez souvent à Mme de Balincour. En outre, j'avais un commerce de lettres très suivi avec une dame que j'avais vue à Origny et qui demeurait à Valenciennes. Je pris ainsi l'habitude d'écrire avec une grande facilité.

Que je plains ceux qui n'aiment ni la lecture, ni l'étude, ni les beaux-arts! J'ai passé ma jeunesse dans les fêtes et dans la plus brillante société, et je puis dire avec une parfaite sincérité que je n'y ai jamais goûté des plaisirs aussi vrais que j'ai constamment trouvés dans un cabinet, avec des livres, un écritoire et une harpe. Les lendemains des plus belles fêtes sont toujours tristes; les lendemains des jours consacrés à l'étude sont délicieux; on a gagné quelque chose, et l'on se rappelle la veille, non seulement sans dégoût ou sans regrets, mais avec la plus douce satisfaction.

(1) En effet je remplis toutes les grandes pages de ce livre; je le donnai à ma mère, qui le lut avec plaisir, et qui dit qu'elle le conserverait soigneusement. Il était écrit avec une naïveté qui n'était pas sans intérêt. Je le vis encore entre les mains de ma mère à Belle-Chasse; cependant, après sa mort, il m'a été impossible de le retrouver. Je l'ai regretté; c'étaient mes premières pensées raisonnables. (*Note de l'auteur.*)

Le hasard qui, dans le cours de ma vie, a fait passer sous mes yeux tant de scènes diverses et singulières, me fit voir dans ce temps un spectacle extraordinaire et bien effrayant. J'ai déjà dit que le château de Genlis était tout entouré d'étangs immenses. Nous avions une vieille voisine, la comtesse de Sorel, dont l'habitation était aussi environnée d'étangs, et son château était situé sur un terrain élevé, de manière que ses étangs dominaient sur les nôtres. La comtesse de Sorel n'ayant pas voulu, par avarice, et malgré les représentations de M. de Genlis, faire faire à ses étangs des réparations indispensables, leurs eaux grossies par les pluies rompirent tout à coup leurs digues délabrées et débordèrent dans nos étangs, qu'elles firent déborder aussi. M. de Genlis était à la chasse, j'étais dans ce moment seule au château. J'entendis des cris perçants et un grand mouvement dans toute la maison, j'ouvris ma fenêtre qui donnait sur la cour. Quelle fut ma surprise en voyant cette immense cour totalement remplie d'eau, qui s'agitait et faisait du bruit comme si elle eût été bouillante! Elle était déjà à la moitié des hautes fenêtres du rez-de-chaussée. Le concierge, suivi de plusieurs domestiques, entra en courant dans ma chambre, en me disant qu'il fallait monter au grenier, ce que je fis précipitamment. On sonna le tocsin; tout le village se rassembla en un clin d'œil, afin de faire, dans la terre, des *saignées* pour laisser écouler les eaux, qui emportèrent toutes les maisons qui étaient sur une chaussée, au bord des étangs. L'eau monta dans notre cour jusqu'au premier étage; dans le jardin, elle monta dans les allées jusqu'à huit pieds de haut : on put le savoir le lendemain par les traces de boue qu'elles laissèrent sur les charmilles. Le jardinier avait soixante ruches de mouches à miel, qu'il n'eut pas le temps de sauver, qui furent emportées et perdues. Je vis parfaitement du grenier cet imposant spectacle. Personne ne périt, mais le dégât fut affreux.

Mme de Sorel perdit tout son poisson, qui, en grande partie, tomba et resta dans nos étangs; l'autre partie se répandit sur la terre, dans nos prés, et les paysans en ramassèrent pendant plusieurs jours. Mme de Sorel, outre cette perte, fut obligée de donner douze mille francs de dédommagement aux propriétaires des maisons emportées. Mon beau-frère, malgré l'héritage de ses poissons, aurait pu aussi demander des dédommagements, et, s'il ne lui en eût fait grâce, elle eût été ruinée par cette aventure, uniquement causée par son avarice.

J'ai encore vu depuis, à Hambourg, une autre inondation. J'avais été témoin dans mon enfance, à Saint-Aubin, un an avant de le quitter, d'un grand incendie, causé par le feu du tonnerre, qui tomba sur les granges et la métairie de Sept-Fonts, qui furent consumées en une demi-heure. Je vis parfaitement cet incendie, placé en face de la première cour de notre château, et dont nous n'étions séparés que par la Loire. J'ai vu tomber le tonnerre de très près dans les étangs de Genlis. A Villers-Coterets, j'ai vu un soir, avec cent personnes, le fameux globe de feu qui, cette année, causa tant d'effroi. J'ai vu à Saint-Leu, pour la seconde fois de ma vie, une grêle extraordinaire, et à l'Arsenal une trombe de terre qui enleva un jeune homme de quinze ans et le transporta à cinq cents pas sans le tuer. J'ai essuyé une grande tempête sur mer; j'ai vu à Origny une véritable éclipse de soleil, et enfin deux comètes. C'est un cours pratique d'histoire naturelle; il ne m'a manqué qu'un tremblement de terre et une éruption du Vésuve.

Au commencement de l'automne nous allâmes, à dix lieues de Genlis, chez Mme la marquise de Sailly, cousine de M. de Genlis. Je fus reçue dans ce château avec toute la cordialité possible. De Sailly nous allâmes au Frétoy, chez Mme la comtesse d'Estourmelle, autre parente de M. de Genlis; nous y fûmes reçus avec la même amitié; mais une heure après mon arrivée, j'éprouvai une étrange contrariété. Mme d'Estourmelle, âgée de cinquante-sept ans, avait un fils unique de cinq ans. Cet Isaac de cette moderne Sara était l'enfant le plus gâté et le plus insoutenable que j'aie jamais rencontré. On lui permettait tout, on ne lui refusait rien; il était le maître absolu du salon et du château. J'arrivai au Frétoy deux heures après le dîner. Il y avait beaucoup de monde de Paris. J'avais un chapeau de villageoise, comme on disait alors; il était neuf, tout couvert de fleurs charmantes et attaché sur l'oreille gauche avec beaucoup d'épingles. A peine étais-je assise que le terrible enfant du château vint m'arracher des mains un superbe éventail et le mit en pièces. Mme d'Estourmelle fit une petite réprimande à son fils, non pas d'avoir brisé mon éventail, mais de ne pas me l'avoir *demandé poliment*. Un instant après l'enfant alla confier à sa mère qu'il avait envie de mon chapeau. « Eh bien! mon fils, répondit gravement Mme d'Estourmelle, allez le demander bien honnêtement. » Il accourut aussitôt vers moi en me disant : « Je veux votre chapeau. » On le reprit d'avoir dit *je veux :* c'est ce que sa mère appelait *ne lui rien passer*. Elle lui dicta sa formule de demande : « Madame, voulez-vous bien avoir la bonté de me prêter votre chapeau? » Tout ce qui était dans le salon se récria sur cette fantaisie; la mère et l'enfant y persistèrent; M. de Genlis s'en moqua un peu aigrement; je vis que Mme d'Estourmelle allait se fâcher; alors je me levai, et, sacrifiant généreusement mon joli chapeau, j'allai prier Mme d'Estourmelle de le détacher, ce qu'elle fit avec empressement, car l'enfant s'impatientait violemment.

Mme d'Estourmelle m'embrassa, loua beaucoup ma douceur, ma complaisance et mes beaux cheveux. Elle soutint que j'étais cent fois mieux sans chapeau, quoique je fusse tout ébouriffée, et que j'eusse une figure très ridicule, avec une grande parure et cette coiffure en désordre. Mon chapeau fut livré à l'enfant sous la condition *de ne pas le gâter;* mais en moins de dix minutes le chapeau fut déchiré, écrasé, et hors d'état d'être jamais porté. J'eus grand soin les jours suivants de me coiffer en cheveux, sans chapeau et sans fleurs. Mais par malheur cet enfant gâté était reconnaissant; il s'attacha à moi avec obstination et ne voulut plus me quitter; dès que j'étais dans le salon il s'établissait sur mes genoux. Il était fort gras et fort lourd; il m'assommait, chiffonnait mes robes, et même les déchirait en posant sur moi des quantités de joujoux. Je ne pouvais ni parler à qui que ce fût, ni entendre un mot de conversation, et il m'était impossible de m'en débarrasser même pour jouer aux cartes. Dans tous mes petits voyages je portais toujours ma harpe; on voulut m'entendre; il n'y eut pas moyen, tandis que je jouais, d'empêcher l'enfant (qui se tenait debout près de la harpe) de jouer aussi avec les cordes de la basse, ce qui formait un accompagnement peu agréable. Lorsque j'eus fini, on vint prendre ma harpe pour l'emporter; l'enfant s'y opposa en poussant des cris terribles. La harpe resta, il en joua à sa manière, il égratigna les cordes, en cassa plusieurs et dérangea totalement l'accord. Quand on représentait à Mme d'Estourmelle que cet enfant devait m'importuner beaucoup, elle me demandait si cela était vrai, et elle prenait au pied de la lettre la politesse de ma réponse, en ajoutant qu'à mon âge on était charmé d'avoir un prétexte de s'amuser d'une manière enfantine et que je formais avec son fils un *tableau délicieux.* Au vrai cet enfant n'était pas aussi désagréable que tout le monde le croyait. Avec une éducation passable on en aurait facilement fait un enfant charmant. Sa pauvre mère a bien payé la folie de cette mauvaise éducation; l'année d'ensuite, l'enfant, pour la première fois de sa vie, eut un peu de fièvre; il refusa toute boisson et demanda avec fureur les aliments les plus malsains. Une légère indisposition devint une maladie sérieuse, et bientôt mortelle, parce qu'il fut impossible de lui faire prendre une seule drogue, et que toutes les tentatives en ce genre lui causaient des accès de colère qui allaient jusqu'aux convulsions. Il mourut à six ans, et il était naturellement très robuste et parfaitement bien constitué!

J'étais fort liée avec Mme de Louvois, qui me donna l'occasion d'apprendre, par sa triste expérience, combien il est dangereux de nourrir des ressentiments contre quelqu'un et les terribles suites que peut avoir une rancune dont on n'a pas étouffé les premières impressions.

Mme de Logny, l'une des plus riches veuves de la finance, eut une conduite plus que légère, dont le scandale même devint apparemment une leçon morale pour ses deux filles, qui furent, l'une et l'autre, deux personnes si vertueuses et si parfaitement irréprochables; l'aînée épousa M. de Louvois, la cadette M. de Custines, mais beaucoup plus tard.

M. et Mme de Louvois logeaient chez Mme de Logny; c'était même une des conditions du mariage, Mme de Logny n'ayant pas voulu se séparer de cette fille chérie, qu'elle aimait infiniment plus que sa sœur. M. de Louvois eut avec sa belle-mère des manières déplacées et des procédés ridicules; Mme de Logny prit de l'humeur et sut mauvais gré à sa fille de ne pas la partager. Mme de Louvois adorait son mari; une mère surtout devait respecter cette tendresse : c'est ce que ne fit pas Mme de Logny. Dans son dépit contre son gendre, elle eut assez peu de principes et de raison pour chercher à brouiller sa fille avec lui. Par cette indigne conduite elle perdit entièrement la confiance de Mme de Louvois, et elle fit son malheur sans la guérir. L'aigreur réciproque devint extrême, les tracasseries et les explications de mauvaise foi se multiplièrent. Enfin, un jour que Mme de Logny était allée dîner à la campagne, M. de Louvois, qui avait secrètement loué une maison, quitta brusquement celle de sa belle-mère sans l'avoir prévenue; il déménagea en quelques heures et emmena sa femme. Ce procédé bizarre et malhonnête mit le comble au ressentiment et à la colère de Mme de Logny. En vain Mme de Louvois écrivit les lettres les plus soumises et vint se présenter chez sa mère; on lui renvoya ses lettres toutes cachetées, la porte lui fut toujours fermée. Mme de Logny lui fit dire qu'elle ne la recevrait et ne lui pardonnerait jamais, et malheureusement elle tint parole. Elle résista, avec une fermeté extravagante et barbare, aux représentations de ses amis, aux pleurs et aux supplications de sa seconde fille, qui intercéda avec ardeur et persévérance pour sa malheureuse sœur.

Mais Mme de Logny, victime de sa propre rigueur, éprouva un dérangement de santé qui devint une maladie chronique très dangereuse. Plus ses forces s'affaiblissaient, plus son ressentiment semblait s'accroître, ou pour mieux dire sa haine dénaturée achevait de détruire en elle les principes de la vie. Une mère implacable peut-elle vivre?... Lorsqu'on vit sa fin approcher, on lui reparla de Mme de Louvois; elle imposa silence. On tâcha, mais avec aussi peu de succès, de ranimer en elle quelques sentiments religieux. Le curé de sa paroisse vint sans être appelé; il lui parla de sacrements : elle ne répondit rien; il prononça le nom de Mme de Louvois, et Mme de Logny lui dit d'un ton terrible : « Sortez, Monsieur! » Il s'éloigna, et resta dans un cabinet voisin. Cependant Mlle de Logny avait fait entrer furtivement sa sœur et la tenait cachée. Dans un moment qu'elle crut favorable, elle se jeta à genoux au chevet du lit de sa mère, et, baignée de larmes, elle implora pour sa sœur un pardon maternel. *Taisez-vous!* fut la seule réponse qu'elle obtint. Mme de Louvois passa quatre jours et quatre nuits sur une chaise de paille, dans l'antichambre de sa cruelle mère. Mme de Logny n'admit dans sa chambre que Périgny et sa fille cadette. Cette dernière recueillit plusieurs discours qui lui firent penser que sa mère méditait une vengeance qui pût lui survivre. Le cinquième jour, Mme de Logny, étant à la dernière extrémité, mais avec toute sa connaissance, demanda son notaire et fut enfermée avec lui plus de deux heures; durant ce temps Mlle de Logny voulut entretenir Périgny sans témoins et elle lui tint ce discours : « Vous êtes, Monsieur, l'homme du monde que j'estime le plus, et j'ai besoin de vous ouvrir mon cœur. Je n'ai nulle connaissance des affaires, mais je sais qu'il est des moyens d'éluder les lois et qu'en les employant ma mère pourrait déshériter ma sœur, et je crois que tel est son projet. Toutes mes intentions sont droites; cependant je n'ai que dix-sept ans; à cet âge on peut se démentir ou suivre de mauvais conseils : je veux me lier par un engagement irrévocable. Vous, Monsieur, que je regarde comme un père, recevez donc la parole d'honneur, que je vous donne solennellement, de rendre à ma sœur, si elle est déshéritée, non pas une partie du bien, mais la moitié tout entière qui lui reviendrait naturellement. Maintenant, continua-t-elle, je suis tranquille sur ce point; me voilà dans l'impossibilité de manquer à ce devoir. »

Périgny fut profondément attendri de cette démarche; ce qui le frappa le plus dans cette jeune personne, qui toute sa vie avait montré le caractère le plus ferme, fut cette modeste et vertueuse défiance d'elle-même, et la précaution qu'elle prenait de se lier de manière à ne pouvoir changer de résolution. En effet, ce trait est admirable; il peint une âme angélique et une vertu véritablement chrétienne. Le soir de ce même jour, Mlle de Logny et le président firent une dernière tentative en faveur de Mme de Louvois; ils osèrent déclarer qu'elle veillait dans l'antichambre depuis cinq jours; alors Mme de Logny, élevant la voix, prononça avec fureur ces horribles paroles : *Je la maudis*. Sa malheureuse fille, placée contre la porte entr'ouverte, les entendit et s'évanouit. Après ce dernier effort d'une haine monstrueuse, Mme de Logny tomba dans une effrayante et longue agonie; elle mourut au point du jour. Si elle eût eu de la religion, si elle eût consenti à recevoir les sacrements, elle aurait reçu sa fille dans ses bras, et, malgré l'inconcevable dureté de son cœur, elle aurait pardonné!... Mlle de Logny voulut aller dans un couvent; on la conduisit à Pantemont.

Par son testament, Mme de Logny donnait au président de Périgny toute sa fortune (environ cent mille livres de rente), ses terres, ses revenus, son mobilier, ses diamants, enfin sans exception tout ce qu'elle avait possédé. Périgny accepta ce *fidéi-commis*, et, suivant l'intention de la testatrice, il remit toute cette fortune à Mlle de Logny, qui partagea avec sa sœur, et si scrupuleusement que, dans le compte de l'argenterie, elle fit rompre en deux une cuillère de vermeil qui formait un nombre impair, afin d'en envoyer une moitié à Mme de Louvois. Cette dernière mourut sans enfants peu d'années après, et toute sa fortune retourna dans les mains pures et généreuses qui la lui avaient cédée.

Tandis que j'étais encore à Genlis, on m'y donna le divertissement de la pêche des étangs. Pour mon malheur, j'y allai avec des petits souliers blancs brodés; arrivée au bord des étangs, je m'y embourbai. Mon beau-frère vint à mon secours, remarqua mes souliers, se mit à rire, et m'appela *une jolie dame de Paris*, ce qui me choqua beaucoup; car, ayant été élevée dans un château, j'avais annoncé toutes les prétentions d'une personne qui n'était étrangère à aucune occupation champêtre. Je répondis avec assez d'aigreur aux plaisanteries de mon beau-frère; mais, tous les voisins rassemblés à cette pêche répétant que j'étais une *belle dame de Paris*, mon dépit devint extrême. Alors je me penche, je ramasse un petit poisson long comme le doigt, et je l'avale tout entier, en disant : « Voyez comme je suis une *belle dame de Paris!* » J'ai fait d'autres folies dans ma vie, mais certainement je n'ai jamais rien fait d'aussi bizarre. Tout le monde fut confondu. M. de Genlis me gronda beaucoup, et me fit peur en me disant que ce poisson pouvait vivre et grossir dans mon estomac, frayeur que je conservai pendant plusieurs mois.

Dans les derniers jours de novembre, M. de Genlis me conduisit à l'abbaye d'Origny-Sainte-Benoîte, à huit lieues de Genlis et à deux de Saint-Quentin. Je devais y passer quatre mois, c'est-à-dire tout le temps que mon mari resterait à Nancy, où se trouvait le régiment des grenadiers de France, dont il était l'un des vingt-quatre colonels. Me trouvant trop jeune pour m'emmener à Nancy et pour me présenter dans une cour qui passait pour être très licencieuse, malgré la piété, les vertus et la vieillesse du bon roi Stanislas, M. de Genlis pensa avec raison qu'il était plus convenable de me laisser dans un couvent où il avait des parentes. D'ailleurs dans ce temps il n'était pas du tout d'usage que les jeunes femmes suivissent leurs maris dans leurs garnisons. Mme d'Avaret, sœur de Mme de Coaslin, est la première qui, trois ou quatre ans après, ait donné cet exemple. Je pleurai beaucoup en me séparant de

M. de Genlis, et ensuite je m'amusai infiniment à Origny. Cette abbaye était fort riche; elle avait toujours eu pour abbesse une personne d'une grande naissance; l'abbesse actuelle s'appelait Mme de Sabran; avant elle, c'était Mme de Soubise. Quoique les religieuses ne fissent point de preuves de noblesse, elles étaient presque toutes des filles de condition et portaient leurs noms de famille. Les bâtiments de l'abbaye étaient immenses. Il y avait plus de cent religieuses, sans compter les sœurs converses et deux classes de pensionnaires, l'une d'enfants, l'autre pour les jeunes personnes de douze à dix-huit ans. L'éducation y était fort bonne pour former des femmes vertueuses, sédentaires et raisonnables, destinées à vivre en province.

J'avais un joli appartement dans l'intérieur du couvent; j'y étais avec une femme de chambre; j'avais un domestique qui logeait avec les gens de l'abbesse dans les logements extérieurs. Je mangeais à la table de l'abbesse; nous étions servies par deux sœurs converses. On m'apportait mon déjeuner dans ma chambre.

Il m'arriva une belle aventure qui donna dans le couvent une grande idée de mon courage. Une jeune personn e voulant se faire religieuse vint avec sa mère à Origny; on les logea dans un grand appartement à côté du mien et vide depuis plus de trois ans. Tout le monde dans le couvent était couché avant dix heures; pour moi j'écrivais, je lisais, je jouais de la harpe communément jusqu'à deux heures du matin. Le soir même du jour de l'arrivée de la jeune novice, j'entendis à minuit doucement frapper à ma porte; c'étaient la novice et sa mère. Elles étaient toutes tremblantes, et me contèrent qu'elles avaient été réveillées par un bruit étrange qu'elles avaient entendu dans un cabinet voisin de leur chambre, et dans lequel elles n'étaient point entrées. Comme il faisait beaucoup de vent ce soir-là, je leur représentai que ce bruit n'avait rien d'étonnant. Elles me répondirent qu'il était si prodigieux qu'il semblait que l'on voulût du dehors briser et enfoncer la fenêtre qui donnait sur les basses-cours. La mère pensait que c'étaient des voleurs qui, ayant escaladé les murs, voulaient entrer dans cet appartement.

Mlle Victoire, ma femme de chambre, qui était fort courageuse, offrit d'aller vérifier la chose, et, piquée d'émulation, je dis qu'il fallait y aller avec elle. On y consentit. Je distribuai les armes, un balai, des pincettes, des tenailles, une pelle; je marchai à la tête, et nous allâmes très gaiement dans l'appartement des deux étrangères. Arrivées à la porte du cabinet, nous écoutâmes, et nous entendîmes, en effet, un bruit extraordinaire. Cependant, par un de ces premiers mouvements d'imprudence et d'audace que j'ai eus mille fois dans ma vie, j'ouvris brusquement la porte et je fis passer Victoire, qui tenait une bougie.... Vis-à-vis la porte était la fenêtre, avec un grand rideau blanc tiré. A peine la valeureuse Victoire a-t-elle jeté les yeux sur ce rideau qu'elle pâlit, chancelle, et la lumière vacille dans sa main tremblante; elle voyait, et je vis comme elle, au même instant, deux gros pieds d'homme qui passaient sous ce rideau.... C'était voir un voleur; mais, sans nulle réflexion, je m'élance vers le rideau en m'écriant : « Eh bien! nous lui parlerons; ne me laissez pas seule, et avançons-nous.... » En disant ces mots, je me jette sur le rideau brusquement.... Quelle fut notre agréable surprise en découvrant que ces prétendus pieds n'étaient que des souliers d'homme posés de manière à produire l'illusion qui nous avait tant effrayées! Quant au bruit, il venait d'un contre-vent dont un des pitons était détaché, de sorte que, mis en mouvement par le vent, il ballottait avec fracas contre la fenêtre, dont il avait même cassé deux ou trois vitres. Cet appartement avait été habité quelques années auparavant par une vieille dame que son laquais venait servir, permission que l'abbesse donnait aux dames pensionnaires; ces gros souliers avaient apparemment appartenu à son laquais, qui les avait oubliés là; on n'entrait jamais dans ce logement, et enfin ces souliers y étaient restés.

Je passai quatre mois et demi à Origny, et ce temps s'écoula pour moi très agréablement; j'appris des religieuses plusieurs petits ouvrages, et d'une servante de basse-cour comment on élevait des pigeons et des poulets. J'appris aussi à faire un peu de pâtisserie et quelques entremets. Ma guitare, ma harpe, mon écritoire m'occupaient une grande partie de la journée, et je donnais au moins tous les matins deux heures à la lecture. J'étais fort curieuse, et je brûlais du désir d'acquérir de l'instruction. On me prêta, dans le couvent, une *Histoire ecclésiastique*, qui fit mes délices, et une dame de Saint-Quentin me prêta des poésies de Pompignan et un livre de romances de Moncrif. J'aimais passionnément les vers, et j'en fis beaucoup à Origny, entre autres une espèce d'épître sur le bonheur de la vie religieuse et la tranquillité du cloître; j'écrivais des extraits de tout ce que je lisais, habitude que j'ai conservée tout le reste de ma vie. Enfin j'écrivais de longues lettres à ma mère et à M. de Genlis, et, au milieu de toutes ces occupations très suivies et très constantes, je trouvais encore le moyen de faire une telle quantité de tours de pensionnaire qu'il faudrait un volume pour les raconter.

Ma mère me donna la preuve de tendresse et de bonté de venir me voir à Origny et de passer avec moi six semaines dans ce couvent; elle y logea, à l'intérieur, dans un appartement qui était vacant tout à côté du mien. J'imaginai toutes sortes de choses pour l'amuser. Madame l'abbesse avait une femme de chambre qui la servait depuis dix ans et qui s'appelait Mlle Beaufort; c'était la meilleure fille du monde, et qui faisait des flancs à la crème délicieux, ce qui produisit entre elle et moi une liaison très intime. Elle me parla d'une noce de village qui devait se faire chez des fermiers de sa connaissance, à une lieue d'Origny; elle avait obtenu de Madame l'abbesse la permission d'y aller; je voulus être de la partie, mais mystérieusement, et déguisée en paysanne, avec Mlle Victoire, et je déterminai ma mère à y venir avec nous, habillée aussi en paysanne, et le tout à l'insu de Madame l'abbesse. Mlle Beaufort, charmée de cette invention, nous fournit les habillements. Nous nous assurâmes d'une tourière; et nous partîmes furtivement à une heure après-midi. Nous allâmes à la ferme en charrette; nous fûmes présentées aux mariés comme des paysannes, parentes de Mlle Beaufort; j'eus grand plaisir dans cette assemblée, que nous ne quittâmes qu'au déclin du jour. Mais un orage violent nous attendait à Origny. On nous avait trahies; Madame l'abbesse savait notre escapade; elle était fort scandalisée de nos déguisements, et surtout que je fusse sortie de la maison sans le lui dire. Je lui représentai doucement qu'étant avec ma mère cette sortie, du moins, n'avait rien de scandaleux. Madame l'abbesse se rejeta sur Mlle Beaufort. Le lendemain matin, la pauvre fille entra dans ma chambre en pleurant et en me disant que Madame l'abbesse venait de lui donner son compte. « Eh bien! lui dis-je, consolez-vous, je vous prends à mon service. » Mlle Beaufort fut transportée de joie et s'installa tout de suite dans mon appartement. Je la gardai plus de deux mois, c'est-à-dire jusqu'au moment où M. de Genlis, arrivant de son régiment, vint me reprendre. A force d'instances, je le décidai à l'emmener avec nous à Genlis, où je la conservai encore pendant deux ou trois mois; ensuite un héritage inattendu et très considérable pour elle l'appela à Noyon. Comme elle avait fait nos délices, nos adieux furent très tendres. Pour achever son histoire, je dois dire qu'elle hérita de trente-deux mille francs....

De retour à Genlis, j'eus l'occasion de me trouver un soir à un souper auquel avait été invité le chevalier de Jaucour, et ma tante vint à dire que j'avais peur des revenants. Alors Mme de Gourgues, qui était présente, proposa au chevalier de Jaucour de me conter *sa belle histoire de la tapisserie.* J'en avais entendu parler comme d'une chose parfaitement vraie, car le chevalier de Jaucour donnait sa parole d'honneur qu'il n'y ajoutait rien, et il était incapable de faire un mensonge, qui d'ailleurs n'aurait eu alors aucun sel. Cette histoire est devenue prophétique à l'époque de la Révolution. Je puis la rapporter avec une scrupuleuse exactitude, parce qu'ayant souvent vu dans la suite le chevalier de Jaucour, je la lui ai fait conter cinq ou six fois en ma présence; la voici :

Le chevalier, né en Bourgogne, fut élevé dans un collège à Autun. Il avait douze ans lorsque son père, qui voulait l'envoyer à l'armée sous la conduite d'un de ses oncles, le fit venir dans son château. Le soir même, après le souper, on le conduisit dans une grande chambre où il devait coucher; on établit sur une espèce de trépied au milieu de la chambre une lampe allumée, et on le laissa seul. Il se mit au lit surle-champ, en laissant brûler la lampe. Il n'avait nulle envie de dormir, et, comme il avait à peine regardé sa chambre en y entrant, il se mit à la considérer. Ses yeux se portèrent sur la vieille tenture de tapisserie *à personnages* qui se trouvait vis-à-vis de lui. Le sujet en était bizarre; elle représentait un temple dont les portes étaient fermées. Sur le haut de l'escalier de cet édifice était debout une espèce de pontife ou de grand-prêtre, vêtu d'une longue robe blanche; il tenait d'une main une poignée de verges et de l'autre une clef. Tout à coup le chevalier, qui regardait fixement cette figure, se frotta les yeux, croyant avoir un éblouissement; ensuite il regarde de nouveau, et la surprise et le saisissement le glacent et le rendent immobile!... Il voyait cette figure se mouvoir et descendre gravement les marches de l'escalier!... Enfin la voilà hors de la tapisserie et dans la chambre, qu'elle traverse; elle arrive tout près du lit, et, s'adressant à ce pauvre enfant, pétrifié par la terreur, elle lui dit bien distinctement ces paroles : « Ces verges fustigeront un grand nombre; quand tu les verras s'agiter, n'hésite pas à prendre la clef des champs que voilà.... » A ces mots la figure tourne le dos, s'éloigne, se rapproche de la tapisserie, remonte l'escalier et se remet à sa place. Le chevalier, baigné d'une sueur froide, fut pendant plus d'un quart d'heure tellement privé de force qu'il était hors d'état d'appeler; enfin on arriva. N'osant confier cette aventure à un domestique, il dit seulement qu'il se trouvait mal, et l'on resta auprès de lui tout le reste de la nuit. Le lendemain, le comte de Jaucour, son père, l'interrogeant sur ce qu'il avait eu la nuit, il conta sa vision. Au lieu de se moquer de lui, comme le chevalier s'y attendait, le comte l'écouta fort sérieusement, ensuite il dit : « Rien n'est plus extraordinaire, car mon père, dans sa première jeunesse, eut aussi dans cette même chambre, avec le même personnage représenté dans cette antique tapisserie, une scène fort étrange.... » Le chevalier aurait bien désiré savoir le détail de cette vision de son grand-père, mais le comte n'en voulut pas dire davantage; il ordonna même à son fils de ne lui en plus parler, et le jour même le comte fit détendre tout cette tapisserie, qu'il fit brûler en sa présence dans la cour du château. Voilà cette fameuse histoire dans toute sa naïveté. Mme Radcliff eût été bien heureuse de la savoir, et je crois que le chevalier de Jaucour, à l'époque de la Révolution, se la rappela; ce qu'il y a de certain, c'est qu'*il prit la clef des champs* lorsqu'il vit *les verges s'agiter*. Il n'hésita pas à quitter la France (1).

Ma première entrevue avec Rousseau ne fait pas honneur à mon esprit et à mon discernement, mais elle a quelque chose de si singulier et de si comique que je m'amuserai moi-même en me la rappelant. J'étais alors à Paris, J.-J. Rousseau s'y trouvait également depuis six mois. Quoique je n'eusse jamais lu une seule ligne de ses ouvrages, j'éprouvais un grand désir de voir un homme si célèbre. Rousseau était très sauvage; il refusait toutes les visites et n'en faisait point; d'ailleurs je ne me sentais pas le courage de faire la moindre démarche à cet égard; ainsi je témoignais l'envie de le connaître sans imaginer qu'il fût possible d'en trouver les moyens. Un jour M. de Sauvigny, qui voyait quelquefois Rousseau, me dit en confidence que M. de Genlis voulait me jouer un tour, qu'un soir il m'amènerait Préville déguisé en J.-J. Rousseau, et qu'il me le présenterait pour tel. Cette idée me fit beaucoup rire, et je promis bien de faire semblant d'être entièrement la dupe de cette plaisanterie, qu'on appelait dans ce temps une *mystification*, genre de gaieté fort à la mode alors. J'allais très peu aux spectacles; je n'avais jamais vu jouer Préville que deux ou trois fois, et me trouvant très éloignée du théâtre. Préville, en effet, possédait l'art de décomposer sa figure et de contrefaire. Il était à peu près de la taille de Rousseau (car tout le monde sait que J.-J. était petit), et réellement M. de Genlis avait eu le projet qu'on m'avait confié; mais cette folie lui passa presque aussitôt de la tête. M. de Sauvigny l'oublia de même, et seule j'en gardai le souvenir. Je fus trois semaines sans voir M. de Sauvigny, et au bout de ce temps il vint me dire, avec empressement, en présence de M. de Genlis, que Rousseau désirait m'entendre jouer de la harpe, et que, si je voulais avoir cette complaisance, il me l'amènerait le lendemain. Me croyant bien certaine que je ne verrais que Préville, j'eus beaucoup de peine à répondre sérieusement; cependant je me contins assez bien, et j'assurai que je jouerais de la harpe de mon mieux pour J.-J. Rousseau.

(1) On pourrait rapprocher de cet épisode la lugubre prophétie de Cazotte, si terriblement accomplie sous la Terreur. Mais Cazotte était un illuminé, qui pouvait n'être pas étranger aux pratiques de la sorcellerie et aux évocations diaboliques.

Le lendemain j'attendis avec impatience l'heure du rendez-vous, imaginant qu'un crispin travesti en philosophe serait une chose très comique. J'étais d'une gaieté folle en l'attendant, et M. de Genlis, connaissant ma timidité naturelle, s'en étonnait beaucoup. D'ailleurs il ne concevait pas trop comment l'idée de recevoir un si grave personnage pouvait faire cette sorte d'impression, et je lui parus tout à fait extravagante lorsqu'il me vit rire au moment où l'on annonça Rousseau. J'avoue que rien au monde ne m'a paru si plaisant que sa figure, que je ne regardais que comme une mascarade. Son habit, ses bas couleur de marron, sa petite perruque ronde, tout ce costume et son maintien n'offraient à mes yeux que la scène de comédie la mieux jouée et la plus comique. Cependant, faisant sur moi-même un effort prodigieux, je pris une contenance assez convenable, et, après avoir balbutié deux ou trois mots de politesse, je m'assis. L'on causa, et, heureusement pour moi, d'une manière assez gaie. Je gardai le silence, mais de temps en temps j'éclatai de rire, et c'était avec tant de naturel et de si bon cœur que cette surprenante gaieté ne déplut pas à Rousseau. Il dit de jolies choses sur la jeunesse en général. Je pensais que Préville avait de l'esprit et qu'à sa place Rousseau n'aurait pas été si aimable, parce que mes rires l'auraient scandalisé. Rousseau m'adressa la parole; comme il ne m'embarrassait pas du tout, je lui répondis très cavalièrement tout ce qui me passait par la tête. Il me trouva fort originale, et moi je trouvai qu'il jouait avec une perfection que je ne me lassais pas d'admirer. Jamais les caricatures ne m'ont fait rire; ce qui me charmait, c'étaient la simplicité, le naturel de celui que je croyais un comédien; et, d'après cette idée, il me paraissait bien supérieur en chambre à ce que je l'avais vu sur le théâtre. Cependant il me semblait qu'il donnait à Rousseau beaucoup trop d'indulgence, de bonhomie et de gaieté. Je jouai de la harpe; je chantai quelques airs du *Devin du village*. Rousseau me regardait toujours en souriant, avec cette sorte de plaisir qu'inspire un enfantillage bien naturel, et en nous quittant il promit de revenir le lendemain dîner avec nous. Il m'avait tant divertie que cette promesse m'enchanta, et j'en sautai de joie. Je le reconduisis jusqu'à la porte en lui disant toutes les folies imaginables.

Quand il fut sorti, je cessai tout à fait de me contraindre et je me mis à rire à gorge déployée. M. de Genlis, stupéfait, me considérait d'un air mécontent et sévère, qui redoublait ma gaieté. « Je vois bien, lui dis-je, que vous reconnaissez enfin que vous ne m'avez pas attrapée; vous êtes piqué; mais, au vrai, comment pouviez-vous croire que je serais assez simple pour prendre Préville pour J.-J. Rousseau? — Préville? — Ah! oui, niez-le, vous me persuaderez. — La tête vous a-t-elle tourné? — J'avoue que Préville a été charmant, d'un naturel parfait; il n'a rien chargé; on ne peut pas jouer mieux que cela; mais je parie qu'à l'exception du costume il n'a pas du tout imité Rousseau. Il a représenté un bon vieillard, très aimable, et non Rousseau, qui certainement m'aurait trouvée fort extravagante et se serait formalisé d'un semblable accueil. » A ces mots M. de Genlis et M. de Sauvigny se mirent à rire si démesurément que je commençai à m'étonner. On s'expliqua, et ma confusion fut extrême en apprenant que très véritablement je venais de recevoir J.-J. Rousseau de cette jolie manière. Je déclarai que je ne consentirais jamais à le recevoir si on l'instruisait de ma bêtise; on me promit qu'il l'ignorerait toujours, et l'ont tint parole. Ce qu'il y a de plus singulier en tout ceci, c'est que cette conduite, si niaise et si inconsidérée, me valut les bonnes grâces de Rousseau. Il dit à M. de Sauvigny que j'étais la personne la plus naturelle et la plus dénuée de prétentions qu'il eût jamais rencontrée; et certainement, sans la méprise qui m'avait donné tant d'aisance et de bonne humeur, il n'aurait vu en moi qu'une excessive timidité. Ainsi je ne dus ce succès qu'à une erreur; il ne m'était pas possible de m'en enorgueillir. Connaissant Rousseau, je le revis sans embarras, et j'ai toujours été parfaitement à mon aise avec lui. Il nous parla de ses *Confessions,* qu'il avait lues à Mme d'Egmont. Il me dit que j'étais trop jeune pour obtenir de lui la même preuve de confiance. A ce sujet il s'avisa de me demander si j'avais lu ses ouvrages; je lui répondis, avec un peu d'embarras, que non. Il voulut savoir pourquoi; ce qui m'embarrassa encore davantage, d'autant plus qu'il me regardait fixement. Il avait de petits yeux enfoncés dans la tête, mais très perçants, et qui semblaient pénétrer et lire au fond de l'âme de la personne qu'il interrogeait. Il me paraissait qu'il aurait découvert sur-le-champ un mensonge ou un détour; ainsi je n'eus point de mérite à lui dire franchement que je n'avais pas lu ses ouvrages parce qu'on prétendait qu'il y avait beaucoup de choses contre la religion. « Vous savez, répondit-il, que je ne suis pas catholique; mais personne, ajouta-t-il, n'a parlé de l'Évangile avec plus de *conviction* et de sensibilité (1). »

Rousseau venait presque tous les jours dîner chez nous, et je n'avais remarqué en lui, durant cinq mois, ni susceptibilité, ni caprice, lorsque nous pensâmes nous brouiller pour un sujet bizarre. Il aimait beaucoup une sorte de vin de Sillery, couleur de pelure d'ognon; M. de Genlis lui

(1) Si j'eusse connu ses ouvrages, j'aurais dit qu'il avait, en effet, parlé de la religion avec la plus touchante éloquence, mais j'aurais eu le courage d'ajouter que son incompréhensible inconséquence à cet égard n'en était que plus coupable et plus révoltante, puisque souvent dans le même volume, par exemple dans *Émile,* il avait placé un éloge parfait de l'Évangile et des blasphèmes. (*Note de l'auteur.*)

demanda la permission de lui en envoyer, en ajoutant qu'il le recevait lui-même en présent de son oncle. Rousseau répondit qu'il lui ferait grand plaisir de lui en envoyer deux bouteilles. Le lendemain matin M. de Genlis fit porter chez lui un panier de vingt-cinq bouteilles de ce vin, ce qui choqua Rousseau à tel point qu'il renvoya sur-le-champ le panier tout entier, avec un étrange petit billet de trois lignes qui me parut fou, car il exprimait avec énergie le dédain, la colère et un ressentiment implacable. M. de Sauvigny vint mettre le comble à notre étonnement et à notre consternation en nous disant que Rousseau était véri-

MONACO (Page 55.)

tablement furieux et qu'il protestait qu'il ne nous reverrait jamais. M. de Genlis, confondu qu'une attention si simple pût être si criminelle, demanda à M. de Sauvigny quelle raison Rousseau donnait de ce caprice; M. de Sauvigny répondit qu'il disait qu'apparemment on croyait qu'il n'avait modestement demandé deux bouteilles que pour avoir un *présent*, que cette idée était injurieuse, etc. M. de Genlis me dit que, puisque je n'étais point complice de son *impertinence*, Rousseau peut-être, en faveur de mon innocence, pourrait consentir à revenir. J'écrivis donc une assez longue lettre, que j'envoyai avec deux bouteilles présentées de ma part. Rousseau se laissa toucher; il revint; mais il fut sec et glacial avec

M. de Genlis, dont jusqu'alors il avait goûté l'esprit et la conversation, et jamais M. de Genlis n'a pu regagner ses bonnes grâces.

Deux mois après, M. de Sauvigny donna à la Comédie française une pièce intitulée *le Persifleur*. Rousseau nous avait dit qu'il n'allait point aux spectacles et qu'il évitait avec soin de se montrer en public; mais, comme il paraissait aimer beaucoup M. de Sauvigny, je le pressai de venir avec nous à la première représentation de cette pièce, et il y consentit, parce qu'on m'avait prêté une loge grillée près du théâtre, et dont l'escalier et le corridor d'entrée n'étaient pas ceux du public. Il fut convenu que je le mènerais à la comédie, et que, si la pièce avait du succès, nous sortirions avant la petite pièce, et nous reviendrions souper chez moi tous ensemble. Ce projet dérangeait un peu la vie ordinaire de Rousseau, mais il se prêta néanmoins à cet arrangement. Le jour de la représentation, Rousseau se rendit chez moi un peu avant cinq heures, et nous partîmes avec lui. Nous arrivâmes à la comédie plus d'une demi-heure avant le commencement du spectacle. En entrant dans la loge, mon premier mouvement fut de baisser la grille; Rousseau, sur-le-champ, s'y opposa fortement, en me disant qu'il était sûr que cette grille abattue me déplairait. Je lui protestai le contraire, en ajoutant que d'ailleurs c'était une chose convenue. Il répondit qu'il se placerait derrière, et que c'était tout ce qu'il désirait. J'insistai de la meilleure foi du monde, mais Rousseau tenait fortement la grille et m'empêchait de la baisser. Pendant tous ces débats, nous étions debout; notre loge, au premier rang, près de l'orchestre, donnait sur le parterre. Je craignis d'attirer les yeux sur nous; je cédai, pour finir la discussion et je m'assis. Au bout d'un moment je m'aperçus que Rousseau avançait la tête de manière à être vu. Je l'en avertis avec simplicité. Un instant après il fit deux fois le même mouvement et fut aperçu et reconnu. J'entendis plusieurs personnes dire, en regardant notre loge : « C'est Rousseau!... — Mon Dieu, lui dis-je, on vous a vu! » Il me répondit sèchement : « Cela est impossible. » Cependant on répétait de proche en proche, dans le parterre : « C'est Rousseau! c'est Rousseau! et tous les yeux se fixaient sur notre loge; mais on s'en tint là. Ce petit murmure s'évanouit sans exciter d'applaudissements. L'orchestre fit entendre le premier coup d'archet; on ne songea plus qu'au spectacle, et Rousseau fut oublié. Je venais de lui proposer encore de baisser la grille; il me répondit d'un ton très aigre qu'il n'était plus temps. « Ce n'est pas ma faute, » repris-je. « Non, sans doute, » dit-il, avec un sourire ironique et forcé. Cette réponse me blessa beaucoup; elle était d'une extrême injustice. J'étais fort troublée, et, malgré mon peu d'expérience, j'entrevoyais assez clairement la vérité. Je me flattai pourtant que ce singulier mouvement d'humeur se dissiperait promptement, et je sentis que tout ce que j'avais de mieux à faire était de n'avoir pas l'air de le remarquer. On leva la toile; le spectacle commença. Je ne fus plus occupée que de la pièce, qui réussit complètement. On demanda l'auteur à plusieurs reprises; enfin son succès n'eut rien de douteux.

Nous sortîmes de la loge; Rousseau me suivit; sa figure était sombre à faire peur. Je lui dis que l'auteur devait être bien content et que nous allions passer une jolie soirée. Il ne répondit pas un mot. Arrivée à ma voiture, j'y montai. Ensuite M. de Genlis se mit derrière Rousseau pour le laisser passer après moi; mais Rousseau, se retournant, lui dit qu'il ne viendrait pas avec nous. M. de Genlis et moi nous nous récriâmes là-dessus; Rousseau, sans répliquer, fit la révérence, nous tourna le dos et disparut.

Le lendemain M. de Sauvigny, chargé par nous d'aller l'interroger sur cette incartade, fut étrangement surpris lorsque Rousseau lui dit avec des yeux étincelants de colère, qu'il ne me reverrait de sa vie, parce que je ne l'avais mené à la comédie que pour le donner en spectacle, pour le faire voir au public comme on montre les bêtes sauvages à la foire. M. de Sauvigny répondit, d'après ce que je lui avais conté la veille, que j'avais voulu baisser la grille. Rousseau soutint que je l'avais très faiblement offert, et que d'ailleurs ma brillante parure et le choix de la loge prouvaient assez que je n'avais jamais eu l'intention de me cacher. On eut beau lui répéter que ma parure n'avait rien de recherché, et qu'une loge prêtée n'était pas une loge de choix, rien ne put l'adoucir. Ce récit me choqua tellement que, de mon côté, je ne voulus pas faire la moindre démarche pour ramener un homme si injuste à mon égard. D'ailleurs il m'était prouvé qu'il n'y avait nulle espèce de sincérité dans ses plaintes. Le fait est que, dans l'espoir d'exciter une vive sensation, il avait voulu se montrer, et que son humeur n'était causée que par le dépit de n'avoir pas produit plus d'effet (1). Je ne l'ai jamais revu depuis.

Ma tante, Mme de Montesson, voulut me garder à Paris dans sa maison jusqu'à son départ pour Barèges. Elle me donna l'appartement de feu M. de Montesson, en me disant que ma femme de chambre aurait un lit de sangle posé à côté du mien. Nous étions aux premiers jours d'avril; M. de Genlis venait de partir pour son régiment. Nous revînmes de Vincennes à la nuit. Ma tante voulut sur-le-champ m'installer dans mon logement, qui était au rez-de-chaussée; elle me demanda si j'avais

(1) Voilà l'homme qui disait à Mme de Genlis quelque temps auparavant : « Personne n'a parlé de l'Évangile avec plus de *conviction* que moi ! » On citerait de lui cent exemples de cet orgueil ridicule, et.... mille de Voltaire. Et ce sont là les coryphées de la philosophie, les hommes qui devaient faire l'éducation de la France et de toute l'Europe !...

peur d'y entrer. J'assurai que non, et, pour prouver ma bravoure, je dis qu'on n'avait qu'à me suivre, et que j'entrerais la première et sans lumière. Je fis mettre derrière moi le valet de chambre, qui portait deux bougies, et je m'avançai hardiment dans l'antichambre ouverte; mais à peine y eus-je mis le pied que je fis un saut en arrière en poussant un cri perçant; je venais de sentir bien distinctement une grande main froide et décharnée s'appliquer tout entière sur mon visage, en me repoussant avec force.... Je tombai presque évanouie dans les bras de ma tante, qui fut très effrayée de l'état convulsif où j'étais. Elle vit bien qu'il m'était arrivé quelque chose de très singulier. Elle me questionna. Je répondis, en mots entrecoupés, qu'une main de squelette m'avait repoussée. Le valet de chambre entra avec les lumières, et il donna sur-le-champ l'explication du prétendu prodige. C'était un oranger desséché, posé contre la porte, dont une branche sèche et roide, s'étendant devant la porte, s'était trouvée à la hauteur de mon visage et m'avait causé cette étrange frayeur. Cette branche faisait véritablement, au toucher, l'illusion d'une main de squelette. Tout le monde en essaya l'effet, et l'on convint que, dans l'appartement d'un mort, et avec la peur des revenants, cette branche repoussante équivalait à la plus terrible apparition.

Vers le même temps eut lieu le feu d'artifice si malheureusement célèbre qui fut tiré sur la place Louis XV, en réjouissance du mariage de monsieur le Dauphin; M. de Genlis venait de partir pour son régiment; j'allai à ce feu avec Mme la marquise de Brugnon. M. de La Reynière faisait bâtir une belle maison sur la place Louis XV; il me donna, pour voir le feu, une des pièces du rez-de-chaussée. Comme on nous disait qu'il y aurait un monde énorme, j'y allai après le dîner, en sortant de table, avec Mme de Brugnon et MM. de Nédonchel et de Bouzolle. Nous arrivâmes sans obstacles, mais nous attendîmes beaucoup plus longtemps que nous ne l'avions imaginé, ce qui m'impatienta tellement que je dis que mon envie de voir le feu d'artifice était passée et que je ne le regarderais pas. On crut que c'était une plaisanterie; on me défia en badinant, et j'acceptai sérieusement le défi. Dès la première fusée je fermai les yeux, et rien ne put me les faire rouvrir tant que dura le feu. Lorsqu'il fut fini, MM. de Bouzolle et de Nédonchel nous laissèrent pour aller chercher nos gens et faire avancer notre voiture; ils ne revinrent qu'à minuit. Nous étions d'autant plus inquiètes que nous entendions un vacarme épouvantable sur la place. Enfin ces messieurs revinrent; ils ne voulurent pas nous dire que l'on se culbutait, que l'on s'écrasait sur la place, et que tout y était dans une horrible confusion;

mais ils nous déclarèrent qu'il y avait des embarras affreux, qu'il était impossible de trouver nos gens, et qu'il fallait se décider à attendre encore au moins deux heures. Ils nous apportaient une poularde, qu'ils avaient prise, avec des gâteaux, chez un traiteur, et, comme nous allions souper, nous entendîmes des gémissements au bas de nos fenêtres; c'étaient deux vieilles dames, Mme la marquise d'Albert et Mme la comtesse de Renti, ancienne dame d'honneur de feu Mme la princesse de Condé. Ces deux dames, en allant chercher leur voiture, avaient été entraînées par la foule et séparées de leurs gens. Nous les recueillîmes, et, comme il n'y avait pas moyen de faire le tour de la maison pour les faire entrer par la porte, on les hissa par la fenêtre, qui heureusement n'était pas haute; mais leur âge, leurs grands paniers et leur effroi rendirent cet enlèvement fort difficile. Toute la gaieté qu'il nous causa s'évanouit en voyant Mme d'Albert qui avait la poitrine tout couverte de sang, parce que, dans la foule, on lui avait arraché une de ses boucles d'oreilles.

Nous restâmes là jusqu'à deux heures après minuit. Nos dames étrangères ne retrouvèrent ni leurs gens, ni leur voiture; je fus obligée de les mener chez elles, et je ne rentrai à l'hôtel de Puisieux qu'à trois heures un quart. J'y trouvai tout le monde sur pied et dans les plus vives inquiétudes; on me croyait tuée, car on savait, ce que j'ignorais, qu'une infinité de personnes avait péri sur cette fatale place (environ six mille personnes, selon le calcul le plus modéré). Mme de Puisieux, tout en larmes, m'apprit les désastres de cette funeste soirée; ce qui les avait causés, c'étaient de petites rigoles fort peu profondes, sur la place Louis XV; la foule, en se pressant, ne les vit point; ces rigoles firent tomber ceux qui les rencontrèrent, et les autres les écrasèrent ou les étouffèrent. Mme de Puisieux, pour la première fois depuis son veuvage, avait soupé dehors, chez Mme d'Egmont. A deux pas de l'hôtel d'Egmont était un corps de garde, près de la place Louis XV; on y apporta une multitude de cadavres que l'on essaya vainement de rappeler à la vie; ce fut ainsi que Mme de Puisieux apprit cette horrible catastrophe. Le lendemain fut un jour de désolation, surtout parmi le peuple et les artisans; il n'y eut presque personne, dans cette classe, qui n'eût un malheur à déplorer. Milot, maître d'hôtel de Mme de Puisieux, perdit un cousin germain; ma femme de chambre alla reconnaître à la Morgue le cadavre de sa sœur, jeune fille de vingt ans, en apprentissage chez un fourreur. Toutes les personnes de notre connaissance nous racontèrent de semblables événements. Pendant quatre ou cinq jours, il ne fut question dans tous les entretiens que de cette déplorable histoire, que tout le monde regarda comme le plus sinistre présage. En effet, il est bien frappant qu'à l'occasion du mariage de l'infortuné Louis XVI tant de sang ait coulé sur cette même place où ce prince et son épouse devaient être immolés avec tant d'autres innocentes victimes (1)!...

M. de Genlis demanda et obtint la place de capitaine des gardes de M. le duc de Chartres; c'était une des premières places de la maison: elle valait six mille francs; j'eus en même temps celle de dame, qui en valait quatre.... Le jour où je dus entrer au Palais-Royal, mille réflexions affligeantes s'offrirent en foule à mon imagination : j'abandonnais, à vingt-quatre ans, l'asile le plus sûr et le plus honorable, pour aller habiter un dangereux séjour, où j'étais certaine de ne trouver aucun guide, aucun soutien!... Jusque-là, recherchée, aimée généralement, je n'avais reçu que des témoignages de bienveillance et d'amitié; je n'avais pas un seul ennemi; je n'avais pas éprouvé une seule méchanceté, ou même l'apparence d'une tracasserie; je portais au Palais-Royal une réputation irréprochable, et j'allais commencer une nouvelle carrière. J'y voyais confusément beaucoup d'écueils et de dangers; mais j'y voyais de l'éclat... et je me laissais entraîner par la vanité, par la curiosité et par la présomption. Ce ne sont pas communément les grandes passions qui nous perdent : leur danger est manifeste; quand on est bien né, on emploie contre elles toute sa force et l'on en triomphe; mais on ne se défie point assez d'une infinité de petits sentiments puérils qui ne présentent rien de vicieux, et qui, peu à peu, nous maîtrisent et nous engagent dans de fausses routes. Dans la conduite de la vie, une manière pernicieuse de se décider est de ne considérer une action que par ce qu'elle est en elle-même, et de rassurer sa conscience en se répétant qu'elle n'a rien de répréhensible. Il faut surtout réfléchir à ses conséquences, et bien examiner si notre situation, notre caractère, nos sentiments particuliers ne la rendent pas ou dangereuse ou condamnable pour nous. Lorsqu'on a du penchant pour une chose, on se garde bien de calculer ainsi, et c'est cependant alors ce qu'il faudrait faire (2).

Je sortis à neuf heures du matin de ma chambre. Je tremblais; il me semblait que je m'évadais comme une coupable.... Je rencontrai sur l'escalier plusieurs domestiques qui me dirent adieu en pleurant; le bon Milot sanglotait. « Ah! me dit-il, madame la comtesse, pourquoi nous quittez-vous? On ne vous aimera jamais ailleurs comme on vous aimait ici.... » Ce furent ses propres paroles; elles pénétrèrent jusqu'au fond de mon âme; je ne pus lui répondre que par des pleurs.... En traver-

(1) On ne peut s'empêcher d'établir un rapprochement entre cette affreuse catastrophe et celle qui eut lieu naguère, dans des circonstances si semblables, aux fêtes du couronnement de Nicolas II, Czar de Russie. Quant aux présages, on sait combien ils sont souvent trompeurs.

(2) Excellents conseils, dont chacun peut faire son profit.

sant la rue, je regardai, tant que je pus la voir, la façade de cet hôtel que j'abandonnais sans retour. Je sentais que j'y avais laissé, pour ne plus le retrouver, tout le repos de ma vie!... Nous passâmes dans la rue du Bac, et devant la maison qu'avait habitée Mme de Custines. Je jetai les yeux sur ses fenêtres et je fondis en larmes.

Comme mon logement au Palais-Royal n'était point encore prêt, je logeai d'abord dans ce qu'on appelait les petits appartements de M. le Régent, que ce prince avait en effet habités. Ils avaient encore les mêmes décorations; tous les panneaux et l'alcôve de la chambre à coucher étaient en glaces, avec des baguettes dorées; ils étaient au bout de la grande galerie.

A cette époque (1), de grands souvenirs et des traditions récentes maintenaient encore en France de bons principes, des idées saines et des vertus nationales, affaiblies déjà néanmoins par des écrits pernicieux et par un règne plein de faiblesses; mais on trouvait encore, à la ville et à la cour, ce ton de si bon goût, cette politesse dont chaque Français avait le droit de s'enorgueillir, puisqu'elle était citée dans toute l'Europe comme le modèle le plus parfait de la grâce, de l'élégance et de la noblesse. On rencontrait alors dans la société plusieurs femmes et quelques grands seigneurs qui avaient vu Louis XIV; on les respectait comme les débris d'un beau siècle. La jeunesse, contenue par leur seule présence, devenait naturellement, auprès d'eux, réservée, modeste, attentive; on les écoutait avec intérêt; on croyait entendre parler l'histoire. On les consultait sur l'étiquette, sur les usages; leur suffrage était le succès le plus désirable pour ceux qui débutaient dans le monde; enfin, contemporains de tant de grands hommes en tout genre, ces vénérables personnages semblaient placés dans la société pour maintenir les idées d'urbanité, de gloire, de patriotisme, ou du moins pour y suspendre une triste décadence! Mais bientôt l'expression de ces sentiments ne fut presque plus qu'un noble langage, qu'une simple théorie de procédés généreux et délicats; on ne tenait plus à la vertu que par un reste de bon goût, qui en faisait aimer encore le ton et l'apparence. Chacun, pour cacher sa manière de penser, devint plus rigide sur les bienséances; on raffina, dans la conversation, sur la délicatesse, sur la grandeur d'âme, sur les devoirs de l'amitié; on créa même des vertus chimériques. Rien ne coûtait en ce genre; l'heureux accord entre les discours et la conduite n'existait plus; mais l'hypocrisie se décèle par l'exagération; elle ne sait où s'arrêter. La fausse sensibilité n'a point de nuances; elle n'emploie jamais, pour se peindre, que les plus fortes couleurs, et toujours elle les prodigue ridiculement. Il

(1) Vers 1770.

s'établit dans la société une secte très nombreuse d'hommes et de femmes qui se déclarèrent partisans et dépositaires des anciennes traditions sur le goût, l'étiquette et même la morale, qu'ils se vantaient d'avoir perfectionnée; ils s'érigèrent en juges suprêmes de toutes les convenances sociales, et s'arrogèrent exclusivement le titre imposant de *bonne compagnie.*

Un mauvais ton et toute aventure scandaleuse excluaient ou bannissaient de cette société; mais il ne fallait ni une vie sans tache, ni un mérite supérieur pour y être admis. On n'exigeait que deux choses : un bon ton, des manières nobles, et un genre de considération acquis dans le monde, soit par le rang, la naissance ou le crédit à la cour, soit par le faste, les richesses, ou l'esprit et les agréments personnels.

Les prétentions, même peu fondées, lorsqu'on les soutient constamment, finissent toujours par assurer dans le monde une sorte d'état plus ou moins honorable, suivant leur genre, lorsqu'on a de la fortune, un peu d'esprit et une bonne maison. Les observateurs et les gens malins s'en moquent; mais on y cède; il semble que leur ténacité les justifie. Les fats, décriés et méprisés par toutes les femmes, n'en passent pas moins pour des hommes à bonnes fortunes. Les importants sans crédit n'en imposent à personne; cependant ils sont ménagés et sollicités par tous les ambitieux et les intrigants, qui, à tout hasard, sur leur parole, pensent qu'il est prudent de les mettre dans leurs intérêts. Les prudes obtiennent les égards extérieurs qui sont dus à la vertu. Les pédants, sans instruction réelle, jouissent, dans la conversation, de presque toutes les déférences accordées aux savants. En réfléchissant sur ce bonheur infaillible des prétentions persévérantes, qui pourrait attacher une grande importance aux succès de société?

Le cercle usurpateur et dédaigneux dont je viens de parler, cette société si dénigrante pour toutes les autres, excita contre elle beaucoup d'inimitiés; mais, comme elle recevait dans son sein tous ceux qui avaient un mérite supérieur bien reconnu, ou ceux que quelques brillants avantages mettaient à la mode, l'animosité qu'elle inspirait, étant évidemment produite par l'envie, ne servit qu'à lui donner plus d'éclat, et l'on s'accorda unanimement à la désigner par le titre de *grande société*, qu'elle a gardé jusqu'à la Révolution; ce qui ne voulait pas dire *plus nombreuse*, mais ce qui, dans l'opinion universelle, signifiait la mieux choisie et la plus brillante par le rang, la considération personnelle, le ton et les manières de ceux qui la composaient.

Là, dans les cercles trop étendus pour autoriser la confiance, et qui, en même temps, ne l'étaient pas assez pour que la conversation générale y fût impossible; là, dans les assemblées de quinze ou vingt personnes, se trouvaient, en effet, réunies toute l'aménité et toutes les grâces françaises. Tous les moyens de plaire et d'intéresser y étaient combinés avec une étonnante sagacité. On sentit que, pour se distinguer de la mauvaise compagnie et des sociétés vulgaires, il fallait conserver (en représentation) le ton et les manières qui annonçaient le mieux la modestie, la réserve, la bonté, l'indulgence, la décence, la douceur et la noblesse des sentiments. Ainsi le seul bon goût fit connaître que, même seulement pour briller, il fallait emprunter toutes les formes des vertus les plus aimables. La politesse, dans ces assemblées, avait toute

Parmi des ruines d'un très bel effet.... (Page 55.)

l'aisance et toute la grâce que peuvent lui donner l'habitude prise dès l'enfance et la délicatesse de l'esprit; la médisance était bannie de ces conversations générales : son âcreté ne pouvait s'allier avec le charme de douceur que chaque personne y apportait. Jamais la discussion n'y dégénérait en dispute. Là se trouvait, dans toute sa perfection, l'art de louer sans fadeur et sans emphase, de répondre à un éloge sans le dédaigner et sans l'accepter, de faire valoir les autres sans paraître les protéger, et d'écouter avec une obligeante attention. Si toutes ces apparences eussent été fondées sur la morale, on aurait vu l'âge d'or de la civilisation. C'était l'écorce des anciennes mœurs, conservée par l'habitude et le bon goût, qui survit toujours quelque temps aux principes, mais qui, n'ayant plus alors de base solide, s'altère peu à peu, et finit par se gâter et se perdre à force de raffinement et d'exagération.

J'eus l'hiver d'après une grande distraction dans mes études particulières; Gluck vint à Paris pour y faire jouer ses opéras. Les loges du Palais-Royal donnaient dans les appartements du palais; en sortant de dîner je n'avais qu'une porte de la salle à manger à ouvrir pour être dans une de nos loges. Cette commodité, mon goût passionné pour la musique, et le plaisir extrême de voir Gluck à toutes les répétitions, se mettre en colère contre les acteurs et les musiciens, et leur donner à tous d'excellentes leçons, me faisait passer toutes mes après-dîners dans une loge. Ensuite je voulais voir les représentations, de sorte qu'une grande partie de ma vie s'écoulait à l'Opéra. Gluck venait deux fois la semaine, avec Monsigny, M. de Monville et Jarnovitz, le célèbre violon, faire de la musique chez moi; il me faisait chanter tous ses beaux airs et jouer sur la harpe ses ouvertures, entre autre celle d'*Iphigénie,* que j'aimais avec enthousiasme. On imagine bien que je me déclarai Gluckiste, et que je me moquai de toutes les disputes sur Gluck et Piccini des gens de lettres qui ne savaient pas un mot de musique; ce qui me fit mes premiers ennemis dans la littérature, car j'étais dans la société une autorité en musique, et les littérateurs gluckistes ne me pardonnaient pas, étant de mon parti, de me moquer d'eux; mais ils défendaient Gluck si ridiculement que je ne les épargnais pas plus que les autres.

Je sentis enfin, au mois de mars de cet hiver, que la musique, Gluck et l'Opéra prenaient beaucoup trop d'ascendant sur moi. Comme il m'a toujours paru qu'il est moins difficile de *renoncer* tout à fait que de *se modérer,* je fis vœu de ne plus aller à l'Opéra et aux spectacles que lorsque je serais forcée, par ma place, d'y suivre Mme la duchesse de Chartres; ce qui arriva rarement, parce que mes compagnes ne demandaient pas mieux que de me remplacer dans ce cas. Ce fut pour moi un très grand sacrifice, car j'ai été parfaitement fidèle à ce vœu. Je voudrais bien aujourd'hui que la religion me l'eût fait faire; mais ce fut uniquement le goût de l'étude et la vanité de me distinguer qui me firent prendre cette résolution.

J'eus l'occasion de faire en ce temps-là un voyage à Lausanne. De Lausanne, j'allai à Genève, et de là chez M. de Voltaire (1).

Je n'avais point pour lui de lettres de recommandation; je lui écrivis

(1) On sait quel était parmi la société mondaine de cette époque l'engouement universel pour Voltaire.

pour lui demander la permission de me présenter chez lui. Il n'y avait, dans mon billet, ni esprit, ni prétentions, ni fadeurs, et je le datai du mois d'août. M. de Voltaire voulait qu'on écrivît du mois d'*Auguste*. Cette petite pédanterie me parut une flatterie, et j'écrivis fièrement « du mois d'août. » Le philosophe de Ferney me fit une réponse très gracieuse; il m'annonça qu'en ma faveur il quitterait ses pantoufles et sa robe de chambre, et il m'invita à dîner et à souper.

Quand j'eus reçu la réponse aimable de M. de Voltaire, il me prit tout à coup une espèce de frayeur qui me fit faire des réflexions inquiétantes. Je me rappelai tout ce qu'on racontait des personnes qui allaient pour la première fois à Ferney. Il était d'usage, surtout pour les femmes, de s'émouvoir, de pâlir, de s'attendrir, et même de se trouver mal en apercevant M. de Voltaire; on balbutiait, on pleurait, on était dans un trouble inexprimable : c'était l'étiquette de la présentation à Ferney. M. de Voltaire y était tellement accoutumé que le calme et la seule politesse la plus obligeante ne pouvaient lui paraître que de l'impertinence ou de la stupidité. Cependant je suis naturellement timide et d'une froideur glaciale avec les gens que je ne connais pas; je n'ai jamais eu le courage de donner une louange *en face* à ceux avec lesquels je ne suis pas intimement liée; il me semble qu'alors tout éloge est suspect de flatterie, qu'il ne saurait être de bon goût et qu'il doit déplaire ou blesser. Je me promis pourtant, non pas de faire une scène pathétique, mais de me conduire de manière à ne pas causer un grand étonnement, c'est-à-dire que je pris la résolution de n'être pas ridicule, de sortir de ma simplicité habituelle, et d'être moins réservée et surtout moins silencieuse.

Je partis de Genève d'assez bonne heure, suivant mon calcul, pour arriver à Ferney avant l'heure du dîner de M. de Voltaire; mais, m'étant réglée sur ma montre, qui avançait beaucoup, je ne reconnus mon erreur qu'à Ferney. Il n'y a guère de gaucherie plus désagréable que celle d'arriver trop tôt pour dîner chez les gens qui s'occupent et qui savent employer leur matinée. Je suis sûre que j'ai coûté une ou deux pages à M. de Voltaire; ce qui me console, c'est qu'il ne faisait plus de tragédies; je ne l'aurai empêché que d'écrire quelques impiétés, quelques lignes licencieuses de plus....

Cherchant, de bonne foi, quelque moyen de plaire à l'homme célèbre qui voulait bien me recevoir, j'avais mis beaucoup de soin à me parer; je n'ai jamais eu tant de plumes et tant de fleurs. J'avais un fâcheux pressentiment que mes prétentions en ce genre seraient les seules qui dussent avoir quelque succès. Durant la route, je tâchai de me ranimer en faveur du fameux vieillard que j'allais voir; je répétais des vers de *la Henriade* et de ses tragédies; mais je sentais que, même en supposant qu'il n'eût jamais profané son talent par tant d'indignes productions, et qu'il n'eût fait que les belles choses qui doivent l'immortaliser, je n'aurais eu, en sa présence, qu'une admiration silencieuse. Il serait permis, il serait simple de montrer de l'enthousiasme pour un héros, pour le libérateur de la patrie, parce que, sans instruction et sans esprit, on peut comprendre de telles actions, et que la reconnaissance semble autoriser l'expression du sentiment qu'elles inspirent; mais, lorsqu'on se déclare le partisan d'un homme de lettres, on annonce qu'on se croit en état de juger convenablement tous ses ouvrages; on s'engage à lui en parler, à disserter, à détailler ses opinions. Combien toutes ces choses sont déplacées dans la jeunesse, et surtout dans une femme!...

Je menai avec moi un peintre allemand, qui revenait d'Italie, M. Ott. Il avait beaucoup de talent et très peu de littérature; il savait à peine le français, et il n'avait jamais lu une ligne de Voltaire; mais sur sa réputation, il n'en avait pas moins pour lui tout l'enthousiasme *désirable*. J'admirais et j'enviais ses transports; j'aurais voulu en prendre quelque chose. On nous fit passer devant une église sur le portail de laquelle ces mots étaient écrits : « Voltaire a élevé ce temple à Dieu. » Cette inscription me fit frémir; elle ne peut être que l'extravagante ironie de l'impiété ou l'inconséquence la plus étrange.

Enfin nous arrivons dans la cour du château et nous descendons de voiture. Nous entrons. Nous voilà dans une antichambre assez obscure. M. Ott aperçoit sur-le-champ un tableau et s'écrie : « C'est un Corrège! » Nous approchons; on le voyait mal, mais c'était en effet un tableau original du Corrège, et M. Ott fut un peu scandalisé qu'on l'eût relégué là. Nous passons dans le salon; il était vide. Je vis dans le château cette espèce de rumeur désagréable que produit une visite inopinée qui survient mal à propos. Les domestiques avaient un air effaré; on entendait le bruit redoublé des sonnettes qui les appelaient, on allait et venait précipitamment, on ouvrait et fermait brusquement les portes. Je regardai à la pendule du salon, et je reconnus avec douleur que j'étais arrivée trois quarts d'heure trop tôt, ce qui ne contribua pas à me donner de l'aisance et de la confiance. M. Ott vit, à l'autre extrémité du salon, un grand tableau à l'huile : un cadre superbe et l'honneur d'être placé dans le salon annonçaient quelque chose de beau. Nous y accourons, et, à notre grande surprise, nous découvrons une véritable enseigne à bière, une peinture ridicule et représentant M. de Voltaire dans une gloire, tout entouré de rayons comme un saint, ayant à ses genoux les Calas, et foulant aux pieds ses ennemis, Fréron, Pompignan, etc., qui expriment leur humiliation en ouvrant des bouches énormes et en faisant des grimaces effroyables. M. Ott fut indigné du dessin, du coloris, et moi de la composition. « Comment peut-on placer cela dans un salon! » disais-je. « Oui, disait M. Ott, et quand on laisse un tableau du Corrège dans une vilaine antichambre!... » Ce tableau est entièrement de l'invention d'un mauvais peintre genevois, qui en avait fait présent à M. de Voltaire; mais il me paraît inconcevable que ce dernier ait eu le mauvais goût d'exposer pompeusement à tous les yeux une telle platitude.

Enfin la porte du salon s'ouvrit, et nous vîmes paraître Mme Denis, la nièce de M. de Voltaire, et Mme de Saint-Julien. Ces dames m'annoncèrent que M. de Voltaire viendrait bientôt. Mme de Saint-Julien, qui était fort aimable, et que je ne connaissais pas du tout, était établie pour tout l'été à Ferney; elle appelait M. de Voltaire *mon philosophe*. Elle portait une médaille d'or. J'ai cru que c'était un ordre; mais c'était un prix d'arquebuse donné par M. de Voltaire, et qu'elle avait gagné depuis peu de jours (!). Une telle adresse était un exploit pour une femme. Elle me proposa de faire un tour de promenade, ce que j'acceptai avec empressement, car je me sentais si refroidie, si embarrassée, je craignais tellement l'apparition du maître de la maison, que j'étais charmée de m'échapper un moment, afin de retarder un peu une terrible entrevue. Mme de Saint-Julien me conduisit sur une terrasse de laquelle on eût pu découvrir la magnifique vue du lac et des montagnes, si l'on n'avait pas eu le mauvais goût d'établir sur cette belle terrasse un long berceau de treillage tout couvert d'une verdure épaisse qui cachait tout. On n'entrevoyait cette admirable perspective que par de petites lucarnes où je ne pouvais passer la tête; d'ailleurs le berceau était si bas que mes plumes s'y accrochaient partout. Je me courbais extrêmement, et comme, pour me rapetisser encore, je ployais beaucoup sur les genoux, je marchais à toute minute sur ma robe, je chancelais, je trébuchais, je cassais mes plumes, et, dans l'attitude la plus gênante, je n'étais guère en état de jouir de la conversation de Mme de Saint-Julien, qui, petite, en habit négligé du matin, se promenait très à son aise, et causait très agréablement. Je lui demandai, en riant, si M. de Voltaire n'avait pas trouvé mauvais que j'eusse daté ma lettre du mois d'août; elle me répondit que non, mais elle ajouta qu'il avait remarqué que je n'écrivais pas avec son orthographe. Enfin on vint nous dire que M. de Voltaire entrait dans le salon. J'étais si harassée et en si mauvaise disposition que j'aurais donné tout au monde pour pouvoir me trouver transportée dans mon auberge à Genève.

Mme de Saint-Julien, me jugeant d'après ses impressions, m'entraîne avec vivacité. Nous regagnons la maison, et j'eus le chagrin, en passant dans une des pièces du château, de me voir dans une glace. J'étais décoiffée et toute ébouriffée, et j'avais une mine véritablement piteuse et tout à fait décomposée. Je m'arrêtai un instant pour me rajuster, ensuite je suivis courageusement Mme de Saint-Julien. Nous entrons dans le salon, et me voilà en présence de M. de Voltaire. Je m'avançai gravement, avec l'expression du respect que l'on doit aux grands talents et à la vieillesse; puis je lui présentai M. Ott, qui fut si transporté de s'entendre nommer à M. de Voltaire que je crus qu'il allait faire une scène. Il s'empressa de tirer de sa poche des miniatures qu'il avait faites à Berne. Malheureusement, un de ces tableaux représentait une Vierge avec l'enfant Jésus, ce qui fit dire à M. de Voltaire plusieurs impiétés aussi plates que révoltantes. Je trouvai qu'il était contre les devoirs de l'hospitalité et contre toute bienséance de s'exprimer ainsi devant une personne de mon âge, qui ne s'affichait pas pour un *esprit fort,* et qu'il recevait pour la première fois. Extrêmement choquée, je me tournai du côté de Mme Denis, afin d'avoir l'air de ne pas écouter son oncle. Il changea d'entretien, parla de l'Italie et des arts comme il en a écrit, c'est-à-dire sans connaissance et sans goût. Je ne dis que quelques mots, qui exprimaient que je n'étais pas de son avis. Il ne fut question de littérature ni avant ni après le dîner, M. de Voltaire ne jugeant pas, je crois, que cette conversation dût intéresser une personne qui s'annonçait d'une manière aussi peu brillante. Néanmoins il soutint l'entretien avec politesse.

On se mit à table, et, pendant tout le dîner, M. de Voltaire ne fut rien moins qu'aimable. Il eut toujours l'air d'être en colère contre ses gens, criant à tue-tête, avec une telle force qu'involontairement j'en ai plusieurs fois tressailli. La salle à manger était très sonore, et sa voix de tonnerre y retentissait de la manière la plus effrayante. On m'avait prévenue de cette manie, qui est si hors d'usage devant les étrangers; et l'on voit parfaitement, en effet, que c'est une habitude, car ses gens n'en paraissent être ni surpris, ni le moins du monde troublés (1). Après le dîner, M. de Voltaire, sachant que j'étais musicienne, a fait jouer à Mme Denis du clavecin. Elle a un jeu qui transporte, en idée, au temps de Louis XIV; mais ce souvenir-là n'est pas le plus agréable qu'on puisse se retracer de ce beau siècle. Elle finissait une pièce de Rameau lorsqu'une jolie petite fille de sept ou huit ans entra dans la chambre et vint se jeter au cou de M. de Voltaire. Il reçut ses caresses avec grâce, et, comme il vit que je contemplais ce tableau si doux avec plaisir, il me

(1) Jusque dans les derniers jours de sa vie, Voltaire fut sujet à ces emportements ; les scènes les plus violentes dont il donna le scandale, et dont les victimes n'étaient pas seulement ses domestiques, se produisirent encore très peu de temps avant sa mort.

dit que cette enfant appartenait à la petite-fille du grand Corneille, qu'il a mariée. Combien j'eusse été touchée dans ce moment si je ne m'étais pas rappelé ses *Commentaires* (1), où l'injustice et l'envie se trahissent si maladroitement! Dans ce lieu on était à chaque instant blessé par des contrastes bizarres, et sans cesse l'admiration y était suspendue et même détruite par des souvenirs odieux et même par des disparates révoltantes.

M. de Voltaire reçut plusieurs visites de Genève; ensuite il me proposa une promenade en voiture. Il fit mettre ses chevaux, et nous montâmes dans une berline, lui, sa nièce, Mme de Saint-Julien et moi. Il nous mena dans le village pour y voir les maisons qu'il a bâties et les établissements bienfaisants qu'il a formés. Il est plus grand là que dans ses livres, et l'on ne peut se persuader que la même main qui écrivit tant d'impiétés, de faussetés et de méchancetés, ait fait des choses si utiles. Il montrait ce village à tous les étrangers. En rentrant au château, la conversation fut fort animée; on parlait avec intérêt de ce qu'on avait vu. Je ne partis qu'à la nuit. M. de Voltaire me proposa de rester jusqu'au lendemain après dîner; mais je voulus retourner à Genève.

Tous les portraits et tous les bustes de M. de Voltaire sont très ressemblants, mais aucun artiste n'a bien rendu ses yeux. Je m'attendais à les trouver brillants et pleins de feu; ils étaient en effet les plus spirituels que j'aie vus; mais ils avaient en même temps quelque chose de velouté : l'âme de Zaïre était tout entière dans ces yeux-là. Son sourire et son rire extrêmement malicieux changeaient tout à fait cette charmante expression. Il était fort cassé, et sa manière gothique de se mettre le vieillissait encore. Il avait une voix sépulcrale qui lui donnait un ton singulier, d'autant plus qu'il avait l'habitude de parler excessivement haut, quoiqu'il ne fût pas sourd.

Quand il n'était question ni de la religion, ni de ses ennemis, sa conversation était simple, naturelle, sans nulle prétention, et par conséquent, avec un esprit tel que le sien, parfaitement aimable. Il me parut qu'il ne supportait pas que l'on eût, sur aucun point, une opinion différente de la sienne; pour peu qu'on le contredît, son ton prenait de l'aigreur et devenait tranchant. Il avait certainement beaucoup perdu de l'usage du monde qu'il avait dû avoir, et rien n'est plus simple; depuis qu'il était dans cette terre, on n'allait le voir que pour l'enivrer de louanges; ses décisions étaient des oracles; tout ce qui l'entourait était à ses pieds; il n'entendait parler que de l'admiration qu'il inspirait, et les exagérations les plus ridicules dans ce genre ne lui paraissaient plus que des hommages ordinaires. Les rois même n'ont jamais été les objets d'une adulation si outrée; du moins l'étiquette défend de leur

(1) Les commentaires sur les tragédies de Corneille.

prodiguer toutes ces flatteries; on n'entre point en conversation avec eux; leur présence impose silence, et, grâce au respect, la flatterie, à la cour, est obligée d'avoir de la pudeur et de ne se montrer que sous des formes délicates. Je ne l'ai jamais vue sans ménagement qu'à Ferney; elle y était véritablement grotesque, et lorsque, par l'habitude, elle peut plaire sous de semblables traits, elle doit nécessairement gâter le goût, le ton et les manières de celui qu'elle séduit. Voilà pourquoi l'amour-propre de M. de Voltaire était singulièrement irritable, et pourquoi les critiques lui causaient ce chagrin puéril qu'il ne pouvait dissimuler. Il venait d'en éprouver un très sensible. L'empereur avait passé tout près de Ferney; M. de Voltaire, qui s'attendait à recevoir la visite de l'illustre voyageur, avait préparé des fêtes et même fait des vers et des couplets, et malheureusement tout le monde le savait. L'empereur passa sans s'arrêter et sans faire dire un seul mot. Comme il approchait de Ferney, quelqu'un lui demanda s'il verrait M. de Voltaire; l'empereur répondit sèchement : « Non; je le connais assez. » Mot piquant et même profond, qui prouve que ce prince lisait en homme d'esprit et en monarque éclairé.

J'étais allée à Toulon avec M. de Genlis, M. le duc (1) et Mme la duchesse de Chartres. Le duc s'embarqua pour faire une campagne de mer, et nous fîmes le coup de tête, concerté avec lui, d'aller, sans permission de la cour, en Italie. Mme la duchesse de Chartres, lorsque nous fûmes à Antibes, écrivit au roi une lettre d'excuses, assurant que ce voyage n'avait point été prémédité, et donnant pour excuse le désir de voir son grand-père, le duc de Modène. Nous fûmes obligés d'attendre les vents favorables pendant dix jours à Antibes; mais nous ne nous y ennuyâmes point. J'avais porté ma harpe avec moi; elle était, non sur la voiture des femmes, mais sur la nôtre, et pendant tout le voyage on la portait dans ma chambre tous les soirs, aux couchées, et j'en jouais toujours avant de me mettre au lit. Je ne crois pas y avoir manqué plus de deux ou trois fois; je ne m'en suis séparée que pour le voyage de la Corniche. Nous faisions de la musique tous les soirs, deux ou trois heures; nous causions, et le temps se passa fort agréablement. Nous nous embarquâmes enfin pour aller à Nice, avec une felouque d'escorte qui portait un régiment tout entier pour nous garantir des corsaires. Cette précaution, qui annonçait des dangers et le risque de combats, plut à mon imagination romanesque; j'improvisai là-dessus

(1) Plus tard duc d'Orléans. C'est ce triste personnage qui, sous la Révolution, changea son nom en celui de Philippe-Égalité, vota la mort de Louis XVI et finit par monter lui-même à l'échafaud. Son fils aîné, dont il sera parlé plus loin, a été Louis-Philippe. La duchesse de Chartres était un modèle de toutes les vertus.

un roman qui amusa beaucoup mes compagnons de voyage. Nice est un séjour délicieux; nous y passâmes six jours, pendant lesquels je fis de longues promenades sur les montagnes fleuries et parfumées qui l'entourent et sur les bords de la mer. Apprenant là que l'on pouvait aller à Gênes par terre, en chaise à porteurs, nous prîmes tout à coup la résolution de faire ce périlleux voyage, dont le nom seul est effrayant, puisque ce chemin s'appelle très justement la Corniche.

J'envoyai chercher l'homme qui nous louait des mulets. Je voulais le questionner sur les dangers de la route. Mme de Rully fut présente à cet entretien. Cet homme, après m'avoir attentivement écoutée, me répondit en propres termes : « Je ne suis point inquiet pour vous, Mesdames; mais, à dire la vérité, je crains un peu pour mes mulets, parce que l'an passé j'en perdis deux qui furent écrasés par de gros morceaux de roches qui tombèrent sur eux, car il s'en détache souvent de la montagne. » Cette manière de nous tranquilliser ne nous rassura pas beaucoup; mais cependant elle nous fit rire et nous partîmes.

En sortant de Nice on trouve le vieux château de Montalban, pris par les Français en 1744; deux lieues plus loin nous nous arrêtâmes à la vue de la tour d'Eze, dominant sur la mer, et dont la situation est admirable; au bout d'une heure nous reprîmes notre marche. Cette route est parfaitement bien nommée *la Corniche;* c'est en effet presque toujours une vraie corniche, en beaucoup d'endroits si étroite qu'une personne y peut à peine passer; d'un côté, d'énormes rochers forment une espèce de muraille qui paraît s'élever jusqu'aux cieux, et de l'autre on se trouve exactement sur le bord de précipices de cinq cents pieds, au fond desquels la mer, se brisant contre des écueils, produit un bruit aussi triste qu'effrayant (1). Dans tous les passages véritablement dangereux nous avons mis pied à terre, et on nous les a fait passer en nous tenant le bras. Depuis Monaco jusqu'à Menton l'on respire; le chemin est très beau. Cette dernière ville est agréable; elle est située sur le bord de la mer, et l'on y trouve une quantité de citronniers et d'orangers dont l'air est embaumé. Après Menton le chemin redevient effroyable; cependant nous commencions à nous y accoutumer, et la vue d'une prodigieuse quantité de jolies cascades naturelles nous charmait tellement qu'elle nous faisait oublier presque les précipices. Arrivés à Bordighera, petite ville où l'on trouve de superbes palmiers dispersés parmi des ruines d'un très bel effet, il a fallu s'arrêter encore pour jouir du plus ravissant point de vue que nous eussions rencontré.

Enfin, à sept heures, la nuit tombante nous a forcés d'arrêter et de

(1) Aujourd'hui *la Corniche*, ses rochers, ses précipices ne sont plus à craindre ; la route nouvelle permet d'y voyager en voiture à six chevaux.

coucher à l'Hospitaletta, le plus affreux gîte où l'on ait jamais donné l'hospitalité, et qui n'est qu'à dix lieues de Nice. Nous couchâmes toutes les trois dans la même chambre; nous arrangeâmes pour Mme la duchesse de Chartres une espèce de lit fait avec les couvertures des mulets et de la feuillée. Dans la même chambre se trouvaient deux grands tas de blé, et le maître de la maison nous assura, ma compagne et moi, que nous dormirions fort bien en nous établissant sur ces monceaux de grains; on nous donna des manteaux pour couvrir ces monceaux de grains. Il fallait se coucher dans une attitude singulière, c'est-à-dire presque debout. Nous passâmes la nuit dans une agitation continuelle, causée par les glissades et les éboulements des grains de blé. Nous vîmes avec un grand plaisir paraître le jour, et, comme nous étions tout habillées, nos toilettes ne retardèrent pas le départ. Le lendemain la journée fut très fatigante, quoique nous n'ayons fait que cinq lieues et demie; mais nous avons trouvé de si mauvais chemins que je fis presque toute la route à pied, toujours, comme la veille, côtoyant la mer, tantôt au haut d'un précipice, tantôt sur un rivage fort étroit, et marchant sur de gros cailloux pointus. D'ailleurs tout le pays que nous avons parcouru est aride et affreux.

Nos porteurs étaient les plus vilaines gens du monde, n'entendant ni le français ni l'italien, parlant un jargon inintelligible, et s'enivrant, jurant et se querellant sans cesse. Il est difficile de ne pas s'intéresser à leurs disputes quand, porté par eux, on les voit, sur les bords d'un précipice, tout à coup trembler de colère, s'agiter, chanceler, et ne porter la litière que d'une main, afin d'avoir la liberté de faire des gestes menaçants de l'autre. Ils suspendent les chaises à leurs épaules par le moyen de longues courroies, mais il est toujours nécessaire de tenir les bâtons qui les portent. Ces litières ne ressemblent nullement à des chaises à porteurs ordinaires; ce sont des espèces de chaises longues, étroites et peu allongées; l'endroit sur lequel on est assis est couvert d'un petit berceau en toile cirée, fait pour garantir de la pluie. On a les jambes étendues, sans avoir la liberté de les plier, et mes pieds passaient la chaise. Nous fûmes assez bien logés à Saint-Maurice, petit port de mer.

Le chemin de Saint-Maurice à Albenga est rempli de passages effrayants; mais cette route offre des points de vue admirables, entre autres celui qu'on trouve au haut de la montagne qui domine la ville de Languella. La descente de cette montagne est très escarpée et fort dangereuse. Nous la descendîmes à pied, et je puis même dire à pieds nus, car les rochers que nous gravissions depuis trois jours avaient tellement usé et percé nos souliers que les semelles en étaient presque entièrement emportées, et, ne prévoyant pas que nous dussions autant marcher, nous n'avions pas eu la précaution d'en prendre plusieurs paires. A dix heures du matin nous fîmes arrêter nos porteurs sur le sommet d'une montagne, de laquelle nous découvrions la ville d'Albenga, au milieu d'une plaine délicieuse; ce qui est une singularité très remarquable sur cette côte, toutes les autres villes étant situées sur des rochers. Au bas de la montagne se trouve une plaine immense et fertile, entourée de rochers et de montagnes majestueuses, dont quelques-unes sont couvertes de glaces. L'aridité des rochers, l'aspect imposant des montagnes forment un contraste singulier avec la beauté riante et la fertilité de la plaine; les prés y sont émaillés de pensées et de lis; le laurier-rose y croît sans culture; on y voit tous les champs entourés de longs berceaux de vigne, et à travers ces charmantes galeries à jour on découvre la verdure, les fleurs et les fruits renfermés dans l'enceinte de ces légers treillages, dont toutes les arcades sont ornées de guirlandes de pampre élégantes et flexibles, que le moindre vent fait mouvoir. Il semble, dans ce délicieux séjour, que la terre soit cultivée non pour les besoins de l'homme, mais seulement pour ses plaisirs. Tous les objets qu'on y rencontre sont agréables; c'est là qu'on voit de véritables bergères, toutes les jeunes filles sont coiffées en cheveux, avec un bouquet de fleurs naturelles placé sur la tête du côté gauche.

Pour éviter une montagne horriblement dangereuse, nous nous embarquâmes à Piétra, et nous fîmes trois lieues et demie par mer. A Nori nous reprîmes nos chaises. Du haut de la montagne qui domine les villes d'Anvaye et de Savone on découvre la plus belle vue de l'univers; c'est ce qu'on rencontre de plus remarquable depuis Albenga. Savone est une belle ville, très agréablement située, et seulement à douze lieues de Gênes.

Ce voyage, le plus dangereux et en même temps le plus curieux que l'on puisse faire, se passa très gaiement et sans accident; il dura six jours pour faire quarante lieues. L'horreur des précipices me fit faire plus des trois quarts du chemin à pied, sur des cailloux et des roches coupantes. J'arrivai à Gênes avec les pieds enflés et pleins de cloches, mais en très bonne santé. Nous avons tant de voyages d'Italie que je ne ferai point le détail du nôtre; je ne parlerai que de ce qui nous était personnel. L'ambassadeur vint avec nous jusqu'à Reggio, où il resta huit jours. Nous étions là dans les États du duc de Modène, grand-père de Mme la duchesse de Chartres. L'aspet de la Lombardie est aussi riant qu'agréable; les arbres y ont fort peu d'élévation, mais la verdure en est charmante.

Le cardinal de Bernis nous reçut à Rome avec une grâce dont rien ne peut donner l'idée. Il avait alors soixante-six ans, une très bonne santé, et un visage d'une grande fraîcheur. Il y avait en lui un mélange de bonhomie et de finesse, de noblesse et de simplicité, qui le rendait l'homme le plus aimable que j'aie jamais connu. Il nous raconta beaucoup de traits intéressants du Souverain Pontife (1) : c'était un saint, et un homme d'un esprit supérieur. Je lui parlai des mœurs de Rome; il me dit qu'elles n'étaient pas bonnes parmi les grands, mais qu'au moins, dans cette classe même, il n'y avait point d'athéisme, qu'il y subsistait toujours un fonds de religion, et qu'on y revenait sincèrement quand les passions étaient passées. Il ajouta que, parmi le peuple, les mœurs étaient en général très pures, mais que les hommes du peuple étaient d'une violence inouïe, ce qu'il attribuait en grande partie à la chaleur du climat, car les meurtres étaient surtout fréquents au mois d'août. On assassinait non pour voler, ni par vengeance préméditée, mais dans des accès de colère. Les rues de Rome n'étaient point alors éclairées pendant l'été; on s'y promenait toute la nuit, et il est très remarquable qu'il n'y avait alors ni meurtres, ni vols. Comme j'en demandais la raison au cardinal, il me répondit en riant que je lui demandais là une confidence, mais qu'il voulait bien me la faire. Il me dit que l'on pensait assez généralement que les cardinaux déguisés allaient fréquemment la nuit dans les rues, — car la chaleur ne permet pas de se promener pendant le jour, — et que le peuple, très persuadé, avec raison, que le meurtre d'un prêtre est le plus grand des crimes, dans la crainte de tuer un cardinal déguisé, n'attaquait personne.

Je visitai plusieurs ruines au clair de lune, entre autres le Colisée, la plus admirable de toutes. Je voulus monter la *scala santa;* c'est un escalier transporté à Rome, que la tradition assure avoir été à Jérusalem, et que Notre-Seigneur descendit le jour de sa Passion. Il est entièrement revêtu de cuivre; les marches en sont très hautes; il n'est permis de le monter qu'à genoux; on ne le descend point. On trouve au haut de cet escalier un petit palier, au fond duquel est une porte par où l'on sort. On fait communément cette dévotion la nuit; j'y allai à minuit. Beaucoup d'indulgences sont attachées à cette dévotion. Je fus édifiée de la quantité de personnes, hommes et femmes, qui montaient cet escalier, et avec une agilité qui prouvait qu'elles en avaient l'habitude.

Je reçus plusieurs fois les bénédictions du Pape, et j'allai presque tous les jours admirer et prier à Saint-Pierre. Je n'ai vu dans ma vie que deux choses qui surpassassent tout ce que mon imagination avait pu me représenter : la mer, et Saint-Pierre de Rome. Nous vîmes à Rome l'une des plus belles cérémonies religieuses, la Fête-Dieu; nous y vîmes aussi, en revenant de Naples, la fête de Saint-Pierre. Nous y étions dans

(1) Pie VI.

une tribune avec le duc de Glocester, qui, quoique protestant, était vivement ému de cette pompe religieuse; ce prince était plein de bonté, d'affabilité; il aimait les arts et s'y connaissait. Le jour de la Saint-Pierre, il y avait dans l'église dix-huit orgues jouant ensemble, qui ne produisaient que l'effet d'un bon orgue dans une église ordinaire. Il semble qu'on n'a jamais vu honorer Dieu quand on n'a pas assisté au service divin dans ce temple admirable. Je crois que l'athée même y serait ému, s'il ne s'y convertissait pas.

Longtemps après notre retour en France, Mme la duchesse de Chartres eut deux jeunes filles jumelles. Il était depuis longtemps convenu entre nous que, si elle avait une fille, j'en serais la gouvernante, et qu'au lieu de m'en charger lorsque la princesse aurait quatorze ou quinze ans, je la prendrais au berceau. Jusque-là les princesses du sang n'avaient été élevées, dans leur enfance, que par une sous-gouvernante. Je ne voulais pas perdre ce temps si précieux pour l'éducation, car les premières impressions forment la base de tout ce qu'on peut faire de bien par la suite. J'étais décidée d'avance aussi à ne point élever la princesse au Palais-Royal, mais à me mettre dans un couvent avec elle. Ce sacrifice était grand à mon âge. J'avais tant d'attachement pour le duc et pour la duchesse de Chartres; j'étais si dégoûtée du monde, c'est-à-dire du Palais-Royal, où j'avais éprouvé tant d'injustices, d'ingratitude et de méchancetés; j'avais un tel goût pour la culture des arts et pour l'étude que cette résolution ne me coûtait rien. Tous ces projets furent secrets entre Mme la duchesse de Chartres et moi. Notre séparation lui faisait beaucoup de peine, mais elle en sentait tout l'avantage. Elle se promettait bien de venir passer avec moi une partie de ses journées. Elle désirait avec passion une fille; elle me confia qu'elle l'avait demandée à Dieu dans toutes les églises d'Italie. Ainsi sa joie fut extrême en mettant au monde ces deux petites princesses.

Le moment arriva où j'allais me séparer du monde et entrer dans un couvent; j'avais trente et un ans, une santé parfaite, et à la figure que j'avais conservée j'aurais pu m'ôter plusieurs années.

Depuis un an je ne mettais plus de rouge. Il est assez singulier qu'ayant toujours eu des sentiments religieux, tous les sacrifices que j'aie faits ne m'aient point été inspirés par la religion, et c'est une chose dont je m'afflige. Voici comment je quittai le rouge à trente ans. Etant à Villers-Coterets, dans ma jeunesse, à l'âge de vingt et un à vingt-deux ans, on parla des vieilles femmes qui mettaient toujours du rouge, et on les critiqua. Je dis que je ne pouvais pas concevoir comment quitter le rouge était un sacrifice. On eut l'air de croire que je ne pensais pas cela.

Je me piquai, et je dis que, pour moi, j'étais décidée à le quitter à trente ans. On se récria, et surtout M. le duc de Chartres. Je lui offris de parier une discrétion (1) que je quitterais le rouge le 25 janvier 1776, et je tins parole. On n'oublia pas cette singulière gageure, parce qu'elle fut rappelée plusieurs fois dans l'espace de dix ans. Une quinzaine de jours avant l'époque de mes trente ans, je dis à M. le duc de Chartres que je le priais de songer à ma discrétion; et le 25 janvier je trouvais dans mon cabinet une poupée de grandeur naturelle, assise devant mon bureau, une plume à la main, et coiffée avec des millions de plumes. Sur mon bureau était d'un côté une rame de superbe papier, et de l'autre trente-deux livres in-8° blancs, reliés en maroquin vert, et vingt-quatre très petits reliés en maroquin rouge. Aux pieds de la poupée était un carton rempli de petits papiers à billet, d'enveloppes, de cire à cacheter, de poudre d'or et d'argent, avec un canif, des ciseaux, une règle, un compas, etc. Ce présent m'enchanta; je n'ai jamais mis de rouge depuis.

J'entrai à Belle-Chasse à midi, dans le pavillon charmant bâti au milieu du jardin et sur mes plans. Ce pavillon communiquait au couvent par un long berceau de treillage recouvert de toile cirée et chargé de vignes. Toute la communauté, conduite par la prieure, vint recevoir mes petites princesses à la grande porte du couvent; nous les conduisîmes à l'église; ensuite nous allâmes nous établir dans notre jolie maison. Je n'éprouvai nullement cette émotion dont m'avait parlé Mme de Barbantane; je ne sentis que de la joie en entrant dans ce paisible asile où j'allais exercer un si doux empire; je songeai que je pourrais me livrer à mes véritables goûts, et que je ne serais plus en butte à la méchanceté qui m'avait causé tant de chagrins! Je ne fus pas fort tranquille les premiers jours, parce que la curiosité attira à Belle-Chasse toutes les personnes du Palais-Royal et tout ce que je connaissais d'ailleurs. Tout le monde fut enchanté de mon établissement, qui était en effet charmant. J'avais dans ma chambre à coucher une grande alcôve, dont mon lit n'occupait que la moitié; il s'y trouvait un passage qui donnait dans la chambre des princesses à côté de la mienne, et dont je n'étais séparée que par une porte de glaces sans tain et sans rideau, de sorte que je pouvais voir de mon lit tout ce qui se passait chez elles. Une des pièces de l'appartement contenait dans des armoires de glaces tout mon cabinet d'histoire naturelle : je n'avais emporté du Palais-Royal que cela et mon bureau. J'ai été la première femme qui ait eu un bureau; ce que l'on critiqua beaucoup d'abord, et ensuite presque toutes les femmes en eurent. M. de Genlis,

(1) On appelle de ce nom, ce qui fait l'objet d'un pari lorsqu'on ne le détermine pas d'une manière précise, mais qu'on le laisse à la volonté du perdant.

qui me le donna, l'avait mis dans mon cabinet, au-dessous d'une grande glace.

On me conserva mon logement au Palais-Royal, parce qu'il était destiné à ma fille aînée, à laquelle une place était promise pour son mariage; il était meublé magnifiquement, tapissé en damas bleu avec des baguettes dorées de la plus grande beauté; il contenait pour dix-huit mille francs de glaces. Je n'en ôtai rien et je me fis meubler à Belle-Chasse avec une extrême simplicité, parce que, suivant l'usage de la maison, quand l'éducation était finie, les meubles appartenaient à la gouvernante.

Je soignai de près l'éducation de mes filles. L'aînée était déjà bonne musicienne; elle jouait d'une manière surprenante du clavecin, et, pour le moins, aussi bien de la harpe. Elle dessinait la figure d'une manière charmante, et d'après nature; peu de temps après elle a peint avec perfection dans tous les genres, en miniature et à l'huile. Outre ces talents agréables et brillants, elle a eu beaucoup d'instruction et de solidité dans l'esprit; par la suite elle étudia la chimie, et, en faisant des expériences, elle découvrit un sel qui a porté son nom. Sa sœur, remplie de bonnes qualités, de gentillesse, de finesse et d'esprit, avait moins d'aptitude pour les arts, à l'exception du dessin; la nature lui avait refusé de grandes dispositions pour la musique.

Je dirai ici en passant que, pour la musique, on ne forcera jamais la nature, à moins d'une constante application; j'ai donné à ma fille Pulchérie les meilleurs maîtres, Charpentier pour le clavecin, Piccini pour le chant, et en outre un répétiteur; elle a eu, dans les deux dernières années de son éducation, jusqu'à dix-huit louis par mois de maîtres, et je n'ai jamais pu lui donner un talent musical; sa sœur ne m'a pas coûté le quart, et elle en avait de supérieurs. Il est bien regrettable d'avoir employé inutilement un temps si considérable, qu'on aurait pu donner à l'acquisition de connaissances solides. Cependant je ne négligeai point de lui apprendre l'histoire et les différentes choses qui peuvent orner l'esprit; elle apprit ainsi avec succès l'anglais et l'italien; mais, en sacrifiant la musique, j'aurais pu lui donner une instruction véritablement extraordinaire.

Mais elle tenait de la nature, ce qui vaut mille fois mieux que les talents les plus brillants, une âme noble, désintéressée, et la sensibilité la plus touchante; je n'en citerai qu'un trait, qui pourra seul en donner l'idée. Elle avait quinze ans; je savais qu'elle prenait soin d'une pauvre vieille femme qui logeait dans notre rue, et je croyais que ce soin se bornait à lui passer la plus grande partie de ses petits menus plaisirs et de l'argent que lui donnaient, à sa fête et au jour de l'an, son père et mon beau-frère.

Nous étions en hiver et le froid était excessivement rigoureux. Comme j'avais réglé toute espèce de dépense, j'avais décidé qu'on ne porterait dans sa chambre, pour toute la matinée, que trois bûches, et je m'aperçus que tous les matins en descendant chez moi elle avait un air frileux que je ne lui avais jamais vu; elle grelottait, se mettait dans le feu, se brûlait, etc. J'avais beau la gronder, elle ne répondait rien et recommençait le lendemain, ce qui dura plus de six semaines. Enfin mon fidèle Horain, qui avait toujours l'œil aux intérêts de la maison, vint m'avertir qu'il avait découvert qu'un marmiton nommé Albinori emportait, tous les matins, de très bonne heure, une certaine quantité de bois, et que, pris sur le fait, il avait refusé insolemment d'entrer en explication. Je fis venir Albinori, je le questionnai avec une grande sévérité, ce qui ne l'effraya pas du tout; il me déclara qu'il n'avait agi que par l'ordre de Mlle de Genlis, qui se passait de feu depuis deux mois pour donner tout son bois à *sa vieille femme;* et Albinori, qui me fit cette confidence avec tout l'orgueil d'un ambassadeur chargé d'une mission honorable, me recommanda de n'en rien dire à Mlle de Genlis, parce qu'elle lui avait fait promettre le plus grand secret. On peut juger du plaisir inexprimable que me causa cette découverte. J'envoyai une voie de bois à la vieille femme, à condition que Pulchérie garderait ses trois bûches. Souffrir physiquement pour faire le bien est certainement la charité la plus rare, la plus touchante; aussi, dans les premiers jours de la restitution de ses bûches, Pulchérie me dit un mot charmant. Comme je lui demandais si elle n'était pas bien satisfaite de trouver du feu en se levant, elle me répondit qu'elle avait perdu l'habitude d'aimer le chaud dans sa chambre. Elle a conservé ces sentiments admirables.

J'inventai pour mes élèves (1) un jeu qui a fait leurs délices et qui m'a beaucoup amusée moi-même; je leur fis mettre en action et jouer dans le château et dans le jardin, suivant les scènes, les voyages les plus célèbres, détaillés dans le *Recueil des Voyages* extraits de l'abbé Prévôt par M. de La Harpe. Tout le monde dans la maison avait un rôle dans ces espèces de représentations; j'y ai joué moi-même; nous avions des chevaux *frus* pour les cavalcades; la belle rivière du parc nous figurait la mer, une suite de jolis petits bateaux formait nos flottes; nous avions un magasin de costumes. Les plus beaux voyages que nous ayons joués furent ceux de *Vasco de Gama* et de *Snelgrave.* Je fis faire en outre un petit théâtre portatif, que l'on plaçait dans la grande salle à manger, et sur lequel on exécutait des tableaux historiques. Je donnais les sujets, et, la toile baissée, M. Merys groupait les acteurs, qui étaient commu-

(1) Mme de Genlis, sur la proposition du duc de Chartres, s'était chargée aussi de l'éducation de ses fils.

nément les enfants; ensuite ceux qui ne jouaient pas étaient obligés de deviner le sujet. On faisait ainsi dans la soirée une douzaine de tableaux.

Entourée de rochers et de montagnes dont quelques-unes sont couvertes de glaces. (Page 57.)

Le célèbre David, qui venait souvent à Saint-Leu, trouvait ce jeu charmant, et il avait un grand plaisir à grouper lui-même ces tableaux fugitifs. Le théâtre était d'une très jolie proportion; le fond s'ouvrait et laissait voir, quand on le voulait, une longue allée du jardin tout illuminée et ornée de guirlandes de fleurs.

L'hiver, à Paris, j'avais rendu tous les moments utiles; j'avais mis un tour dans une antichambre, et aux récréations tous les enfants ainsi que moi nous apprenions à tourner. J'appris avec eux ainsi successivement tous les métiers auxquels on peut travailler sans forces : celui de gaînier : j'ai fait avec eux une énorme quantité de portefeuilles de maroquin aussi bien faits que ceux d'Angleterre; le métier de vannier, où j'ai excellé; nous avons fait des lacets, des rubans, de la gaze, du cartonnage, des plans en relief, des fleurs artificielles, des grillages de bibliothèque en laiton, du papier marbré, la dorure sur bois, tous les ouvrages imaginables en cheveux, jusqu'aux perruques; enfin, pour les garçons, la menuiserie. M. le duc de Valois y surpassa tous les autres; avec la seule aide de M. le duc de Montpensier, son frère, il fit, pour l'ameublement d'une pauvre paysanne de Saint-Leu, dont il prenait soin, une grande armoire et une table à tiroir aussi bien travaillées que si elles eussent été faites par le meilleur menuisier. Toutes ces choses ne prenaient point sur leurs études; c'était leur unique amusement, et jamais enfants ne se sont trouvés si heureux durant leur éducation. Outre leur palais des cinq ordres d'architecture, qu'ils montaient et démontaient, je leur avais fait faire, dans les mêmes proportions et avec la même perfection, les outils et tous les ustensiles qui servent aux arts et métiers : l'intérieur d'un laboratoire, avec les cornues, les creusets, les alambics, etc.; l'intérieur d'un cabinet de physique, et tous les outils d'ouvriers étaient exécutés en miniature avec une précision admirable. Après l'éducation ils furent déposés et exposés aux regards des curieux dans la galerie du Palais-Royal; ils ont passé depuis dans les salles du Louvre, où je les ai vus sous le règne impérial. J'étais très fière de voir le public admirer les joujoux que j'avais jadis inventés pour mes élèves.

A Paris, comme je l'ai déjà dit, toutes nos promenades étaient instructives; nous ne sortions que pour aller voir des cabinets de tableaux, d'histoire naturelle, de physique et de curiosités, ou des manufactures. Dans les ateliers, chaque élève écrivait sur une peau d'âne les choses les plus remarquables; j'écrivais aussi, et je mettais en ordre toutes ces notes, dont je formai un gros livre; il était rempli de mes réflexions sur les abus des apprentissages et sur le perfectionnement que l'on pourrait donner aux méthodes de ce genre. J'ai perdu ce manuscrit avec les autres; c'est un de ceux que j'ai le plus regrettés. Après avoir épuisé toutes les manufactures de Paris, nous allâmes voir celles qui ne s'y trouvaient point et qui sont en province. On ne faisait alors à Paris que des épingles; nous allâmes à Laigle uniquement pour y voir faire des aiguilles, à Saint-Gobain pour voir couler des glaces, etc. (1).

Je fis donner à Spa, par mes élèves, une fort belle fête à leur mère, alors duchesse d'Orléans. Les eaux de la Sauvenière lui ayant fait du bien, ses enfants firent autour de cette fontaine une promenade réellement ravissante, dans un bois qui était inculte et plein de pierres et de rochers. On enleva les pierres et les roches qui étaient dans les chemins, on traça des routes, les bois furent éclaircis et ornés de bancs, des ponts furent posés sur des torrents, et les bois parsemés de charmantes bruyères en fleur. A l'extrémité de cette promenade, qui est très vaste, on trouvait une espèce de bosquet qui avait une percée donnant sur un précipice d'une grande beauté par sa profondeur, et parce qu'il était parsemé de rochers majestueux, de sources, de verdure et d'arbres. Au delà de ce précipice on découvrait une vue très belle et très étendue. Dans ce bosquet nous plaçâmes, sur un tertre de gazon, l'inscription suivante : « Les eaux de la Sauvenière ayant rétabli la santé de Mme la duchesse d'Orléans, ses enfants ont voulu embellir les environs de la fontaine, et ont eux-mêmes tracé les routes et défriché ce bois avec plus d'ardeur et d'assiduité que les ouvriers qui ont travaillé sous leurs ordres. »

Au bas de cette inscription il y avait le chiffre des quatre enfants. Comme l'inscription l'annonçait, les enfants avaient en effet travaillé avec la plus grande activité (2). Le jour de la fête j'avais invité des personnes de Spa, en les priant de se rendre à la fontaine à une heure après midi, vêtues de blanc, avec des plumes blanches, des bouquets, des écharpes de fleurs de bruyères et des rubans violets. Je laissai tous les hommes à l'entrée, et je fis placer dans l'intérieur de la promenade toutes les femmes, différemment groupées, les unes se promenant, les autres assises. Mme la duchesse d'Orléans vint après nous; elle trouva tous les hommes à l'entrée. La musique du Wauxhall, que j'avais placée à l'entrée

(1) Mme de Gontaut qui, tout enfant, était admise à assister quelquefois aux leçons de Mme de Genlis, parle dans ses *Mémoires* de ces singulières excursions, mais en s'en moquant un peu. Voici ce passage : « La gouvernante me dit un jour que pour récompenser les plus sages, elle les mènerait faire le voyage de Paris. « Ces courses, nous dit-elle, auraient plusieurs avantages : celui d'apprendre à ses élèves différentes branches d'industrie qui, leur étant expliquées par les ouvriers, leur donneraient en outre l'habitude si nécessaire de savoir écouter, puis enfin celui de se faire connaître d'eux. La charité, disait-elle, y trouverait sa part, en apprenant aux petits princes à prendre intérêt aux peines de ceux qu'ils approchent, et à chercher les moyens de les soulager. » Cette communication fut accueillie avec de bruyants applaudissements. J'obtins de ma mère, quoique avec un peu de peine, de suivre ces études d'atelier. Elle n'y trouvait pour moi qu'une perte de temps. Ces courses commencèrent bientôt. La première fut chez Maille, où nous apprîmes à faire de la moutarde et du vinaigre. Les malins d'entre nous s'en divertirent, ce qui mit la gouvernante un peu de mauvaise humeur. La seconde course fut dans une manufacture d'épingles. Mme de Genlis reprocha aux princes de n'avoir rien dit et interdit la parole aux jeunes filles.... »

(2) Surtout M. de Chartres et ses frères, qui avaient plus de force que Mademoiselle. Comme ils voulaient surprendre Madame la duchesse d'Orléans, ils travaillaient en secret, se levaient à cinq heures du matin, faisaient deux lieues pour se rendre à ce bois, et travaillaient sans relâche pendant trois heures, ce travail a duré trois semaines. (*Note de l'auteur*).

aussi, joua dès qu'elle parut et m'avertit de son arrivée. Aussitôt, suivie de ses quatre enfants, j'allai la recevoir à l'entrée de la promenade. Ses enfants tenaient des râteaux, pour marquer qu'ils venaient d'achever cette promenade, dont ils lui faisaient l'hommage, ce qu'exprima le jeune duc de Chartres de très bonne grâce. Après cette explication, ses enfants la quittèrent, et, par le chemin le plus court, furent se rendre au bosquet. Toutes les allées étaient décorées de guirlandes de bruyères, dont la couleur violet tendre formait un effet charmant avec la verdure. Les tapis des mêmes fleurs, qui couvraient en entier le bois; la profusion des guirlandes entrelacées aux arbres; les ruisseaux qui coupaient le gazon, dont plusieurs, roulant sur des cailloux et tombant sur des rochers, formaient des cascades; une trentaine de femmes, vêtues uniformément et dispersées dans cette promenade, la beauté du ciel, tout cela formait un ensemble dont il est difficile de se faire une idée. Nous fîmes promener Mme la duchesse d'Orléans environ un quart d'heure. Au bout de ce temps, la musique cessa, et nous arrivâmes au bosquet. Après lui avoir laissé le temps de contempler ce tableau, les enfants de Mme la duchesse d'Orléans se jetèrent dans ses bras. Tout ce qui était là fondait en larmes; ce qui prouve que les émotions les plus vives sont souvent produites par les choses les plus simples.

On nous proposa d'aller au sommet d'une haute montagne où se trouve situé le vieux château de Franchimont, parce qu'on découvre de là une vue ravissante, et la plus riante, nous dit-on, de Spa; on nous apprit en même temps que le château renfermait plusieurs prisonniers pour dettes. Là-dessus, le duc de Chartres s'écria, de premier mouvement, « que, puisqu'il y avait des prisonniers dans le château, la belle vue ne lui paraîtrait nullement *riante;* » et sur-le-champ il proposa de faire une souscription pour les délivrer. J'approuvai fort cette idée, et, grâce aux soins et au zèle ardent du duc de Chartres, la souscription fut bientôt remplie, et les prisonniers sortirent du château. Alors nous nous rendîmes à cette montagne, et, parvenu au sommet, le duc de Chartres, en jetant les yeux sur la prison vide et les tournant ensuite sur une campagne immense, dit, avec une touchante expression : « A présent, je conviens que cette vue est en effet aussi *riante* qu'elle est admirable! »

Mon ouvrage sur la religion, que je fis pour la première communion de l'aîné de mes élèves, acheva de me rendre l'objet de l'horreur et de la haine la plus implacable et la plus envenimée des philosophes (1).

Il m'est arrivé, au sujet de cet ouvrage, une chose bien frappante, que je ne puis me dispenser de rapporter ici. Comme j'y travaillais,

(1) *La Religion considérée comme l'unique base du bonheur et de la véritable philosophie.*

j'éprouvai le plus grand malheur de ma vie : je perdis ma fille aînée, âgée de vingt et un ans. Après avoir passé cinq ans dans le plus grand monde, sans guide, sans mentor, avec une éclatante beauté, des talents ravissants, l'esprit le plus distingué, et sans avoir jamais donné lieu à la plus légère médisance contre elle, elle était aussi universellement aimée que si elle n'eût été que bonne et médiocre; avec une gaieté charmante, elle avait la raison d'une personne de quarante ans. Elle mourut comme elle avait vécu, avec le calme et la piété d'un ange. J'allai la veiller les trois dernières nuits de son existence; elle expira dans mes bras; une heure et demie avant, elle avait perdu la parole et la connaissance, cependant elle me serrait encore la main. On voulut lui donner des gouttes d'éther; elle se rappela machinalement que je craignais cette odeur et elle repoussa la cuillère en me regardant. Malgré ma douleur, dont ma santé se ressentait cruellement, trois jours après sa mort, je recommençai à donner mes leçons à mes élèves. Ne pouvant trouver de distraction à mon chagrin que dans l'étude, je voulus finir mon ouvrage sur la religion, et, en regardant où j'en étais restée, je trouvai que c'était à ce titre de chapitre : *De la Résignation chrétienne.*

Mademoiselle était si pieuse, si raisonnable, si instruite de la religion, que je lui fis faire sa première communion à onze ans. Quelque temps auparavant nous fîmes ensemble le voyage de la Trappe (1). Les princesses du sang avaient, par leur naissance, et comme descendantes de saint Louis, le droit d'entrer dans tous les couvents d'hommes les plus austères; mais jusque-là, lorsqu'elles avaient usé de ce droit, elles y étaient entrées ou ensemble, ou seules de femmes, avec leurs pères ou leurs maris; ainsi, jusqu'à cette époque, nulle particulière, sans exception, n'était entrée dans l'intérieur du couvent de la Trappe. J'eus la prétention d'y entrer, et j'y réussis. Je représentai qu'une gouvernante était inséparable de son élève, à moins qu'elle ne la remît à sa mère; mais que, me trouvant seule avec Mademoiselle, refuser de me laisser entrer avec elle c'était la refuser elle-même, puisque je ne pouvais m'en séparer. On assembla le chapitre pour délibérer sur cette question, et le résultat fut tel que je le désirais. On me laissa entrer avec ma jeune princesse, et de ce moment on me traita avec la plus grande obligeance. D'abord nous entendîmes la lecture qui se faisait dans un cloître, tous les Pères assis : c'était une espèce de sermon français; j'en ai retenu ce passage : « Fuyez loin de nous, vaines et trompeuses voluptés! C'est ici qu'on vous méprise ou qu'on vous expie. » Le recueillement de ces religieux avait quelque chose de frappant et de touchant. Après la lec-

(1) Juin 1788.

ture nous allâmes dans un salon où l'ancien abbé et l'abbé actuel nous tinrent compagnie. Au bout de trois quarts d'heure on nous mena au chœur; ce chœur était assez beau. Tous ces religieux chantant avec une piété d'ange, et de temps en temps se prosternant et restant ainsi dans un profond silence, jusqu'à ce qu'un coup de marteau leur donnât le signal de se relever, la majesté simple de l'église, toute cette réunion me causait une espèce de saisissement inexprimable. Après l'office nous sortîmes; on nous conduisit au pied d'un grand escalier qui menait aux cellules; là on nous fit arrêter; l'abbé, au bas de l'escalier, un rameau à la main, bénissait l'un après l'autre les religieux qui défilaient tous devant lui en s'inclinant profondément; ensuite ils montaient l'escalier pour aller se coucher. Cette cérémonie finie, on nous reconduisit dans le salon, où nous soupâmes. Nous vîmes dans une chambre voisine le portrait de M. de Rancé, beau tableau peint par Rigaud. M. de Rancé était représenté écrivant. Ses traits étaient réguliers, sa physionomie fine et spirituelle.

Le lendemain, après la messe, nous allâmes au réfectoire voir dîner les Pères. Il n'y avait point de nappe sur leur table; ils avaient chacun une serviette; leurs assiettes étaient d'étain, leurs couverts de buis; on leur servait à chacun une écuelle de soupe, un plat de légumes, deux ou trois pommes crues, un gros morceau de bon pain, un pot d'eau et un pot de bière. Un lecteur dans une chaire élevée faisait la lecture pendant leur repas. Ensuite ce lecteur, qui était un des Pères, dînait avec les domestiques. Chacun des Pères est lecteur à son tour; les Pères étaient servis par des Pères qui dînaient après, ainsi que le lecteur. Les frères convers dînaient en même temps dans une salle à côté, qui n'était séparée de l'autre que par une arcade sans porte, de manière qu'on les voyait de la salle des Pères; ils étaient servis par leurs confrères les frères convers. De là nous allâmes à la bibliothèque; puis nous nous rendîmes dans la chapelle où se trouve le tombeau de M. de Rancé. Les cellules étaient très petites; elles contenaient une paillasse, une table de bois et un crucifix. Nous vîmes travailler les Pères dans les jardins. Nous visitâmes l'apothicairerie, qui était grande et bien fournie; il y avait auprès un joli jardin botanique, rempli de plantes usuelles.

Les Trappistes font maigre perpétuel; ne mangent jamais de poisson, ni de sucre, ni œufs, ni beurre, ni huile, excepté un peu dans leurs salades. Le vinaigre leur est permis, ainsi que le lait; ce dernier aliment leur est interdit dans le Carême. Ils ne boivent jamais de vin; mais en voyage, et hors de la Trappe, ils en peuvent boire, et manger du poisson et du beurre. Pour les affaires de la maison ils peuvent sortir et voyager. Leur habit, ainsi que celui des chartreux, est tout blanc; ils ont la tête et la barbe rasées, et un grand capuchon qu'ils mettent à volonté. Ils couchent toujours tout habillés; ils portent la chemise de laine, mais point de cilice; toutes les mortifications de ce genre leur sont défendues par leur règle. On n'est reçu chez eux qu'à vingt ans, le noviciat est d'un an. Il n'y a que des infirmes qui fassent de petits ouvrages, tels que des chapelets, des cuillères de buis; l'hiver ils travaillent encore aux jardins, et puis font le travail de la maison, écossent les pois, préparent des légumes, serrent leurs grains, etc. Ces travaux se font toujours en commun. En comptant les Pères et frères convers, il y avait environ cent vingt religieux. Ils étaient soixante Pères; dans ce grand nombre il n'y avait que dix-huit prêtres; les autres, engagés de même par des vœux irrévocables, ne disaient point la messe et n'étaient point dans les ordres sacrés.

L'abbé était élu pour la vie, et nommé par la cour, d'après le suffrage des religieux, suffrage qui se donnait par la voie du scrutin, et qu'on envoyait cacheté à la cour. Il y avait trois *Pères hôteliers* pour recevoir les étrangers et les pauvres qui se présentaient. Par leur institution et des fondations particulières de personnes pieuses, ils avaient assez de fonds pour donner à tous les pauvres voyageurs l'hospitalité pendant trois jours. Quand les logements de la maison étaient remplis, ils les défrayaient à l'auberge; si, durant ces trois jours, les pauvres voyageurs tombaient malades, ils les soignaient jusqu'à parfaite guérison; leur chirurgien les visitait et leur donnait des drogues de l'apothicairerie de la maison; les religieux allaient les voir aussi, pansaient leurs plaies, etc. Si les pauvres voyageurs manquaient d'argent pour continuer leur route, les religieux donnaient ce qui était nécessaire pour se rendre au lieu où ils voulaient aller. Il n'y avait point de jour où il ne passât de ces pauvres voyageurs, entre autres beaucoup de soldats. Il est arrivé souvent que la reconnaissance et l'admiration que doivent inspirer tant de charité ont fixé parmi eux des gens qui en étaient l'objet. En effet, qui cherche la vertu dans toute sa perfection ne la trouvera que là, sous une forme peut-être trop austère, mais si vraie, si sublime, qu'il n'est pas étonnant qu'une tête susceptible d'enthousiasme se décide à ce grand sacrifice. En outre ils secouraient et soignaient tous les pauvres des environs, à plusieurs lieues à la ronde. Je questionnai beaucoup de paysans, qui me parlèrent d'eux avec le respect et la vénération qu'on aurait pour des anges qui daigneraient se manifester à nous. Quels sont les particuliers qui, avec les mêmes revenus, auraient pu faire autant de bien et par leurs exemples et par leurs charités? Où trouvera-t-on de telles vertus, si la religion ne les inspire?

Ils ne recevaient jamais parmi eux les veufs dont les enfants n'étaient pas établis, quelque âge qu'eussent ces enfants, s'ils n'avaient pas un état qui assurât solidement leur existence; ils pensaient qu'un père ne peut alors disposer de sa liberté, et qu'il se doit tout entier à ses enfants. Lorsqu'ils ont fait profession, ils renoncent à toute espèce de correspondance par lettre avec qui que ce soit. Ils ne reçoivent jamais de visites de leurs parents, à l'exception de père et mère, pourvu que ce soit rarement. Il leur est expressément défendu de témoigner l'ombre de la préférence à un de leurs confrères, devant tous s'aimer également. Si l'un d'eux s'apercevait qu'un de ses frères eût quelque amitié particulière pour lui, il serait obligé, lorsqu'ils sont tous rassemblés, de demander la permission de parler, et alors tout haut de l'en accuser publiquement. Dans ce cas, les supérieurs imposent une pénitence à l'accusé, qui ne doit jamais répondre pour chercher à s'excuser ou à se justifier, alors même qu'il se croirait accusé à tort. Il doit penser que, lorsque son frère l'accuse, il faut qu'il y ait donné lieu de quelque manière dont il peut ne pas se souvenir, et qu'enfin, dans tous les cas, il ne saurait hésiter à sacrifier son amour-propre à l'obéissance due à la règle.

Ce fut le frère Prosper, depuis huit ans à la Trappe, qui me donna ces détails. Ce frère Prosper avait une candeur remarquable. Je l'ai prié de me dire naturellement si, parmi ses frères, il n'en connaissait pas au fond de son cœur qui eût plus d'amitié pour lui que les autres. « Un seul? m'a-t-il répondu; non, en vérité; j'en pourrais plutôt nommer douze qu'un seul. » Cette réponse est jolie et prouve quelle tendre union régnait entre eux. Au reste, il m'a assuré que ses remarques sur cette douzaine ne méritaient pas d'accusation, parce qu'elles n'avaient pour objet que des premiers mouvements absolument involontaires. « Par exemple, a-t-il dit, nous connaissons ceux qui nous aiment le mieux à mille petites choses purement machinales. Dans nos travaux nous devons tous nous secourir avec zèle; si l'un de nous est trop chargé, s'il tombe, etc., nous devons voler à son secours; mais, dans ce cas, il y a toujours douze ou quinze religieux qui courent avec plus de promptitude, et l'on connaît dans ces occasions qui se répètent souvent ceux qui nous aiment le mieux. Mais Dieu ne condamne pas ces inclinations naturelles; il ne désapprouve pas que nous aimions davantage au fond du cœur ceux qui nous paraissent les plus vertueux, pourvu que nous ne le témoignions pas de manière à blesser les autres. »

Quand un religieux malade est condamné à n'avoir plus que quelques heures à vivre, on lui déclare qu'il doit recevoir l'Extrême-Onction; alors on le transporte à l'église, et c'est toujours là qu'il la reçoit;

ensuite on le reporte dans son lit. Lorsqu'il touche à ses derniers moments, on sonne une cloche qui annonce à toute la maison qu'un des frères est à l'agonie; tous les religieux se rassemblent autour du mourant, que l'on couche sur la cendre, et l'on fait tout haut des prières

Nous entrâmes d'abord dans une citadelle.... (Page 75.)

pour lui. Cette description fait frémir les gens du monde; cependant on doit concevoir qu'à la Trappe l'appareil de la mort et les solennités religieuses qui l'accompagnent ne sont qu'augustes et consolantes; ce ne sont pour eux que les avant-coureurs d'un grand triomphe et d'un bonheur suprême. « La vie frugale et laborieuse que nous menons, nous dit le P. Théodore, nous exempte des maladies violentes et putrides. Je n'ai jamais vu ici de maladies épidémiques, même durant le temps qu'elles régnaient dans le pays. Nous ne connaissons guère que les maladies de poitrine, causées par le chant de l'église et par la loi qui nous oblige à nous relever la nuit. Quand on est constitué de manière à supporter ce danger et qu'on a passé trente ans, on vit ici plus longtemps qu'ailleurs, et la vieillesse y est saine et vigoureuse; aussi ordinairement nous mourons avec toutes nos facultés. Depuis cinquante ans que je suis ici, je n'ai presque vu mourir que des religieux qui avaient toute leur connaissance et toute leur raison. Comme nous ne vivons que pour mourir avec sécurité, ce moment ici n'a rien de terrible; au contraire, quand nous assistons un de nos frères à la mort, il n'y a pas un de nous qui n'envie la couronne qu'il va recevoir et qui ne voulût être à sa place. Ce n'est pas que la vie nous soit odieuse; nous nous croyons aussi heureux qu'on peut l'être sur la terre, mais nous éprouvons en mourant toute la joie que les plus douces et les plus hautes espérances peuvent donner. Je n'ai point vu de religieux qui n'ait reçu, avec une extrême satisfaction, l'annonce d'une mort prochaine; j'en ai même vu beaucoup que cette annonce a tellement ranimés que leurs forces et leur vie en ont été prolongées d'une manière miraculeuse; presque tous ont dans ces derniers moments une vivacité, un feu et une éloquence qui paraissent surnaturelles. Il y a peu de temps qu'un religieux auquel on annonça qu'il n'avait pas un jour à vivre fut tellement ranimé par cette parole qu'il nous dit qu'il sentait qu'il aurait la force d'aller à l'église recevoir l'Extrême-Onction sans être porté. En effet, quoique jusqu'à ce moment il eût été d'une faiblesse excessive, il se leva, marcha, traversa la maison, descendit les escaliers, alla à l'église, en revint, et, au grand étonnement du chirurgien, vécut encore deux mois. »

Ce même P. Théodore qui nous a fait ce récit est l'ancien abbé; il avait vécu dans le monde avant d'embrasser cet état. Agé de trente ans lorsqu'il entra à la Trappe, il avait alors quatre-vingts ans passés, beaucoup d'embonpoint, une très belle tête et une fraîcheur réellement étonnante. Il avait infiniment d'esprit, une politesse extraordinaire et une mémoire non moins surprenante. Il nous raconta plusieurs histoires intéressantes, entre autres celle-ci : « Il y a quelques années, un jeune homme bien né, riche, et fils unique, entraîné par une vocation qu'il avait depuis l'âge de raison, vint ici, de l'aveu de sa mère, se présenter pour être reçu; on l'admit au noviciat. L'année du noviciat n'était pas encore tout à fait écoulée lorsque sa mère, se repentant du consentement qu'il lui avait arraché, arriva tout à coup à la Trappe; elle demanda son fils, qui alla la recevoir, conduit par le P. Théodore. L'entretien fut très long, c'est-à-dire le discours de la mère, qui conjurait son fils de revenir avec elle, en assurant qu'elle le désirait surtout pour le bonheur de ce fils chéri. Ce dernier l'écoutait en silence sans l'interrompre; et quand elle eut fini de parler : « Ma mère, lui dit-il, daignerez-vous répondre à une question que j'oserai vous faire? Supposons que je vous eusse quittée pour aller m'établir loin de vous dans un pays étranger où il vous serait impossible de venir; supposons que j'y eusse fait une grande fortune, que j'y eusse acquis de grands établissements et des dignités éclatantes, et qu'il ne me fût permis de retourner vers vous qu'en renonçant à tous ces avantages. Exigeriez-vous de moi ce sacrifice? — Non, certainement, s'écria sa mère, je ne veux que votre bonheur. — Eh bien! ma mère, reprit le fils, je suis cet homme heureux, ou, pour mieux dire, je suis mille fois plus heureux que ne peuvent rendre tous les honneurs et toutes les richesses de l'univers, et enfin mon bonheur est d'autant plus grand que l'inconstance de la fortune ne saurait me le ravir, et que la mort même, loin d'en être le terme, doit le rendre suprême et l'assurer éternellement. Voyez donc l'étendue du sacrifice que vous me demandez! » A ces mots la mère se leva, embrassa son fils en pleurant et partit. Je pourrais citer bien d'autres traits de ce genre que j'ai recueillis du P. Théodore, de l'abbé actuel et des trois hôteliers.

Ces cinq religieux, avec lesquels je causai, étaient tous également obligeants; ils répondaient d'un air ouvert à toutes les questions; mais dès qu'on cessait de les questionner ils rentraient en eux-mêmes, baissaient les yeux et la tête, tombaient dans une espèce de méditation si profonde que je suis persuadée qu'ils se croyaient absolument seuls avec Dieu, et cela sans nulle espèce d'affectation, mais au contraire avec un naturel très frappant. Dès qu'on leur parlait ils sortaient de cette rêverie, reprenant un visage obligeant et riant, ce qui durait tant qu'on les interrogeait. Ils observaient entre eux, à l'exception des supérieurs et des hôteliers, un silence éternel; mais ils pouvaient toujours, à de certaines heures, parler aux supérieurs quand ils avaient quelques demandes à leur faire; du reste, dans leurs travaux ils s'exprimaient entre eux par signes. Il y a là tel religieux qui n'a parlé depuis beaucoup d'années que pour se confesser, pour lire et pour chanter les louanges de Dieu. Les hôteliers suivent comme les autres la loi du silence dans l'intérieur de la maison et ne parlent qu'aux étrangers.

Il n'y avait pas un seul miroir à la Trappe, ni dans l'intérieur, ni dans les appartements extérieurs. Beaucoup de religieux avaient absolument oublié leur figure. Comme ils travaillent non seulement dans leurs jardins, mais dehors, leurs portes du côté des jardins sont toutes grandes ouvertes, de manière que, si un religieux voulait se sauver, il en a toute liberté; dans ce cas, personne ne cherche à l'en empêcher et encore moins à le poursuivre et à le ramener quand on s'aperçoit de sa fuite; au contraire, ils se trouvent heureux d'être débarrassés d'un mauvais sujet; mais la règle les oblige à le recevoir s'il revient, et leur prescrit d'imposer pour pénitence au coupable de rester enfermé autant de temps qu'il a passé absent, et de vivre avec du pain et de l'eau.

Lorsqu'un homme se présente pour être reçu, on lui fait le détail le plus circonstancié de toutes les austérités; en outre, on l'assure que, quelque robuste que puisse être sa constitution, il est possible qu'il n'y résistera pas, et qu'il y succombera au bout de deux ou trois ans; et c'est après ces avertissements qu'on entre à la Trappe. Ils avaient depuis plusieurs années un chirurgien fort habile et jeune encore, qui s'était fixé à la Trappe par affection pour les Pères, et qui vivait comme eux de leurs portions et suivait tous leurs offices quand ses occupations le lui permettaient. Il exerçait gratis la médecine pour les pauvres, et faisait souvent dix ou douze lieues à pied pour aller les soigner. Il nous disait qu'il était impossible de vivre avec ces Pères sans avoir le désir de les imiter, et qu'il ne les quitterait pas quand on lui offrirait toutes les fortunes du monde (1).

Nous nous rendîmes un jour, mes élèves et moi, à Pontorson, où nous changeâmes de chevaux pour aller au mont Saint-Michel. Il n'y a de là que trois lieues; mais, pendant plus d'une lieue, les chemins étaient excessivement mauvais. Nous fûmes obligés d'en faire la plus grande partie à pied. Pour arriver au mont Saint-Michel, dans de certains temps et le plus communément, il faut saisir l'heure de la marée, où la mer abandonne cette plage; mais, dans le moment où nous étions en

(1) On apprendra sans doute avec plaisir l'impression que fit cette page sur la mère du grand poète Lamartine, impression qu'elle a consignée dans son *Journal*, où se trouvent de si beaux élans d'amour de Dieu et de douce piété : « J'ai lu ce matin, dit-elle, dans madame de Genlis, une peinture de la vie des religieux de la Trappe qui m'a vivement impressionnée. Ce qui me frappe le plus, c'est qu'ils ne se trouvent point malheureux dans ce monde de privations, et qu'ils voient avec joie approcher la mort. Cela m'a convaincue que ce ne sont pas les plaisirs du monde qui rendent heureux, mais la sécurité de la conscience et l'accomplissement de ses devoirs, quelque pénibles qu'ils soient. On est toujours content à la fin de la journée quand on l'a employée utilement selon sa condition et ses forces. On se sent dans l'ordre actif de la volonté de Dieu. Si l'on était bien convaincu de cette vérité, que tout ce qui concourt, avec soumission et même avec peine, à la portion d'ordre dans laquelle il est placé, s'unit et participe ainsi à la divine volonté, on se trouverait bien partout; on se laisserait, sans s'agiter, conduire doucement par les circonstances et par les personnes qui ont droit de nous gouverner. Depuis que j'ai commencé à prendre ce parti, je suis infiniment plus heureuse. Il y a eu un temps où je voulais que tout me cédât, où je voulais absolument tout subordonner à ma volonté; j'étais alors sans cesse tourmentée du jour et du lendemain. J'ai souvent reconnu depuis que, si ma volonté eût été faite, c'eût été pour mon malheur. A présent que je m'abandonne à la sagesse infinie et souveraine, je me sens en paix extérieure et intérieure! Dieu soit loué éternellement! Il est le seul sage. »

marche, la mer s'était retirée depuis quelques heures. Nous arrivâmes à la nuit tout à fait fermée. C'était un spectacle surprenant que les approches de ce fort au milieu de la nuit, sur cette plage sablonneuse et nue, avec des guides portant des flambeaux et poussant des cris pour nous faire éviter des trous profonds et des endroits dangereux, de manière qu'il fallait faire mille et mille détours avant d'arriver. On voyait de très près ce fort, qui était tout illuminé dans l'attente des princes; on croyait qu'on y touchait, et l'on tournait toujours sans l'atteindre. Nous entendions un bruit lugubre de cloches qu'on sonnait en l'honneur des princes, et cette triste mélodie ajoutait beaucoup à l'impression mélancolique que nous causaient tous ces objets nouveaux. L'élévation du fort est prodigieuse; on ne peut s'en faire une idée. Son aspect est très imposant par ses tours, ses fortifications et son architecture gothique, qui le rend plus vénérable. Nous entrâmes d'abord dans une citadelle où des gens du lieu, habillés en soldats, et avec des fusils, attendaient mes élèves. On n'envoyait dans cette forteresse des troupes qu'en temps de guerre; mais en temps de paix c'était le prieur qui était *commandant* du fort. Après avoir passé la citadelle, nous entrâmes dans la ville, qui est très petite et fort pauvre; c'est une longue rue extrêmement étroite, qui va toujours en montant et en tournant, et dans laquelle on ne peut aller qu'à pied. Tout le monde avait éclairé sa maison et était sur le pas de sa porte. Après avoir ainsi grimpé pendant une demi-heure, escortés de tous les religieux et de gens qui portaient des lanternes, nous quittâmes la ville, et nous trouvâmes des escaliers très roides et très hauts, tout couverts de mousse et de ronces; il fallut monter environ quatre cents marches. De temps en temps on trouvait des repos, c'est-à-dire de petites esplanades remplies d'herbages et de ronces, et allant toujours en montant. Cette *grimpade* est la chose la plus fatigante qu'on puisse imaginer; nous étions tous en nage, quoiqu'il ne fît pas chaud. Enfin nous entrâmes dans une vaste église dont le chœur est d'une grande beauté : nous étions alors dans le couvent. Après avoir traversé l'église, il fallut encore monter un escalier qui nous conduisit aux appartements, qui sont grands et propres. Au-dessus de ces logements il y avait encore quatre cents marches qui menaient à un belvédère placé au sommet de ce fort. L'air y est très vif, mais sain; on buvait de l'eau de citerne, qui n'était pas mauvaise. L'hiver y est extrêmement rigoureux et commence avec l'automne; il n'y fait jamais bien chaud. Quelques maisons de la ville ont de très petits jardins, et quelques habitants, des vaches; mais les religieux étaient obligés de prendre ailleurs leurs provisions, même du pain, parce qu'à cause de la cherté du bois on n'en faisait point au mont Saint-Michel;

on le faisait venir de Pontorson. On n'a du poisson, sur cette plage, que très rarement et par hasard; ainsi, au milieu de la mer, on est encore obligé de l'acheter. Les religieux avaient, à une lieue et demie du fort, une maison de campagne avec un superbe jardin qui les fournissait de légumes. Il me parut qu'en général ils cherchaient, autant qu'ils le pouvaient, à adoucir le sort des prisonniers. Ils nous assurèrent qu'ils ne les renfermaient point à moins d'ordres très positifs du roi, et que même, très communément, ils les menaient promener aux environs.

Je les questionnai sur la fameuse *cage de fer;* ils m'apprirent qu'elle n'était point de fer, mais de bois, formée avec d'énormes bûches laissant entre elles des intervalles à jour de la largeur de trois à quatre doigts. Il y avait environ quinze ans qu'on n'y avait mis de prisonniers à demeure, car on y en mettait assez souvent (quand ils étaient méchants, me dit-on) pour vingt-quatre heures ou deux jours, quoique ce lieu fût horriblement humide et malsain, et qu'il y eût une autre prison aussi forte, mais plus saine. Là-dessus je témoignai ma surprise. Le prieur me répondit que son intention était de détruire un jour ce monument de cruauté. Alors Mademoiselle et ses frères s'écrièrent qu'ils auraient une joie extrême de le voir détruire en leur présence. A ces mots, le prieur nous dit qu'il était le maître de l'anéantir, parce que le comte d'Artois (1), ayant passé quelques mois auparavant au mont Saint-Michel, en avait positivement ordonné la démolition; le prieur ajouta que diverses raisons l'avaient forcé de différer, mais qu'il allait accorder aux princes cette satisfaction le lendemain matin, et que ce serait certainement la plus belle fête qu'on leur eût jamais donnée. J'occupai la chambre où couchait M. l'abbé Sabathier, qui fut retenu dans cette prison pour une si belle cause (2). Les religieux ne parlaient de lui qu'avec attendrissement et enthousiasme.

Quelques heures avant notre départ du mont Saint-Michel, le prieur, suivi des religieux, de deux charpentiers, d'un des suisses du château et de la plus grande partie des prisonniers (nous avions désiré qu'ils vinssent avec nous), nous conduisit au lieu qui renfermait cette terrible cage. Pour y arriver on était obligé de traverser des souterrains si obscurs qu'il y fallait des flambeaux, et, après avoir descendu beaucoup d'escaliers, on parvenait à une affreuse cave où était l'abominable cage, d'une petitesse extrême, et posée sur un terrain humide où l'on voyait ruisseler l'eau. J'y entrai avec un sentiment d'horreur, tempéré par la douce pensée que du moins, grâce à mes élèves, aucun infortuné désor-

(1) Plus tard Charles X.

(2) Pour avoir parlé au parlement avec beaucoup d'énergie contre des abus de la plus grande conséquence. *(Note de l'auteur).*

mais n'y souffrirait. Le duc de Chartres, avec l'expression la plus touchante et une force au-dessus de son âge, donna le premier coup de hache à la cage; ensuite les charpentiers en abattirent la porte et plusieurs pièces de bois. Je n'ai rien vu de plus attendrissant que les transports, les acclamations et les applaudissements des prisonniers pendant cette exécution. C'était sûrement la première fois que ces voûtes retentissaient de cris de joie. Au milieu de tout ce tumulte, je fus frappée de la figure triste et consternée du suisse du château, qui considérait ce spectacle avec le plus grand chagrin. Je fis part de ma remarque au prieur, qui me dit que cet homme regrettait la cage parce qu'il la faisait voir aux étrangers. M. le duc de Chartres donna dix louis à ce suisse, en lui disant qu'au lieu de montrer à l'avenir la cage aux voyageurs il leur montrerait la place qu'elle occupait, et que cette vue leur serait sûrement plus agréable.... Après la messe nous parcourûmes toute la maison; nous vîmes une énorme roue au moyen de laquelle, avec des câbles, on montait par une fenêtre les grosses provisions pour le château; on attachait ces provisions sur la grève avec des câbles qui tiennent à cette grande roue, posée dans l'intérieur du fort à une ouverture de fenêtre, et la roue, en tournant, hisse et enlève tout ce qui est attaché au câble. De là nous allâmes nous promener sur les terrasses ou parapets, qui sont excessivement élevés. De ce lieu la vue est admirable de tous côtés; on voit le mont Tomblaine, qui est plus grand que le mont Saint-Michel, et qui n'est point habité. Il est à trois quarts de lieue du mont Saint-Michel, ce qui semble incroyable; car, comme il est isolé dans la mer ainsi que ce premier mont, et qu'on n'a point aux environs d'objet de comparaison qui puisse faire juger de sa grandeur, il nous paraissait d'une petitesse extrême et à cent pas de nous. Ensuite nous vîmes ce qu'on appelle *la salle des Chevaliers*, qui est vaste et belle, et soutenue par des colonnes; elle tire son nom de l'usage qu'avaient les chevaliers de Saint-Michel d'aller à ce mont.

Je fus charmée d'avoir vu ce lieu si triste, mais singulier, ce château amphibie, rejeté tour à tour par la mer et par la terre; car ce mont est pendant une partie du jour une île isolée au milieu des flots, et pendant l'autre partie il se trouve posé sur une vaste étendue de sable aride.

En quittant le mont Saint-Michel, nous passâmes à Saint-Malo, patrie de Duguay-Trouin, où nous vîmes un exemple très singulier de ce que peut l'activité unie à l'industrie. Il y avait dans cette ville, quinze ans auparavant, un négociant, nommé Dubois, qui se ruina; n'ayant plus rien au monde, il se disposait à passer aux Indes, lorsqu'un vaisseau qu'on croyait perdu entra dans le port. Dubois avait des intérêts sur ce bâtiment, qui avait gagné des richesses immenses, et qui rapportait à Dubois six cent mille livres; avec cette somme il fit d'autres entreprises qui prospérèrent. Alors il obtint la permission de construire un port à ses frais à une petite lieue de Saint-Malo, dans un endroit nommé *Montmarin*. Ce port était achevé, et était en petit exactement semblable à celui de Brest. Dubois fit bâtir là un joli château qu'il habitait, et il se mit à construire des vaisseaux qu'il vendait; de manière que cette portion de terre, conquise par le travail et l'industrie, était devenue la propriété de Dubois, et une espèce de république fondée et gouvernée par lui. On trouvait à Montmarin une multitude d'ouvriers, parce que tout s'y fabriquait, cordes, câbles, voilures, charpenterie, etc. Dubois prêtait de l'argent à des armateurs, mais dans ce cas il exigeait, pour gage et sûreté, des vaisseaux qu'il mettait dans son port. Il en a six de cette sorte dans ce moment, avec des pavillons de diverses nations. Cet homme singulier était très hospitalier, et recevait à merveille les étrangers et tous ceux qui allaient le voir.

J'avais toujours eu un vif désir de faire un petit voyage en Angleterre. Enfin, j'y cédai un peu avant la Révolution. A Londres, j'eus une audience particulière de la reine; il ne s'y trouva que les princesses, ses filles, et sa dame d'honneur, lady Penbroke, qui me présenta, et que j'avais beaucoup vue jadis à l'Ile-Adam. La conversation fut très animée; je trouvai la reine également obligeante et spirituelle; je fus surtout charmée de la princesse royale, qui a été depuis reine de Wurtemberg. La reine eut la bonté de m'envoyer une corbeille remplie de superbes ananas, et, sachant que j'aimais la botanique, elle me fit dire qu'elle avait fait donner l'ordre à M. Iton, jardinier de ses jardins de Kew, de me laisser cueillir toutes les plantes que je voudrais mettre dans mon herbier, et de me donner toutes les graines que je pourrais désirer. Je n'ai point vu de jardin de plantes aussi charmant que celui de Kew; toutes les plantes aquatiques y sont dans de grandes pièces d'eau, les plantes saxatiles y sont placées parmi des rochers. Outre que cet arrangement forme un coup d'œil très pittoresque, il donne aux plantes toute la vigueur et toute la beauté qu'elles peuvent avoir, en les plaçant dans les lieux qui leur conviennent.

J'eus l'idée d'aller visiter deux demoiselles dont on m'avait parlé avec admiration, Lady Éléonore Buttler et Miss Ponsomby. Unies par les liens d'une étroite amitié, ces deux personnes s'étaient concertées pour se fixer dans une modeste retraite. Leur ermitage était situé dans le pays de Galles, à Langollen, sur le sommet d'une montagne. Là se trouve une chaumière, très simple en apparence, mais dont l'intérieur est de la plus grande élégance. Sur la plate-forme de la montagne on a formé

autour de la maison une cour et un jardin de fleurs; une haie de rosiers est la seule clôture de cette habitation champêtre. Un chemin commode pour les voitures, et dont l'art adoucit la pente rapide, fut pratiqué dans la montagne; on y conserva quelques sapins antiques d'une élévation prodigieuse; on y planta des arbres fruitiers et surtout une grande quantité de cerisiers. Les deux amies possèdent encore, au pied de la montagne, une prairie pour leurs troupeaux, une belle ferme et un jardin potager. Nous arrivâmes à la chaumière une heure avant le coucher du soleil. Les deux amies avaient reçu le matin, par un courrier, la lettre qui m'avait été donnée pour elles. Nous fûmes accueillis avec une grâce, une cordialité, un charme de bonté dont il serait impossible de donner l'idée. Je ne me lassais point de contempler ces deux personnes si intéressantes par leur amitié et si extraordinaires par leur genre de vie. Je ne vis rien en elles de cette vanité qui jouit de la surprise des autres. Elles étaient là avec une telle simplicité que l'étonnement se changeait bientôt en attendrissement. Tout était vrai, tout était naturel dans leurs manières et dans leurs discours. Une chose bien singulière, c'est qu'étant depuis tant d'années dans une retraite profonde elles parlaient français avec autant de facilité que de pureté. Je fus aussi très frappée du peu de rapports qui se trouvaient entre elles. Lady Eléonore avait un charmant visage, éclatant de fraîcheur et de santé; tout en elle annonçait la vivacité et la gaieté la plus franche. Miss Ponsomby avait une figure pâle et mélancolique. Il semblait que l'une était née dans cette solitude, tant elle y était à son aise, car on voyait, à son air dégagé, qu'elle n'avait pas conservé le moindre souvenir du monde et de ses vains plaisirs; l'autre était pensive et recueillie. Toutes les deux avaient la politesse la plus noble et l'esprit le mieux cultivé. Une très belle bibliothèque, composée d'excellents livres anglais, français et italiens, était pour elles une source inépuisable d'amusements et d'occupations variées et solides; car la lecture n'est véritablement profitable que lorsqu'on a le temps de relire. L'intérieur de la maison était ravissant par la juste proportion et la distribution des pièces, l'élégance des ornements et des meubles, et la vue admirable que l'on découvre de toutes les fenêtres. Le salon était décoré de paysages charmants, dessinés et peints d'après nature par miss Ponsomby. Lady Eléonore était très bonne musicienne; l'une et l'autre avaient rempli leur habitation solitaire de broderies d'un travail merveilleux. Miss Ponsomby, qui possédait une très belle écriture, avait fait des recueils de morceaux choisis en vers et en prose, écrits de sa main et ornés de vignettes et d'arabesques du meilleur goût, ce qui formait la collection la plus précieuse. Ainsi les arts étaient cultivés là avec autant de succès que de modestie; on en admirait les fruits et les productions avec un sentiment qu'on n'éprouvait point ailleurs. On était charmé de voir que tant de mérite était, dans ce paisible séjour, à l'abri de la satire et de l'envie, et que des talents sans ostentation et sans orgueil n'avaient jamais désiré là que le suffrage de l'amitié! Cette soirée fut un enchantement pour moi; aucune réflexion fâcheuse n'en troubla la douceur. J'allai me coucher; mais j'avais la tête si remplie de tout ce que je venais de voir et d'entendre que mes pensées me tinrent longtemps lieu de sommeil. Enfin j'allais m'endormir lorsque les sons les plus mélodieux me réveillèrent. Très surprise, j'écoute : ce n'était point de la musique, c'était une mélodie vague et céleste qui pénétrait jusqu'au fond de l'âme. A force d'attention je connus qu'un vent assez violent, qui venait de s'élever, la produisait. Mon oreille distinguait dans le lointain le bruit et le sifflement ordinaires causés par un orage; mais les vents, changeant de nature en approchant de cet asile de la paix et de l'amitié, ne formaient plus, lorsqu'ils frappaient ses arbres et ses murs, qu'une harmonie enchanteresse. J'étais fort disposée à croire aux prodiges; néanmoins je voulais approfondir celui-ci; mais je n'osais me lever : j'étais retenue par la crainte de réveiller Mlle d'Orléans, très fatiguée du voyage et couchée dans un lit près du mien. Tout à coup la tempête se calma; les sons harmonieux parurent être emportés avec les vents qui s'éloignaient. Il me sembla que ce concert céleste se perdait dans les nuages; je croyais en élevant la tête vers les cieux en mieux recueillir les derniers accords; j'écoutais avec saisissement, et, comme sainte Cécile, si j'eusse tenu ma harpe, je l'aurais laissée échapper de mes mains, et toute musique terrestre m'eût paru bien insipide dans ce moment.

Le lendemain matin tout ce mystère fut éclairci. En ouvrant ma fenêtre je trouvai sur le balcon une espèce d'instrument qui m'était inconnu, que l'on appelle en Angleterre une *eolian harp*, une harpe éolienne; instrument inventé pour rendre harmonieux le vent, qui, lorsqu'il frappe ces instruments, produit en effet des sons ravissants. Il est assez naturel qu'un tel instrument ait été inventé dans une île orageuse au sein des tempêtes dont il adoucit la tristesse.

Je me promenai toute la matinée avec les deux amies. Rien n'égale la beauté des sites qui environnent et que domine la montagne, dont elles occupaient le sommet. Il semblait, à cette élévation, qu'elles étaient les souveraines de toute cette belle contrée. Au nord elles avaient la vue du village et d'une forêt; au midi une longue rivière baigne le pied de la montagne et fertilise d'immenses prairies, au delà desquelles on découvre un amphithéâtre de collines chargées d'arbres et de rochers.

Au milieu de ce séjour sauvage s'élève une tour majestueuse, qui paraît être le phare de ce rivage, et qui n'est qu'un débris d'un château magnifique, habité jadis par le prince souverain du pays. Toute cette côte solitaire, autrefois florissante et peuplée, était alors livrée à la seule nature; on n'y voyait plus que des troupeaux de chèvres et quelques pâtres dispersés, assis sur les rochers et jouant de la harpe irlandaise. En face de ce tableau agreste et mélancolique, les deux amies avaient fait poser un siège de verdure, ombragé par deux peupliers, et c'était là, me dirent-elles, que souvent en été elles venaient relire les poésies d'Ossian.

J'éprouvai dans cette journée des impressions bien différentes de celles qui m'avaient causé tant d'enthousiasme la veille. La réflexion et la raison dissipèrent toutes les illusions qui m'avaient fait envier le sort des deux amies; je les trouvais toujours aussi aimables, aussi intéressantes; mais je sentais qu'il fallait plutôt les plaindre que les admirer. Sur cette terre, où tout nous échappe successivement, il faut conserver plusieurs liens ou les rompre tous, pour se donner sans réserve au Maître éternel, qui peut seul réaliser nos espérances et fixer notre cœur incertain. Dans l'état naturel de société, les affections de famille forment dans le cours de la vie une succession nécessaire de consolations : ne rejetons aucun de ces appuis : si l'un nous manque, un autre au moins soutiendra notre faiblesse.

Le plus grand des malheurs pour un cœur profondément sensible est de nourrir un sentiment exclusif et passionné pour un être dépendant et fragile, dont mille événements peuvent le séparer et que la mort peut lui ravir. Quelque pure que puisse être cette affection, elle sera toujours la source de tourments inévitables; si elle est exempte de remords, elle ne saurait l'être d'inquiétudes déchirantes.

Ces idées firent une telle impression sur mon esprit que je ne vis plus dans les deux amies que des victimes imprudentes de la plus dangereuse exaltation de tête et de sensibilité. Après un tel état et de tels engagements, elles étaient pour ainsi dire enchaînées sur cette montagne!... Mais que leur avenir est effrayant! si l'une devait longtemps survivre à l'autre, et, sans aide comme sans consolation, se trouver, seule, chargée du soin sacré de lui rendre les derniers devoirs, d'ordonner ses funérailles!... ou si toutes les deux, devenant infirmes en même temps, privées de l'ouïe et de la vue, passaient les dernières années de leur vie sans se voir, sans s'entendre, sans pouvoir se soigner mutuellement, ensemble et séparées, puisqu'elles ne pourraient plus exister l'une pour l'autre! Situation bizarre autant que déplorable, et dont la constance de l'amitié ne pourrait qu'aggraver l'horreur! Aux yeux des gens du monde, le sort d'une carmélite doit paraître moins à plaindre. Si nos philosophes s'attendrissent sur les privations qu'elle éprouve dans sa jeunesse, du moins il est impossible qu'ils ne conçoivent pas que sa vieillesse doit être parfaitement heureuse. Avec quelle sérénité, avec quelle joie elle s'avance vers la tombe!...

Les amies de Langollen avaient un moyen de s'assurer une vieillesse heureuse : c'était d'élever et d'adopter des enfants, et de se former ainsi une famille étrangère qui pût égayer leur solitude et soigner un jour leurs vieux ans. J'ignore si elles ont suivi mon conseil. Depuis mon retour en France j'ai reçu de leurs nouvelles, et j'ai appris avec un véritable chagrin que miss Ponsomby était menacée d'hydropisie. Les religieuses seules peuvent se passer des relations de famille; elles sont entièrement dévouées à Dieu; d'ailleurs elles ont des compagnes de tout âge, et leur vieillesse s'écoule en paix, sous la protection active et généreuse de la charité chrétienne.

Je ne dois pas quitter Langollen sans parler des mœurs admirables des habitants de cette partie de la principauté de Galles. Les deux amies nous contèrent que leur probité est si reconnue que très souvent, quittant leur montagne pour faire une promenade aux environs, elles laissaient la clef à leur chaumière, sans que jamais on leur ait dérobé la moindre chose; et cependant elles avaient une argenterie considérable, et une infinité de petits meubles précieux qu'on aurait pu facilement emporter. On retrouvait aussi dans les auberges de Langollen toute la propreté anglaise.

Après mon retour en France, Mme la duchesse d'Orléans m'avait donné, au commencement de 1789, un anneau émaillé, avec ces mots tracés dessus : « Vous savez combien vous m'aimez, mais vous ne pouvez pas savoir comme je vous aime. » L'anneau portait seulement en petits diamants les lettres initiales de chacun des mots de cette phrase. En reconnaissance, je lui donnai un anneau émaillé figurant un ruban avec un nœud, et sur la partie qui n'était pas nouée ces mots étaient tracés : « Impossible à dénouer. »

Le motif d'éloignement subit de Mme la duchesse d'Orléans pour moi, quelque temps après, fut évidemment la différence d'opinions politiques; mais je reconnais aujourd'hui que toutes ses craintes, qui me parurent alors si exagérées, et même si injustes, n'étaient que trop fondées. Telles devaient être les suites inévitables des odieux principes répandus depuis un demi-siècle en Europe, et surtout en France, par la fausse philosophie. A la suite de tant d'efforts des États généraux rassemblés, des millions d'innovations proposées devaient produire tout ce que l'on a vu. Mon indignation sur certains abus, qu'il était si facile de réformer, m'inspira une sorte d'enthousiasme pour le commencement d'une révolution dont je ne sentis aucune des conséquences, et qui me parut même faite pour affermir la durée de la monarchie. L'imagination n'égara point Mme la duchesse d'Orléans; elle ne s'abandonna point à des rêves romanesques; elle jugea mieux que moi, elle sut lire dans l'avenir.

De ma vie je ne me suis mêlée d'affaires de politique ou d'ambition; mon dégoût pour tout ce qui peut y ressembler, et par conséquent mon incapacité sur ce point, étaient si reconnus que jamais mes amis les plus intimes ne m'ont consultée sur leurs projets dans ce genre. Ils me confiaient leurs sentiments et les secrets de leur intérieur, mais je n'avais qu'une connaissance très vague et très confuse de leurs espérances d'ambition et de fortune. J'ai toujours joint à cette espèce d'insouciance le goût d'une vie retirée, sédentaire et paisible, et une extrême aversion pour tout ce qui peut troubler cette tranquillité d'esprit si nécessaire à ceux qui cultivent les lettres avec une véritable passion. D'après ce caractère je pouvais aimer une révolution dans le gouvernement si je la jugeais nécessaire au bonheur de la nation, mais je devais craindre les mouvements qui en sont inséparables. Aussi, dès la convocation des Etats généraux, prévoyant que le désordre des finances, le mécontentement général produiraient beaucoup de troubles, je désirai m'éloigner, et je déclarai publiquement que j'irais à Nice avec mes élèves. Leurs parents y consentirent, et il fut convenu que nous partirions au mois de septembre. Malheureusement je l'avais annoncé; et l'on censura tellement ce projet dans les journaux, il parut porter une telle atteinte à la fragile popularité de la maison d'Orléans, qu'il fallut y renoncer, du moins pour le moment.... Ce fut un véritable sacrifice; j'en ai fait depuis de plus grands encore (1)!...

*
* *

Pendant mon séjour en Allemagne, je me rendis un jour de Berlin à Sans-Souci, où je recueillis une quantité de souvenirs du grand Frédéric. En parcourant ces appartements, dont on avait respecté les meubles et toutes *les vieilleries,* je me confirmai dans l'idée que j'avais depuis longtemps, que *les aperçus* et les réflexions prétendues philosophiques de certains auteurs, dans lesquels leurs partisans trouvent tant de profondeur, ne sont en général que des niaiseries et des faussetés. M. de Volney, dans un de ses ouvrages, dit que, pour juger parfaitement du caractère, des inclinations, du genre d'esprit d'un homme qui n'existe

(1) Il y a ici dans nos extraits une lacune considérable. Mme de Genlis raconte en détail sa pénible odyssée durant la Révolution. Nous avons reproduit cet intéressant récit dans un autre recueil : *Le martyre du cœur, souvenirs de 93*. C'est pour ce motif que nous l'omettons dans celui-ci.

plus, dont il n'aurait jamais entendu parler, avec lequel il n'aurait jamais eu le moindre rapport, il lui suffirait de se trouver à son inventaire et d'examiner avec une *intention philosophique* ses meubles, ses habits, ses bijoux, ses livres, etc., parce que toutes ces choses, par leur solidité ou leur frivolité, lui donneraient une idée complète du personnage. Ainsi donc, si l'on eût transporté M. de Volney, ce profond penseur, dans les appartements de Frédéric, comme il n'y aurait vu que des meubles et des draperies couleur de rose et argent, que des gravures et des tableaux mythologiques, et une collection de tous les bijoux les plus fragiles et de tous les colifichets des boutiques françaises, comme il aurait trouvé dans la bibliothèque un nombre infini de poésies frivoles, il aurait certainement pensé que le défunt, dont nous supposons qu'il aurait ignoré le nom, était un jeune Sybarite entièrement dépourvu de mérite et d'esprit; et cependant ce prétendu Sybarite était un vieux guerrier, qui, au milieu de ses draperies couleur de rose, couchait toujours avec ses bottes. Voilà comme ces messieurs ont jugé tant de fois, et sans appel!

La plupart de nos voyageurs modernes ont adopté cette manière de juger, qui, au reste, est commode; car alors il suffit d'entrevoir pour connaître, ce qui épargne beaucoup de temps et de recherches fatigantes. Il en résulte qu'un voyage n'est qu'un recueil de conjectures. Il ne fallait aux anciens voyageurs que du bon sens et de la véracité; il faut aux nôtres une pénétration admirable. Il n'est pas bien étonnant de peindre fidèlement ce qu'on a bien examiné; il est merveilleux de donner une idée juste et précise de ce qu'on n'a pu que deviner. Pour moi, qui ne suis qu'une voyageuse très vulgaire, je ne jugerai jamais par induction; voici là-dessus ce qui m'est arrivé. J'avais entendu dire que les protestants, ennemis dans leur culte de toute décoration, n'ornaient jamais leurs églises de vases de fleurs. Etant depuis à Hambourg, je me promenais seule, un matin, aux environs de cette ville; je vis réunis plusieurs jolis jardins de paysans, entourés seulement d'une petite haie. J'entrai dans un de ces jardins; il était rempli de légumes, à l'exception d'un petit carré plein de fleurs charmantes, cultivées avec soin. Je savais assez l'allemand pour faire quelques questions et pour entendre quelques phrases. Je félicitai la bonne paysanne qui me recevait d'avoir ce goût pour les fleurs; elle me répondit qu'elle les cultivait pour l'église. Surprise de ce fait, je m'écriai : « Quoi! pour l'église? — Oui, reprit-elle, ces fleurs sont faites pour être des bouquets d'église, et vous trouverez la même chose dans tous les jardins. » Cela était positif; néanmoins, pour n'avoir aucun doute là-dessus, j'entrai dans cinq ou six autres jardins. Je vis partout le même carré de fleurs, et partout on me fit la même réponse sur leur usage. En rentrant chez moi, j'écrivis sur mon journal que les paysans de ce canton avaient une piété que je voudrais voir aux catholiques, et qu'en somme les églises d'Hambourg, ainsi que les nôtres, étaient ornées de fleurs. Si j'étais partie d'Hambourg le lendemain, j'aurais à jamais gardé cette opinion, et j'aurais laissé une erreur sur mon journal. Quelques jours après, j'allai dans un temple protestant, persuadée que j'y trouverais beaucoup de vases de fleurs. Il n'y en avait point; mais je vis un grand nombre de villageois qui tous avaient un bouquet à la main. J'étais avec un Hambourgeois que je questionnai là-dessus, et qui me dit : « Tous ces paysans portent ces bouquets pour montrer qu'ils ont *une propriété*, qu'ils possèdent du moins un petit coin de terre. Aussi, dans tous leurs jardins, ils cultivent une plate-bande de fleurs pour *les bouquets de l'église.* Ceux qui, parmi eux, n'ont aucune propriété, n'oseraient, dans ce lieu solennel de rassemblement, porter un bouquet; les propriétaires ne souffriraient pas qu'ils en eussent. Ainsi les fleurs ici sont des marques d'honneur; c'est une vanité d'un nouveau genre qui s'en pare. » D'après cette explication, j'effaçai dans mon journal mes belles réflexions sur la piété des paysans hambourgeois et tout ce que j'avais écrit sur les bouquets d'église. Ceci prouve combien les voyageurs doivent être en garde contre les apparences, et combien il est facile, en pays étranger, de se tromper et de porter un faux jugement, alors même que l'on croit avoir pris toutes les informations possibles.

J'ai élevé beaucoup d'enfants, je leur ai donné de bons principes et le mépris de l'irréligion; j'ai écrit des ouvrages qui, sous ce rapport, ont été utiles; et cependant, en y réfléchissant bien, je trouve, depuis longtemps, qu'il y a toujours eu quelque chose de trop mondain dans mes idées à cet égard; j'ai trop accordé aux coutumes universelles. Par exemple, j'autorisais les bals d'enfants et les spectacles, *en choisissant les pièces,* et je m'en repens; je me suis rétractée sur ce point dans *les Parvenus,* où je détaille toutes les raisons qu'on peut donner contre les bals et les spectacles. Si j'eusse eu des principes plus austères, mes ouvrages auraient peut-être été moins utiles aux gens du monde, mais j'aurais fait mon devoir, et ces ouvrages seraient plus solidement bons. Le relâchement qui s'y trouve n'a point eu pour cause le respect humain; on ne doit l'attribuer qu'à l'ignorance de la rigueur des principes et aux préjugés reçus dans le monde. Je dis ceci comme un fait, et non comme une excuse; car, lorsqu'on écrit pour le public, et surtout lorsqu'on veut être moraliste chrétien, il faut s'instruire et réfléchir mûrement. Au reste, je n'ai ménagé ni les philosophes, ni les sectes, ni les partis, et je savais parfaitement d'avance à quoi je m'exposais en combattant leurs erreurs. Dans tous les temps j'aurais condamné cette manie de nos jours de mener sans cesse des enfants et des jeunes personnes au spectacle, et de faire veiller des jeunes personnes pour danser jusqu'à deux ou trois heures du matin. De mon temps, les bals finissaient entre neuf et dix heures du soir.

Voici sur l'éducation actuelle des enfants deux réflexions nouvelles. Je trouve d'abord qu'on a grand tort d'admettre des enfants de cinq à neuf et dix ans dans des salons, et surtout de les exhorter d'avance *à caresser* des parents qu'on leur désigne; on peut dire à des enfants qu'ils doivent aimer et respecter certaines personnes : c'est les instruire de leurs devoirs et leur donner des idées justes; mais on ne doit jamais leur prescrire de démonstration, leur ordonner *des caresses :* c'est les rendre affectés et faux. On ne fait point cette distinction; elle est de la plus grande importance. La seconde chose qui me choque, c'est d'accoutumer des enfants à recevoir des présents comme une *preuve d'amitié;* on les rend avides, on leur donne une inconcevable cupidité pour leur âge; ils ont envie de tout ce qu'ils voient; ils ne songent qu'à se faire donner; ils ne mesurent l'amitié que sur la multiplicité des présents; ils redoublent de caresses aux époques fixées principalement pour les présents, et l'on a quadruplé ces époques; à Noël, au jour de l'an, au jour de la naissance, à la fête de son patron, au moment d'un départ, au moment du retour, et lorsqu'on les mène dans les boutiques, dans toutes les occasions, les présents sont de rigueur. Rien de plus ridicule ni de plus pernicieux.

Une mode que nous avons toujours vue en France dans le grand monde, et qui vraisemblablement ne passera jamais, est celle de se plaindre et d'affecter la lassitude de la dissipation et des plaisirs bruyants. A croire les gens du monde, on doit être persuadé qu'ils n'aspirent qu'à la retraite, et qu'une vie simple, champêtre et solitaire, est l'unique objet de leurs désirs. Les femmes surtout sont inépuisables en gémissements et en phrases sentimentales et philosophiques sur le bonheur de l'indépendance et de la tranquillité sédentaire. A les entendre elles ne sont que des esclaves infortunées, forcées d'agir en tout malgré leur volonté secrète et contre leur inclination. D'après ces discours, il faut penser qu'elles seraient infiniment plus heureuses dans une chaumière, ou dans la grotte paisible d'un désert. Vont-elles au spectacle : elles en sont excédées; elles trouvent la Comédie-Française insipide, l'Opéra ennuyeux; cependant elles ont des loges, ou elles en empruntent sans cesse. Sont-elles invitées à un grand dîner : quelles lamentations sur la nécessité de se parer et sur l'ennui mortel de la représentation! Et elles passent journellement trois ou quatre heures à leur toilette, et se ruinent en schalls, en habits et en chiffons. Reviennent-elles du bal ou d'une fête : quelle tristesse! quel abattement! quelles déclamations sur la cohue, la foule, les lumières, le chaud! quel dénigrement de la fête et de tout ce qui s'y est passé! Néanmoins elles avaient demandé avec ardeur des billets, et, dans les mêmes occasions, elles intrigueront toujours pour en avoir. Font-elles des visites : quelle désolation sur cet usage et sur la *perte de temps* qu'il cause! Et tous les matins elles sortent régulièrement et ne rentrent qu'à l'heure du dîner. Enfin, donnent-elles des assemblées et reçoivent-elles beaucoup de monde : quelles plaintes amères de la fatigue! quelles courbatures, quelles migraines sont les suites inévitables de l'obligation cruelle de faire les honneurs de sa maison!... Tout

LA SALLE DES CHEVALIERS (Page 77.)

ce mécontentement se manifeste dès la première jeunesse; on a entendu dire toutes ces choses et on les répète; elles font partie des phrases d'usage que l'on a apprises durant son éducation. Quand on a des filles de quinze à seize ans, on prétend que c'est pour elles qu'on va dans le monde et qu'on se trouve à toutes les fêtes, qu'on suit tous les bals; *c'est pour elles* qu'on se pare à peu près comme elles; *c'est pour elles* qu'on leur fait mener un genre de vie qui ôte toute possibilité d'acquérir de vrais talents et une solide instruction. Il y a vingt-cinq ans, les jeunes personnes à marier ne paraissaient jamais dans le monde; elles n'allaient, durant le carnaval seulement, qu'à des bals d'enfants, qui commençaient à six heures et finissaient à dix. Comment les mères, qui ont des goûts si sédentaires, ne reprennent-elles pas cette ancienne coutume, si bonne dans toute éducation et si salutaire pour la santé?

D'où viennent ce dénigrement et ce ton de misanthropie presque universels parmi les femmes de tout âge? On ne se rend point intéressante par des plaintes affectées, par des peines imaginaires, par une inconséquence frappante à tous les yeux, et rien n'est plus ennuyeux qu'une complainte éternelle sur l'ennui. Les jeunes femmes pensent-elles qu'elles excusent, par ce langage, une excessive dissipation et une totale oisiveté?

En général, aujourd'hui, les jeunes femmes attachent beaucoup trop d'importance à la parure, *à la mode;* elles sont infiniment trop avides d'*invitations* et de spectacles; elles ne se plaisent point assez chez elles. De tels goûts ne promettent, pour l'âge mûr, ni des femmes aimables et sensées, ni d'excellentes mères de famille. Cependant il n'y a point pour une femme d'éloge, non seulement complet, mais réel, si l'on n'y joint celui d'aimer de préférence à toutes les dissipations du monde l'intérieur de sa maison. Aussi les anciens pensaient-ils qu'il ne manquait rien à l'éloge d'une femme vertueuse, qui se trouve dans cette belle épitaphe :

Casta vixit,
Lanam fecit,
Domum servavit (1).

Cette épitaphe antique peint et peindra toujours une femme parfaite.

Le Pape ne vint à Paris, en 1804, que dans l'unique dessein de sauver la religion, et il est certain qu'aucun de ses prédécesseurs ne fit une démarche aussi utile à cette cause sacrée; il refusa avec fermeté tous les avantages temporels qu'il en aurait pu retirer et qui lui furent offerts; il voyagea à ses frais et n'accepta rien pour sa dépense durant son séjour à Paris. Le cardinal nous conta même qu'on lui avait volé en route une caisse très précieuse, qui contenait ses plus riches et ses plus beaux chapelets. Le Saint-Père ne s'abusa point sur l'effet que produirait en Europe cette marque éclatante d'estime et d'admiration, que Charlemagne même, bienfaiteur de l'Église, n'avait point obtenue. On sait que Pie VII dit publiquement qu'il était certain que cet acte solennel exciterait un grand mécontentement parmi les princes ses contemporains. « Mais, ajouta-t-il, j'empêcherai la France de devenir protestante, et mon désintéressement prouvera que tel est le seul mobile de ma conduite. »

Il fallait en effet des vues aussi religieuses, aussi profondes, des sentiments aussi purs, pour soutenir un vieillard au milieu des dangers d'une route si longue et si fatigante, entreprise et continuée dans la

(1) « Elle vécut chaste; elle aima le travail et sa maison. » (*Note de l'auteur.*)

saison la plus rigoureuse. Le Ciel bénit son courage; sa seule présence ranima la foi dans tous les cœurs et rendit respectables, aux yeux mêmes des incrédules, les croyances qui pouvaient inspirer tant de force et de grandeur d'âme.

Je ne perdis pas une occasion, pendant le séjour du Saint-Père à Paris, de le voir dans les églises, ou seulement de l'entrevoir passer dans les rues; aussi j'éprouvai le désir le plus vif de juger par moi-même si son portrait, fait par David, était aussi beau et aussi ressemblant qu'on le disait. Je fus charmée de ce portrait, mais la reine de Naples (depuis reine d'Espagne) m'assura que la figure du Pape était encore plus belle dans le tableau du couronnement, qu'on ne voyait alors que dans l'atelier de David.

J'aime, en terminant ces Mémoires, à me rappeler les souvenirs de ma jeunesse. Soixante-quatre ans écoulés depuis cette époque ne m'ont rien fait oublier de Saint-Aubin et Bourbon-Lancy, où j'ai passé des journées si délicieuses. M. d'Aligre me priait naguère d'aller, dans le courant de l'automne prochain, lui faire une visite à Saint-Aubin. Rien au monde ne m'eût été plus agréable; mais les joies de la terre sont finies pour moi, et je suis bien persuadée que je n'aurai jamais celle-là. Oh! que de sensations j'éprouverais, que de pensées à la fois douces et mélancoliques j'aurais en me retrouvant dans ces lieux chéris où s'écoula mon heureuse enfance! Alors l'avenir était tout entier à moi; j'étais loin de prévoir combien il serait orageux. Que de regrets et de repentirs se mêleraient aux touchants souvenirs de ce temps de paix, d'innocence, d'espérance et de bonheur! Combien de fois je répéterais que nous faisons nous-mêmes notre destinée, et que, si la mienne n'a pas été plus heureuse, c'est que je l'ai gâtée par mon imprudence et mes fautes! Ces idées sont tristes, mais elles donnent du courage; qui oserait se plaindre des peines qu'il a méritées? Au reste, malgré ces pénibles retours sur moi-même, je trouverais un charme infini à revoir Saint-Aubin. Mais cette idée s'anéantit auprès de celle du voyage de la Terre-Sainte; car j'avais le projet formel d'en faire le pèlerinage sous quelques mois; c'était là que tous mes vœux me transportaient. Je jouais presque tous les jours de la harpe, et un soir j'en jouai avec délices; je commençai la composition (paroles et musique) du morceau que je voulais jouer dans *la maison de David*, si Dieu me faisait la grâce d'aller à Jérusalem.

SOUVENIRS D'UNE FEMME DE LETTRES

Mme de Staël [1]

E séjour de Paris m'a toujours semblé le plus agréable de tous : j'y suis née, j'y ai passé mon enfance et ma première jeunesse; la génération qui a connu mon père, les amis qui ont traversé avec nous les périls de la Révolution, c'est là seulement que je puis les retrouver. Cet amour de la patrie, qui a saisi les âmes les plus fortes, s'empare plus vivement encore de nous, quand les goûts de l'esprit se trouvent réunis aux affections du cœur et aux habitudes de l'imagination. La conversation française n'existe qu'à Paris, et la conversation a été, depuis mon enfance, mon plus grand plaisir. J'éprouvais une telle douleur à la crainte d'être privée de ce séjour, que ma raison ne pouvait rien contre elle.

Mon père partageait mon goût pour le séjour de Paris, et ma mère, pendant sa vie, l'avait aussi vivement éprouvé. J'étais extrêmement triste d'être séparée des amis de ma famille, de ne pouvoir donner à mes enfants ce genre de sentiment des beaux-arts qui s'acquiert difficilement à la campagne; aussi, je formais cent projets pour revenir, et pour essayer si le premier consul, qui alors ménageait encore l'opinion, voudrait braver le bruit que ferait mon exil.... Vers l'automne de 1803, je me crus oubliée de lui; on m'écrivit de Paris qu'il était tout entier absorbé par son expédition d'Angleterre, qu'il se proposait de partir pour les côtes, et de s'embarquer lui-même pour diriger la descente. Je ne croyais guère

(1) Pages extraites de *Dix années d'exil*. Il s'est glissé bien probablement des exagérations dans cet écrit de l'irréconciliable ennemie de Napoléon Ier; mais celui-ci, on doit également le reconnaître, s'est montré susceptible jusqu'au ridicule en tourmentant Mme de Staël par de mesquines et incessantes persécutions. Au fond, qu'avait-il à lui reprocher? Tout simplement, qu'étant une des célébrités littéraires de l'époque, elle ne voulait pas emboucher la trompette épique pour exalter ses triomphes! On voit par cet exemple que les qualités les plus éminentes, le génie lui-même ne préservent pas des passions et des travers qui nous rapetissent aux yeux de nos semblables et troublent plus ou moins notre cœur. Pauvre grand homme! Pauvre femmelette, un peu d'esprit chrétien, un grain de charité vous eût évité bien des humiliations et des mécomptes! Mais l'orgueil vous a possédés l'un et l'autre et c'est lui qui a fait le tourment de votre vie.

à ce plan; mais je me flattais qu'il trouverait bon que je vécusse à quelques lieues de Paris, avec le très petit nombre d'amis qui viendraient voir à cette distance une personne en disgrâce. Je pensais aussi qu'étant assez connue pour que l'on parlât de mon exil en Europe, le premier consul éviterait cet éclat. J'avais calculé d'après mes désirs; mais je ne connaissais pas encore à fond le caractère de celui qui devait dominer l'Europe.

J'arrivai dans une petite campagne à dix lieues de Paris, formant le projet de m'établir les hivers dans cette retraite, tant que durerait la tyrannie. Je ne voulais qu'y voir un petit nombre de personnes, et quelquefois aller au spectacle et au Musée. C'est tout ce que je souhaitais du séjour de Paris, dans l'état de défiance et d'espionnage qui commençait à s'établir; et j'avoue que je ne vois pas quel inconvénient il pourrait y avoir pour le premier consul à me laisser ainsi dans un exil volontaire. J'y étais en effet paisible depuis un mois, lorsqu'une femme comme il y en a tant, cherchant à se faire valoir aux dépens d'une autre femme plus connue qu'elle, vint dire au premier consul que les chemins étaient couverts de gens qui allaient me faire visite. Certes rien n'était moins vrai, mais Bonaparte saisit le prétexte ou le motif qu'on lui donna pour m'exiler, et un de mes amis me prévint qu'un gendarme viendrait sous peu de jours me signifier l'ordre de partir. On n'a pas l'idée, dans les pays où la routine au moins garantit les particuliers de toute injustice, de l'état où jette la nouvelle subite de certain acte arbitraire. Je suis d'ailleurs très facile à ébranler; mon imagination conçoit mieux la peine que l'espérance, et quoique souvent j'aie éprouvé que le chagrin se dissipe par des circonstances nouvelles, il me semble toujours, quand il arrive, que rien ne pourra m'en délivrer. En effet, ce qui est facile, c'est d'être malheureux, surtout lorsqu'on aspire aux lots privilégiés de la vie.

Je me retirai dans l'instant même chez Mme de la Tour, personne vraiment bonne et spirituelle, à qui, je dois le dire, j'étais recommandée par un homme qui occupait une place importante dans le gouvernement, M. Regnault de Saint-Jean-d'Angély; je n'oublierai point le courage avec lequel il m'offrit lui-même un asile : mais il aurait la même bonne intention aujourd'hui qu'il ne pourrait se conduire de même sans perdre toute son existence. J'arrivai donc dans la campagne d'une personne que je connaissais à peine, au milieu d'une société qui m'était tout à fait étrangère, et portant dans le cœur un chagrin cuisant que je ne voulais pas laisser voir. La nuit, seule avec une femme dévouée depuis plusieurs années à mon service, j'écoutais à la fenêtre si nous n'entendrions point les pas d'un gendarme à cheval : le jour j'essayais d'être aimable pour cacher ma situation. J'écrivis de cette campagne à Joseph Bonaparte une lettre qui exprimait avec vérité toute ma tristesse. Une retraite à dix lieues de Paris était l'unique objet de mon ambition, et je sentais avec désespoir que si j'étais une fois exilée, ce serait pour longtemps, et peut-être pour toujours. Joseph et son frère Lucien firent généreusement tous leurs efforts pour me sauver, et l'on va voir qu'ils ne furent pas les seuls.

Mme Récamier, cette femme si célèbre dont le caractère est exprimé par la distinction de son extérieur, me fit proposer de venir demeurer à sa campagne, à Saint-Brice, à deux lieues de Paris. J'acceptais, car je ne savais pas alors que je pouvais nuire à une personne si étrangère à la politique; je la croyais à l'abri de tout, malgré la générosité de son caractère. La société la plus agréable se réunissait chez elle, et je jouissais là, pour la dernière fois, de tout ce que j'allais quitter. C'est dans ces jours orageux que je reçus le plaidoyer de M. Mackintosh : là je lus ces pages où il faisait le portrait d'un jacobin qui s'est montré terrible dans la révolution contre les enfants, les vieillards et les femmes, et qui se plie sous la verge du Corse qui lui ravit jusqu'à la moindre part de cette liberté pour laquelle il se prétendait armé. Ce morceau, de la plus belle éloquence, m'émut jusqu'au fond de l'âme : les écrivains supérieurs peuvent quelquefois, à leur insu, soulager les infortunés, dans tous les pays et dans tous les temps. La France se taisait si profondément autour de moi, que cette voix, qui tout à coup répondait à mon âme, me semblait descendue du ciel : elle venait d'un pays libre.

Après quelques jours passés chez Mme Récamier sans entendre parler de mon exil, je me persuadai que Bonaparte y avait renoncé. Il n'y a rien de plus ordinaire que de se rassurer sur un danger quelconque, lorsqu'on n'en voit point de symptômes autour de soi. Je me sentais si éloignée de tout projet comme de tout moyen hostile, même contre cet homme, qu'il me semblait impossible qu'il ne me laissât pas en paix; et, après quelques jours, je retournai dans ma maison de campagne, convaincue qu'il ajournait ses résolutions contre moi, et se contentait de m'avoir fait peur. En effet, c'en était bien assez, non pour changer mon opinion, non pour m'obliger à la désavouer, mais pour réprimer en moi le reste d'habitude républicaine qui m'avait portée l'année précédente à parler avec trop de franchise.

J'étais à table avec trois de nos amis, dans une salle d'où l'on voyait le grand chemin et la porte d'entrée; c'était à la fin de septembre. A quatre heures, un homme en habit gris, à cheval, s'arrête à la grille et sonne; je fus certaine de mon sort. Il me fit demander; je le reçus dans le jardin. En avançant vers lui, le parfum des fleurs et la beauté du soleil me frappèrent. Les sensations qui nous viennent par les combinaisons de la société sont si différentes de celles de la nature! Cet homme me dit qu'il était le commandant de la gendarmerie de Versailles, mais qu'on lui avait ordonné de ne pas mettre son uniforme dans la crainte de m'effrayer : il me montra une lettre signée de Bonaparte qui portait l'ordre de m'éloigner à quarante lieues de Paris, et enjoignait de me faire partir dans les vingt-quatre heures, en me traitant cependant avec tous les égards dus à une femme d'un nom connu. Il prétendait que j'étais étrangère, et, comme telle, soumise à la police : cet égard pour la liberté individuelle ne dura pas longtemps, et bientôt après, d'autres Français et Françaises furent exilés, ainsi que moi, sans aucune forme de procès. Je répondis à l'officier de gendarmerie que partir dans vingt-quatre heures convenait à des conscrits, mais non pas à une femme et à des enfants, et en conséquence je lui proposai de m'accompagner à Paris, où j'avais besoin de passer trois jours pour faire les arrangements nécessaires à mon voyage. Je montai dans ma voiture avec mes enfants et cet officier, qu'on avait choisi comme le plus littéraire des gendarmes. En effet, il me fit des compliments sur mes écrits. « Vous voyez, lui dis-je, Monsieur, où cela me mène, d'être une femme d'esprit; déconseillez-le, je vous prie, aux personnes de votre famille, si vous en avez l'occasion. » J'essayais de me monter par la fierté, mais je sentais la griffe dans mon cœur.

Je m'arrêtai quelques instants chez Mme Récamier; j'y trouvai le général Junot, qui, par dévouement pour elle, promit d'aller parler le lendemain matin au premier consul. Il le fit en effet avec la plus grande chaleur. On croirait qu'un homme si utile par son ardeur militaire à la puissance de Bonaparte devait avoir sur lui le crédit de faire épargner une femme; mais les généraux de Bonaparte, tout en obtenant de lui des grâces sans nombre pour eux-mêmes, n'ont aucun crédit. Quand ils demandent de l'argent ou des places, Bonaparte trouve cela convenable; ils sont dans le sens de son pouvoir, puisqu'ils se mettent dans sa dépendance : mais si, ce qui leur arrive rarement, ils voulaient défendre des infortunés, ou s'opposer à quelque injustice, on leur ferait sentir bien vite qu'ils ne sont que des bras chargés de maintenir l'esclavage, en s'y soumettant eux-mêmes (1).

J'arrivai à Paris dans une maison nouvellement louée, et que je n'avais pas encore habitée; je l'avais choisie avec soin dans le quartier et l'exposition qui me plaisaient; et déjà, dans mon imagination, je m'étais établie dans le salon avec quelques amis dont l'entretien est, selon moi, le plus grand plaisir dont l'esprit humain puisse jouir. Je n'entrais dans cette maison qu'avec la certitude d'en sortir, et je passais les nuits à parcourir

(1) L'histoire a conservé plus d'un exemple du contraire.

ces appartements dans lesquels je regrettais encore plus de bonheur que je n'en avais espéré. Mon gendarme revenait chaque matin, comme dans le comte de Barbe-Bleue, me presser de partir le lendemain, et chaque fois j'avais la faiblesse de demander encore un jour. Nos amis venaient dîner avec moi, et quelquefois nous étions gais, comme pour épuiser la coupe de la tristesse, en nous montrant les uns pour les autres les plus aimables qu'il nous était possible, au moment de nous quitter pour si longtemps. Ils me disaient que cet homme qui venait chaque jour me sommer de partir leur rappelait ces temps de la Terreur pendant lesquels les gendarmes venaient demander leurs victimes.

On s'étonnera peut-être que je compare l'exil à la mort; mais de grands hommes de l'antiquité et des temps modernes ont succombé à cette peine. On rencontre plus de braves contre l'échafaud que contre la perte de sa patrie. Dans tous les codes de lois, le bannissement perpétuel est considéré comme une des peines les plus sévères. Des circonstances particulières m'offraient un asile et des ressources de fortune dans la patrie de mes parents, la Suisse; j'étais à cet égard moins à plaindre qu'un autre, et néanmoins j'ai cruellement souffert. Je ne serai donc point inutile au monde, en signalant tout ce qui doit porter à ne laisser jamais aux souverains le droit arbitraire de l'exil. Nul député, nul écrivain n'exprimera librement sa pensée, s'il peut être banni quand sa franchise aura déplu; nul homme n'osera parler avec sincérité, s'il peut lui en coûter le bonheur de sa famille entière. Les femmes surtout, qui sont destinées à soutenir et à récompenser l'enthousiasme, tâcheront d'étouffer en elles les sentiments généreux, s'il doit en résulter ou qu'elles soient enlevées aux objets de leur tendresse, ou qu'ils leur sacrifient leur existence en les suivant dans l'exil.

La veille du dernier jour qui m'était accordé, Joseph Bonaparte fit encore une tentative en ma faveur; et sa femme, qui est une personne de la douceur et de la simplicité la plus parfaite, eut la grâce de venir chez moi pour me proposer de passer quelques jours à sa campagne de Morfontaine. J'acceptai avec reconnaissance, car je devais être touchée de la bonté de Joseph, qui me recevait dans sa maison quand son frère me persécutait. Je passais trois jours à Morfontaine, et, malgré l'obligeance parfaite du maître et de la maîtresse de la maison, ma situation était très pénible. Je ne voyais que des hommes du gouvernement, je ne respirais que l'air de l'autorité, qui se déclarait mon ennemie, et les plus simples lois de la politesse et de la reconnaissance me défendaient de montrer ce que j'éprouvais. Je n'avais avec moi que mon fils aîné, encore trop enfant pour que je pusse m'entretenir avec lui sur de tels sujets. Je passais des heures entières à considérer ce jardin de Morfontaine, l'un des plus beaux qu'on puisse voir en France, et dont le possesseur, alors paisible, me semblait bien digne d'envie. On l'a depuis exilé sur des trônes où je suis sûre qu'il a regretté son bel asile.

J'hésitais sur le parti que je prendrais en m'éloignant. Retournerais-je vers mon père, ou m'en irais-je en Allemagne? Mon père eût accueilli

TOULON (Page 52.)

son pauvre oiseau, battu par l'orage, avec une ineffable bonté; mais je craignais le dégoût de revenir, renvoyée, dans un pays qu'on m'accusait de trouver un peu monotone. J'avais aussi le désir de me relever, par la bonne réception qu'on me promettait en Allemagne, de l'outrage que me faisait le premier consul, et je voulais opposer l'accueil bienveillant des anciennes dynasties à l'impertinence de celle qui se préparait à subjuguer la France. Ce mouvement d'amour-propre l'emporta, pour mon malheur: j'aurais revu mon père, si j'étais retournée à Genève.

Je priai Joseph de savoir si je pouvais aller en Prusse, car il me fallait au moins la certitude que l'ambassadeur de France ne me réclamerait pas au dehors comme Française, tandis qu'on me proscrivait au dedans comme étrangère. Joseph partit pour Saint-Cloud. Je fus obligée d'attendre sa réponse dans une auberge à deux lieues de Paris, n'osant pas rentrer chez moi dans la ville. Un jour se passa sans que cette réponse me parvînt. Ne voulant pas attirer l'attention sur moi, en restant plus longtemps dans l'auberge où j'étais, je fis le tour des murs de Paris pour en aller chercher une autre, aussi à deux lieues, mais sur une route différente. Cette vie errante, à quatre pas de mes amis et de ma demeure, me causait une douleur que je ne puis me rappeler sans frissonner. La chambre m'est présente; la fenêtre où je passais tout le jour pour voir arriver le messager, mille détails pénibles que le malheur entraîne après soi, la générosité trop grande de quelques amis, le calcul voilé de quelques autres, tout mettait mon âme dans une agitation si cruelle, que je ne pourrais la souhaiter à aucun ennemi. Enfin, ce message sur lequel je fondais encore quelque espoir m'arriva. Joseph m'envoyait d'excellentes lettres de recommandation pour Berlin, et me disait adieu d'une manière noble et douce. Il fallut donc partir.

Benjamin Constant eut la bonté de m'accompagner; mais, comme il aimait aussi beaucoup le séjour de Paris, je souffrais du sacrifice qu'il me faisait. Chaque pas des chevaux me faisait mal, et, quand les postillons se vantaient de m'avoir menée vite, je ne pouvais m'empêcher de soupirer du triste service qu'ils me rendaient. Je fis ainsi quarante lieues sans reprendre la possession de moi-même. Enfin, nous nous arrêtâmes à Châlons, et Benjamin Constant, ranimant son esprit, souleva, par son étonnante conversation, au moins pendant quelques instants, le poids qui m'accablait. Nous continuâmes, le lendemain, notre route jusqu'à Metz, où je voulais m'arrêter pour attendre des nouvelles de mon père. Là je passai quinze jours, et je rencontrai l'un des hommes les plus aimables et les plus spirituels qu'aient pu produire la France et l'Allemagne combinées, M. Charles Villers. Sa société me charmait, mais elle renouvelait mes regrets pour ce premier des plaisirs, un entretien où l'accord le plus parfait règne dans tout ce qu'on sent et dans tout ce qu'on dit.

Mon père fut indigné des traitements qu'on m'avait fait éprouver à Paris; il se représentait sa famille ainsi proscrite, et sortant comme des criminels du pays qu'il avait si bien servi. Ce fut lui-même qui me conseilla de passer l'hiver en Allemagne, et de ne revenir auprès de lui qu'au printemps. Hélas! hélas! je comptais lui rapporter la moisson d'idées nouvelles que j'allais recueillir dans ce voyage. Depuis plusieurs années il me disait souvent qu'il ne tenait au monde que par mes récits et par mes lettres. Son esprit avait tant de vivacité et de pénétration, que le plaisir de lui parler excitait à penser. J'observais pour lui raconter, j'écoutais pour lui répéter. Depuis que je l'ai perdu, je vois et je sens la moitié moins que je ne faisais quand j'avais pour but de lui plaire, en lui peignant mes impressions (1).

A Francfort, ma fille, alors âgée de cinq ans, tomba dangereusement malade. Je ne connaissais personne dans la ville; la langue m'était étrangère, le médecin même auquel je confiai mon enfant parlait à peine français. Oh! comme mon père partageait ma peine! quelles lettres il m'écrivait! que de consultations de médecins, copiées de sa propre main, ne m'envoya-t-il pas de Genève! On n'a jamais porté, plus loin que lui, l'harmonie de la sensibilité et de la raison!

J'arrivai à Weimar, où je repris courage, en voyant, à travers les difficultés de la langue, d'immenses richesses intellectuelles hors de France. J'appris à lire l'allemand; j'écoutai Gœthe et Wieland, qui, heureusement pour moi, parlaient très bien français. Je compris l'âme et le génie de Schiller, malgré sa difficulté à s'exprimer dans une langue étrangère. La société du duc et de la duchesse de Weimar me plaisait extrêmement, et je passai là trois mois, pendant lesquels l'étude de la littérature allemande donnait à mon esprit tout le mouvement dont il a besoin pour ne pas me dévorer moi-même.

Je partis pour Berlin et je m'y trouvai au sein de la plus profonde sécurité quand un matin on me remit deux lettres qui m'annonçaient que mon père était dangereusement malade. On me dissimula que le courrier qui était venu les apporter était aussi chargé de la nouvelle de sa mort. Je partis avec de l'espérance, et je la conservai malgré toutes les circonstances qui devaient me l'ôter. Quand à Weimar la vérité me fut connue, un sentiment de terreur inexprimable se joignit à mon désespoir. Je me vis sans appui sur cette terre, et forcée de soutenir moi-même mon âme contre le malheur. Il me restait beaucoup d'objets d'attachement; mais l'admiration pleine de tendresse que j'éprouvais pour mon père exerçait sur moi un empire que rien ne pouvait égaler. La douleur, qui est le plus grand des prophètes, m'annonça que désormais je ne serais plus heureuse par le cœur, comme je l'avais été, quand cet homme tout-puissant en sensibilité veillait sur mon sort; et il ne s'est pas écoulé un jour, depuis le mois d'avril 1804, dans lequel je n'aie rattaché toutes mes peines à celle-là.

(1) Sous le pinceau de Mme de Staël, tout prend une légère teinte d'hyperbole; on aura souvent occasion d'en faire la remarque.

Tant que mon père vivait, je ne souffrais que par l'imagination; car, dans les choses réelles, il trouvait toujours le moyen de me faire du bien; après sa perte, j'eus affaire directement au malheur. C'est cependant encore à l'espoir qu'il prie pour moi dans le ciel que je dois ce qui me reste de force. Ce n'est point l'amour filial, mais la connaissance intime de son caractère qui me fait affirmer que jamais je n'ai vu la nature humaine plus près de la perfection que dans son âme : si je n'étais pas convaincue de la vie à venir, je deviendrais folle de l'idée qu'un tel être ait pu cessé d'exister. Il y avait tant d'immortalité dans ses sentiments et dans ses pensées, que cent fois il m'arrive, quand j'ai des mouvements qui m'élèvent au dessus de moi-même, de croire encore l'entendre.

Dans mon fatal voyage de Weimar à Coppet, j'enviais toute la vie qui circulait dans la nature, celle des oiseaux, des mouches qui volaient autour de moi : je demandais un jour, un seul jour pour lui parler encore, pour exciter sa pitié; j'enviais ces arbres des forêts dont la durée se prolonge au delà des siècles; mais l'inexorable silence du tombeau a quelque chose qui confond l'esprit humain; et, bien que ce soit la vérité la plus connue, jamais la vivacité de l'impression qu'elle produit ne peut s'éteindre. En approchant de la demeure de mon père, un de mes amis me montra sur la montagne des nuages qui ressemblaient à une grande figure d'homme qui disparaîtrait vers le soir, et il me sembla que le ciel m'offrait ainsi le symbole de la perte que je venais de faire. Il était grand en effet, cet homme qui, dans aucune circonstance de sa vie, n'a préféré le plus important de ses intérêts au moindre de ses devoirs; cet homme dont les vertus étaient tellement inspirées par sa bonté, qu'il eût pu se passer de principes, et dont les principes étaient si fermes, qu'il eût pu se passer de bonté (1).

En arrivant à Coppet, j'appris que mon père, dans la maladie de neuf jours qui me l'avait enlevé, s'était constamment occupé de mon sort avec inquiétude. Il se faisait des reproches de son dernier livre, comme étant la cause de mon exil; et, d'une main tremblante, il écrivit, pendant sa fièvre, au premier consul, une lettre où il lui affirmait que je n'étais pour rien dans la publication de ce dernier ouvrage, et qu'au contraire j'avais désiré qu'il ne fût pas imprimé. Cette voix d'un mourant avait tant de solennité! cette dernière prière d'un homme qui avait joué un si grand rôle en France (2), demandant pour toute grâce le retour de ses enfants dans le lieu de leur naissance, et l'oubli des imprudences qu'une fille, jeune encore alors, avait pu commettre, tout me semblait

(1) Antithèse qui repose sur une idée assez fausse et qu'on est surpris de trouver à la suite de la manifestation d'une si véhémente douleur.

(2) Comme ministre de Louis XVI. Chacun sait à quoi s'en tenir sur le rôle politique de Necker.

irrésistible; et, bien que je connusse le caractère de l'homme, il m'arriva ce qui, je crois, est dans la nature de ceux qui désirent ardemment la cessation d'une grande peine : j'espérai contre toute espérance. Le premier consul reçut cette lettre, et me crut sans doute d'une rare niaiserie d'avoir pu me flatter qu'il en serait touché. Je suis à cet égard de son avis (1).

En 1810, ayant achevé la composition de mon ouvrage sur l'*Allemagne,* je voulus en surveiller l'impression, et je me fixai à quarante lieues de Paris : mon séjour à cette distance de la capitale était encore toléré. J'occupai une terre appelé Fossé, que M. de Salaberry me prêta. C'était l'habitation d'un militaire vendéen, qui ne soignait pas beaucoup sa demeure, mais dont la loyale bonté rendait tout facile, et l'esprit original tout amusant. A peine arrivés, un musicien italien, que j'avais avec moi pour donner des leçons à ma fille, se mit à jouer de la guitare; ma fille accompagnait sur la harpe la douce voix de mon amie, Mme Récamier; les paysans se rassemblaient autour des fenêtres, étonnés de voir cette colonie de troubadours qui venait animer la solitude de leur maître. C'est là que j'ai passé mes derniers jours de France, avec quelques amis dont le souvenir vit dans mon cœur. Certes, cette réunion si intime, ce séjour si solitaire, cette occupation si douce des beaux-arts, ne faisait de mal à personne. Nous chantions souvent un charmant air qu'a composé la reine de Hollande, et dont le refrain est : « Fais ce que dois, advienne que pourra. » Après dîner, nous avions imaginé de nous placer autour d'une table verte, et de nous écrire au lieu de causer ensemble. Ces tête-à-tête variés et multipliés nous amusaient tellement, que nous étions impatients de sortir de table, où nous nous parlions, pour venir nous écrire. Quand il arrivait par hasard des étrangers, nous ne pouvions supporter d'interrompre nos habitudes, et notre *petite poste* (c'est ainsi que nous l'appelions) allait toujours son train. Les habitants de la ville voisine s'étonnaient un peu de ces manières nouvelles, et les prenaient pour de la pédanterie, tandis qu'il n'y avait dans ce jeu qu'une ressource contre la monotonie de la solitude. Notre vie se passait ainsi, sans que le temps, si j'en puis juger par moi, fût un fardeau pour personne.

L'opéra de *Cendrillon* faisait beaucoup de bruit à Paris; je voulus l'aller voir représenter sur un mauvais théâtre de province, à Blois. En sortant à pied, les habitants de la ville me suivirent par curiosité, plus avides de me connaître comme exilée que sous tout autre rapport. Cette

(1) Il y a ici, dans le manuscrit de Mme de Staël, une lacune de cinq années, pendant lesquelles elle fut encore obligée de se tenir éloignée de la France ou du moins à quarante lieues de Paris. Elle passa généralement ce temps en Suisse, en Prusse et en Italie.

espèce de succès que le malheur me valait, plus encore que le talent, donna de l'humeur au ministre de la police, qui écrivit quelque temps après au préfet de Loir-et-Cher que j'étais environnée d'une cour. « Certes, répondis-je au préfet, ce n'est pas du moins la puissance qui me la donne. »

J'étais toujours résolue à me rendre en Angleterre par l'Amérique; mais je voulais terminer l'impression de mon livre sur l'Allemagne. La saison s'avançait; nous étions déjà au 15 septembre, et j'entrevoyais que la difficulté de m'embarquer avec ma fille me retiendrait encore l'hiver dans je ne sais quelle ville à quarante lieues de Paris. J'ambitionnais alors Vendôme, où je connaissais quelques gens d'esprit, et d'où la communication avec la capitale était facile. Après avoir eu jadis l'une des plus brillantes maisons de Paris, je me représentais comme une vive satisfaction de m'établir à Vendôme : le sort ne m'accorda pas ce modeste bonheur.

Le 23 septembre, je corrigeai la dernière épreuve de l'*Allemagne:* après six ans de travail, ce m'était une vraie joie de mettre le mot *fin* à mes trois volumes. Je fis la liste des cent personnes à qui je voulais les envoyer dans les différentes parties de la France et de l'Europe; j'attachais un grand prix à ce livre, que je croyais propre à faire connaître des idées nouvelles à la France : il me semblait qu'un sentiment élevé sans être hostile l'avait inspiré, et qu'on y trouverait un langage qu'on ne parlait plus.

Munie d'une lettre de mon libraire, qui m'assurait que la censure avait autorisé la publication de mon ouvrage, je crus n'avoir rien à craindre, et je partis avec mes amis pour une terre de M. Matthieu de Montmorency, qui est à cinq lieues de Blois. Ce digne ami, qui n'est occupé sur cette terre que de mériter le ciel, dans nos conversations ne s'occupait point des affaires du temps, et ne cherchait qu'à faire du bien à mon âme. Nous repartîmes le lendemain, et dans ces plaines du Vendômois, où l'on ne rencontre pas une seule habitation, et qui, comme la mer, semblent offrir partout le même aspect, nous nous perdîmes complètement. Il était déjà minuit, et nous ne savions quelle route suivre, dans un pays toujours le même, et dont la fécondité est aussi monotone que pourrait l'être ailleurs la stérilité, lorsqu'un jeune homme à cheval, se doutant de notre embarras, vint nous prier de passer la nuit dans le château de ses parents. Nous acceptâmes cette invitation, qui était un vrai service, et nous nous trouvâmes tout à coup au milieu du luxe de l'Asie et de l'élégance de la France. Les maîtres de la maison avaient passé beaucoup de temps dans l'Inde, et leur château était orné de tout ce qu'ils avaient apporté de leurs voyages. Ce séjour excitait ma curiosité, et je m'y trouvais à merveille (1). Le lendemain, M. de Montmorency me remit un billet de mon fils, qui me pressait de revenir chez moi, parce que mon ouvrage éprouvait de nouvelles difficultés à la censure. Mes amis, qui étaient avec moi dans le château, me conjuraient de partir; je ne devinais point ce qu'ils me cachaient, et, m'en tenant à la lettre à ce que m'écrivait Auguste, je passais mon temps à examiner toutes les raretés de l'Inde, sans me douter de ce qui m'attendait. Enfin je montai en voiture, et mon brave et spirituel Vendéen, que ses propres périls n'avaient jamais ému, me serra la main les larmes aux yeux : je compris alors qu'on me faisait un mystère de quelques nouvelles persécutions, et M. de Montmorency, que j'interrogeai, m'apprit que le ministre de la police avait envoyé ses agents pour mettre en pièces les dix mille exemplaires qu'on avait tirés de mon livre, et que j'avais reçu l'ordre de quitter la France sous trois jours. Mes enfants et mes amis n'avaient pas voulu que j'apprisse une telle nouvelle chez des étrangers; mais ils avaient pris toutes les précautions possibles pour que mon manuscrit ne fût pas saisi, et ils parvinrent à le sauver quelques heures avant qu'on vînt me le demander.

Cette nouvelle douleur me prit l'âme avec une grande force. Je m'étais flattée d'un succès honorable par la publication de mon livre. Si les censeurs m'eussent refusé l'autorisation de l'imprimer, cela m'aurait paru simple; mais, après avoir subi toutes leurs observations, après avoir fait les changements qu'ils exigeaient de moi, apprendre que mon livre était mis au pilon, et qu'il fallait me séparer des amis qui soutenaient mon courage, cela me fit verser des larmes. J'essayai cependant encore cette fois de me surmonter, pour réfléchir à ce qu'il fallait faire dans une situation où le parti que j'allais prendre pouvait tant influer sur le sort de ma famille. En approchant de la maison que j'habitais, je donnai mon écritoire, qui renfermait encore quelques notes sur mon livre, à mon fils cadet; il sauta par-dessus un mur, pour entrer dans l'habitation par le jardin. Une Anglaise, mon excellente amie, vint au-devant de moi pour m'avertir de tout ce qui s'était passé; j'apercevais de loin les gendarmes qui erraient autour de ma demeure; mais il ne paraît pas qu'ils me cherchassent : ils étaient sans doute à la poursuite d'autres malheureux, de conscrits, d'exilés, de personnes en surveillance, enfin de toutes les classes d'opprimés qu'a créées le régime actuel de la France.

(1) Inquiet de ne pas voir arriver ma mère, j'étais monté à cheval pour aller à sa rencontre, afin d'adoucir, autant qu'il était en moi, la nouvelle qu'elle devait apprendre à son retour; mais je m'égarai comme elle dans les plaines uniformes du Vendômois, et ce ne fut qu'au milieu de la nuit qu'un heureux hasard me conduisit à la porte du château où on lui avait donné l'hospitalité. Je fis réveiller M. de Montmorency, et, après lui avoir appris le surcroît de persécution que la police impériale dirigeait contre ma mère, je repartis pour achever de mettre ses papiers en sûreté, laissant à M. de Montmorency le soin de la préparer au nouveau coup qui la menaçait. (*Note de M. de Staël fils.*)

Le préfet de Loir-et-Cher vint me demander mon manuscrit; je lui donnai, pour gagner du temps, une mauvaise copie qui me restait, et dont il se contenta. J'ai appris qu'il avait été très maltraité peu de mois après, pour le punir de m'avoir témoigné des égards; et le chagrin qu'il ressentit de la disgrâce de l'Empereur a, dit-on, été une des causes de la maladie qui l'a fait périr dans la force de l'âge. Malheureux pays que celui où les circonstances sont telles, qu'un homme de son esprit et de son talent succombe au chagrin d'une défaveur!

Je vis dans les papiers que des vaisseaux américains étaient arrivés dans les ports de la Manche, et je me décidai à faire usage de mon passeport pour l'Amérique, espérant qu'il me serait possible de relâcher en Angleterre. Il me fallait quelques jours, dans tous les cas, pour me préparer à ce voyage, et je fus obligée de m'adresser au ministre de la police pour demander ce peu de jours. On a déjà vu que l'habitude du gouvernement français est d'ordonner aux femmes, comme à des soldats, de partir dans les vingt-quatre heures. Voici la réponse du ministre; il est curieux de voir ce style-là.

« Paris, 3 octobre 1810. — J'ai reçu, Madame, la lettre que vous m'avez fait l'honneur de m'écrire. Monsieur votre fils a dû vous apprendre que je ne voyais pas d'inconvénient à ce que vous retardassiez votre départ de sept à huit jours; je désire qu'ils suffisent aux arrangements qui vous restent à prendre, parce que je ne puis vous en accorder davantage.

» Il ne faut point rechercher la cause de l'ordre que je vous ai signifié dans le silence que vous avez gardé à l'égard de l'Empereur dans votre dernier ouvrage; ce serait une erreur : il ne pouvait pas y trouver de place qui fût digne de lui; mais votre exil est une conséquence naturelle de la marche que vous suivez constamment depuis plusieurs années. Il m'a paru que l'air de ce pays-ci ne vous convenait point, et nous n'en sommes pas encore réduits à chercher des modèles dans les peuples que vous admirez.

» Votre dernier ouvrage n'est point français; c'est moi qui en ai arrêté l'impression. Je regrette la perte qu'il va faire éprouver au libraire; mais il ne m'est pas possible de le laisser paraître.

» Vous savez, Madame, qu'il ne vous avait été permis de sortir de Coppet que parce que vous aviez exprimé le désir de passer en Amérique. Si mon prédécesseur vous a laissé habiter le département de Loir-et-Cher, vous n'avez pas dû regarder cette tolérance comme une révocation des dispositions qui avaient été arrêtées à votre égard. Aujourd'hui vous m'obligez à les faire exécuter strictement; il ne faut vous en prendre qu'à vous-même.

» Je mande à M. de Corbigny (1) de tenir la main à l'exécution de l'ordre que je lui ai donné, lorsque le délai que je vous accorde sera expiré.

» Je suis aux regrets, Madame, que vous m'ayez contraint de commencer ma correspondance avec vous par une mesure de rigueur; il m'aurait été plus agréable de n'avoir qu'à vous offrir le témoignage de la haute considération avec laquelle j'ai l'honneur d'être, — Votre très obéissant serviteur, le duc DE ROVIGO.

» *P.-S.* — J'ai des raisons, Madame, pour vous indiquer les ports de Lorient, La Rochelle, Bordeaux et Rochefort, comme étant les seuls ports dans lesquels vous pouvez vous embarquer. Je vous invite à me faire connaître celui que vous aurez choisi (2). »

Le ton mielleux avec lequel on me dit que l'air de ce pays ne me convient pas, la dénégation de la véritable cause qui avait fait supprimer mon livre, sont dignes de remarque. En effet, le ministre de la police avait montré plus de franchise en s'exprimant verbalement sur mon affaire : il avait demandé pourquoi je ne nommais ni l'Empereur, ni les armées, dans mon ouvrage sur l'Allemagne. « Mais, lui répondit-on, l'ouvrage étant purement littéraire, je ne vois pas comment un tel sujet aurait pu y être amené. — Pense-t-on, dit alors le ministre, que nous ayons fait dix-huit années la guerre en Allemagne pour qu'une personne d'un nom aussi connu imprime un livre sans parler de nous? Ce livre sera détruit, et nous aurions dû mettre l'auteur à Vincennes. »

En recevant la lettre du ministre de la police, je ne fis attention qu'à une seule phrase, celle qui m'interdisait les ports de la Manche. J'avais déjà appris que, soupçonnant mon intention d'aller en Angleterre, on cherchait à m'en empêcher. Ce nouveau chagrin était vraiment au-dessus de mes forces : en quittant ma patrie naturelle, il me fallait celle de mon choix; en m'éloignant des amis de ma vie entière, il me fallait au moins trouver ces amis de tout ce qui est bon et noble, avec lesquels, sans les connaître personnellement, l'âme est toujours en sympathie. Je vis s'écrouler à la fois tout ce qui soutenait mon imagination : je voulus un moment encore m'embarquer sur un vaisseau chargé pour l'Amérique, dans l'espoir qu'il serait pris en route; mais j'étais trop ébranlée pour me décider à une résolution si forte; et, comme on me donnait pour toute alternative l'Amérique ou Coppet, je m'arrêtai à ce dernier parti, car un sentiment profond m'attirait toujours vers Coppet, malgré les peines qu'on m'y faisait éprouver.

(1) Préfet de Loir-et-Cher.

(2) Ce *post-scriptum* est facile à comprendre : il avait pour but de m'empêcher d'aller en Angleterre. *(Note de Mme de Staël.)*

Mes deux fils essayèrent de voir l'Empereur à Fontainebleau, où il était alors; on leur fit dire qu'ils seraient arrêtés s'ils y restaient : à plus forte raison m'était-il interdit à moi d'y aller. Il fallait retourner en Suisse, de Blois où j'étais, sans m'approcher de Paris à moins de quarante lieues. Le ministre de la police avait dit, en termes de corsaire, qu'à trente-huit lieues *j'étais de bonne prise*. Ainsi, quand l'Empereur exerce le droit arbitraire de l'exil, ni la personne exilée, ni ses amis, ni même ses enfants, ne peuvent arriver à lui pour plaider la cause de l'infortuné qu'on arrache à ses affections et à ses habitudes; et ces exils, qui maintenant sont irrévocables, surtout quand il s'agit des femmes, ces exils, que l'Empereur lui-même a appelés avec raison des *proscriptions*, sont prononcés sans qu'il soit possible de faire entendre aucune justification, en supposant que le tort d'avoir déplu à l'Empereur en admette une.

Quoique les quarante lieues me fussent ordonnées, il me fallut passer par Orléans, ville assez triste, mais où habitent de très pieuses personnes qui se sont retirées dans cet asile. En me promenant à pied dans la ville, je m'arrêtai devant le monument élevé au souvenir de Jeanne d'Arc : certes, pensais-je alors, quand elle délivra la France du pouvoir des Anglais, cette France était encore bien plus libre, bien plus France qu'à présent. C'est une sensation singulière que d'errer dans une ville où l'on ne connaît qui que ce soit, et où l'on n'est pas connu. Je trouvais une sorte de jouissance amère à me pénétrer de mon isolement, à regarder encore cette France que j'allais quitter peut-être pour toujours, sans parler à personne, sans être distraite de l'impression que le pays même faisait sur moi. Quelquefois ceux qui passaient s'arrêtaient pour me regarder, parce que j'avais, je pense, malgré moi, une expression de douleur, mais ils continuaient bientôt après leur route, car depuis longtemps on est bien accoutumé à voir souffrir.

A cinquante lieues de la frontière de Suisse, la France est hérissée de citadelles, de maisons d'arrêt, de villes servant de prison, et l'on ne voit partout que des individus contraints par la volonté d'un seul homme, des conscrits du malheur qui sont tous enchaînés loin des lieux où ils voudraient vivre. A Dijon, des prisonniers espagnols qui avaient refusé de prêter le serment venaient sur la place de la ville sentir le soleil à midi, parce qu'ils le prenaient alors un peu pour leur compatriote; ils s'enveloppaient d'un manteau souvent déchiré, mais qu'ils savaient porter avec noblesse, et ils s'enorgueillissaient de leur misère, qui venait de leur fierté; ils se complaisaient dans leurs souffrances, qui les associaient aux malheurs de leur intrépide patrie. On les voyait quelquefois entrer dans un café, seulement pour lire la gazette, afin de pénétrer le sort de leurs amis à travers les mensonges de leurs ennemis; leur visage était alors immobile, mais non sans expression, et l'on y apercevait la force réprimée par la volonté. Plus loin, à Auxonne, était la demeure de prisonniers anglais, qui, la veille, avaient sauvé de l'incendie une des maisons de la ville où on les tenait enfermés. A Besançon, il y avait encore des Espagnols. Parmi les exilés français qu'on rencontre dans toute la France, une personne angélique habitait la citadelle de Besançon, pour ne pas quitter son père. Depuis longtemps, et à travers tous les genres de périls, Mlle de Saint-Simon partageait le sort de celui qu'elle aimait plus qu'elle-même.

A l'entrée de la Suisse, sur le haut des montagnes qui la séparent de la France, on aperçoit le château de Joux, dans lequel sont détenus des prisonniers d'Etat, dont souvent le nom même ne parvient pas à leurs parents. C'est dans cette prison que Toussaint Louverture est mort de froid : il méritait son malheur puisqu'il avait été cruel; mais l'homme qui avait le moins droit de le lui infliger, c'était l'Empereur, puisqu'il s'était engagé à lui garantir sa liberté et sa vie. Je passai au pied de ce château un jour où le temps était horrible; je pensais à ce nègre transporté tout à coup dans les Alpes, et pour qui ce séjour était l'enfer de glace; je pensais à de plus nobles êtres qui y avaient étaient renfermés, à ceux qui y gémissaient encore, et je me disais aussi que, si j'étais là, je n'en sortirais de ma vie.

En revenant à Coppet, traînant l'aile comme le pigeon de la Fontaine, je vis l'arc-en-ciel se lever sur la maison de mon père; j'osai prendre ma part de ce signe d'alliance; il n'y avait rien dans mon triste voyage qui me défendît d'y aspirer....

Résolue à m'en aller par la Russie, j'avais besoin d'un passeport pour y entrer. Mais une difficulté nouvelle se présentait; il fallait écrire à Pétersbourg même pour avoir ce passeport : telle était la formalité que les circonstances politiques avaient rendue nécessaire; et, quoique je fusse certaine de ne pas éprouver de refus d'un caractère aussi généreux que celui de l'empereur Alexandre, je pouvais craindre que dans les bureaux de ses ministres on ne dît que j'avais demandé un passeport, et que, l'ambassadeur de France en étant instruit, l'on ne me fît arrêter, pour m'empêcher d'accomplir mon projet. Il fallait donc aller d'abord à Vienne, pour demander de là mon passeport, et l'y attendre. Les six semaines qu'exigeaient l'envoi de ma lettre et le retour de la réponse devaient se passer sous la protection d'un ministère qui avait donné l'archiduchesse d'Autriche à Bonaparte; était-il possible de s'y confier? Néanmoins, en restant, moi, comme otage, sous la main de Napoléon, non seulement je renonçais à tout exercice de mes talents personnels, mais j'empêchais mes fils d'avoir une carrière : ils ne pouvaient servir ni pour Bonaparte ni contre lui; aucun établissement n'était possible pour ma fille, puisqu'il fallait ou m'en séparer, ou la confiner à Coppet; et si cependant j'étais arrêtée dans ma fuite, c'en était fait du sort de mes enfants, qui n'auraient point voulu se détacher de ma destinée.

C'est au milieu de ces anxiétés qu'un ami de vingt années, M. Matthieu de Montmorency, voulut venir me voir, comme il l'avait déjà fait plusieurs fois depuis mon exil. On m'écrivit, il est vrai, de Paris, que l'Empereur avait exprimé sa désapprobation contre toute personne qui irait à Coppet, et notamment contre M. de Montmorency, s'il y venait encore. Mais, je l'avoue, je m'étourdis sur ces propos de l'Empereur, qu'il prodigue quelquefois pour effrayer, et je ne luttai pas fortement contre M. de Montmorency, qui, dans sa générosité, cherchait à me rassurer par ses lettres. J'avais tort sans doute; mais qui pouvait se persuader qu'on ferait un crime à l'ancien ami d'une femme exilée de venir passer quelques jours auprès d'elle? La vie de M. de Montmorency, entièrement consacrée à des œuvres de piété ou à des affections de famille, l'éloignait tellement de toute politique, qu'à moins de vouloir exiler les saints, il me semblait impossible de s'attaquer à un tel homme. Je me demandais aussi à quoi bon; question que je me suis toujours faite quand il s'agissait de la conduite de Napoléon.

Quoique le préfet m'eût fait dire qu'il me conseillait de ne pas voyager en Suisse, je ne tins pas compte d'un conseil qui ne pouvait être un ordre formel. J'allai au-devant de M. de Montmorency à Orbe, et de là je lui proposai, comme but de promenade en Suisse, de revenir par Fribourg, pour voir l'établissement des femmes trappistines, qui est peu éloigné de celui des hommes, dans la Val-Sainte.

Nous arrivâmes au couvent par une grande pluie, après avoir été obligés de faire un quart de lieue à pied. Comme nous nous flattions d'entrer, le procureur de la Trappe nous dit que personne ne pouvait y être reçu. J'essayai pourtant de sonner à la porte du cloître; une religieuse arriva derrière l'ouverture grillée à travers laquelle la tourière peut parler aux étrangers. « Que voulez-vous? me dit-elle avec une voix sans modulation, comme serait celle des ombres. — Je désirerais, lui dis-je, voir l'intérieur de votre couvent. — Cela ne se peut pas, me répondit-elle. — Mais je suis bien mouillée, lui dis-je, et j'ai besoin de me sécher. » Elle fit partir alors je ne sais quel ressort qui ouvrit la porte d'une chambre extérieure, dans laquelle il m'était permis de me reposer; mais aucun être vivant ne parut. A peine me fus-je assise quelques instants, que je m'impatientai de ne pouvoir pénétrer dans l'intérieur de la maison, et je sonnai de nouveau. La même tourière revint : je lui demandai encore si aucune femme n'avait été reçue dans le couvent; elle me répondit qu'on pouvait entrer quand on avait l'intention de se faire religieuse. « Mais, lui dis-je, comment puis-je savoir si je veux rester dans votre maison, puisqu'il ne m'est pas permis de la connaître? — Oh! me répondit-elle alors, c'est inutile; je suis bien sûre que vous n'avez pas de vocation pour notre état. »

Je ne sais pas à quels signes cette religieuse s'était aperçue de mes dispositions mondaines; il se peut qu'une manière vive de parler, si différente de la leur, suffise pour leur faire reconnaître les voyageurs qui ne sont que des curieux.

L'heure des vêpres étant arrivée, je pus aller dans l'église entendre chanter les religieuses; elles étaient derrière une grille noire et serrée, à travers laquelle on ne pouvait rien apercevoir. Seulement on entendait le bruit des sabots qu'elles portaient, et celui des banquettes de bois qu'elles levaient pour s'asseoir. Leurs chants n'avaient rien de sensible, et je crus remarquer, soit dans leur manière de prier, soit dans l'entretien que j'eus après avec le Père trappiste qui les dirigeait, que ce n'était pas l'enthousiasme religieux tel que nous le concevons, mais des habitudes sévères et graves qui pouvaient faire supporter un tel genre de vie.

On ne peut se faire une idée des souffrances qu'endurent les religieux trappistes; on remplit chaque instant de leurs journées par la douleur, comme les gens du monde le font par la jouissance. Le séjour dans un pareil établissement serait un supplice, si l'on forçait d'y entrer, ou si l'on dissimulait en rien tout ce qu'on y souffre. Mais on distribue à qui veut le lire un écrit imprimé dans lequel on exagère plutôt qu'on n'adoucit les rigueurs de l'ordre; et cependant il se trouve des novices qui veulent s'y vouer, et ceux qui sont reçus ne s'échappent point, quoiqu'ils le puissent sans la moindre difficulté. Tout repose, à ce qu'il m'a paru, sur la puissante idée de la mort : les institutions et les amusements de la société sont destinés dans le monde à tourner notre pensée uniquement vers la vie; mais, quand la contemplation de la mort s'empare à un certain degré du cœur de l'homme, et qu'il s'y joint une ferme croyance à l'immortalité de l'âme, il n'y a pas de bornes au dégoût qu'il peut prendre pour tout ce qui compose les intérêts de la terre; et, les souffrances paraissant (1) le chemin de la vie future, on est avide d'en avoir, comme un voyageur qui se fatigue volontiers pour parcourir plus vite la route qui conduit au but de ses désirs.

Le religieux avec qui je m'entretenais ne parlait que de la mort;

(1) C'est « étant » qu'il fallait dire; Mme de Staël, semble ignorer les grandes maximes évangéliques sur la pénitence, le renoncement et la croix.

toutes ses idées venaient d'elle, ou s'y rapportaient : la mort est le monarque souverain de ce séjour. Comme nous nous entretenions des tentations du monde, je dis au Père trappiste combien je l'admirais d'avoir ainsi tout sacrifié pour s'y dérober. « Nous sommes des poltrons, me dit-il, qui nous sommes retirés dans une forteresse, parce que nous ne nous sentions pas le courage de nous battre en plaine. » Cette réponse était aussi spirituelle que modeste.

Peu de jours après que nous eûmes visité ces lieux, le gouvernement français ordonna que l'on saisît le Père abbé, M. de l'Estrange; que les biens de l'ordre fussent confisqués, et que les Pères fussent renvoyés de Suisse. Je ne sais ce qu'on reprochait à M. de l'Estrange, mais il n'est guère vraisemblable qu'un tel homme se mêlât des affaires de ce monde; encore moins les religieux, qui ne sortaient jamais de leur solitude (1). Le gouvernement suisse fit chercher partout M. de l'Estrange, et j'espère, pour l'honneur de ce gouvernement, qu'il eut soin de ne pas le trouver. Néanmoins les malheureux magistrats des pays qu'on appelle les alliés de la France sont très souvent chargés d'arrêter ceux qu'on leur désigne, ignorant s'ils livrent des victimes innocentes ou coupables. On saisit les biens des trappistes, c'est-à-dire leur tombe, car ils ne possédaient guère autre chose, et l'ordre fut dispersé.

Nous rejoignîmes Vevey par les montagnes, et je proposai à M. de Montmorency de faire une course jusqu'à l'entrée du Valais, que je n'avais jamais vu. Nous nous arrêtâmes à Bex, dernier village suisse, car le Valais était déjà réuni à la France. Une brigade portugaise était partie de Genève pour aller occuper le Valais : singulière destinée de l'Europe, que des Portugais en garnison à Genève, allant prendre possession d'une partie de la Suisse au nom de la France! J'étais curieuse de voir dans le Valais les crétins, dont on m'avait si souvent parlé. Cette triste dégradation de l'homme est un grand sujet de réflexion; mais il en coûte excessivement de voir la figure humaine ainsi devenue un objet de répugnance et d'horreur. J'observai cependant, dans quelques-uns de ces imbéciles, une sorte de vivacité qui tient à l'étonnement que leur font éprouver les objets extérieurs. Comme ils ne reconnaissent jamais ce qu'ils ont déjà vu, ils sont surpris chaque fois, et le spectacle du monde, dans tous ses détails, est tous les jours nouveau pour eux; c'est peut-être une compensation de leur triste état.

On voit, à trois lieues de Bex, une cascade fameuse, où l'eau tombe d'une montagne très élevée. Je proposai à mes amis de l'aller voir, et

(1) Il paraît qu'ils servaient d'intermédiaire à la correspondance du clergé de France avec le Pape, alors prisonnier à Savone. Mais assurément ce n'était pas là un crime ; c'était plutôt une chose qui rentrait dans leurs attributions, un devoir à l'égard du Père commun des fidèles.

nous fûmes de retour avant l'heure du dîner. Il est vrai que cette cascade était sur le territoire du Valais, par conséquent alors sur le territoire de la France, et j'oubliai que l'on ne me permettait de cette France que l'espace de terrain qui sépare Coppet de Genève. Revenue chez moi, le préfet non seulement me blâma d'avoir osé voyager en Suisse, mais il me donna comme une grande preuve de son indulgence le silence qu'il garderait sur le délit que j'avais commis, en mettant le pied sur le territoire de l'empire français. J'aurais pu dire, comme dans la fable de la Fontaine :

Je tondis de ce pré la largeur de ma langue ;

mais j'avouai tout simplement le tort que j'avais eu d'aller voir cette cascade suisse, sans songer qu'elle était en France.

Ces chicanes continuelles sur les moindres accidents de ma vie me la rendaient odieuse, et je ne pouvais me distraire par l'occupation ; car le souvenir du sort qu'on avait fait éprouver à mon livre, et la certitude de ne pouvoir plus rien publier à l'avenir, décourageaient mon esprit, qui a besoin d'émulation pour être capable de travail.

J'essayai une seconde fois d'obtenir un passeport pour l'Amérique ; on me fit attendre jusqu'au milieu de l'hiver la réponse que je demandais, et l'on finit par me refuser. J'offris de m'engager à ne rien faire imprimer sur aucun sujet, fût-ce un bouquet à Iris, pourvu qu'il me fût permis d'aller vivre à Rome : j'eus l'amour-propre de rappeler *Corinne*, en demandant la permission d'aller vivre en Italie. Sans doute le ministre de la police trouva que jamais pareil motif n'avait été inscrit sur ses registres, et ce Midi, dont l'air était si nécessaire à ma santé, me fut impitoyablent refusé.

On ne cessait de me déclarer que ma vie entière se passerait dans l'enceinte des deux lieues dont Coppet est éloigné de Genève. Si je restais, il fallait me séparer de mes fils, qui étaient dans l'âge de chercher une carrière ; j'imposais à ma fille la plus triste perspective, en lui faisant partager mon sort. La ville de Genève, qui a conservé de si nobles traces de la liberté, se laissait cependant graduellement gagner par les intérêts qui la liaient aux distributeurs de places en France. Chaque jour le nombre de ceux avec qui je pouvais m'entendre diminuait, et tous mes sentiments devenaient un poids sur mon âme, au lieu d'être une source de vie. C'en était fait de mon talent, de mon bonheur, de mon existence, car il est affreux de ne servir en rien ses enfants, et de nuire à ses amis. Enfin, les nouvelles que je recevais m'annonçaient de toutes parts les formidables préparatifs de l'Empereur ; il était clair qu'il voulait d'abord se rendre maître des ports de la Baltique en détruisant la Russie, et qu'après il comptait se servir des débris de cette puissance pour les traîner contre Constantinople : son intention était de partir ensuite de là pour conquérir l'Afrique et l'Asie. Il avait dit, peu de temps avant de quitter Paris : « Cette vieille Europe m'ennuie. » Et en effet elle ne suffit plus à l'activité de son maître. Les dernières issues du continent pouvaient se fermer d'un instant à l'autre, et j'allais me trouver en Europe comme dans une ville de guerre dont toutes les portes sont gardées par des soldats.

Je me décidai donc à m'en aller pendant qu'il restait encore un moyen de se rendre en Angleterre; et ce moyen, c'était le tour de l'Europe entière. Je fixai le 15 de mai pour mon départ, dont les préparatifs étaient combinés depuis longtemps, dans le secret le plus absolu. La veille de ce jour, mes forces m'abandonnèrent entièrement, et je me persuadai, pour un moment, qu'une telle terreur ne pouvait être ressentie que quand il s'agissait d'une mauvaise action. Tantôt je consultais tous les genres de présages de la manière la plus insensée; tantôt, ce qui était plus sage, j'interrogeais mes amis et moi-même sur la moralité de ma résolution. Il semble que le parti de la résignation en toutes choses soit le plus religieux, et je ne suis pas étonnée que des hommes pieux soient arrivés à se faire une sorte de scrupule des résolutions qui partent exclusivement de la volonté spontanée. La nécessité semble porter un caractère divin, tandis que la résolution de l'homme peut tenir à son orgueil. Cependant aucune de nos facultés ne nous a été donnée en vain, et celle de se décider pour soi-même a aussi son usage. D'autre part, tous les gens médiocres ne cessent de s'étonner que le talent (1) ait des besoins différents des leurs. Quand il a du succès, le succès est à la portée de tout le monde; mais, lorsqu'il cause des peines, lorsqu'il excite à sortir des voies communes, ces mêmes gens ne le considèrent plus que comme une maladie, et presque comme un tort. J'entendais bourdonner autour de moi les lieux communs auxquels tout le monde se laisse prendre : « N'a-t-elle pas de l'argent? ne peut-elle pas bien vivre et bien dormir dans un bon château? » Quelques personnes d'un ordre plus élevé sentaient que je n'avais pas même la sécurité de ma triste situation, et qu'elle pouvait empirer sans jamais s'améliorer. Mais l'atmosphère qui m'entourait conseillait le repos, parce que depuis six mois il n'était pas

(1) Si Mme de Staël avait eu un peu moins de vanité et un peu plus de vraie piété; si elle avait parlé un peu moins de *son talent* à tout le monde et un peu plus à Dieu de sa faiblesse et de son impuissance, elle n'aurait pas connu des besoins « si différents de ceux du vulgaire, » et elle aurait su mettre en pratique cette « résignation » qui ne lui était familière qu'en théorie. Une âme qui a le vrai sentiment religieux ne « se recommande pas à la douce influence des ondes et de la verdure, » sa foi ne s'abaisse point à ces niaiseries poétiques, assez incompatibles du reste avec une douleur sincère.

arrivé de persécutions nouvelles, et que les hommes croient toujours que ce qui est est ce qui sera.

C'est du milieu de toutes ces circonstances appesantissantes qu'il fallait prendre une des résolutions les plus fortes qui pût se rencontrer dans la

L'aspect du fort est très imposant, par ses tours et ses fortifications. (Page 75.)

vie privée d'une femme. Mes gens, à l'exception de deux personnes très sûres, ignoraient mon secret; la plupart de ceux qui venaient chez moi ne s'en doutaient pas, et j'allais, par une seule action, changer en entier ma vie et celle de ma famille. Déchirée par l'incertitude, je parcourus le parc de Coppet; je m'assis dans tous les lieux où mon père avait coutume de se reposer pour contempler la nature; je revis ces mêmes beautés des ondes et de la verdure que nous avions souvent admirées ensemble et je leur dis adieu en me recommandant à leur douce influence. Le monument qui renferme les cendres de mon père et de ma mère, et dans lequel, si le bon Dieu le permet, les miennes doivent être déposées, était une des principales causes de mes regrets, en m'éloignant des lieux que j'habitais : mais je trouvais presque toujours, en m'en approchant, une sorte de force qui me semblait venir d'en haut. Je passai une heure en prière devant cette porte de fer qui s'est refermée sur les restes du plus noble des humains, et là mon âme fut convaincue de la nécessité de partir.

J'allai revoir le cabinet de mon père, où son fauteuil, sa table et ses papiers sont encore à la même place; j'embrassai chaque trace chérie, je pris son manteau, que jusqu'alors j'avais ordonné de laisser sur sa chaise, et je l'emportai avec moi pour m'en envelopper, si le messager de la mort s'approchait de moi. Ces adieux terminés, j'évitai le plus que je pus les autres adieux, qui me faisaient trop de mal, et j'écrivis aux amis que je quittais, en ayant pris soin que ma lettre ne leur fût remise que plusieurs jours après mon départ.

Le lendemain samedi, 23 mai 1812, à deux heures après-midi, je montai dans ma voiture, en disant que je reviendrais pour dîner; je ne pris avec moi aucun paquet quelconque; j'avais mon éventail à la main, ma fille le sien, et mon fils portait l'argent qu'il nous fallait pour quelques jours de voyage. En descendant l'avenue de Coppet, en quittant ainsi ce château qui était devenu pour moi comme un ancien et bon ami, je fus près de m'évanouir : mon fils me prit la main, et me dit : « Ma mère, songe que tu pars pour l'Angleterre. » Ce mot ranima mes esprits. J'étais cependant à près de deux mille lieues de ce but, où la route naturelle m'aurait si promptement conduite; mais du moins chaque pas m'en rapprochait. Je renvoyai, à quelques lieues de là, un de mes gens pour annoncer chez moi que je ne reviendrais que le lendemain, et je continuai ma route jour et nuit, jusqu'à une ferme au delà de Berne, où j'avais donné rendez-vous à M. Schlegel, qui voulait bien m'accompagner; c'était là aussi que je devais quitter mon fils aîné, qui a été élevé par l'exemple de mon père jusqu'à l'âge de quatorze ans, et dont les traits le rappellent.

Une seconde fois tout mon courage m'abandonna; cette Suisse encore si calme et toujours si belle, ces habitants qui savent être libres par leurs vertus, lors même qu'ils ont perdu l'indépendance politique, tout ce pays me retenait; il me semblait qu'il me disait de ne pas le quitter. Il était encore temps de revenir; je n'avais point fait de pas irréparables.

Quoique le préfet se fût avisé de m'interdire la Suisse, je voyais bien que c'était par la crainte que je n'allasse plus loin. Enfin, je n'avais pas encore passé la barrière qui ne me laissait plus la possibilité de retourner; l'imagination a de la peine à soutenir cette pensée. D'un autre côté, il y avait aussi de l'irréparable dans la résolution de rester; car, ce moment passé, je sentais, et l'événement l'a bien prouvé, que je ne pourrais plus m'échapper. D'ailleurs, il y a je ne sais quelle honte à recommencer des adieux si solennels, et l'on ne peut guère ressusciter pour ses amis plus d'une fois. Je ne sais ce que je serais devenue, si cette incertitude, à l'instant même de l'action, avait duré plus longtemps, car ma tête en était troublée. Mes enfants me décidèrent, et en particulier ma fille, à peine âgée de quatorze ans. Je m'en remis, pour ainsi dire, à elle, comme si la voix de Dieu devait se faire entendre par la bouche d'un enfant. Mon fils s'en alla, et, quand je ne le vis plus, je pus dire comme lord Russel : « La douleur de la mort est passée. » Je montai dans ma voiture avec ma fille; une fois l'incertitude finie, je rassemblai mes forces dans mon âme, et j'en trouvai pour agir qui m'avaient manqué en délibérant.

C'est ainsi qu'après dix ans de persécutions toujours croissantes, d'abord renvoyée de Paris, puis reléguée en Suisse, puis confinée dans mon château, puis enfin condamnée à l'horrible douleur de ne plus revoir mes amis et d'avoir été cause de leur exil, c'est ainsi que je fus obligée de quitter en fugitive deux patries, la Suisse et la France, par l'ordre d'un homme moins Français que moi; car je suis née sur les bords de cette Seine où son autorité seule le naturalise. L'air de ce beau pays n'est pas pour lui l'air natal; peut-il comprendre la douleur d'en être exilé, lui qui ne considère cette fertile contrée que comme l'instrument de ses victoires?

Je ne devais rien craindre en Suisse, puisque je pouvais toujours prouver que j'avais le droit d'y être; mais, pour en sortir, je n'avais qu'un passeport étranger; il fallait traverser un État confédéré, et si quelque agent français eût demandé au gouvernement de Bavière de ne pas me laisser passer, qui ne sait avec quel regret, mais néanmoins avec quelle obéissance, il eût exécuté les ordres qu'il aurait reçus? J'entrai dans le Tyrol avec une grande considération pour ce pays, qui s'était battu par attachement pour ses anciens maîtres, mais avec un grand mépris pour ceux des ministres autrichiens qui avaient pu conseiller d'abandonner des hommes compromis par leur attachement pour leur souverain.

L'aspect du Tyrol rappelle la Suisse; cependant il n'y a pas dans le paysage autant de vigueur ni d'originalité; les villages n'annoncent pas autant d'abondance. On cite peu d'hommes remarquables dans le Tyrol; d'abord le gouvernement autrichien n'est guère propre à développer le génie; et, de plus, le Tyrol, par ses mœurs comme par sa situation géographique, devrait être réuni à la confédération suisse; son incorporation à la monarchie autrichienne n'étant pas conforme à sa nature, il n'a pu développer dans cette union que les nobles qualités des habitants des montagnes, le courage et la fidélité.

Le postillon qui nous menait nous fit voir un rocher sur lequel l'empereur Maximilien, grand-père de Charles-Quint, avait failli périr : l'ardeur de la chasse l'avait tellement emporté, qu'il avait suivi le chamois jusqu'à des hauteurs dont il ne pouvait plus redescendre. Cette tradition est encore populaire dans le pays, tant le culte du passé est nécessaire aux nations. Le souvenir de la dernière guerre était vivant dans l'âme des peuples : les paysans nous montraient les sommités des montagnes sur lesquelles ils s'étaient retranchés; leur imagination se retraçait l'effet qu'avait produit leur belle musique guerrière, lorsqu'elle avait retenti du haut des collines dans les vallées. En nous montrant le palais du prince royal de Bavière, à Inspruck, ils nous disaient que Hofer, ce courageux paysan, chef de l'insurrection, avait demeuré là; ils nous racontaient l'intrépidité qu'une femme avait montrée, quand les Français étaient entrés dans son château; enfin, tout annonçait en eux le besoin d'être une nation, plus encore que l'attachement personnel à la maison d'Autriche.

C'est dans une église d'Inspruck qu'est le fameux tombeau de Maximilien; j'y allai, me flattant bien de n'être reconnue de personne, dans un lieu éloigné des capitales où résident les agents français. La figure de Maximilien, en bronze, est à genoux sur un sarcophage, au milieu de l'église, et trente statues du même métal, rangées de chaque côté du sanctuaire, représentent les parents et les ancêtres de l'empereur. Tant de grandeurs passées, tant d'ambitions jadis formidables rassemblées en famille autour d'un tombeau, étaient un spectacle qui portait profondément à la réflexion : on rencontrait là Philippe le Bon, Charles le Téméraire, Marie de Bourgogne; et, au milieu de ces personnages historiques, un héros fabuleux, Dietrich de Berne. La visière baissée dérobait la figure des chevaliers; mais quand on soulevait cette visière, un visage d'airain paraissait sous un casque d'airain, et les traits du chevalier étaient de bronze comme son armure. La visière de Dietrich de Berne est la seule qui ne puisse être soulevée; l'artiste a voulu indiquer par là le voile mystérieux qui couvre l'histoire de ce guerrier.

D'Inspruck, je devais passer par Salzbourg, pour arriver de là aux frontières autrichiennes. Il me semblait que toutes mes inquiétudes seraient finies, quand je serais entrée sur le territoire de cette monarchie que j'avais connue si sûre et si bonne. Mais le moment que je redoutais le plus, c'était le passage de la Bavière à l'Autriche; car c'était là qu'un courrier pouvait m'avoir précédée, pour défendre de me laisser passer. Je n'avais pas été très vite, malgré cette crainte; car ma santé, abîmée par tout ce que j'avais souffert, ne me permettait pas de voyager la nuit. J'ai souvent éprouvé, dans cette route, que les plus vives terreurs ne sauraient l'emporter sur un certain abattement physique, qui fait redouter les fatigues plus que la mort.

J'arrivai néanmoins heureusement à Vienne le 6 de juin, deux heures avant le départ d'un courrier que M. le comte de Stackelberg, ambassadeur de Russie, envoyait à Wilna, où était alors l'empereur Alexandre. M. de Stackelberg, qui se conduisit envers moi avec cette noble délicatesse, l'un des traits les plus éminents de son caractère, écrivit, par ce courrier, pour demander mon passeport, et m'assura que sous trois semaines je pouvais avoir la réponse. Il s'agissait de passer ces trois semaines quelque part; mes amis autrichiens, qui m'avaient accueillie de la manière la plus aimable, m'assurèrent que je pouvais rester à Vienne sans crainte. La cour, alors était à Dresde, à la grande réunion de tous les princes allemands rassemblés pour offrir leurs hommages à l'empereur de France.

Les dix premiers jours que je passai à Vienne ne furent troublés par aucun nuage, et j'étais ravie de me trouver ainsi au milieu d'une société qui me plaisait, et dont la manière de penser répondait à la mienne; car l'opinion n'était point favorable à l'alliance avec Napoléon, et le gouvernement l'avait conclue sans être appuyé par l'assentiment national. En effet, une guerre dont l'objet ostensible était le rétablissement de la Pologne pouvait-elle être faite par la puissance qui avait contribué au partage de la Pologne, et retenait encore en ses mains, avec plus de persistance que jamais, le tiers de cette Pologne?

Trente mille hommes étaient envoyés par le gouvernement autrichien pour rétablir la confédération de Pologne à Varsovie, et presque autant d'espions s'attachaient aux pas des Polonais de Gallicie, qui voulaient avoir des députés à cette confédération. Il fallait donc que le gouvernement autrichien parlât contre les Polonais, en soutenant leur cause, et qu'il dît à ses sujets de Gallicie : « Je vous défends d'être de l'avis que je soutiens. » Quelle métaphysique! on la trouverait bien embrouillée si la peur n'expliquait pas tout.

Un employé, qui avait indignement conseillé de livrer les Tyroliens, était à Vienne, en l'absence de M. de Metternich, chargé de la police des étrangers, et il s'en acquittait comme on va voir. Pendant les premiers jours il me laissa tranquille; j'avais déjà passé un hiver à Vienne, très bien accueillie par l'Empereur, l'Impératrice et toute la cour : il était donc difficile de me dire que cette fois on ne voulait pas me recevoir, parce que j'étais en disgrâce auprès de l'empereur Napoléon, surtout lorsque cette disgrâce était en partie causée par les éloges que j'avais donnés dans mon livre à la morale et au génie littéraire des Allemands. Mais ce qui était encore plus difficile, c'était de se risquer à déplaire en rien à une puissance à laquelle il faut convenir qu'ils pouvaient bien me sacrifier, après tout ce qu'ils avaient déjà fait pour elle. Je crois donc qu'après que j'eus passé quelques jours à Vienne, il arriva au chef de la police quelques renseignements plus précis sur ma situation à l'égard de Bonaparte, et qu'il se crut obligé de me surveiller. Or voici sa manière de surveiller : il établit à ma porte, dans la rue, des espions qui me suivaient à pied quand ma voiture allait doucement, et qui prenaient des cabriolets pour ne pas me perdre de vue dans mes courses à la campagne. Cette manière de faire la police me paraissait réunir tout à la fois le machiavélisme français à la lourdeur allemande. Les Autrichiens se sont persuadés qu'ils ont été battus faute d'avoir autant d'esprit que les Français, et que l'esprit des Français consiste dans leurs moyens de police; en conséquence, ils se sont mis à faire de l'espionnage avec méthode, à organiser ostensiblement ce qui tout au moins doit être caché; et, destinés par la nature à être honnêtes gens, ils se sont fait une espèce de devoir d'imiter un État jacobin et despotique tout ensemble.

Je devais m'inquiéter cependant de cet espionnage, quand il suffisait du moindre sens commun pour voir que je n'avais d'autre but que de fuir. On m'alarma sur l'arrivée de mon passeport russe; on prétendit que l'on me le ferait attendre plusieurs mois, et qu'alors la guerre m'empêcherait de passer. Il m'était aisé de juger que je ne pourrais pas rester à Vienne, du moment que l'ambassadeur de France serait de retour : que deviendrais-je alors? Je suppliai M. de Stackelberg de me donner une manière de passer par Odessa pour me rendre à Constantinople. Mais, Odessa étant russe, il fallait également un passeport de Pétersbourg pour y arriver; il ne restait donc d'ouverte que la route directe de Turquie par la Hongrie, et cette route, passant sur les confins de la Servie, était sujette à mille dangers. On pouvait encore gagner le port de Salonique à travers l'intérieur de la Grèce; l'archiduc François avait suivi ce chemin pour se rendre en Sardaigne; mais l'archiduc François monte très bien à cheval, et c'est ce dont je n'étais guère capable : encore moins pouvais-je me résoudre à exposer une aussi jeune fille que la mienne à un tel voyage. Il fallait donc, quoi qu'il m'en coûtât, me résoudre à me séparer d'elle, pour l'envoyer par le Danemark et la Suède, accompagnée de personnes sûres.

Je conclus, à tout hasard, un accord avec un Arménien, pour qu'il me conduisît à Constantinople. Je me proposais de passer de là par la Grèce, la Sicile, Cadix et Lisbonne; et quelque chanceux que fût ce voyage, il offrait à l'imagination une grande perspective. Je fis demander au bureau des affaires étrangères, dirigé par un subalterne en l'absence de M. de Metternich, un passeport qui me permît de sortir d'Autriche par la Hongrie, ou par la Gallicie, suivant que j'irais à Pétersbourg ou à Constantinople. On me fit répondre qu'il fallait me décider; qu'on ne pouvait pas donner un passeport pour sortir par deux frontières différentes, et que même, pour aller à Presbourg, qui est la première ville de Hongrie, à six lieues de Vienne, il fallait une autorisation du comité des États. Certes, on ne pouvait s'empêcher de le penser, l'Europe, jadis si facilement ouverte à tous les voyageurs, est devenue, sous l'influence de l'empereur Napoléon, comme un grand filet qui vous enlace à chaque pas. Que de gênes, que d'entraves pour les moindres mouvements! Et conçoit-on que les malheureux gouvernements que la France inspire, s'en consolent en faisant peser de mille manières sur leurs sujets le misérable reste de pouvoir qu'on leur a laissé!

Obligée de choisir, je me décidai pour la Gallicie, qui me conduisait au pays que je préférais, la Russie. Je me persuadai qu'une fois éloignée de Vienne, toutes ces tracasseries, suscitées sans doute par le gouvernement français, cesseraient, et qu'en tout cas je pourrais, s'il était nécessaire, partir de Gallicie pour regagner Bucharest par la Transylvanie. La géographie de l'Europe, telle que Napoléon l'a faite, ne s'apprend que trop bien par le malheur : les détours qu'il fallait prendre pour éviter sa puissance étaient déjà de près de deux mille lieues; et maintenant, en partant de Vienne même, j'étais réduite à emprunter le territoire asiatique pour y échapper. Je partis donc sans avoir reçu mon passeport de Russie, espérant calmer ainsi les inquiétudes que la police subalterne de Vienne concevait de la présence d'une personne qui était en disgrâce auprès de l'empereur Napoléon. Je priai un de mes amis de me rejoindre en marchant jour et nuit, dès que la réponse de Russie serait arrivée, et je m'acheminai sur la route. Je fis mal de prendre un tel parti, car à Vienne j'étais défendue par mes amis et par l'opinion publique; je pouvais de là facilement m'adresser à l'Empereur ou à son premier ministre; mais, une fois confinée dans une ville de province, je n'avais plus affaire qu'aux pesantes méchancetés d'un sous-ordre, qui voulait se faire un mérite de ses procédés envers moi auprès du gouvernement français; voici comment il s'y prit.

Je m'arrêtai quelques jours à Brunn, capitale de la Moravie, où l'on retenait en exil un colonel anglais, M. Mills, homme d'une bonté et d'une obligeance parfaites, et, suivant l'expression anglaise, tout à fait *inoffensif*. On le rendait horriblement malheureux, sans prétexte et sans utilité. Mais le ministère autrichien se persuade apparemment qu'il se donnera l'air de la force en se faisant persécuteur : les avisés ne s'y trompent pas, et, comme le disait un homme d'esprit, sa manière de gouverner, en fait de police, ressemble à ces sentinelles placées sur la citadelle de Brunn, à demi détruite; il fait exactement la garde autour des ruines. A peine étais-je à Brunn, qu'on me suscita tous les genres de tracasseries sur mes passeports et sur ceux de mes compagnons de voyage. Je demandai la permission d'envoyer mon fils à Vienne, pour donner à cet égard les éclaircissements nécessaires; on me déclara qu'il n'était pas permis à mon fils plus qu'à moi de faire une lieue en arrière. J'ignore si l'empereur d'Autriche ou M. de Metternich étaient instruits de toutes ces absurdes platitudes; mais je rencontrai à Brunn, dans les employés du gouvernement, à quelques exceptions près, une crainte de se compromettre qui me parut tout à fait digne du régime actuel de la France; et même, il faut en convenir, quand les Français ont peur, ils sont plus excusables, car, sous l'empereur Napoléon, il s'agit au moins de l'exil, de la prison ou de la mort.

Le gouverneur de Moravie, homme d'ailleurs fort estimable, m'annonça qu'on m'ordonnait de traverser la Gallicie le plus vite possible, et qu'il m'était interdit de m'arrêter plus de vingt-quatre heures à Lanzut, où j'avais l'intention d'aller. Lanzut est la terre de la princesse Lubomirska, sœur du prince Adam Czartoriski, maréchal de la confédération polonaise, que les troupes autrichiennes allaient soutenir. La princesse Lubomirska était elle-même généralement considérée par son caractère personnel, et surtout par la généreuse bienfaisance avec laquelle elle se servait de sa fortune; de plus, son attachement à la maison d'Autriche était connu, et, quoique Polonaise, elle n'avait point pris part à l'esprit d'opposition qui s'est toujours manifesté en Pologne contre le gouvernement autrichien.

J'essayai de représenter au gouverneur de Moravie que, si l'on me poussait ainsi avec tant de politesse vers la frontière, je ne saurais que devenir n'ayant pas mon passeport russe, et que je me verrais contrainte, ne pouvant ni revenir ni avancer, à passer ma vie à Brody, ville frontière entre la Russie et l'Autriche, où les juifs se sont établis pour faire le commerce de transport d'un empire à l'autre. « Ce que vous me dites est vrai, me répondit le gouverneur; mais voici mon ordre. » Depuis quelque temps, les gouvernements ont trouvé l'art de persuader qu'un agent civil est soumis à la même discipline qu'un officier : la réflexion, dans ce

LA MAISON DE DUGUAY-TROUIN A SAINT-MALO (Page 77.)

second cas, est interdite, ou du moins elle trouve rarement sa place.

Je partis pour la Gallicie, et cette fois, je l'avoue, j'étais complètement abattue; le fantôme de la tyrannie me poursuivait partout. Je crus qu'il n'y avait plus d'Europe que par delà les mers ou les Pyrénées, et je désespérais d'atteindre un asile selon mon âme. Le spectacle de la Gallicie n'était pas propre à ranimer les espérances sur le sort de la race humaine. Les Autrichiens ne savent pas se faire aimer des peuples étrangers qui leur sont soumis. Pendant qu'ils ont possédé Venise, la première chose qu'ils ont faite a été de défendre le carnaval, qui était devenu, pour ainsi dire, une institution. Les hommes les plus roides de la monarchie furent choisis pour gouverner cette ville joyeuse; aussi les peuples du Midi aiment-ils presque mieux être pillés par des Français que régentés par des Autrichiens.

Les Polonais aiment leur patrie comme un ami malheureux : la contrée est triste et monotone, le peuple ignorant et paresseux : on y a toujours voulu la liberté, on n'a jamais su l'y établir. Mais les Polonais croient devoir et pouvoir gouverner la Pologne, et ce sentiment est naturel. La police qui, dans les temps actuels, a remplacé en Gallicie le tribunal secret, autorise les mesures les plus oppressives. Or, qu'on se représente ce que c'est que la police, c'est-à-dire ce qu'il y a de plus subtil et de plus arbitraire dans le gouvernement, confiée aux mains grossières d'un capitaine de cercle. On voit à chaque poste de la Gallicie trois espèces de personnes accourir autour des voitures des voyageurs, les marchands juifs, les mendiants polonais et les espions allemands. Le pays ne semble habité que par ces trois espèces d'hommes. Les mendiants, avec leur longue barbe et leur ancien costume sarmate, inspirent une profonde pitié.

On rencontre sur les grands chemins des processions de femmes et d'hommes portant l'étendard de la croix, et chantant des psaumes; une profonde expression de tristesse règne sur leur visage : je les ai vus quand on leur donnait, non pas de l'argent, mais des aliments meilleurs que ceux auxquels ils étaient accoutumés, regarder le ciel avec étonnement, comme s'ils ne se croyaient pas faits pour jouir de ces dons. On voyait au milieu de ce spectacle de misère quelques hommes vêtus en mauvais fracs qui espionnaient le malheur; car c'était là le seul objet qui pût s'offrir à leur vue. Les capitaines de cercles refusaient des passeports aux seigneurs polonais, dans la crainte qu'ils ne se vissent les uns les autres, ou qu'ils n'allassent à Varsovie. Ils obligeaient ces seigneurs à comparaître tous les huit jours, pour constater leur présence. Les Autrichiens proclamaient ainsi de toutes les manières qu'ils se savaient détestés en Pologne, et ils partageaient leurs troupes en deux moitiés : l'une chargée de soutenir au dehors les intérêts de la Pologne, et l'autre qui devait au-dedans empêcher les Polonais de servir cette même cause.

Je ne crois pas que jamais un pays ait été plus misérablement gouverné, du moins sous les rapports politiques, que ne l'était alors la Gallicie; et c'est apparemment pour dérober ce spectacle aux regards qu'on était si difficile pour le séjour, ou même pour le passage des étrangers.

Voici la manière dont la police autrichienne se conduisit envers moi pour hâter mon voyage : il faut, dans cette route, faire viser son passeport par chaque capitaine de cercle; et de trois postes l'une on trouvait l'un de ces chefs-lieux de cercle. C'est dans les bureaux de la police de ces villes que l'on avait fait placarder qu'il fallait me surveiller quand je passerais. Si ce n'était pas une rare impertinence que de traiter ainsi une femme, et une femme persécutée pour avoir rendu justice à l'Allemagne, on ne pourrait s'empêcher de rire de cet excès de bêtise, qui fait afficher en lettres majuscules des mesures de police dont le secret fait toute la force. Cela me rappelait M. de Sartines, qui avait proposé de donner une livrée aux espions. Ce n'est pas que le directeur de toutes ces platitudes n'ait, dit-on, une sorte d'esprit; mais il a tellement envie de complaire au gouvernement français, qu'il cherche surtout à se faire honneur de ses bassesses le plus ostensiblement qu'il peut. Cette surveillance proclamée s'exécutait avec autant de finesse qu'elle était conçue : un caporal ou un commis, ou tous les deux ensemble, venaient regarder ma voiture en fumant leur pipe, et quand ils en avaient fait le tour, ils s'en allaient sans même daigner me dire si elle était en bon état : ils auraient du moins alors servi à quelque chose.

J'avançais lentement pour attendre le passeport russe, mon seul moyen de salut dans cette circonstance. Un matin je me détournai de ma route pour aller voir un château ruiné qui appartenait à la princesse maréchale. Je passai, pour y arriver, par des chemins dont on n'a pas l'idée sans avoir voyagé en Pologne. Au milieu d'une espèce de désert que je traversais seule avec mon fils, un homme à cheval me salua en français; je voulus lui répondre : il était déjà loin. Je ne puis exprimer l'effet que produisit sur moi cette langue amie, dans un moment si cruel. Ah! si les Français devenaient libres, comme on les aimerait! ils seraient les premiers eux-mêmes à mépriser leurs alliés de ce moment-ci. Je descendis dans la cour de ce château tout en décombres; le concierge, sa femme et ses enfants vinrent au-devant de moi. Je leur avais fait savoir par un mauvais interprète que je connaissais la princesse Lubomirska; ce nom suffit pour leur inspirer de la confiance : ils ne doutèrent point de ce que je disais, bien que je fusse arrivée dans un très mauvais équipage. Ils m'ouvrirent une salle qui ressemblait à une prison, et, au moment où j'y entrai, l'une des femmes vint y brûler des parfums. Il n'y avait ni pain blanc ni viande, mais un vin exquis de Hongrie, et partout des débris de magnificence se trouvaient à côté de la plus grande misère. Ce contraste se retrouve souvent en Pologne; il n'y a pas de lits dans les maisons mêmes où règne l'élégance la plus recherchée. Tout semble esquissé dans ce pays, et rien n'y est terminé; mais ce qu'on ne saurait trop louer, c'est la bonté du peuple et la générosité des grands : les uns et les autres sont aisément remués par tout ce qui est bon et beau, et les agents que l'Autriche y envoie semblent des hommes de bois au milieu de cette nation mobile.

Enfin mon passeport de Russie arriva, et j'en serai reconnaissante toute ma vie, tant il me fit plaisir. Mes amis de Vienne étaient parvenus, dans le même moment, à écarter de moi la maligne influence de ceux qui croyaient plaire à la France en me tourmentant. Je me flattai, cette fois, d'être tout à fait à l'abri de nouvelles peines; mais j'oubliais que la circulaire qui ordonnait à tous les capitaines de cercles de me surveiller n'était pas encore révoquée, et que c'était directement du ministère que je tenais la promesse de faire cesser ces ridicules tourments. Je crus pouvoir suivre mon premier projet, et m'arrêter à Lanzut, ce château de la princesse Lubomirska, si fameux en Pologne, parce qu'il réunit tout ce que le goût et la magnificence peuvent offrir de plus parfait. Je me faisais un grand plaisir d'y revoir le prince Henri Lubomirski, dont la société, ainsi que celle de sa charmante femme, m'avait fait passer, à Genève, les moments les plus doux. Je me proposais d'y rester deux jours, et de continuer ma route bien vite, puisque de toutes parts on annonçait la guerre déclarée entre la France et la Russie. Je ne vois pas trop ce qu'il y avait de redoutable pour le repos de l'Autriche dans mon projet : c'était une bizarre idée que de craindre mes relations avec les Polonais, puisque les Polonais servaient alors Bonaparte.

Ce fut le 14 juillet que j'entrai dans ce pays. Le premier homme qui m'y reçut était un Français autrefois commis dans les bureaux de mon père; il me parla de lui les larmes aux yeux, et ce nom ainsi prononcé me parut un heureux augure. En effet, dans cet empire russe, si faussement appelé barbare, je n'ai éprouvé que des impressions nobles et douces : puisse ma reconnaissance attirer des bénédictions de plus sur ce peuple et sur son souverain! J'entrais en Russie dans un moment où l'armée française avait déjà pénétré très avant sur le territoire russe, et cependant aucune persécution, aucune gêne n'arrêtait un instant l'étranger voyageur : ni moi, ni mes compagnons, nous ne savions un mot de russe; nous ne parlions que le français, la langue des ennemis qui dévastaient l'empire; je n'avais pas même avec moi, par une suite de hasards fâcheux, un seul domestique qui parlât russe; et, sans un médecin allemand (le docteur Renner), qui le plus généreusement du monde voulut bien nous servir d'interprète jusqu'à Moscou, nous aurions vraiment mérité ce nom de *sourds et muets* que les Russes donnent aux étrangers dans leur langue. Eh bien! dans cet état, notre voyage eût encore été sûr et facile, tant est grande en Russie l'hospitalité des nobles et du peuple! Dès nos premiers pas, nous apprîmes que la route directe de Pétersbourg était déjà occupée par les armées, et qu'il fallait passer par Moscou pour nous y rendre. C'étaient deux cents lieues de détour; mais nous en faisions déjà quinze cents, et je m'applaudis maintenant d'avoir vu Moscou.

La première province qu'il nous fallut traverser, la Volhynie, fait partie de la Pologne russe : c'est un pays fertile, inondé de juifs comme la Gallicie, mais beaucoup moins misérable. Je m'arrêtai dans le château d'un seigneur polonais auquel j'étais recommandée; il me conseilla de me hâter d'avancer, parce que les Français marchaient sur la Volhynie, et qu'ils pourraient bien y entrer dans huit jours.

A Gimotir, chef-lieu de la Volhynie, on me raconta que le ministre de la police russe avait été envoyé à Wilna, pour savoir le motif de l'agression de l'empereur Napoléon, et protester selon les formes contre son entrée sur le territoire de Russie. L'Empereur de France se livra, dans sa conversation avec M. de Balasheff, ministre de la police, à ces inconcevables indiscrétions qu'on prendrait pour de l'abandon, si l'on ne savait pas qu'il lui convient d'augmenter la terreur qu'il inspire, en se montrant au-dessus de tous les genres de calcul. « Croyez-vous, dit-il à M. de Balasheff, que je me soucie de ces jacobins de Polonais? » Puis il demanda à un de ses généraux, devant M. de Balasheff, s'il avait jamais été à Moscou, et ce que c'était que cette ville; le général dit qu'elle lui avait paru plutôt un grand village qu'une capitale. « Et combien y a-t-il d'églises? continua l'Empereur. — Environ seize cents, lui répondit-on. — C'est inconcevable, reprit Napoléon, dans un temps où l'on n'est plus religieux. — Pardon, sire, dit M. de Balasheff, les Russes et les Espagnols le sont encore. » Admirable réponse, et qui présageait que les Moscovites seraient les Castillans du Nord.

Néanmoins l'armée française faisait des progrès rapides, et l'on est si accoutumé à voir les Français triompher de tout au dehors, que je pouvais craindre avec raison de les rencontrer déjà sur la route même de Moscou. Sort bizarre pour moi, que de fuir d'abord les Français, au milieu desquels je suis née, qui ont porté mon père en triomphe, et de les fuir jusqu'aux confins de l'Asie! Je me crus forcée d'aller à Odessa, ville devenue prospère par l'administration éclairée du duc de Richelieu, et de là j'aurais été à Constantinople et en Grèce : je me consolais de ce grand voyage en pensant à un poème sur Richard Cœur de Lion, que je me propose d'écrire, si ma vie et ma santé y suffisent. Ce poème est destiné à peindre les mœurs et la nature de l'Orient, et à consacrer une grande époque de l'histoire anglaise, celle de l'enthousiasme des croisades. Mais, comme on ne peut peindre que ce qu'on a vu, de même qu'on ne saurait exprimer que ce qu'on a senti, il faut que j'aille à Constantinople, en Syrie et en Sicile, pour y suivre les traces de Richard. Mes compagnons de voyage, jugeant mieux de mes forces que moi-même, me dissuadèrent d'une telle entreprise, et m'assurèrent qu'en me pressant, je pourrais aller en poste plus vite qu'une armée. On va voir qu'en effet je n'eus pas beaucoup de temps de reste.

Résolue à poursuivre mon voyage en Russie, je me dirigeai sur Kiew, ville principale de l'Ukraine. En y arrivant, le premier objet que j'aperçus, ce fut un cimetière : j'appris ainsi que j'étais près d'un lieu où des hommes étaient rassemblés. La plupart des maisons de Kiew ressemblent à des tentes, et de loin la ville a l'air d'un camp; on ne peut s'empêcher de croire qu'on a pris modèle sur les demeures ambulantes des Tartares pour bâtir en bois des maisons qui ne paraissent pas non plus d'une grande solidité. Peu de jours suffisent pour les construire; de fréquents incendies les consument, et l'on envoie à la forêt pour se commander une maison, comme au marché pour faire ses provisions d'hiver. Au milieu de ces cabanes s'élèvent pourtant des palais, et surtout des églises dont les coupoles vertes et dorées frappent singulièrement les regards. Quand, le soir, le soleil darde ses rayons sur ces voûtes brillantes, on croit voir une illumination pour une fête, plutôt qu'un édifice durable.

Les Russes ne passent jamais devant une église sans faire le signe de la croix, et leur longue barbe ajoute beaucoup à l'expression religieuse de leur physionomie. Ils portent pour la plupart une grande robe bleue, serrée autour du corps par une ceinture rouge; l'habit des femmes a aussi quelque chose d'asiatique, et l'on y remarque ce goût pour les couleurs vives qui nous vient des pays où le soleil est si beau, qu'on aime à faire ressortir son éclat par les objets qu'il éclaire. Je pris en peu de temps tellement de goût à ces habits orientaux, que je n'aimais pas à voir des Russes vêtus comme le reste des Européens.

Le Dniéper, que les anciens appelaient *Borysthène*, passe à Kiew, et l'ancienne tradition du pays assure que c'est un batelier qui, en le traversant, trouva ses ondes si pures, qu'il voulut fonder une ville sur ses bords. En effet, les fleuves sont les plus grandes beautés de la nature en Russie. A peine si l'on y rencontre des ruisseaux, tant le sable en obstrue le cours. Il n'y a presque point de variété d'arbres; le triste bouleau revient sans cesse dans cette nature peu inventive : on y pourrait regretter même les pierres, tant on est quelquefois fatigué de ne rencontrer ni collines ni vallées, et d'avancer toujours sans voir de nouveaux objets. Les fleuves délivrent l'imagination de cette fatigue.

On montre à Kiew des catacombes qui rappellent un peu celles de Rome, et l'on vient y faire des pèlerinages à pied, de Casan et d'autres villes qui touchent à l'Asie; mais ces pèlerinages coûtent moins en Russie que partout ailleurs, bien que les distances soient beaucoup plus grandes. Le caractère de ce peuple est de ne craindre ni la fatigue ni les souffrances physiques; il y a de la patience et de l'activité dans cette nation, de la gaieté et de la mélancolie. On y voit réunis les contrastes les plus frappants, et c'est ce qui peut en faire présager de grandes choses; car, d'ordinaire, il n'y a que les êtres supérieurs qui possèdent des qualités opposées; les masses sont, pour la plupart, d'une seule couleur.

Environ neuf cents verstes séparaient encore Kiew de Moscou. Mes cochers russes me menaient comme l'éclair, en chantant des airs dont les paroles étaient, m'a-t-on assuré, des compliments et des encouragements pour leurs chevaux : « Allez, leur disaient-ils, mes amis; nous nous connaissons, marchez vite. » Je n'ai rien vu de barbare dans ce peuple; au contraire, ses formes ont quelque chose d'élégant et de doux qu'on ne retrouve point ailleurs. Un vieillard, qui ne pouvait se faire entendre de moi, me montra la terre, et puis le ciel, pour m'indiquer que l'une serait bientôt, pour lui, le chemin de l'autre. Je sais bien qu'on peut m'objecter, avec raison, les cruels châtiments infligés aux victimes de la déportation et de grandes atrocités que l'on rencontre dans l'histoire de Russie; mais, pour ces dernières, j'en accuserais plutôt les boyards, dépravés par le despotisme qu'ils exerçaient ou qu'ils souffraient. D'ailleurs les dissensions politiques, partout et dans tous les temps, dénaturent le caractère national, et rien n'est plus déplorable, dans l'histoire, que cette suite de maîtres élevés et renversés par le crime.

Quoiqu'on me conduisît avec une grande rapidité, il me semblait que je n'avançais pas, tant la contrée était monotone. Des plaines de sables, quelques forêts de bouleaux, et des villages à grande distance les uns des autres, composés de maisons de bois, toutes taillées sur le même modèle, voilà les seuls objets qui s'offrissent à mes regards. J'éprouvais cette sorte de cauchemar qui saisit quelquefois la nuit, quand on croit marcher toujours et n'avancer jamais. Il me semblait que ce pays était l'image de l'espace infini, et qu'il fallait l'éternité pour le traverser. A chaque instant, on voyait passer des courriers qui allaient avec une incroyable vitesse; ils étaient assis sur un banc de bois placé en travers d'une petite charrette traînée par deux chevaux, et rien ne les arrêtait un instant. Les cahots les faisaient quelquefois sauter à deux pieds au-dessus de leur voiture; ils retombaient avec une adresse étonnante, et se hâtaient de dire *en avant* en russe, avec une énergie semblable à celle des Français un jour de bataille. La langue slavonne est singulièrement retentissante; je dirais presque qu'elle a quelque chose de métallique; on croit entendre frapper l'airain quand les Russes prononcent de certaines lettres de leur langue, tout à fait différentes de celles dont se composent les dialectes de l'Occident.

L'on voyait passer des corps de réserve qui se rapprochaient à la hâte du théâtre de la guerre; des Cosaques se rendaient un à un à l'armée, sans ordre et sans uniforme, avec une grande lance à la main, et une espèce de vêtement grisâtre dont ils mettaient l'ample capuchon sur leur tête. Je m'étais fait une tout autre idée de ces peuples; ils habitent derrière le Dniéper; là, leur façon de vivre est indépendante, à la manière des sauvages; mais ils se laissent gouverner despotiquement à la guerre. On est accoutumé à voir en beaux uniformes, d'une couleur éclatante, les fortes armées. Les couleurs ternes dont ces Cosaques sont revêtus font un autre genre de peur : on dirait que ce sont des revenants qui fondent sur vous.

A moitié chemin, entre Kiew et Moscou, comme nous étions déjà près des armées, les chevaux devinrent plus rares. Je commençai à craindre d'être arrêtée dans mon voyage, au moment même où la nécessité de se hâter était la plus pressante; et lorsque je passais cinq ou six heures devant une poste, puisqu'il y avait rarement une chambre dans laquelle on pût entrer, je pensais, en frémissant, à cette armée qui pourrait m'atteindre à l'extrémité de l'Europe, et rendre ma position tout à la fois tragique et ridicule; car il en est ainsi du non-succès dans une entreprise de ce genre; les circonstances qui m'y forçaient n'étant pas généralement connues, on aurait demandé pourquoi j'avais quitté ma demeure, bien qu'on m'en eût fait une prison, et d'assez bonnes gens n'auraient pas manqué de dire, avec un air de componction, que c'était bien malheureux, mais que j'aurais mieux fait de ne pas partir.

J'atteignis enfin la partie de ma route qui m'éloignait du théâtre de la guerre, et j'arrivai dans les gouvernements d'Orel et de Toula, dont il a tant été question depuis dans les bulletins des deux armées. Je fus reçue dans ces demeures solitaires, car c'est ainsi que paraissent les villes de province en Russie, avec une parfaite hospitalité. Plusieurs gentilshommes des environs vinrent à mon auberge me complimenter sur mes écrits, et j'avoue que je fus flattée de me trouver une réputation littéraire

à cette distance de ma patrie. La femme du gouverneur me reçut à l'asiatique, avec du sorbet et des roses; sa chambre était élégamment ornée d'instruments de musique et de tableaux. On voit partout en Europe le contraste de la richesse et de la misère; mais en Russie ce n'est, pour ainsi dire, ni l'une ni l'autre qui se fait remarquer. Le peuple n'est pas pauvre; les grands savent mener, quand il le faut, la même vie que le peuple; c'est le mélange des privations les plus dures et des jouissances les plus recherchées qui caractérise ce pays. Ces mêmes seigneurs, dont la maison réunit tout ce que le luxe des diverses parties du monde a de plus éclatant, se nourrissent en voyage bien plus mal que nos paysans de France, et savent supporter, non seulement à la guerre, mais dans plusieurs circonstances de la vie, une existence physique très désagréable. La rigueur du climat, les marais, les forêts, les déserts, dont se compose une grande partie du pays, mettent l'homme en lutte avec la nature. Les fruits et les fleurs même ne viennent que dans des serres; les légumes ne sont pas généralement cultivés; il n'y a de vignes nulle part. La manière de vivre habituelle des paysans, en France, ne peut s'obtenir en Russie que par des dépenses très fortes. L'on n'y a le nécessaire que par le luxe : de là vient que, quand le luxe est impossible, on renonce même au nécessaire. Ce que les Anglais appellent *confort*, et que nous exprimons par l'aisance, ne se rencontre guère en Russie.

Vous ne trouveriez jamais rien d'assez parfait pour satisfaire en tout genre l'imagination des grands seigneurs russes; mais, quand cette poésie de richesse leur manque, ils boivent l'hydromel, couchent sur une planche, et voyagent jour et nuit dans un chariot ouvert, sans regretter le luxe auquel on les croirait accoutumés. C'est plutôt comme magnificence qu'ils aiment la fortune, que sous le rapport des plaisirs qu'elle donne; semblables encore en cela aux Orientaux, qui exercent l'hospitalité envers les étrangers, les comblent de présents, et négligent souvent le bien-être habituel de leur propre vie. C'est une des raisons qui expliquent le courage avec lequel les Russes ont supporté la ruine que leur a fait subir l'incendie de Moscou. Plus accoutumés à la pompe extérieure qu'au soin d'eux-mêmes, ils ne sont point amollis par le luxe, et le sacrifice de l'argent satisfait leur orgueil autant et plus que la magnificence avec laquelle ils le dépensent. Ce qui caractérise ce peuple, c'est quelque chose de gigantesque en tout genre : les dimensions ordinaires ne lui sont applicables en rien. Je ne veux pas dire par là que ni la vraie grandeur ni la stabilité ne s'y rencontrent; mais la hardiesse, mais l'imagination des Russes ne connaît pas de bornes; chez eux tout est colossal plutôt que proportionné, audacieux plutôt que réfléchi, et si le but n'est pas atteint, c'est parce qu'il est dépassé.

J'approchais toujours davantage de Moscou, et rien n'annonçait une capitale. Les villages de bois n'étaient pas moins distants les uns des autres; on ne voyait pas plus de mouvement sur les vastes plaines qu'on appelle de grands chemins, on n'entendait pas plus de bruit; les maisons de campagne n'étaient pas plus nombreuses : il y a tant d'espace en Russie, que tout s'y perd, même les châteaux, même la population. On dirait qu'on traverse un pays dont la nation vient de s'en aller. L'absence d'oiseaux ajoute à ce silence; les bestiaux aussi sont rares, ou du moins ils sont placés à une grande distance de la route. L'étendue fait tout disparaître, excepté l'étendue même, qui poursuit l'imagination, comme de certaines idées métaphysiques dont la pensée ne peut plus se débarrasser, quand elle en est une fois saisie.

La veille de mon arrivée à Moscou, je m'arrêtai, le soir d'un jour très chaud, dans une prairie assez agréable; des paysannes vêtues pittoresquement, selon la coutume du pays, revenaient de leurs travaux en chantant. J'étais frappée de la gaieté douce de ces paysannes, comme je l'avais été, dans des nuances différentes, de celle de la plupart des gens du peuple auxquels j'avais eu affaire en Russie.

L'accueil des Russes est si obligeant, qu'on se croirait, dès le premier jour, lié avec eux, et peut-être au bout de dix ans, ne le serait-on pas. Le silence russe est tout à fait extraordinaire; ce silence porte uniquement sur ce qui leur inspire un vif intérêt. Du reste, ils parlent tant qu'on veut; mais leur conversation ne vous apprend rien que leur politesse; elle ne trahit ni leurs sentiments ni leurs opinions. On les a souvent comparés à des Français; et cette comparaison me semble la plus fausse du monde. La flexibilité de leurs organes leur rend l'imitation en toutes choses très facile; ils sont Anglais, Français, Allemands, dans leurs manières, selon que les circonstances les y appellent; mais ils ne cessent jamais d'être Russes, c'est-à-dire impétueux et réservés tout ensemble, plus capables de passion que d'amitié, plus fiers que délicats, plus dévots que vertueux, plus braves que chevaleresques, et tellement violents dans leurs désirs, que rien ne peut les arrêter lorsqu'il s'agit de les satisfaire. Ils sont beaucoup plus hospitaliers que les Français; mais la société ne consiste pas chez eux, comme chez nous, dans un cercle d'hommes et de femmes d'esprit, qui se plaisent à causer ensemble. On se réunit comme l'on va à une fête, pour trouver beaucoup de monde, pour avoir des fruits et des productions rares de l'Asie ou de l'Europe, pour entendre de la musique, pour jouer; enfin pour se donner des émotions vives par les objets extérieurs, plutôt que par l'esprit et l'âme : ils réservent l'usage de l'un et de l'autre pour les actions et non pour la société.

Des coupoles dorées annoncent de loin Moscou; cependant, comme le pays environnant n'est qu'une plaine, ainsi que toute la Russie, on peut arriver dans la grande ville sans être frappé de son étendue. Quelqu'un disait avec raison que Moscou était plutôt une province qu'une ville. En effet, l'on y voit des cabanes, des maisons, des palais, un bazar comme en Orient, des églises, des établissements publics, des pièces d'eau, des bois, des parcs. La diversité des mœurs et des nations qui composent la Russie se montrait dans ce vaste séjour. Voulez-vous me disait-on, acheter des châles de cachemire dans le quartier des Tartares? Avez-vous vu la ville chinoise? L'Asie et l'Europe se trouvaient réunies dans cette immense cité. On y jouissait de plus de liberté qu'à Pétersbourg, où la cour doit nécessairement exercer beaucoup d'influence. Les grands seigneurs établis à Moscou ne recherchaient point les places; mais ils prouvaient leur patriotisme par des dons immenses faits à l'État, soit pour des établissements publics pendant la paix, soit comme secours pendant la guerre. Les fortunes colossales des grands seigneurs russes sont employées à former des collections de tous genres, à des entreprises, à des fêtes dont les *Mille et une Nuits* ont donné les modèles; et ces fortunes se perdent aussi très souvent par les passions effrénées de ceux qui les possèdent. Quand j'arrivai dans Moscou, il n'était question que des sacrifices que l'on faisait pour la guerre. Un jeune comte de Momonoff levait un régiment pour l'État, et n'y voulait servir que comme sous-lieutenant; une comtesse Orloff, aimable et riche à l'asiatique, donnait le quart de son revenu. Lorsque je passais devant ces palais entourés de jardins, où l'espace était prodigué dans une ville comme ailleurs au milieu de la campagne, on me disait que le possesseur de cette superbe demeure venait de donner mille paysans à l'État; cet autre, deux cents. J'avais de la peine à me faire à cette expression, *donner des hommes;* mais les paysans eux-mêmes s'offraient avec ardeur, et leurs seigneurs n'étaient dans cette guerre que leurs interprètes.

Dès qu'un Russe se fait soldat, on lui coupe la barbe, et de ce moment il est libre. On voulait que tous ceux qui auraient servi dans la milice fussent aussi considérés comme libres; mais alors la nation l'aurait été, car elle s'est levée presque en entier. Espérons qu'on pourra sans secousse amener cet affranchissement si désiré; mais, en attendant, on voudrait que les barbes fussent conservées, tant elles donnent de force et de dignité à la physionomie. Les Russes à longue barbe ne passent jamais devant une église sans faire le signe de la croix, et leur confiance dans les images visibles de la religion est très touchante. Leurs églises portent l'empreinte de ce goût de luxe qu'ils tiennent de l'Asie; on n'y voit que des ornements d'or, d'argent et de rubis. On dit qu'un homme en Russie avoit proposé de composer un alphabet avec des pierres précieuses, et d'écrire ainsi la Bible. Il connaissait la meilleure manière d'intéresser à la lecture l'imagination des Russes. Cette imagination, jusqu'à présent néanmoins, ne s'est manifestée ni par les beaux-arts, ni par la poésie. Ils arrivent très vite en toutes choses jusqu'à un certain point, et ne vont pas au delà. L'impulsion fait faire les premiers pas, mais les seconds appartiennent à la réflexion; et ces Russes, qui n'ont rien des peuples du Nord, sont, jusqu'à présent, très peu capables de méditation.

Quelques-uns des palais de Moscou sont en bois, afin qu'ils puissent être bâtis plus vite, et que l'inconstance naturelle à la nation, dans tout ce qui n'est pas la religion et la patrie, se satisfasse en changeant facilement de demeure. C'est vers les premiers jours d'août qu'on me fit voir l'intérieur du Kremlin : j'y arrivai par l'escalier que l'empereur Alexandre avait monté peu de jours auparavant, entouré d'un peuple immense qui le bénissait et lui promettait de défendre son empire à tout prix. Ce peuple a tenu parole. On m'ouvrit d'abord les salles où l'on renfermait les armes des anciens guerriers de Russie : les arsenaux de ce genre sont plus dignes d'intérêt dans les autres pays de l'Europe. On me conduisit de l'ancien arsenal, dans les chambres occupées jadis par les czars, et où l'on conserve les vêtements qu'ils portaient le jour de leur couronnement. Ces appartements n'ont aucun genre de beauté, mais ils s'accordent très bien avec la vie dure que menaient et que mènent encore les czars. La plus grande magnificence règne dans le palais d'Alexandre; mais lui-même couche sur la dure, et voyage comme un officier cosaque.

Je montai sur le clocher de la cathédrale, appelée *Yvan-Veliki,* d'où l'on domine toute la ville : de là je voyais ce palais des czars qui ont conquis par leurs armes les couronnes de Kasan, d'Astrakan et de Sibérie. J'entendais les chants de l'église, où le catholicos, prince de Géorgie, officiait au milieu des habitants de Moscou, et formait une réunion chrétienne entre l'Asie et l'Europe. Quinze cents églises attestaient la dévotion du peuple moscovite.

Les établissements de commerce à Moscou portaient un caractère asiatique; des hommes à turban, d'autres habillés selon les divers costumes de tous les peuples d'Orient, étalaient les marchandises les plus rares; les fourrures de la Sibérie et les tissus de l'Inde offraient toutes les jouissances du luxe à ces grands seigneurs dont l'imagination se plaît aux zibelines des Samoïèdes comme aux rubis des Persans. Ici, le jardin et le palais Rozamouski renfermaient la plus belle collection de plantes et de minéraux; ailleurs, un comte de Bouterlin avait passé trente ans de sa vie à rassembler une belle bibliothèque : parmi les livres qu'il possédait, il y en avait sur lesquels on trouvait des notes de la main de Pierre Ier.

Plus loin était la maison des enfants trouvés, l'une des plus touchantes institutions de l'Europe; des hôpitaux pour toutes les classes de la société se faisaient remarquer dans les divers quartiers de la ville; enfin, l'œil ne pouvait se porter que sur des richesses ou sur des bienfaits, sur des édifices de luxe ou de charité, sur des églises ou sur des palais. J'apercevais les sinuosités de la Moskowa, de cette rivière qui, depuis la dernière invasion des Tartares, n'avait plus roulé de sang dans ses flots : le jour était superbe; le soleil semblait se complaire à verser ses rayons sur les coupoles étincelantes. Un mois après, cette belle ville était en cendres.

Le fameux comte Rostopchin, dont le nom a rempli les bulletins de l'Empereur, vint me voir, et m'invita à dîner chez lui. Il avait été ministre des affaires étrangères de Paul Ier; sa conversation avait de l'originalité, et l'on pouvait aisément apercevoir que son caractère se montrerait d'une manière très prononcée, si les circonstances l'exigeaient. La comtesse Rostopchin voulut bien me donner un livre qu'elle avait écrit sur le triomphe de la religion, très pur de style et de morale. J'allai la voir à sa campagne, dans l'intérieur de Moscou; il fallait traverser, pour y arriver, un lac et un bois : c'est à cette maison, l'un des plus agréables séjours de la Russie, que le comte Rostopchin a mis lui-même le feu à l'approche de l'armée française.

Je quittai Moscou avec regret. Je m'arrêtai quelque temps dans un bois, près de la ville, où, les jours de fête, les habitants viennent en grand nombre pour fêter le soleil dont la splendeur est de si courte durée, même à Moscou. Qu'est-ce donc, en s'avançant vers le nord? Ces éternels bouleaux, qui fatiguent par leur monotonie, deviennent eux-mêmes très rares, dit-on, lorsqu'on s'approche d'Archangel; on les conserve là comme des orangers en France. Le pays de Moscou à Pétersbourg n'est que sable d'abord, et marais ensuite; dès qu'il pleut, la terre devient noire, et l'on ne sait plus où trouver le grand chemin. Les maisons de paysans néanmoins annoncent partout l'aisance; ils ornent leurs demeures avec des colonnes; des arabesques sculptées en bois entourent leurs fenêtres. Quoique ce fût en été que je traversasse ce pays, j'y sentais le menaçant hiver qui semblait se cacher derrière les nuages; quand on me présentait des fruits, leur saveur était âpre, parce que leur maturité avait été trop précipitée; une rose me causait de l'émotion, comme un souvenir de nos belles contrées, et les fleurs elles-mêmes paraissaient porter leur tête avec moins d'orgueil, comme si la main glacée du Nord eût été déjà prête à la saisir.

Je passai par Novogorod, ville qui offre un aspect singulièrement triste; une vaste enceinte annonce qu'elle était jadis grande et peuplée, et l'on n'y voit que des maisons éparses dont les habitants semblent placés là comme des figures qui pleurent sur les tombeaux. De Novogorod jusqu'à Pétersbourg il n'y a presque plus que des marais, et l'on arrive dans l'une des plus belles villes du monde, comme si, d'un coup de baguette, un enchanteur faisait sortir toutes les merveilles de l'Europe et de l'Asie du sein des déserts. La fondation de Pétersbourg est la plus grande preuve de cette ardeur de la volonté russe, qui ne connaît rien d'impossible; tout est humble aux alentours; la ville est bâtie sur un marais, et le marbre même y repose sur des pilotis; mais on oublie, en voyant ces superbes édifices, leurs fragiles fondements, et l'on ne peut s'empêcher de méditer sur le miracle d'une si belle ville bâtie en si peu de temps. Ce peuple, qu'il faut toujours peindre par des contrastes, est d'une persévérance inouïe contre la nature, ou contre les armées ennemies. La nécessité trouva toujours les Russes patients et invincibles; mais, dans le cours ordinaire de la vie, ils sont très inconstants. Les mêmes hommes, les mêmes maîtres ne leur inspirent pas longtemps de l'enthousiasme; la réflexion seule peut garantir la durée des sentiments et des opinions dans le calme habituel de la vie, et les Russes, comme tous les peuples soumis au despotisme, sont plus capables de dissimulation que de réflexion.

En arrivant à Pétersbourg, mon premier sentiment fut de remercier le Ciel d'être au bord de la mer. Je vis flotter sur la Néva le pavillon anglais, signal de la liberté, et je sentis que je pouvais, en me confiant à l'Océan, rentrer sous la puissance plus immédiate de Dieu; c'est une illusion dont on ne saurait se défendre, que de se croire plus sous la main de la Providence, quand on est livré aux éléments, que lorsqu'on dépend des hommes.

On prétend avec raison que l'on ne peut, à Pétersbourg, dire d'une femme qu'elle est vieille comme les rues, tant les rues elles-mêmes sont modernes. Les édifices sont encore d'une blancheur éblouissante, et la nuit, quand la lune les éclaire, on croit voir de grands fantômes blancs qui regardent, immobiles, le cours de la Néva. Je ne sais ce qu'il y a de particulièrement beau dans ce fleuve, mais jamais les flots d'aucune rivière ne m'ont paru si limpides. Des quais de granit de trente verstes de long bordent ses ondes, et cette magnificence du travail de l'homme est digne de l'eau transparente qu'elle décore. Si Pierre Ier avait dirigé de pareils travaux vers le midi de son empire, il n'aurait pas obtenu ce qu'il désirait, une marine; mais peut-être se serait-il mieux conformé au caractère de sa nation. Les Russes habitants de Pétersbourg ont l'air d'un peuple du Midi condamné à vivre au Nord, et faisant tous ses efforts pour lutter contre un climat qui n'est pas d'accord avec sa nature. Les habitants du Nord sont d'ordinaire très casaniers, et redoutent le froid, précisément parce qu'il est leur ennemi de tous les jours. Les gens du peuple, parmi les Russes, n'ont pris aucune de ces habitudes; les cochers attendent dix heures à la porte, pendant l'hiver, sans se plaindre; ils se couchent sur la neige, sous leurs voitures, et transportent les mœurs des lazzaroni de Naples au 60° de latitude. Vous les voyez établis sur les marches des escaliers, comme les Allemands dans leur duvet : quelquefois ils dorment debout, la tête appuyée contre un mur. Tour à tour indolents ou impétueux, ils se livrent alternativement au sommeil ou à des fatigues incroyables.

Les grands seigneurs russes montrent, à leur manière, les goûts des habitants du Midi. Il faut aller voir les diverses maisons de campagne qu'ils se sont bâties au milieu d'une île formée par la Néva, dans l'enceinte même de Pétersbourg. Les plantes du Midi, les parfums de l'Orient, les divans de l'Asie, embellissent ces demeures. Des serres immenses, où mûrissent des fruits de tous les pays, forment un climat factice. Les possesseurs de ces palais tâchent de ne pas perdre le moindre rayon du soleil, pendant qu'il paraît sur leur horizon; ils le fêtent comme un ami qui va bientôt s'en aller, mais qu'ils ont connu jadis dans une contrée plus heureuse.

Le lendemain de mon arrivée, j'allai dîner chez l'un des négociants les plus estimés de la ville, qui exerçait l'hospitalité russe, c'est-à-dire qu'il plaçait sur le toit de sa maison un pavillon pour annoncer qu'il dînait chez lui, et cette invitation suffisait à tous ses amis. Il nous fit dîner en plein air, tant on était content de ces pauvres jours d'été, dont il restait encore quelques-uns auxquels nous n'aurions guère donné ce nom dans le midi de l'Europe. Le jardin était très agréable; des arbres, des fleurs l'embellissaient; mais à quatre pas de la maison recommençait le désert ou le marais. Le nature, aux environs de Pétersbourg, a l'air d'un ennemi qui se ressaisit de ses droits dès que l'homme cesse un moment de lutter contre lui.

Le matin suivant je me rendis à l'église de Notre-Dame de Casan, bâtie par Paul Ier, sur le modèle de Saint-Pierre de Rome. L'intérieur de l'église, décoré d'un grand nombre de colonnes de granit, est de la plus grande beauté; mais l'édifice lui-même déplaît, précisément parce qu'il rappelle Saint-Pierre, et qu'il en diffère d'autant plus qu'on a voulu l'imiter. On ne fait pas en deux ans ce qui a coûté un siècle aux premiers artistes de l'univers. Les Russes voudraient, par la rapidité, échapper au temps comme à l'espace; mais le temps ne conserve que ce qu'il a fondé, et les beaux-arts, dont l'inspiration semble la première source, ne peuvent cependant se passer de la réflexion.

Le lendemain, le comte Orloff m'invita à venir passer la journée dans l'île qui porte son nom; c'est la plus agréable de toutes celles que forme la Néva : des chênes, production rare pour ce pays, ombragent le jardin. Le comte et la comtesse Orloff emploient leur fortune à recevoir les étrangers avec autant de facilité que de magnificence : on est à son aise chez eux comme dans un asile champêtre, et l'on y jouit de tout le luxe des villes. Le comte Orloff est un des grands seigneurs les plus instruits qu'on puisse rencontrer en Russie, et son amour pour son pays porte un profond caractère, dont on ne peut s'empêcher d'être ému. Le premier jour que je passai chez lui, la paix venait d'être proclamée avec l'Angleterre : c'était un dimanche; et dans son jardin, ouvert ce jour-là aux promeneurs, on voyait un grand nombre de ces marchands à barbe, qui conservent en Russie le costume des moujiks, c'est-à-dire des paysans. Plusieurs se rassemblèrent pour écouter l'excellente musique du comte Orloff.

L'île Orloff est au centre de toutes celles où les grands seigneurs de Pétersbourg, et l'Empereur et l'Impératrice eux-mêmes, ont choisi, pendant l'été, leur séjour. Non loin de là est l'île Strogonoff, dont le riche propriétaire a fait venir de Grèce des antiquités d'un grand prix. Sa maison était ouverte tous les jours, pendant sa vie, et quiconque y avait été présenté pouvait y revenir; il n'invitait jamais personne à dîner ou à souper pour tel jour : il était convenu qu'une fois admis l'on était toujours bien reçu; souvent il ne connaissait pas la moitié des personnes qui dînaient chez lui; mais ce luxe d'hospitalité lui plaisait comme tout autre genre de magnificence. Beaucoup de maisons, à Pétersbourg, ont à peu près la même coutume; il est aisé d'en conclure que ce que nous entendons, en France, par les plaisirs de la conversation, ne saurait s'y rencontrer : la société est beaucoup trop nombreuse pour qu'un entretien d'une certaine force puisse jamais s'y établir.

Je vis enfin ce monarque, absolu par les lois comme par les mœurs, et si modéré par son propre penchant. Présentée d'abord à l'impératrice Élisabeth, elle m'apparut comme l'ange protecteur de la Russie. Ses manières sont très réservées, mais ce qu'elle dit est plein de vie, et c'est au foyer de toutes les pensées généreuses que ses sentiments et ses opinions ont pris de la force et de la chaleur. Je fus émue, en l'écoutant, par quelque chose d'inexprimable, qui ne tenait point à sa grandeur, mais à l'harmonie de son âme; il y avait longtemps que je ne connaissais plus l'accord de la puissance et de la vertu. Comme je m'entretenais avec l'Impératrice, la porte s'ouvrit, et l'empereur

Alexandre me fit l'honneur de venir me parler. Ce qui me frappa d'abord en lui, c'est une expression de bonté et de dignité telle, que

Du haut du clocher on domine toute la ville. (Page 136.)

ces deux qualités paraissent inséparables, et qu'il semble n'en avoir fait qu'une seule. Je fus aussi très touchée de la simplicité noble avec laquelle il aborda les grands intérêts de l'Europe, dès les premières phrases qu'il voulut bien m'adresser. J'ai toujours considéré comme un signe de médiocrité cette crainte de traiter les questions sérieuses, qu'on a inspirée à la plupart des souverains de l'Europe; ils ont peur de prononcer des mots qui aient un sens réel. L'empereur Alexandre, au contraire, s'entretint avec moi comme l'auraient fait les hommes d'Etat de l'Angleterre, qui mettent leur force en eux-mêmes, et non dans les barrières dont on peut s'environner. C'est un homme d'esprit et d'une instruction remarquables, et je ne crois pas qu'il pût trouver dans son empire un ministre plus fort que lui dans tout ce qui tient au jugement des affaires et à leur direction. Il m'exprima ses regrets de n'être pas un grand capitaine : je répondis à cette noble modestie qu'un souverain était plus rare qu'un général, et que soutenir l'esprit public de sa nation par son exemple, c'était gagner la plus importante des batailles, et la première de ce genre qui eût été gagnée. L'Empereur me parla avec enthousiasme de sa nation et de tout ce qu'elle était capable de devenir. Il m'exprima le désir, que tout le monde lui connaît, d'améliorer l'état des paysans encore soumis à l'esclavage. « Sire, lui dis-je, votre caractère est une constitution pour votre empire, et votre conscience en est la garantie. »

De chez l'Empereur j'allai chez sa respectable mère, cette princesse à qui la calomnie n'a jamais pu supposer un sentiment qui ne fût pour son époux, pour ses enfants, ou pour la famille des infortunés dont elle est la protectrice. Je raconterai plus loin de quelle manière elle dirige cet empire de charité qu'elle exerce au milieu de l'empire tout-puissant de son fils. Elle demeure au palais de la Tauride, et, pour arriver dans son appartement, il faut traverser une salle bâtie par le prince Potemkin : cette salle est d'une grandeur incomparable; un jardin d'hiver en occupe une partie, et on voit les plantes et les arbres entre les colonnes qui entourent l'enceinte du milieu. Tout est colossal dans cette demeure; les conceptions du prince qui l'a construite étaient bizarrement gigantesques. Il faisait bâtir des villes en Crimée, seulement pour que l'Impératrice les vît sur son passage. La faveur de sa souveraine l'a créé ce qu'il s'est montré; mais l'on voit néanmoins dans la plupart des grands hommes de la Russie, tels que Menzikoff, Souvarow, Pierre Ier lui-même, et plus anciennement encore, Ivan Basiliéwitch, quelque chose de fantasque, de violent et d'ironique tout ensemble. L'esprit était chez eux une arme plutôt qu'une jouissance, et c'était par l'imagination qu'ils étaient menés. Générosité, barbarie, passions effrénées, religion superstitieuse, tout se rencontrait dans le même caractère.

J'allai passer un jour à la campagne de M. Narischkin, grand chambellan de la cour, homme aimable, facile et poli, mais qui ne sait pas existèr sans une fête; c'est chez lui qu'on a vraiment l'idée de cette vivacité dans les goûts, qui explique les défauts et les qualités des Russes. La maison de M. Narischkin est toujours ouverte, et, quand il n'a que vingt personnes à sa campagne, il s'ennuie de cette retraite philosophique. Obligeant pour les étrangers, toujours en mouvement, et néanmoins très capable de la réflexion qu'il faut pour bien se conduire dans une cour; avide des jouissances d'imagination, et ne trouvant ces jouissances que dans les choses, et non dans les livres; impatient partout ailleurs qu'à la cour, spirituel quand il lui est avantageux de l'être, magnifique plutôt qu'ambitieux, et cherchant en tout une certaine grandeur asiatique dans laquelle la fortune et le rang se signalent plus que les avantages particuliers à la personne. Sa campagne est aussi agréable que peut l'être une nature créée de main d'homme : tout le pays environnant est aride et marécageux; c'est une oasis que cette demeure. En montant sur la terrasse, on voit le golfe de Finlande, et l'on aperçoit dans le lointain le palais que Pierre Ier avait fait bâtir sur ses bords; mais l'espace qui sépare de la mer et du palais est presque inculte, et le parc de M. Narischkin charme seul les regards. Nous allâmes dîner dans la maison des Moldaves, c'est-à-dire dans une salle construite selon le goût de ces peuples; elle était arrangée pour se garantir de l'ardeur du soleil, précaution assez inutile en Russie. Cependant l'imagination est tellement frappée de l'idée qu'on vit chez un peuple qui n'est au Nord que par accident, qu'il paraît naturel d'y retrouver les usages du Midi, comme si les Russes devaient faire arriver un jour à Pétersbourg le climat de leur ancienne patrie. La table était couverte de fruits de tous les pays, suivant la coutume tirée de l'Orient, de ne faire paraître que les fruits, tandis qu'une foule de serviteurs apportent à chaque convive les viandes et les légumes qu'il faut pour les nourrir.

On nous fit entendre cette musique de cors particulière à la Russie, et dont on a souvent parlé. Sur vingt musiciens, chacun fait entendre une seule et même note, toutes les fois qu'elle revient; ainsi chacun de ces hommes porte le nom de la note qu'il est chargé d'exécuter. On dit, en les voyant passer : Voilà le *sol,* le *mi* ou le *ré* de M. Narischkin. Les cors vont en grossissant de rang en rang, et quelqu'un appelait, avec raison, cette musique un *orgue vivant.* De loin l'effet en est très beau; la justesse et la pureté de l'harmonie font naître les plus nobles pensées; mais, quand on s'approche de ces pauvres musiciens, qui sont là comme des tuyaux ne rendant qu'un son, et ne pouvant participer par leur propre émotion à celle qu'ils produisent, le plaisir se refroidit : on n'aime pas à voir les beaux-arts transformés en arts mécaniques, et pouvant s'apprendre de force comme l'exercice.

Des habitants de l'Ukraine, vêtus de rouge, vinrent ensuite nous chanter des airs de leur pays, singulièrement agréables, tantôt gais, tantôt mélancoliques, tantôt l'un et l'autre tout ensemble. Ces airs cessent quelquefois brusquement au milieu de la mélodie, comme si l'imagination de ces peuples se fatiguait à terminer ce qui lui plaisait d'abord, ou trouvait plus piquant de suspendre le charme dans le moment même où il agit avec le plus de puissance.

De longues voitures de promenade, attelées des plus beaux chevaux, nous conduisirent, après dîner, dans le parc. C'était à la fin d'août; cependant le ciel était pâle, les gazons d'un vert presque artificiel, parce qu'ils n'étaient entretenus qu'à force de soins. Les fleurs mêmes semblaient une jouissance aristocratique, tant il fallait de frais pour en avoir. On n'entendait point le ramage des oiseaux dans les bois, ils ne se fiaient point à cet été d'un moment; on ne voyait pas non plus de bestiaux dans les prairies; on n'aurait pas osé leur livrer des plantes qui avaient coûté tant de peine à cultiver. L'eau coulait à peine, et seulement à l'aide des machines qui la dirigeaient dans le jardin, où toute cette nature avait l'air d'une décoration de fête qui disparaîtrait quand les spectateurs n'y seraient plus. Nos calèches s'arrêtèrent devant une fabrique du jardin qui représentait un camp tartare; là, tous les musiciens réunis commencèrent à se faire entendre de nouveau.

Nous allâmes voir le cabinet d'histoire naturelle, qui est remarquable par les productions de la Sibérie. Les fourrures de ce pays ont excité l'avidité des Russes, comme les mines d'or du Mexique celle des Espagnols. Il y a eu un temps, en Russie, pendant lequel la monnaie de change consistait encore en peaux de martre et d'écureuil, tant le besoin de se garantir des frimas était universel. Ce qu'il y a de plus curieux dans le musée de Pétersbourg, c'est une riche collection d'ossements d'animaux antédiluviens, et en particulier les restes du mammouth gigantesque qui a été trouvé presque intact dans les glaces de la Sibérie.

Je vis ensuite la citadelle dans l'enceinte de laquelle est l'église où sont déposés les cercueils de tous les souverains, depuis Pierre le Grand: ces cercueils ne sont point enfermés dans des monuments; ils sont exposés comme le jour de la cérémonie funèbre, et l'on se croit tout près de ces morts, dont une simple planche paraît nous séparer. J'allai voir aussi les établissements d'éducation que l'Impératrice a fondés. L'institut de Sainte-Catherine se compose de deux maisons, contenant chacune deux cent cinquante jeunes filles nobles ou bourgeoises; elles y sont élevées sous l'inspection de l'Impératrice, avec des soins qui surpassent ceux mêmes qu'une famille riche pourrait donner à ses enfants. L'ordre et l'élégance se font remarquer dans les moindres détails de cet institut, et le sentiment de religion et de morale le plus pur y préside à tout ce que les beaux-arts peuvent développer. Les femmes russes ont si naturellement de la grâce, qu'en entrant dans cette salle, où toutes les jeunes filles nous saluèrent, je n'en vis pas une seule qui ne mît dans cette révérence toute la politesse et la modestie que cette simple action pouvait exprimer. Les jeunes personnes furent invitées à nous montrer les divers talents qui les distinguaient, et l'une d'elles, sachant par cœur des morceaux des meilleurs écrivains français, me récita quelques-unes des pages les plus éloquentes de mon père, dans son *Cours de morale religieuse.* Cette attention si délicate venait peut-être de l'Impératrice elle-même. J'éprouvais l'émotion la plus vive en entendant prononcer ce langage qui, depuis tant d'années, n'avait plus d'asile que dans mon cœur. Les jeunes personnes de l'institut de Sainte-Catherine, avant de se mettre à table, chantaient des psaumes en chœur; ce grand nombre de voix, si pures et si douces, me causa un attendrissement mêlé d'amertume. Que ferait la guerre, au milieu d'établissements si paisibles? où ces colombes fuiraient-elles les armes du vainqueur?

Un institut pour les sourds-muets, un autre pour les aveugles, sont également sous l'inspection de l'Impératrice. L'Empereur, de son côté, donne beaucoup de soins à l'école des cadets, dirigée par un homme d'un esprit supérieur, le général Klinger. Tous ces établissements sont vraiment utiles, mais on pourrait leur reprocher trop de splendeur. Au moins faudrait-il que sur divers points de l'empire on pût fonder, non des écoles aussi soignées, mais quelques établissements qui donnassent au peuple des connaissances élémentaires. Tout a commencé par le luxe, en Russie; et le faîte a, pour ainsi dire, précédé les fondements. Il n'y a que deux grandes villes en Russie, Pétersbourg et Moscou; les autres méritent à peine d'être citées; elles sont d'ailleurs séparées par de très grandes distances : les châteaux mêmes des grands seigneurs sont si éloignés les uns des autres, qu'à peine si les propriétaires peuvent communiquer entre eux. Enfin, les habitants sont tellement dispersés dans cet empire, que les connaissances des uns ne peuvent guère être utiles aux autres. Les paysans ne comptent qu'à l'aide d'une machine à calculer. Les popes grecs ont beaucoup moins de savoir que les curés catholiques, de manière que le clergé, en Russie, n'est point propre à instruire le peuple, comme dans d'autres pays de l'Europe. Le lien de la nation consiste dans la religion et le patriotisme; mais il n'y a point un foyer de lumières dont les rayons puissent se répandre sur toutes les parties de l'empire.

Vers la fin de septembre, je quittai Pétersbourg pour me rendre en

Suède par la Finlande. Mes nouveaux amis, ceux que la conformité des sentiments avait rapprochés de moi, vinrent me dirent adieu : sir Robert Wilson, qui cherche partout une occasion de se battre; M. de Stein, homme d'un caractère antique, qui ne vit que dans l'espoir de voir sa patrie délivrée; l'envoyé d'Espagne, le ministre d'Angleterre, lord Tyrconnel; le spirituel amiral Bentinck; Alexis de Noailles, le seul émigré français de la tyrannie impériale, le seul qui fût là, comme moi, pour témoigner pour la France; le colonel Dornberg, cet intrépide Hessois que rien n'a détourné de son but; et plusieurs Russes dont les noms ont été depuis célèbres par leurs exploits. Jamais le sort du monde n'avait couru plus de dangers; personne n'osait se le dire, mais chacun le savait : moi seule, comme femme, je n'étais pas exposée, mais je pouvais compter pour quelque chose ce que j'avais souffert. Je ne savais pas, en disant adieu à ces dignes chevaliers de la race humaine, qui d'entre eux je reverrais, et déjà deux n'existent plus.

Lorsqu'on entre en Finlande, tout annonce qu'on a passé dans un autre pays, et qu'on a affaire à une autre race qu'à la race slavonne. On dit que les Finnois viennent immédiatemement du nord de l'Asie, et que leur langue n'a point de rapport avec le suédois, qui est un intermédiaire entre l'anglais et l'allemand. Les figures des Finnois sont pourtant, pour la plupart, tout à fait germaniques; leurs cheveux blonds, leur teint blanc, ne ressemblent en rien à la vivacité des figures russes; mais aussi leurs mœurs sont plus douces : les gens du peuple y ont une probité réfléchie.

L'aspect de la nature est très différent, en Finlande, de ce qu'il est en Russie : au lieu des marais et des plaines qui entourent Pétersbourg, on retrouve des rochers, presque des montagnes, et des forêts; mais à la longue, on s'aperçoit que ces montagnes sont monotones, ces forêts composées des mêmes arbres, le sapin et le bouleau. Les énormes blocs de granit qu'on voit épars dans la campagne et sur les bords des grandes routes, donnent au pays un air de vigueur; mais il y a peu de vie autour de ces grands ossements de la terre, et la végétation commence à décroître, depuis la latitude de la Finlande jusqu'au dernier degré de la terre animée. Nous traversâmes une forêt à demi consumée par le feu : les vents du nord, qui accroissent l'activité des flammes, rendent les incendies très fréquents, soit dans les villes, soit dans les campagnes. L'homme, de toutes les manières, a de la peine à lutter contre la nature dans ces climats glacés. On rencontre peu de villes en Finlande, et celles qui existent ne sont guère peuplées. Il n'y a pas de centre, pas d'émulation, rien à dire et bien peu à faire dans une province du nord suédois ou russe, et, pendant huit mois de l'année, toute la nature vivante s'endort.

Je m'embarquai à Abo, capitale de la Finlande. Il y a une université dans cette ville, et l'on s'y essaye un peu à la culture de l'esprit; mais les ours et les loups sont si près de là pendant l'hiver, que toute la pensée est absorbée par la nécessité de s'assurer une vie physique tolérable; et la peine qu'il faut pour cela dans les pays du Nord consume une grande partie du temps que l'on consacre, ailleurs, aux jouissances des arts de l'esprit. On peut dire, en revanche, que les difficultés mêmes dont la nature environne les hommes donnent plus de fermeté à leur caractère, et ne laissent pas entrer dans leur esprit tous les désordres causés par l'oisiveté. Néanmoins à chaque instant je regrettais ces rayons du Midi, qui avaient pénétré jusque dans mon âme.

Les idées mythologiques des habitants du Nord leur représentent sans cesse des spectres et des fantômes; le jour est là tout aussi favorable aux apparitions que la nuit : quelque chose de pâle et de nuageux semble appeler les morts à revenir sur la terre, à respirer l'air froid comme la tombe dont les vivants sont entourés.

Je craignais la mer, et chacun me disait : « Tout le monde fait ce passage, et il n'arrive rien à personne. » Tels sont les discours qui rassurent presque tous les voyageurs; mais l'imagination ne se laisse pas enchaîner par ce genre de consolations, et toujours cet abîme, dont un si faible obstacle vous sépare, tourmente la pensée. M. Schlegel s'aperçut de l'effroi que j'éprouvais sur la frêle embarcation qui devait nous conduire à Stockholm. Il me montra, près d'Abo, la prison où l'un des plus malheureux rois de Suède, Éric XIV, avait été renfermé pendant quelque temps avant de mourir dans une autre prison près de Gripsholm. « Si vous étiez là, me dit-il, combien vous envieriez le passage de cette mer, qui maintenant vous épouvante! » Cette réflexion si juste donna bientôt un autre cours à mes idées, et nous poursuivîmes notre navigation (1).

(1) Le manuscrit de Mme de Staël, remarque l'Éditeur, ne va pas plus loin. Elle passa huit mois en Suède, et de là se rendit à Londres. Sa santé était déjà fort altérée; elle mourut quelques années plus tard, en 1817.

SOUVENIRS D'UNE FEMME ARTISTE

Mme Vigée-Lebrun [1]

ON amour pour la peinture s'est manifestée dès mon enfance. On me mit au couvent à l'âge de six ans; j'y suis restée jusqu'à onze. Dans cet intervalle, je crayonnais sans cesse et partout; mes cahiers d'écriture, et même ceux de mes compagnes, étaient remplis à la marge de petites têtes de face, ou de profil; sur les murs du dortoir, je traçais avec du charbon des figures et des paysages; aussi étais-je souvent en pénitence. Puis, dans les moments de récréation, je dessinais sur le sable tout ce qui me passait par la tête. Je me souviens qu'à l'âge de sept ou huit ans, je dessinai à la lampe un homme à barbe, que j'ai toujours gardé. Je le fis voir à mon père qui s'écria transporté de joie : « Tu seras peintre, mon enfant, ou jamais plus nul ne le sera. »

La passion de la peinture était innée en moi. Cette passion ne s'est jamais affaiblie; je crois même qu'elle n'a fait que s'accroître avec le temps; car, encore aujourd'hui, j'en éprouve tout le charme, qui ne finira, j'espère, qu'avec ma vie. Le souvenir de tant de personnes remarquables que j'ai connues prête souvent pour moi du charme à la solitude. Je vis encore alors avec ceux qui ne sont plus, et je dois remercier la Providence qui m'a laissé ce reflet d'un bonheur passé.

J'avais au couvent une santé très faible, en sorte que mon père et ma mère venaient souvent me chercher pour passer quelques jours avec eux, ce qui me charmait sous tous les rapports. Mon père, nommé

(1) **Extraits des** *Souvenirs de Mme Elisabeth Vigée-Lebrun, de l'Académie royale de Paris, de celles de Saint-Pétersbourg, de Saint-Luc de Rome, de Genève, de Berlin*, **etc. (3 vol. in 8°, Fournier Éditeur, Paris, 1835). — Née Vigée et mariée à un M. Lebrun, qui ne partageait pas ses goûts d'artiste, cette dame a toujours été désignée sous le nom de** *Vigée-Lebrun*. **Elle s'est placée au premier rang comme peintre de portraits, et son art lui a valu les relations les plus honorables avec Louis XVI et Marie-Antoinette d'abord, puis avec une foule de princes étrangers. Les pages suivantes la feront mieux connaître que ce que nous pourrions ajouter ici. Née à Paris en 1755, elle y est morte en 1842.**

Louis Vigée, peignait fort bien au pastel; il y a même des portraits de lui qui seraient dignes du fameux Latour. Il a fait aussi des tableaux à l'huile, dans le genre de Watteau. Il avait tellement l'amour de son art que cette passion lui donnait de fréquentes distractions. Je me rappelle qu'un jour, étant tout habillé pour aller dîner en ville, il sort; mais, en pensant au tableau qu'il avait commencé, il retourne chez lui, dans l'idée d'y retoucher. Il ôte sa perruque, met son bonnet de nuit, et ressort, ainsi coiffé, vêtu d'un habit à brandebourgs dorés, l'épée au côté, etc. Sans un voisin, qui l'avertit de sa distraction, il courait la ville dans ce costume.

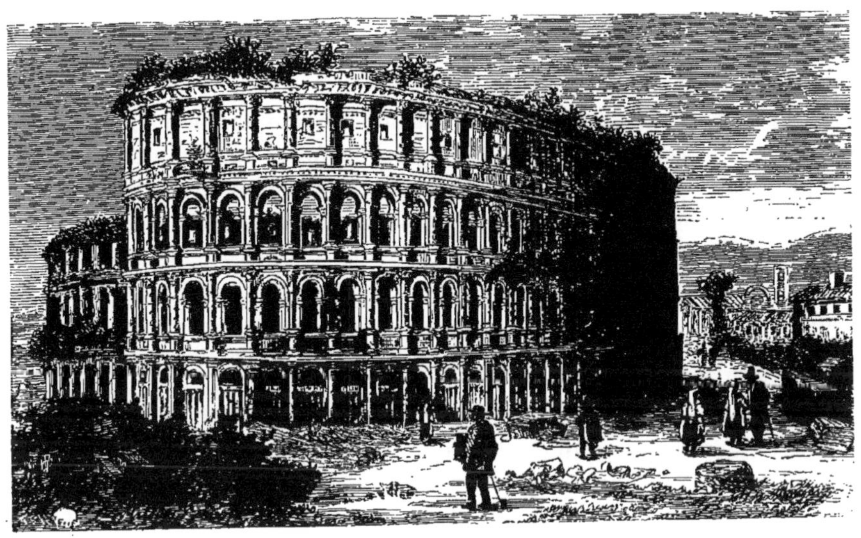

LE COLISÉE (Page 162.)

Mon père avait infiniment d'esprit. Sa gaieté si naturelle se communiquait à tout le monde, et bien souvent on venait se faire peindre par lui pour jouir de son aimable conversation; peut-être connaissez-vous déjà l'anecdote suivante : faisant un jour le portrait d'une dame, il s'aperçut que, lorsqu'il travaillait à la bouche, cette femme grimaçait sans cesse pour la rendre plus petite. Impatienté de ce manège, mon père lui dit avec un grand sang-froid : « Ne vous tourmentez pas ainsi, Madame; pour peu que vous le désiriez, je ne vous en ferai pas du tout. »

Ma mère était très pieuse. Je l'étais aussi de cœur. Nous entendions toujours la grand'messe; nous allions aux offices divins. Dans le Carême surtout nous n'en manquions aucun, pas même les prières du soir. De tout temps j'ai aimé les chants religieux, et les sons de l'orgue me faisaient alors une telle impression que je pleurais sans pouvoir m'en empêcher.

Rentrée de pension, je passai une année de bonheur dans la maison paternelle, quand mon père tomba malade. Il avait avalé une arête de poisson, qui s'était fixée dans son estomac, et qui, pour en être extirpée, nécessita plusieurs incisions. Les opérations furent faites par le plus habile chirurgien que l'on connût alors, le frère Côme, en qui nous avions toute confiance, et qui avait l'air d'un vrai saint. Il soigna mon père avec le plus grand zèle; toutefois, malgré ses affectueuses assiduités, les plaies s'envenimèrent, et, après deux mois de souffrances, l'état de mon père ne laissa aucun espoir de guérison. Ma mère pleurait jour et nuit, et je n'essayerai pas de vous peindre ma désolation : j'allais perdre le meilleur des pères, mon appui, mon guide, celui dont l'indulgence encourageait mes premiers essais!

Lorsqu'il se sentit près de ses derniers moments, mon père désira revoir mon frère et moi. Nous nous approchâmes tous deux de son lit, en sanglotant. Son visage était cruellement altéré; ses yeux, sa physionomie, si animés, n'avaient plus aucun mouvement; car la pâleur et le froid de la mort l'avaient déjà saisi. Nous prîmes sa main glacée, et nous la couvrîmes de baisers en l'arrosant de larmes. Il fit un effort, se souleva pour nous donner sa bénédiction : « Soyez heureux, mes enfants, » dit-il. Une heure après, notre excellent père n'existait plus!

Je restai tellement abattue par ma douleur, que je fus longtemps sans reprendre mes crayons. Le peintre Doyen venait quelquefois nous revoir, et, comme il avait été le meilleur ami de mon père, ses visites étaient pour nous une grande consolation. Ce fut lui qui m'engagea à reprendre mon occupation chérie, dans laquelle, en effet, je trouvai la seule distraction qui pût adoucir mes regrets et m'arracher à mes tristes pensées. C'est à cette époque que je commençai à peindre d'après nature. Je fis successivement plusieurs portraits au pastel et à l'huile. Je dessinais aussi d'après nature et d'après la bosse, le plus souvent à la lampe, avec Mlle Boquet, que je connus alors. Je me rendais tous les soirs chez elle, rue Saint-Denis, vis-à-vis celle de la Truanderie, où son père tenait un magasin de curiosités. La course était assez longue; car nous logions rue de Cléry, vis-à-vis l'hôtel de Lubert : aussi ma mère me faisait-elle toujours accompagner.

Dans ce même temps, nous allions très souvent, Mlle Boquet et moi, dessiner chez Briard le peintre, qui nous prêtait ses dessins et des bustes antiques. Briard peignait médiocrement, quoiqu'il ait fait quelques plafonds assez remarquables par leur composition, mais il était fort bon dessinateur; c'est pourquoi plusieurs jeunes personnes venaient prendre des leçons chez lui. Il logeait au Louvre, et, pour y dessiner plus longtemps, nous apportions chacune notre petit dîner, dans un panier que nous portait la bonne.

Mlle Boquet avait alors quinze ans, et j'en avais quatorze. Ses dispositions pour la peinture étaient remarquables, et mes progrès étaient si rapides, que l'on commençait à parler de moi dans le monde, ce qui me valut la satisfaction de connaître Joseph Vernet. Ce célèbre artiste m'encouragea et me donna les meilleurs conseils. « Mon enfant, me disait-il, ne suivez aucun système d'école. Consultez seulement les œuvres des grands maîtres de l'Italie, ainsi que celles des maîtres flamands; mais surtout faites le plus que vous pourrez d'après nature : la nature est le premier de tous les maîtres. Si vous l'étudiez avec soin, cela vous empêchera de prendre aucune manière.

J'ai constamment suivi ses avis; car je n'ai jamais eu de maître proprement dit. Quant à Joseph Vernet, il a bien prouvé l'excellence de sa méthode par ses œuvres, qui ont été et seront toujours si justement admirées.

Je fis aussi connaissance alors avec l'abbé Arnault, de l'Académie française. C'était un homme plein d'imagination, passionné de la haute littérature et des arts, dont la conversation m'enrichissait d'idées, si l'on peut s'exprimer ainsi. Il parlait peinture et musique avec le plus vif enthousiasme. L'abbé Arnault était un ardent partisan de Gluck, et, plus tard, il amena chez moi ce grand musicien, car j'aimais beaucoup aussi la musique.

Les principes de morale et de religion que ma mère m'avait communiqués, me protégeaient fortement contre les séductions dont j'étais entourée. Mon bonheur voulait que je ne connusse pas encore un seul roman. Le premier que j'aie lu, *Clarisse Harlowe,* je ne l'ai lu qu'après mon mariage; jusque-là je ne lisais que des livres religieux, la morale des saints Pères entre autres, dont je ne me lassais pas, car tout est là, et quelques livres de classe de mon frère.

Les jours de fêtes et les dimanches, après avoir entendu la grand'messe, ma mère et mon beau-père me menaient promener au Palais-Royal. A cette époque, le jardin était infiniment plus vaste et plus beau qu'il ne l'est maintenant, étouffé et rétréci par les maisons qui l'environnent de toutes parts. Il y avait à gauche une très large et très longue allée, couverte d'arbres énormes, qui formaient une voûte impénétrable au soleil. Là se réunissait la bonne compagnie, en fort grande parure.

Mlle Boquet avait un talent remarquable pour la peinture, mais elle l'abandonna presque entièrement après avoir épousé M. Filleul, époque à laquelle la reine la nomma concierge du château de la Muette.

Que ne puis-je parler de cette aimable femme, sans me rappeler sa fin tragique? Hélas! je me souviens qu'au moment où j'allais quitter la France, pour fuir les horreurs que je prévoyais, Mme Filleul me dit : « Vous avez tort de partir : moi, je reste; car je crois au bonheur que doit nous procurer la révolution. » Et cette révolution l'a conduite sur l'échafaud! Elle n'avait point quitté le château de la Muette. Mme Chalgrin, fille de Joseph Vernet, et l'amie intime de Mme Filleul, vint célébrer dans ce château le mariage de sa fille, sans aucun éclat. Cependant, dès le lendemain, les révolutionnaires n'en vinrent pas moins arrêter Mme Filleul et Mme Chalgrin, qui, disait-on, avaient *brûlé les bougies de la nation,* et toutes deux furent guillotinées peu de jours après.

*
* *

Dès l'affreuse année 1789, la terreur s'était emparée de tous les esprits sages. Je me rappelle parfaitement qu'un soir où j'avais réuni du monde chez moi pour un concert, la plus grande partie des personnes qui m'arrivaient, entraient avec l'air consterné; elles avaient été le matin à la promenade de Longchamps; la populace, rassemblée à la barrière de l'Etoile, avait injurié de la façon la plus effrayante les gens qui passaient en voiture; des misérables montaient sur les marchepieds en criant : « L'année prochaine, vous serez derrière vos carrosses et c'est nous qui serons dedans! » ainsi que mille autres propos plus infâmes encore. Ces récits attristèrent beaucoup ma soirée.

Quant à moi, j'avais peu besoin d'apprendre de nouveaux détails pour entrevoir les horreurs qui se préparaient. On jetait du soufre dans nos caves par les soupiraux. Si j'étais à ma fenêtre, de grossiers sans-culottes me menaçaient du poing; mille bruits sinistres m'arrivaient de tous les côtés; enfin, je ne vivais plus que dans un état d'anxiété et de chagrin profond.

Ma santé s'altérait sensiblement, et deux de mes bons amis, Brongniart, l'architecte, et sa femme, étant venus me voir, me trouvèrent si maigre et si changée, qu'ils me conjurèrent de venir passer quelques jours chez eux, ce que j'acceptai avec reconnaissance. Brongniart avait son logement aux Invalides; je fus conduite chez lui par un médecin attaché au Palais-Royal, et dont les gens portaient la livrée d'Orléans, la seule qui fût alors respectée. On me donna le meilleur lit. Comme je ne pouvais pas manger, on me nourrissait avec d'excellent vin de Bordeaux et du bouillon, et Mme Brongniart ne me quittait pas. Tant de soins auraient dû me calmer puisque mes amis voyaient beaucoup moins en noir que moi : mais il leur était impossible de me rassurer contre les maux que je prévoyais. — A quoi bon vivre? à quoi bon se soigner? disais-je souvent à mes bons amis; car l'effroi que m'inspirait l'avenir me faisait prendre la vie en dégoût; et pourtant il faut le dire, si loin que pût aller mon imagination, je ne devinais qu'une partie des crimes qui se sont commis plus tard.

Je me rappelle avoir soupé chez Brongniart avec l'excellent M. de Sombreuil, alors gouverneur des Invalides. Il nous dit savoir qu'on devait venir s'emparer des armes qu'il tenait en dépôt. « Mais, ajouta-t-il, je les ai si bien cachées que je défie bien qu'ils les trouvent. » Ce brave homme ne songeait pas qu'on ne pouvait alors compter que sur soi-même. Comme les armes ne tardèrent pas à être enlevées, il faut croire qu'il fut trahi par les gens de l'hôtel qu'il avait employés.

M. de Sombreuil, aussi recommandable par ses vertus privées que par ses talents militaires, s'est trouvé au nombre des prisonniers que l'on devait immoler dans les prisons le 2 septembre. Les assassins accordèrent sa vie aux larmes, aux supplications de son héroïque fille; mais, atroces jusque dans le pardon, ils forcèrent Mlle de Sombreuil à boire un verre du sang qui coulait à flots devant la prison! Plus tard (en 1794), M. de Sombreuil fut envoyé à l'échafaud par le tribunal révolutionnaire. Ces deux événements ont inspiré au poète Legouvé le plus beau de ses vers :

Des bourreaux l'ont absous, des juges l'ont frappé.

M. de Sombreuil avait laissé un fils, très distingué par son caractère et par sa bravoure. Il commandait un des régiments venus d'Angleterre à Quiberon vers la fin de 1795. La Convention nationale ayant violé la capitulation souscrite par le général Hoche, M. de Sombreuil reçut la mort comme un brave; il ne voulut pas qu'on lui bandât les yeux, et il commanda lui-même le feu. Tallien, au moment de l'exécution, lui dit : « Monsieur, vous êtes d'une famille bien malheureuse. — J'étais venu la venger, répondit M. de Sombreuil, mais je ne puis que l'imiter. »

Mme Brongniart me menait promener derrière les Invalides; il y avait tout près de là quelques maisons d'ouvriers. Comme nous étions assises contre une de ces masures, nous entendîmes causer entre eux deux hommes qui ne pouvaient nous voir. « Veux-tu gagner dix francs, disait l'un, viens avec nous faire le train. Il ne s'agit que de crier : A bas celui-ci! à bas celui-là! et surtout de crier bien fort contre *Cayonne*. — Dix francs sont bons à gagner, répondait l'autre; mais n'aurons-nous pas des taloches? — Allons donc! reprit le premier, c'est nous qui les donnons les taloches. » Vous jugez de l'effet que faisaient sur moi de pareils dialogues!

Le lendemain du jour dont je parle, nous passions devant la grille des Invalides où se trouvait une foule immense, composée de ce vilain monde qui se promenait habituellement sous les galeries du Palais-Royal; tous gens sans aveu, qui n'étaient ni ouvriers ni paysans, auxquels on ne pouvait supposer un état, sinon celui de bandit, tant leurs figures étaient effrayantes. Mme Brongniart, plus courageuse que moi, s'efforçait de me rassurer; mais j'avais une telle peur, que je repris le chemin de la maison.

Peu après je retournai chez moi, mais je ne pouvais y vivre. La société me semblait être en dissolution complète, et les honnêtes gens sans aucun appui; car la garde nationale était si singulièrement composée qu'elle offrait un mélange aussi bizarre qu'il était effrayant. Aussi la peur agissait-elle sur tout le monde.

M. de Rivière, chargé d'affaires de Saxe, dont la fille avait épousé mon frère, vint m'offrir de me donner l'hospitalité, et je passai chez lui deux semaines au moins. C'est là que je vis porter le buste du duc d'Orléans et celui de M. Necker qu'une nombreuse populace suivait, en proclamant à grands cris que l'un serait leur roi et l'autre leur protecteur! Le soir *ces honnêtes gens* revinrent, ils mirent le feu à la barrière qui se trouvait au bout de la rue Chaussée-d'Antin, où nous demeurions, puis ils dépavèrent cette rue et ils établirent des barricades, en criant : « Voilà les ennemis qui arrivent. » Les ennemis n'arrivaient point; hélas! ils étaient dans Paris.

Quoique je fusse traitée chez M. de Rivière comme un de ses enfants, et que je pusse me croire en sûreté chez lui, puisqu'il était ministre étranger, mon parti était pris de quitter la France. Depuis plusieurs années, j'avais le désir d'aller à Rome. Le grand nombre de portraits que je m'étais engagée à faire m'avait seul empêché jusqu'alors d'exécuter mon projet; mais, si l'instant de partir devait jamais arriver pour moi, certes, il était venu, je ne pouvais plus peindre : mon imagination attristée, flétrie par tant d'horreurs, cessait de s'exercer sur mon art; d'ailleurs, des libelles affreux pleuvaient sur mes amis, sur mes connaissances, sur moi-même, hélas! et quoique, grâce au Ciel, je n'eusse jamais fait de mal à personne, je pensais un peu comme celui qui disait : « On m'accuse d'avoir pris les tours de Notre-Dame; elles sont encore en place; mais je m'en vais, car il est clair que l'on m'en veut. »

Je laissai plusieurs portraits commencés, entre autres celui de Mlle Contat; je refusai aussi dans ce moment de peindre Mlle de Laborde (depuis duchesse de Noailles), que son père m'amena : elle avait à peine seize ans et elle était charmante; mais il ne s'agissait plus de succès, de fortune; il s'agissait seulement de sauver sa tête. En conséquence, je fis charger ma voiture, et j'avais mon passeport pour partir le lendemain avec ma fille et sa gouvernante, lorsque je vis entrer dans mon salon une foule énorme de gardes nationaux avec leurs fusils. La plupart d'entre eux étaient ivres, mal vêtus, et portaient des figures effroyables. Quelques-uns s'approchèrent de moi, et me dirent dans les termes les plus grossiers que je ne partirais point, qu'il fallait rester. Je répondis que, chacun étant appelé alors à jouir de sa liberté, je voulais en profiter pour mon compte. A peine m'écoutaient-ils, répétant toujours : « Vous ne partirez pas, citoyenne, vous ne partirez pas. » Enfin ils s'en allèrent. Je restais plongée dans une anxiété cruelle, quand j'en vis rentrer deux, qui ne m'effrayèrent pas, quoiqu'ils fussent de la bande, tant je reconnus vite qu'ils ne me voulaient point de mal. « Madame, me dit l'un, nous sommes vos voisins; nous venons vous donner le conseil de partir, et de partir le plus tôt possible. Vous ne pourriez pas vivre ici, vous êtes si changée que nous en sommes chagrins. Mais n'allez pas dans votre voiture; partez par la diligence, c'est bien plus sûr. »

Je les remerciai de tout mon cœur, et je suivis leurs bons avis. J'envoyai donc retenir trois places, voulant toujours emmener ma fille, qui avait alors cinq ou six ans; mais je ne pus les avoir que quinze jours plus tard, toutes les personnes qui émigraient partant comme moi par la diligence.

J'étais alors tellement changée, que, la veille de mon départ, étant allée chez ma mère, pour lui faire mes adieux, elle ne me reconnut qu'à mon son de voix, et il n'y avait pas trois semaines que nous nous étions vues.

Enfin ce jour si attendu fut le 5 octobre; le roi et la reine furent amenés de Versailles à Paris au milieu des piques! Mon frère fut témoin de l'arrivée de Leurs Majestés à l'Hôtel de Ville; il entendit le discours de M. Bailly, et comme il savait que je devais partir dans la nuit, il revint chez moi vers dix heures du soir. « Jamais, me dit-il, la Reine n'a été plus reine qu'aujourd'hui, lorsqu'elle est entrée d'un air si calme et si noble au milieu de ces énergumènes. » Puis il me rapporta cette belle réponse qu'elle avait faite à M. Bailly : « J'ai tout vu, tout su, et j'ai tout oublié. »

Les événements de cette journée m'accablèrent d'inquiétude sur le sort de Leurs Majestés et sur celui des honnêtes gens, en sorte qu'à minuit, on me traîna à la diligence dans un état qui ne peut se décrire. Je redoutais extrêmement le faubourg Saint-Antoine, que j'allais traverser pour gagner la barrière du Trône. Mon frère, le bon Robert, et mon mari m'accompagnèrent jusqu'à cette barrière, sans quitter un instant la portière de la diligence. Ce faubourg, dont nous avions une si grande peur, était d'une tranquillité parfaite; tous ses habitants, ouvriers et autres, avaient été à Versailles chercher la famille royale, et la fatigue du voyage les tenait tous endormis.

J'avais en face de moi, dans la diligence, un homme extrêmement sale, qui me dit fort simplement avoir volé des montres et plusieurs effets. Heureusement il ne vit rien sur moi qui pût le tenter; car je n'emportais que très peu de linge et quatre-vingts louis pour mon voyage. J'avais laissé à Paris mes effets, mes bijoux, et le fruit de mon travail était resté dans les mains de mon mari.

Le voleur ne se contentait pas de nous raconter ses hauts faits, il parlait sans cesse de mettre à la lanterne telles ou telles gens, nommant ainsi une foule de personnes de ma connaissance. Ma fille trouvait cet homme bien méchant; il lui faisait peur, ce qui me donna le courage de dire : « Je vous en prie, Monsieur, ne parlez pas de meurtres devant cette enfant. »

Il se tut, et finit par jouer à la bataille avec ma fille. Il se trouvait en outre, sur la banquette où j'étais assise, un forcené jacobin de Grenoble, âgé de cinquante ans environ, laid, au teint bilieux, qui, chaque fois que nous descendions dans une auberge pour dîner ou pour souper, se mettait à pérorer dans son sens de la plus terrible façon. Dans toutes les villes, une foule de gens arrêtaient la diligence pour apprendre des nouvelles de Paris. Notre jacobin s'écriait alors : « Soyez tranquilles, mes enfants; nous tenons à Paris le boulanger et la boulangère. On leur fera une constitution; ils seront forcés de l'accepter, et tout sera fini. » Les gobe-mouches, dont on montait ainsi les têtes, croyaient cet homme comme un oracle. Tout cela me faisait cheminer bien tristement. Je ne craignais plus pour moi-même; mais je craignais pour tout le monde, pour ma mère, pour mon frère, pour mes amis. Je tremblais aussi sur le sort de Leurs Majestés; car tout le long de la route, presque jusqu'à Lyon, des hommes à cheval s'approchaient de la diligence, pour nous dire que le roi et la reine étaient massacrés, que Paris était en feu. Ma pauvre petite fille devenait toute tremblante; elle croyait voir son père tué et notre maison brûlée, et quand mes efforts parvenaient à la rassurer, arrivait bientôt un autre homme à cheval qui nous répétait les mêmes horreurs.

Enfin, j'entrai dans Lyon; je me fis conduire chez M. Artaut, négociant, que j'avais quelquefois reçu chez moi, à Paris, ainsi que sa femme. Je les connaissais peu tous deux; mais ils m'avaient inspiré de la confiance, parce que nos opinions étaient entièrement les mêmes sur tout ce qui se passait alors. Mon premier soin fut de leur demander s'il était vrai que

le roi et la reine eussent été massacrés, et, grâce au Ciel, pour cette fois on me rassura!

M. et Mme Artaut eurent d'abord quelque peine à me reconnaître, non seulement parce que j'étais changée à un point inimaginable, mais aussi parce que je portais le costume d'une ouvrière mal habillée, avec un gros fichu me tombant sur les yeux. J'avais eu lieu, sur ma route, de m'applaudir d'avoir pris cette précaution : je venais d'exposer au salon le portrait qui me représente avec ma fille dans mes bras. Le jacobin de Grenoble parla de l'exposition, et fit même l'éloge de ce portrait. Je tremblais qu'il ne me reconnût; j'employai toute mon adresse à lui cacher mon visage : grâce à ce soin et à mon costume, j'en fus quitte pour la peur.

Je passai trois jours à Lyon dans la famille Artaut. J'avais grand besoin de ce repos; mais, à l'exception de mes hôtes, je ne vis personne de la ville, désirant conserver le plus strict incognito. M. Artaut arrêta pour moi un voiturier. Il me recommanda fortement à ce brave homme, qui eut en effet pour moi et pour ma fille les soins les plus bienveillants.

Je ne puis dire ce que j'éprouvai en passant sur le pont de Beauvoisin. Là seulement je commençai à respirer, j'étais hors de France, de cette France qui pourtant était ma patrie, et que je me reprochais de quitter avec joie. L'aspect des monts parvint à me distraire de toutes mes tristes pensées, je n'avais jamais vu de hautes montagnes; celles de la Savoie me parurent toucher au ciel avec lequel un épais brouillard les confondait. Mon premier sentiment fut celui de la peur, mais je m'accoutumai insensiblement à ce spectacle, et je finis par l'admirer.

Le paysage du chemin des Echelles me ravit; je crus voir la *Galerie des Titans,* et depuis je l'ai toujours appelé ainsi. Voulant jouir plus complètement de toutes ces beautés, je descendis de voiture; mais à peu près à la moitié du chemin, je fus saisie d'une grande terreur; car on exploitait au moyen de la poudre une partie de rochers; il en résultait l'effet d'un millier de coups de canon, et ce bruit, se répétant de roche en roche, était vraiment infernal.

Je montai le mont Cenis, comme plusieurs étrangers le montaient aussi; un postillon s'approcha de moi : « Madame devrait prendre un mulet, me dit-il, car monter à pied, c'est trop fatigant pour une dame comme elle. » Je lui répondis qu'une ouvrière était bien accoutumée à marcher. « Ah! reprit-il en riant, Madame n'est pas une ouvrière, on sait qui elle est. — Eh bien, qui suis-je donc? demandai-je. — Vous êtes madame Lebrun, qui peint dans la perfection, et nous sommes tous très contents de vous savoir loin des méchants. » Je n'ai jamais pu deviner comment cet homme avait pu savoir mon nom; mais cela m'a prouvé combien les jacobins avaient d'émissaires. Heureusement je ne les craignais plus; j'étais hors de leur exécrable puissance. A défaut de patrie, j'allais habiter des lieux où fleurissaient les arts, où régnait l'urbanité; j'allais visiter Rome, Naples, Berlin, Vienne, Pétersbourg.

Après avoir traversé Chambéry, j'arrivai à Turin extrêmement fatiguée de corps et d'esprit, car une pluie battante m'avait empêchée, pendant toute la nuit, de descendre pour marcher un peu, et je ne connais rien de plus ennuyeux que les voiturins qui cheminent constamment au pas. Enfin, mon conducteur me déposa dans une très mauvaise auberge. Il était neuf heures du soir; nous mourions de faim; mais comme il ne se trouvait rien à manger dans la maison, ma fille, sa gouvernante et moi, nous fûmes obligées de nous coucher sans souper.

Le lendemain, de très bonne heure, je fis prévenir de mon arrivée le célèbre Porporati, dont on connaît les belles gravures. Le burin éminemment classique de Porporati, comme celui de M. Desnoyers, sera toujours apprécié par les vrais connaisseurs. Porporati, que j'avais beaucoup vu pendant son séjour à Paris, était alors professeur à Turin; il vint aussitôt me faire une visite. Me trouvant si mal dans mon auberge, il me pria avec instance d'aller loger chez lui, ce que je n'osai d'abord accepter; mais il insista sur cette offre avec une vivacité si franche, que je n'hésitai plus, et, faisant porter mes paquets à son domicile, je le suivis aussitôt avec mon enfant. Je fus reçue par sa fille, âgée de dix-huit ans, qui logeait avec lui, et qui se joignit à son père pour nous donner tous les soins imaginables pendant les cinq ou six jours que nous passâmes dans leur maison.

Pressée de continuer ma route vers Rome, je ne voulus voir personne à Turin. Je me contentai de visiter la ville et de faire quelques excursions dans les sites remarquables qui l'environnent. La ville est fort belle; toutes les rues sont parfaitement alignées et les maisons bâties régulièrement. Elle est dominée par une montagne appelée la Superga, lieu de sépulture, destiné aux rois de Sardaigne....

Arrivée à Rome, il fallut chercher un logement. C'était chose assez difficile, attendu l'extrême besoin que j'ai de sommeil, et le calme environnant m'étant absolument nécessaire pour dormir. J'allai d'abord occuper un logement sur la place d'Espagne, chez Denis, le peintre de paysage; mais, toutes les nuits, les voitures ne cessaient d'aller et de venir sur cette place, où logeait l'ambassadeur espagnol. Enfin une foule de gens des diverses classes du peuple s'y réunissaient, quand j'étais au lit, pour chanter en chœur. Ce concert habituel, qui m'aurait enchantée le jour, me désolait la nuit. Il m'était impossible de reposer avant cinq heures du matin. Je quittai donc la place d'Espagne.

J'allai louer près de là, dans une rue fort tranquille, une petite maison qui me convenait parfaitement, où j'avais une charmante chambre à coucher, toute tendue en vert, avantage dont je me félicitai beaucoup. J'avais visité toute la maison depuis le haut jusqu'en bas; j'avais même examiné les cours des maisons voisines sans rien apercevoir qui pût m'inquiéter. Je pensai donc ne pouvoir entendre d'autre bruit que le bruit bien léger d'une petite fontaine placée dans la cour, et, dans mon enchantement, je m'empressai de payer le premier mois d'avance, dix ou douze louis, je crois. Bien joyeuse, je me couche dans une quiétude parfaite; à deux heures du matin, voilà que j'entends un bruit infernal précisément derrière ma tête; ce bruit était si violent, que la gouvernante de ma fille, qui couchait deux chambres plus loin que la mienne, en avait été réveillée. Dès que je suis levée, je fais venir mon hôtesse pour lui demander la cause de cet horrible vacarme; j'apprends que c'est le bruit d'une pompe attachée à la muraille près de mon lit : les blanchisseuses, ne pouvant blanchir le linge pendant le jour, à cause de l'extrême chaleur, ne venaient à cette pompe que la nuit. On imagine si je m'empressai de quitter cette charmante petite maison.

Après avoir beaucoup cherché inutilement pour m'établir à ma fantaisie, on m'indiqua un petit palais dans lequel je pouvais louer un appartement; n'ayant encore rien trouvé qui pût me convenir, je pris le parti de m'y installer. J'avais là bien plus d'espace qu'il n'en fallait pour me loger commodément; mais toutes ces pièces étaient d'une saleté dégoûtante. Enfin, après en avoir fait nettoyer quelques-unes, je vais m'y établir. Dès la première nuit je pus juger des agréments de cette habitation. Un froid, une humidité effroyables, m'auraient permis de dormir, qu'une troupe de rats énormes, qui couraient dans ma chambre, qui rongeaient les boiseries et mes couleurs, m'en auraient empêchée. Quand je demandai le lendemain au gardien comment il se faisait que ce petit palais fût si froid et que les rats y eussent établi leur domicile, il me répondit que depuis neuf ans on n'avait pu trouver à le louer : ce que je n'eus point de peine à croire. Malgré tous ces inconvénients, cependant, je me vis forcée d'y rester six semaines.

Enfin, je trouvai une maison qui paraissait être entièrement à ma convenance. Je ne la louai néanmoins que sous la condition de l'essayer pendant une nuit, et à peine m'étais-je mise au lit, que j'entendis sur ma tête un bruit tout à fait insurmontable; c'était une quantité innombrable de vers qui grugeaient les solives. Dès que j'eus fait ouvrir les volets, le bruit cessa; mais il ne me fallut pas moins abandonner cette maison à mon grand regret, car je ne crois pas qu'il soit possible de déménager plus souvent que je ne l'ai fait pendant mes différents séjours dans la ville du Capitole.

La satisfaction d'habiter Rome pouvait seule me consoler un peu du chagrin d'avoir quitté mon pays, ma famille, et tant d'amis que je chérissais. L'intérêt qu'inspirent les beaux lieux est si vif pour tout le monde et si profitable à un artiste, qu'il suffit pour répandre quelque douceur sur la vie. Combien de fois, voulant me distraire de pensées trop pénibles, j'ai été au soleil couchant revoir ce Colisée, dont l'imagination ne saurait agrandir l'espace! Il est impossible, quand on est là, de songer à autre chose qu'à ces effets si beaux, si divers! Les arcades, éclairées d'un ton jaune rougeâtre, se détachent sur ce ciel d'outremer que l'on ne voit nulle part aussi foncé qu'en Italie. L'intérieur ruiné de ce grand théâtre, qui est maintenant rempli de verdure, d'arbustes en fleur, et de lierre qui court çà et là, ne doit encore sa conservation actuelle qu'à une douzaine de petites chapelles portant une croix, placées symétriquement au milieu de l'enceinte. C'est là que des confréries viennent faire des stations, et d'autres entendre prêcher un capucin. Ainsi, ce qui fut jadis l'arène des gladiateurs et des bêtes féroces, est devenu un lieu consacré à notre culte. Quelles réflexions ne font point naître de semblables métamorphoses! Mais, dans Rome, peut-on faire un pas sans rêver à l'instabilité des choses humaines, soit que l'on foule aux pieds ces marbres, ces débris de colonnes, ces fragments de bas-reliefs qui faisaient l'ornement des temples, des palais, et qui, malgré leur vétusté, conservent encore le style et le *faire* délicat des Grecs; soit qu'on entre dans les églises et qu'on y trouve ces marbres précieux, qui peut-être ont servi à Périclès ou à Laïs, transformés en tabernacles? Le maître-autel de Sainte-Marie-Majeure est une urne antique de porphyre; les colonnes de la plupart des églises sont celles des anciens temples. Tout offre un mélange de sacré et de profane; et ces superbes restes d'un temps qui n'est plus ajoutent prodigieusement à la magnificence des cérémonies religieuses, qui d'ailleurs ont conservé toute la pompe de l'ancienne Rome.

Mon travail ne me privait point du plaisir journalier de parcourir Rome et ses environs. J'allais toujours seule visiter les palais qui renfermaient des collections de tableaux et de statues afin de n'être point distraite de ma jouissance par des entretiens ou des questions souvent insipides. Tous ces palais sont ouverts aux étrangers, qui doivent beaucoup de reconnaissance aux grands seigneurs romains d'une telle obligeance.

Je me suis décidée à ne donner ici qu'un très léger aperçu de ces magnifiques habitations et des beautés qu'elles renferment, d'abord parce qu'il existe une multitude d'ouvrages qui les décrivent en détail, ensuite parce que tant d'années se sont écoulées depuis mon voyage à Rome, que beaucoup de chefs-d'œuvre ont changé de place. J'apprends sans cesse aujourd'hui, par des gens arrivant d'Italie, que telle statue ou tel tableau n'est plus où je l'avais vu, et je ne veux point induire en erreur les amis des arts.

Si l'on s'en croyait, on passerait sa vie à Rome dans les palais, les églises et les ruines. Les églises renferment des trésors en peinture, en mausolées admirables. En ce genre, les richesses qui ornent Saint-Pierre sont assez connues; pourtant je veux dire un mot du mausolée de Ganganelli par Canova, qui est une bien belle chose. C'est à Saint-Pierre-aux-Liens que se trouve celui de Jules II par Michel-Ange. A Saint-Laurent hors des murs, on voit des tombeaux antiques : l'un d'eux représente un mariage, et l'autre une vendange. L'église de Saint-Jean de Latran, qui est ornée de colonnes, renferme aussi plusieurs tombeaux du même genre, dont l'un est en porphyre et d'une immense dimension; le cloître, qui joint la sacristie, est rempli d'inscriptions antiques écrites en diverses langues.

On ne peut avoir une idée de l'effet imposant et grandiose que produit la religion catholique, quand on n'a point vu Rome pendant le carême. La Semaine Sainte commence au dimanche des Rameaux, et se passe en cérémonies religieuses dont la pompe est vraiment admirable.

Le mercredi, je me portai avec la foule à la chapelle de Monte-Cavalo où se chante le *Stabat Mater* de Pergolèze, musique qu'on peut appeler céleste.

Le jeudi j'assistai à la messe qui se dit à Saint-Pierre avec la plus grande magnificence. Les cardinaux, revêtus de riches chasubles et tenant un cierge à la main, se rendent dans la chapelle Pauline, qui est éclairée par mille cierges. Un grand nombre de soldats, qui portent des cuirasses et des casques de fer, suivent le cortège. Le coup d'œil de cette procession est superbe.

Le matin du vendredi saint, j'allai, à la chapelle Sixtine, entendre le fameux *Miserere* d'Allegri, chanté par des soprani sans aucun instrument. C'était vraiment la musique des anges. Le soir, je me rendis à Saint-Pierre, les cent lampes de l'autel étaient éteintes. L'église ne se trouve plus éclairée que par une croix illuminée et prodigieusement brillante. Cette croix a pour le moins vingt pieds de hauteur, et paraît être suspendue d'une manière magique.

Le jour de Pâques, j'eus soin de me trouver sur la place de Saint-Pierre, pour voir le Pape donner la bénédiction. Rien n'est plus solennel. Cette place immense est couverte dès le grand matin par des groupes de paysans et d'habitants de la ville voisine, tous en costumes différents, de couleurs fortes et variées; on y rencontre un grand nombre de pèlerins. Et pas un de ces groupes ne se divise. Les galeries de chaque côté de l'église étaient remplies de Romains et d'étrangers, puis, en avant, se trouvaient placées les troupes du Pape et les troupes suisses, enseignes et drapeaux déployés. Le plus religieux silence régnait partout. Ce peuple était aussi immobile que le superbe obélisque de granit oriental qui orne la place; on n'entendait que le bruit de l'eau qui tombait des deux belles fontaines, et qui se perdait doucement dans l'immensité de la place.

A dix heures le Pape arriva, tout habillé de blanc, et la tiare sur la tête. Il se plaça dans la tribune du milieu en dehors de l'église, sur un magnifique trône cramoisi très élevé. Tous les cardinaux, vêtus de leur beau costume, l'entouraient. Il faut dire que le pape Pie VI était superbe. Son visage coloré n'offrait aucune trace des fatigues de l'âge. Ses mains étaient très blanches et potelées. Il s'agenouilla pour lire sa prière; après quoi, se levant, il donna trois bénédictions en prononçant ces mots : *Urbi et orbi* (à la ville et au monde). Alors, comme frappés par un coup d'électricité, le peuple, les étrangers, les troupes, tout le monde se prosterna, tandis que le canon retentissait de toutes parts; ce qui ajoute encore à la majesté de cette scène, dont il est, je crois, impossible de ne pas se sentir attendri.

Le soir, le dôme de Saint-Pierre est illuminé, d'abord en verres de couleurs, puis subitement en lumières blanches du plus grand éclat. On ne peut concevoir comment ce changement s'opère avec tant de rapidité; mais c'est un spectacle aussi beau qu'extraordinaire. Le soir aussi, on tire un très beau feu d'artifice au-dessus du château Saint-Ange. Des milliers de bombes et de ballons enflammés sont lancés dans l'air; la girandole qui termine est ce qu'on peut voir de plus magnifique en ce genre, et l'image de ce beau feu d'artifice, qui se répète dans le Tibre, en double l'effet.

A Rome, où tout est resté grandiose, on n'illumine point avec de misérables lampions. On place devant chaque palais d'énormes candélabres d'où sortent de grands feux dont les flammes s'élèvent et rendent, pour ainsi dire, le jour à toute la ville. Ce luxe de lumière frappe d'autant plus un étranger, que les rues de Rome ne sont habituellement éclairées que par les lampes qui brûlent devant les madones.

La foule des étrangers est attirée à Rome bien plus pour la Semaine Sainte que pour le carnaval, qui ne m'a pas semblé fort remarquable. Les masques s'établissent sur des gradins, déguisés en arlequins, en polichinelles, etc., ainsi que nous les voyons à Paris sur les boulevards, si ce n'est qu'à Rome ils ne bougent point.

Il me fallut attendre le beau temps pour visiter les environs de Rome. M. Ménageot, directeur de l'Académie de France alors, me mena à Tivoli avec ma fille et Denis, le peintre; ce fut une charmante partie. Nous allâmes d'abord voir les cascatelles, dont je fus si enchantée que ces messieurs ne pouvaient m'en arracher. Je les crayonnai aussitôt avec du pastel, désirant colorer l'arc-en-ciel qui ornait ces belles chutes d'eau. La montagne qui s'élève à gauche, couverte d'oliviers, complète le charme du point de vue.

Quand nous eûmes enfin quitté les cascades, Ménageot nous fit monter par un mauvais petit sentier à pic jusqu'au temple de la Sibylle, où nous dînâmes de bon appétit; puis, après, j'allai vers le temple. De là, j'entendais le bruit des cascades, qui me berçait délicieusement; car ce bruit-là n'a rien d'aigre comme tant d'autres que je déteste. Sans parler du terrible bruit du tonnerre, il y en a d'insupportables, pour moi, dont je pourrais retracer la forme, d'après l'impression que j'en reçois : je connais des bruits ronds, des bruits pointus; mais il en est qui m'ont toujours été agréables : celui des vagues de la mer, par exemple, est moelleux et porte à une douce rêverie; enfin je serais capable, je crois, d'écrire un traité sur les *bruits* tant j'y ai, toute ma vie, attaché d'importance.

Mais je reviens à Tivoli. Nous couchâmes à l'auberge, et de grand matin nous retournâmes aux cascatelles, où je finis mon esquisse. Ensuite nous allâmes voir la grotte de Neptune, du haut de laquelle tombe une énorme quantité d'eau, qui, après avoir bouillonné en cascades sur de grosses pierres noires, va former une large nappe blanche et limpide. De là, nous entrâmes dans ce qu'on appelle l'antre de Neptune, qui n'est autre chose qu'un amas de rochers couverts de mousse, sur lesquels tombent des cascades qui rendent cette caverne très pittoresque. Près de cet antre, nous trouvâmes une nouvelle cascade que l'on aperçoit sous l'arche d'un pont : je la dessinai aussi; car tous les artistes ont dû sentir comme moi qu'il est impossible de marcher autour de Rome sans éprouver le besoin de se servir de ses crayons; je n'ai jamais pu faire un petit voyage, pas même une promenade, sans rapporter quelques croquis. Toute place m'était bonne pour me poser, tout papier me convenait pour faire mon dessin. Je me souviens, par exemple, que, pendant mon séjour à Rome, je reçus une lettre de M. de Laborde, qui renfermait une lettre de change de dix-huit mille francs sur son banquier à Rome, en paiement de deux tableaux que je lui avais vendus avant de quitter la France. N'ayant point alors besoin d'argent, je remis à me faire payer plus tard de cette somme (en quoi l'on va voir que j'eus fort grand tort) : me trouvant un soir sur la terrasse de la Trinité-du-Mont, je suis frappée de la beauté du soleil couchant; et comme je n'avais point d'autre papier sur moi que la lettre de M. de Laborde, toute chargée d'écriture, je prends la lettre de change qu'elle contenait et je trace derrière ce coucher de soleil. Trois ans après, comme je songeais à rentrer en France, ce que je ne fis pourtant pas alors, je touchai chez un banquier de Turin dix mille francs, à compte, qui même ne m'en valurent que huit mille, tant le change sur Paris était devenu mauvais. Par suite, quand je fus de retour en France, M. Alexandre de Laborde ne voulant plus ou ne pouvant pas acquitter les huit mille francs qui restaient à payer, nous rompîmes le marché, il me rendit mes deux tableaux, et je lui remis la lettre de change avec mon coucher de soleil dessiné derrière cette lettre.

M. Ménageot, qui nous faisait les honneurs de Rome, nous conduisit à la villa Aldobrandini, dont le parc est très beau et les jets d'eau superbes. Du cazin, qui est fort élevé, on découvre une vue magnifique: d'un côté on aperçoit les anciens aqueducs qui traversent la campagne de Rome; de l'autre, la mer et la belle ligne des Apennins, et, plus bas, Tusculum. Nous allâmes visiter cette ville détruite, qui était située sur une montagne. C'est un triste spectacle que l'amas de pierres formé par ces maisons, par ces murailles renversées sans forme, çà et là, sur la terre. Il n'est resté debout que l'enceinte où Cicéron tenait son école. Le cœur se serre à la vue de ces grands désastres, qui font naître de si tristes pensées.

En quittant Tusculum, nous allâmes à Monte-Cavi. Nous trouvâmes, à droite de cette montagne, une forêt qu'il faut gravir pour aller voir les restes informes d'un temple de Jupiter. Ce temple a, dit-on, été bâti par Tarquin le Superbe.

Nous allâmes aussi visiter la villa Conti, où j'ai vu les plus beaux arbres de toutes les espèces; puis, la villa Palavicina, dont le cazin est superbe et dont les appartements sont très beaux. Nous trouvâmes à peu de distance une chapelle dans laquelle, étant entrés, nous vîmes une sainte Victoire très bien habillée et couchée sur une châsse. Enfin nous terminâmes cette tournée par une course à la villa Bracciano, que je trouvai très belle.

Le souvenir qui me reste de toutes ces superbes villas est loin de m'intéresser autant que celui de cette grande ruine qu'on appelle la villa Adriana. Malgré les énormes débris qui couvrent le terrain sur lequel était bâti ce vaste palais antique, on peut encore juger de sa beauté. Il avait trois milles de longueur; ses murs seuls attestent son ancienne magnificence, et l'on prend une idée des merveilles qu'on a pu en tirer, en voyant cette quantité de statues antiques qui ornent aujourd'hui la villa d'Est, le Capitole et plusieurs palais de Rome.

Nous allâmes visiter cette ville détruite.... (Page 166.)

On reconnaît dans ces ruines fameuses l'excellente distribution des appartements, qui sont extrêmement vastes. Les décorations extérieures et intérieures feront toujours l'admiration des architectes, autant par leur style que par leur exécution. Nous sommes bien loin, hélas! de cette élégance et de ce grandiose.

J'avais peine à quitter ce lieu de splendeur et de destruction. Ah! combien ce qui reste fait rêver! Combien le temps fait petites nos plus grandes choses! Depuis que le monde existe, les merveilles du ciel sont les seules qui n'aient point changé. Ayons donc de l'orgueil, quand chaque pas que l'on fait dans les environs de Rome nous révèle l'instabilité des choses humaines; car on peut dire que là on foule aux pieds les chefs-d'œuvre. Je me rappelle qu'un jour, me promenant fort près de la ville avec la duchesse de Fleury, nous entrâmes dans une villa dont le jardin était presque en friche et qui nous paraissait désert. En entrant dans une allée où l'herbe poussait, nous aperçûmes de loin plusieurs débris de vases et de statues mutilées. Ayant poussé plus loin, nous trouvâmes quelques ouvriers qui démolissaient une petite maison dans laquelle ils avaient déjà trouvé ces restes d'antiquités, qu'ils brisaient en les jetant çà et là sans aucune précaution; Mme de Fleury et moi, furieuses contre le propriétaire qui n'avait pas songé à faire surveiller ses ouvriers, nous étions décidées à l'aller trouver pour arrêter ce massacre; mais on nous dit que la personne à qui appartenait le jardin était en voyage, et il nous fut impossible de savoir à qui nous pouvions nous adresser pour obtenir que l'on fît avec plus d'intelligence des fouilles aussi intéressantes.

Un lieu que j'avais pris en grande affection, c'était la hauteur du Monte-Mario, sur laquelle est située la villa Mellini. On m'a dit qu'en creusant le chemin qui y conduit, on avait trouvé des coquilles d'huîtres et une roue semblable à celles que l'on fait aujourd'hui. On voit encore sur ces chemins d'énormes troncs d'arbres coupés; ces arbres ont été ceux de la forêt sacrée qui conduisait au temple antique, à la place même où se trouve maintenant le cazin, qui est abandonné. Arrivée sur les côtes du mont, j'aperçus la belle ligne des Apennins; cette vue est si magnifique, l'air est si bon, je me trouvais si bien là, qu'après y être venue d'abord avec M. Ménageot, j'y retournai plusieurs fois toute seule; et, pour que je pusse y rester plus longtemps, mon domestique, qui me suivait, portait mon dîner dans un panier. Je ne puis dire la jouissance que j'éprouvais à contempler ces lignes des Apennins jusqu'à l'heure où le soleil couchant les colorait des tons de l'arc-en-ciel! Cette voûte céleste d'un bleu d'azur, cet air si pur, cette complète solitude, tout m'élevait l'âme; j'adressais au Ciel une prière pour la

France, pour mes amis, et Dieu sait quel mépris j'éprouvais alors pour les petitesses du monde; car, ainsi que l'a dit le poète Lebrun :

L'âme prend la hauteur des cieux qui l'environnent.

M. Ménageot m'avait recommandé de ne jamais aller seule dans les chemins escarpés et solitaires, en sorte que mon domestique me suivait toujours; mais je voulais que ce fût de loin, d'autant plus qu'il avait des souliers qui faisaient un bruit insupportable. Pour cette raison, je lui dis un jour : « Germain, éloignez-vous, je vous prie; vous m'empêchez de penser. » En sorte que, si j'allais me promener, le pauvre homme, qui n'avait rien de mieux à faire, s'amusait à guetter toutes les personnes qui voulaient s'approcher de moi, et les accostait pour leur dire : « N'allez pas près de Madame, cela l'empêche de penser, » ce que plusieurs personnes de mes connaissances me répétaient le soir.

Lorsque les chaleurs devinrent insupportables à Rome, je fis quelques excursions aux environs, désirant trouver une maison dans laquelle je pusse me loger avec la duchesse de Fleury. J'allai d'abord à la Riccia, j'y fis une charmante promenade dans les bois, qui sont superbes et fort pittoresques. On y trouve une quantité de beaux arbres très anciens et une jolie fontaine. Après avoir couru quelque temps, nous louâmes à Genesano une maison qui était justement ce qu'il nous fallait.

Dès que nous fûmes établies, nos courses dans les environs commencèrent. Nous avions loué trois ânes; car ma fille voulait toujours être de nos parties : nous allâmes d'abord au lac d'Albano; il est très spacieux, et l'on parcourt avec délices les hauteurs qui l'avoisinent. Cette promenade s'appelle la Galerie d'Albano. Nous lui préférâmes bientôt néanmoins les bords du charmant lac de Némi, à gauche duquel on voit un temple de Diane, dont le soubassement est recouvert par les eaux. Ce lac a quatre milles de circuit, il est comme encaissé dans un fond qu'entoure une si riche végétation, que les sentiers sont bordés de mille fleurs odorantes. Sur la hauteur se montre la ville de Némi qui est surmontée d'une tour et d'un aqueduc. Nous vîmes un jour une procession sortir des rues de la ville, et parcourir le chemin qui tourne la montagne; je n'ai pas de souvenir plus pittoresque que celui-là. Une autre fois, nous entrâmes dans un cimetière où des têtes de morts étaient rangées avec ordre; Mme de Fleury ne pouvait quitter ces têtes; quant à moi, je ne les regardai pas volontiers.

Les arbres qui entourent le lac de Némi sont énormes; il y en a de si vieux, que leur tronc, que leurs branches, sont desséchés et blanchis par le temps. Nous fîmes un soir la partie de venir les contempler au clair de lune, et ma fille voulut nous accompagner. On ne peut rien voir de plus charmant que l'effet produit par ces arbres, portant des ombres sur les eaux du lac. Nous restâmes longtemps en admiration; mais plus loin, comme nous suivions un sentier, ces mêmes arbres, ayant été agités par le vent, prirent tout à fait l'aspect de grands spectres qui nous menaçaient; ma pauvre enfant se mourait de peur; elle me disait toute tremblante : « Ils sont vivants, maman, je t'assure qu'ils sont vivants. »

En certaines circonstances, il faut l'avouer, ma compagne et moi n'étions pas beaucoup plus braves que ma fille, témoin l'aventure suivante : étant allées un jour nous promener toutes deux dans les bois de la Riccia, nous prîmes, pour gagner un grand vallon situé près de là, un chemin dans lequel on voit à droite et à gauche plusieurs tombeaux anciens garnis de lierre. Ce chemin est fort isolé. Tout à coup nous apercevons venir derrière nous un homme qui nous semble avoir tout l'air d'un brigand. Nous pressons le pas, cet homme nous poursuit; dans la terreur que nous éprouvons, voulant faire croire que nos domestiques ne sont pas éloignés, la duchesse appelle Francisco, moi, Germain; mais l'ennemi approchait toujours, et, trop sûres que ceux que nous appelions ne viendraient pas, nous nous mîmes à gravir la montagne en courant de toutes nos forces, pour regagner le grand chemin qui se trouve sur la hauteur. Je n'ai jamais su si celui qui nous forçait à nous essouffler de la sorte était un brigand ou le plus honnête homme du monde.

Après huit mois de séjour à Rome, nous nous rendîmes à Naples. Je ne puis exprimer l'impression que j'éprouvai en entrant dans la ville. Ce soleil si brillant, l'étendue de cette mer, ces îles que l'on aperçoit dans le lointain, ce Vésuve d'où s'élevait une forte colonne de fumée, et jusqu'à cette population si animée, si bruyante, qui diffère tellement de celle de Rome qu'on penserait qu'il existe entre elles mille lieues de distance; tout me ravit.... Mais mon spectacle favori, ce fut le Vésuve. Pour un peu je me ferais Vésuvienne, tant j'aime ce superbe volcan; je crois qu'il m'aime aussi, car il m'a fêtée et reçue de la manière la plus grandiose. Que deviennent les plus beaux feux d'artifices, sans en excepter la grande girande du château Saint-Ange, quand on songe au Vésuve?

La première fois que j'y suis montée, nous fûmes pris, mes compagnons et moi, par un orage affreux, par une pluie qui ressemblait au déluge. Nous étions trempés, mais nous n'en cheminions pas moins vers une hauteur pour voir une des grandes laves qui coulaient à nos pieds. Je croyais toucher aux avenues de l'enfer. Un brasier, qui me suffoquait, serpentait sous mes yeux; il avait trois milles de circonférence. Le mauvais temps nous empêchant d'aller plus loin ce jour-là, et la fumée, ainsi que la pluie de cendres qui nous couvrait, rendant le sommet du mont invisible, nous montâmes sur nos mulets et nous descendîmes dans les laves noires. Deux tonnerres, celui du ciel et celui du mont, se mêlaient continuellement; le bruit était infernal, d'autant plus qu'il se répétait dans les cavités des montagnes environnantes. Comme nous étions précisément sous la nuée, je tremblais, et toute notre cavalcade tremblait comme moi, que le mouvement de notre marche n'attirât sur nous la foudre.

J'arrivai chez moi dans un état qui faisait pitié : ma robe n'était que cendre détrempée; j'étais morte de fatigue; je me séchai et me couchai fort heureusement.

Bien loin d'être dégoûtée par ce début, quelques jours après je suis retournée à mon cher Vésuve. Cette fois ma petite Brunette (1) était de la partie; je voulais qu'elle vît ce grand spectacle. M. de la Chenaye et deux autres personnes en étaient aussi. Il faisait le plus beau temps du monde. Avant la nuit nous étions sur la montagne pour voir les anciennes laves et le coucher du soleil dans la mer. Le volcan était alors plus furieux que jamais, et comme, pendant le jour, on ne distingue point de feu, nous ne vîmes sortir du cratère, avec des nuées de cendres et de laves, qu'une énorme fumée blanchâtre, argentée, que le soleil éclairait d'une manière admirable. J'ai peint cet effet, car il est superbe.

Nous montâmes chez l'ermite. Le soleil se couchait, et je vis ses rayons se perdre sous le cap Misène, Ischia et Procida; quelle vue! Enfin la nuit vint, et la fumée se transforma en flammes, les plus belles que j'aie jamais vues de ma vie. Des gerbes de feu s'élançaient du cratère, et se succédaient rapidement, jetant de tous côtés des pierres embrasées qui tombaient avec fracas. En même temps descendait du sommet une cascade de feu qui parcourait l'espace de quatre à cinq milles. Une autre bouche du cratère placée plus bas était aussi enflammée; celle-ci produisait une fumée rouge et dorée, qui complétait le spectacle d'une manière effrayante et sublime. La foudre qui partait du centre de la montagne faisait retentir tous les environs, au point que la terre tremblait sous nos pas. J'étais bien un peu effrayée; mais je n'en témoignai rien à cause de ma pauvre petite qui me disait en pleurant : « Maman, faut-il avoir peur? » D'ailleurs, j'avais tant à

(1) Madame Vigée-Lebrun appelait habituellement ainsi sa fille.

admirer que ce besoin l'emporta sur mon effroi. Imaginez-vous que nous planions alors sur une immensité de brasiers, sur des champs entiers que ces laves, dans leur course, mettaient en feu. Je voyais ces terribles laves brûler les arbrisseaux, les arbres, les vignes; je voyais la flamme s'allumer et s'éteindre, et j'entendais le bruit des broussailles voisines qu'elles consumaient.

Cette grande scène de destruction a quelque chose de pénible et d'imposant, qui remue fortement l'âme ; je ne pouvais plus parler en revenant à Naples; dans le chemin je ne cessais de me retourner pour voir encore ces gerbes et cette rivière de feu.

Depuis lors je suis retournée plusieurs fois sur le Vésuve, un jour entre autres avec M. Lethière, très habile peintre d'histoire, qui était grand amateur du volcan. Je me souviens que ce jour était celui de la Chandeleur. Nous partîmes vers trois heures, avec deux amis de M. Lethière. Il faisait beau ; mais lorsque nous fûmes arrivés sur la montagne, il s'éleva un brouillard si épais qu'il ressemblait à une énorme fumée. Tout disparut à nos yeux ; nos compagnons, quoiqu'ils fussent très près de nous, étaient devenus invisibles; en un mot, c'était le néant. Ma fille mourait de peur et moi aussi. Pour comble de malheur, l'humidité était extrême, et nous fûmes obligés de rester en place pendant une heure et demie. Enfin, le brouillard se dissipant peu à peu, nous découvrîmes la mer et tout ce qui l'environne jusqu'aux îles les plus lointaines; cette création fut admirable.

J'avais fait porter notre dîner chez l'ermite, près le palais de Tibère, et nous l'avions invité à le partager avec nous. Avant la fin du repas, l'ermite se leva et passa derrière un vieux rideau qui touchait presque la table. Il resta là tout un quart d'heure ; quand il revint, je lui demandai pour quel motif il nous avait quittés : « C'est, dit-il, que je viens de faire ma prière auprès de mon compagnon qui est mort cette nuit, et qui est là sous ce rideau. » A ces mots, on peut imaginer si je me levai à mon tour et si je sortis pour aller respirer le grand air.

Nous remontâmes vers le Vésuve, pour voir le coucher du soleil. Son disque brillant, d'où partaient d'immenses rayons, se réfléchissait dans la mer. Nous fûmes dans l'extase à la vue de ce superbe tableau et de tout ce qui l'encadrait. Nous revînmes à Naples, rapportant nos croquis. M. Lethière, pendant cette excursion, fit un dessin dans lequel il me représenta assise sur mon âne et descendant la montagne avec eux.

Une des plus charmantes parties que j'aie faites à Naples, c'est un petit voyage de cinq jours que le chevalier me fit entreprendre pour visiter les îles d'Ischia et de Procida. Nous partîmes à cinq heures du matin. J'étais dans une felouque avec Mme Harte et sa mère, le chevalier et quelques musiciens. Il faisait le plus beau temps du monde; la mer était calme au point de ressembler à un grand lac. A peu de distance, on voyait le coteau du mont Pausilipe, que le soleil éclairait d'une façon ravissante. Tout cela m'aurait porté à une douce rêverie, si nos rameurs n'avaient point crié à tue-tête, ce qui m'empêcha de suivre une seule idée.

A neuf heures et demie nous arrivâmes à Procida. Je vis peu d'habitations agréables, l'île étant généralement cultivée en vignes et en arbres fruitiers. A midi nous allâmes dîner chez le gouverneur; de la terrasse de son château, on découvrait le cap Misène.

Après dîner, nous remontâmes sur la felouque pour aller débarquer à Ischia vers les six heures du soir. Un des plus jolis effets que j'aie vus tout en arrivant, fut celui d'une quantité de maisons bâties çà et là sur des monts et très éclairées, ce qui présentait à l'œil comme un second firmament.

Nous trouvâmes à Ischia une société très aimable et entre autres celle du général baron Salis; le lendemain matin, à six heures, nous partîmes au nombre de vingt personnes, toutes montées sur des ânes, pour aller dîner au mont Saint-Nicolas. On ne peut se faire une idée des chemins qu'il nous fallut prendre; les sentiers étaient des ravins profonds, pleins d'énormes pierres noircies par le feu; et les hauteurs de ces ravins étant cultivées, cette terre fertile, près de cette terre désolée, offrait un contraste étrange. Nous suivîmes entre autres un chemin à pic rempli de laves grosses comme des maisons, qui ressemblait tout à fait au chemin de l'enfer. Cette superbe horreur nous conduisit dans un lieu de délices, sous des berceaux de vignes parfaitement cultivées, et près d'une très belle forêt de châtaigniers. Là, j'aperçus une seule petite habitation, que mon guide me dit être celle d'un ermite. L'ermite était absent; je m'assis sur son banc, et je découvris, par une percée de la forêt, la mer et les îles Cyrènes, que la vapeur du matin entourait d'un ton bleuâtre. Je croyais faire un rêve enchanteur; je me disais : certainement la poésie est née là! Il fallut m'arracher à ma ravissante contemplation, car il nous restait encore à faire bien du chemin.

Nous arrivâmes dans une espèce de désert, bordé de ravins si profonds, que je n'osais y plonger mes yeux, et mon maudit âne s'obstinait à marcher toujours sur le bord. Ne pouvant regarder en bas, je me mets à regarder en haut, et je vois la montagne, que nous avions à gravir, toute couverte d'affreux nuages noirs. Il fallait pourtant traverser cette nuée, au risque d'être étouffée cent fois : notez de plus que le chemin était à pic sur la mer, et qu'il ne s'y trouvait pas une seule habitation. Le cœur me bat encore quand j'y pense. Je suivis pourtant, mais non sans recommander mon âme à Dieu. Nous mîmes une heure et demie, marchant toujours, à traverser ces nuages. L'humidité était si grande, que nos vêtements étaient trempés; on ne se voyait pas à quatre pas; en sorte que je finis par perdre ma compagnie. On peut juger de l'effroi que j'éprouvais. Quand j'entendis le son d'une petite cloche, je poussai un grand cri de joie, pensant bien que c'était celle de l'ermite chez lequel nous devions dîner. C'était elle, en effet; on reconnut ma voix et l'on vint à mon secours.

Je trouvai toute ma société réunie dans l'ermitage, qui est situé sur la dernière pointe des rochers du mont Saint-Nicolas. Dans ce moment, néanmoins, le brouillard était si épais, qu'il était impossible de rien voir; mais, presque aussitôt, les nuages se divisent, le brouillard se dissipe, je me trouve sous un ciel pur; je domine ces nuées qui m'avaient tant effrayée, je les vois descendre dans la mer, et le soleil les traverser en leur donnant les couleurs de l'arc-en-ciel; enfin quelques nuages argentés embellissent ce magique coup d'œil. On ne distinguait les barques qu'à leurs voiles blanches qui brillaient au soleil. Notre vue plongeait sur les villages d'Ischia; mais cette masse de rochers écrasait tellement de sa supériorité tout ce qui fait l'ambition des hommes, que les maisons ressemblaient à de petits points blancs; quant aux individus, ils étaient invisibles : ce que c'est que de nous, mon Dieu!

Je voulus aller aussi à Pœstum; quoique la distance de Naples ne soit que de vingt-cinq lieues, nous fûmes prévenus que le voyage est très fatigant, mais on ne résiste pas au désir d'aller admirer des monuments qui ont trois ou quatre mille ans, quand ils se trouvent aussi près de vous. Des trois temples que l'on y voit, celui de Junon était encore alors bien conservé, au point qu'à l'extérieur il semblait être entier. Ce temple est noble, imposant, comme tout ce qu'ont fait les anciens, près desquels nous ne sommes que des pygmées. Aussi puis-je dire avoir été fort surprise à Pompéi, que nous visitâmes ainsi qu'Herculanum, de la petitesse des maisons et du temple d'Isis. Il faut croire que la partie découverte était autrefois un faubourg....

Après beaucoup d'autres excursions, mon désir étant de rentrer en France, je gagnai Turin dans cette intention. Mesdames de France, tantes de Louis XVI, quand je les avais peintes à Rome, sachant que je devais repasser par Turin, avaient eu la bonté de me donner des lettres pour Madame Clotilde, leur nièce, reine de Sardaigne. Elles lui mandaient qu'elles désiraient beaucoup avoir son portrait fait par moi; en conséquence, dès que je fus établie, je me présentai chez Sa Majesté. Elle me reçut fort bien; quand elle eut pris lecture des lettres de Madame

Adélaïde et de Madame Victoire, elle me dit qu'elle était bien fâchée de refuser ses tantes; mais qu'ayant renoncé entièrement au monde, elle ne se ferait pas peindre. Ce que je voyais d'elle, en effet, me semblait parfaitement d'accord avec ses paroles et sa résolution; cette princesse s'était fait couper les cheveux; elle avait sur la tête un petit bonnet qui, de même que toute sa toilette, était le plus simple du monde. Sa maigreur me frappa d'autant plus que je l'avais vue très jeune, avant son mariage, et qu'alors son embonpoint était si prodigieux, qu'on l'appelait en France

SAINT-JEAN-DE-LATRAN (Page 163.)

le gros Madame. Soit que ses austérités, soit que la douleur que lui faisaient éprouver les malheurs de sa famille eussent causé ce changement, le fait est qu'elle n'était plus reconnaissable. Le roi vint la rejoindre dans le salon où elle me recevait; ce prince était de même si pâle, si maigre, que tous deux faisaient peine à voir.

J'allai aussitôt chez Madame, femme de Louis XVIII. Non seulement elle me reçut à merveille, mais elle arrangea pour moi des courses pittoresques dans les environs de Turin, qu'elle me fit faire avec sa dame de compagnie, Mme de Gourbillon et le fils de cette dame. Ces environs sont très beaux; mais notre début en fait d'excursions ne fut pas très heureux. Nous nous mîmes en route par une chaleur extrême pour aller voir une chartreuse, qui est située sur de hautes montagnes. Comme à moitié chemin cette montagne est très rapide, nous fûmes obligés de la gravir à pied, et je me souviens que nous passâmes devant une fontaine, de l'eau la plus limpide, dont les gouttes brillaient comme des diamants, et que les paysans nous dirent avoir une grande vertu pour plusieurs maladies.

Après avoir grimpé si longtemps que nous en étions exténués, nous arrivâmes enfin à la chartreuse, mourants de chaud et de faim. Le couvert était déjà mis pour les religieux et pour les voyageurs, ce qui nous fit une grande joie; car on peut juger que nous attendions le dîner avec impatience. Comme il tardait à venir, nous pensions que l'on faisait de l'extraordinaire pour nous, attendu que Madame nous recommandait aux religieux dans les lettres qu'elle nous avait données pour eux. Enfin on servit d'abord un plat de grenouilles au blanc, que je pris pour une fricassée de poulet; mais, dès que j'en eus goûté, il me fut impossible d'en manger, quelque faim que j'eusse. Puis on apporta trois autres plats, frits et grillés, sur lesquels je comptais beaucoup; hélas! ce n'étaient encore que des grenouilles, si bien que nous ne mangeâmes que du pain sec, et ne bûmes que de l'eau, ces religieux ne buvant et ne donnant jamais de vin. Mon plus grand désir alors aurait été d'obtenir une omelette; mais il n'y avait point d'œufs dans la maison.

Au retour de ma visite à cette chartreuse, je vis Porporati, qui voulut encore que j'allasse loger chez lui. Il me proposa d'habiter la ferme qu'il possédait à deux lieues de Turin, où il avait quelques chambres très simples, mais commodes. J'acceptai cette offre avec joie, détestant d'habiter la ville, et j'allai aussitôt m'établir avec ma fille et sa gouvernante dans ce réduit, qui me charma. La ferme était située en pleine campagne, entourée de prairies et de petites rivières bordées d'arbres divers assez élevés, qui formaient de charmants bocages. Du matin au soir j'allais me promener avec délices dans des lieux enchanteurs et solitaires; mon enfant jouissait comme moi de cet air pur, de cette vie douce et tranquille que nous menions; pour comble de bonheur, je n'entendais d'autre bruit que celui d'un torrent qui était à une demi-lieue de là, et que j'allai voir. C'était une énorme chute d'eau qui tombait de roche en roche, et qu'entourait un bois de haute futaie. Nous allions le dimanche à la messe par un chemin charmant; la petite église avait un porche très joli, et là nous étions comme en plein air : entouré de cette belle nature, il semble que l'on prie mieux. Le soir, mon spectacle favori était celui du soleil couchant, environné de ses beaux nuages dorés et couleur de feu, espèce de nuages que l'on ne voit qu'en Italie. Ce moment était celui de mes méditations, de mes châteaux en Espagne; je m'abandonnais alors à la douce pensée de revoir bientôt la France, me berçant de l'espoir que la révolution devait enfin se terminer. Hélas! ce fut dans cette situation si paisible, dans cet état d'esprit si heureux, que le coup le plus cruel vint me frapper. La charrette qui apportait les lettres étant arrivée un soir, le voiturier m'en remit une de M. de Rivière, frère de ma belle-sœur, qui m'apprenait les affreux événements du 10 août, et me donnait des détails épouvantables. J'en fus bouleversée; ce beau ciel, cette belle campagne, se couvrirent à mes yeux d'un voile funèbre. Je me reprochai l'extrême quiétude, les douces jouissances que je venais de goûter; dans l'angoisse que j'éprouvais d'ailleurs, la solitude me devenait insupportable, et je pris le parti de retourner aussitôt à Turin.

En entrant dans la ville, que vois-je, mon Dieu? les rues, les places encombrées d'hommes, de femmes de tout âge, qui se sauvaient des villes de France, et venaient à Turin chercher un asile. Ils arrivaient par milliers, et ce spectacle était déchirant. La plupart d'entre eux n'emportaient ni paquets, ni argent, ni même de pain; car le temps leur avait manqué pour songer à autre chose qu'à sauver leur vie. On m'a cité depuis la duchesse de Villeroi, alors très âgée, que sa femme de chambre, qui possédait une petite somme d'argent, venait de nourrir dans la route à raison de dix sous par jour. Les enfants criaient la faim à faire pitié; enfin on ne saurait rien voir de plus déplorable. Le roi de Sardaigne envoya des ordres pour qu'on logeât ces infortunés et qu'on leur donnât à manger; mais il n'y avait point de place pour tous. Madame fit aussi porter de nombreux secours; nous parcourûmes la ville, accompagnés de son écuyer, cherchant des logements et des vivres pour ces malheureux, sans pouvoir en trouver autant qu'il en fallait. Je n'oublierai jamais l'impression que me fit un ancien militaire décoré de la croix de Saint-Louis, et qui pouvait avoir soixante-six ans. Il était encore bel homme, de l'aspect le plus noble. Appuyé contre une borne dans un coin de rue isolée, il ne demandait rien à personne : il serait plutôt mort de faim, je crois, que de s'y décider, mais le malheur profond empreint sur sa figure excitait l'intérêt dès la première vue. Nous allâmes droit à lui, nous lui donnâmes le peu d'argent qui nous restait, et l'infortuné nous remercia par des sanglots. Le lendemain il fut logé dans le palais du roi, ainsi que plusieurs autres émigrés; car il n'y avait plus de place dans la ville.

On peut juger combien le cruel spectacle que je venais de voir redoublait mes inquiétudes sur ce qui pouvait se passer à Paris. Il m'était impossible de me calmer; je ne vivais pas; d'autant plus que je ne voyais point arriver M. de Rivière, qui m'avait écrit de l'attendre à Turin. Enfin l'instant qu'il avait fixé pour me rejoindre était dépassé de quinze jours quand il arriva, si horriblement changé que j'avais peine à le reconnaître. Ce qu'il venait de voir se passer sous ses yeux, en effet, était bien capable d'affecter à la fois l'esprit et le corps d'un homme; il me raconta qu'au moment où il traversait le pont de Beauvoisin, on y massacrait tous les prêtres, avec une fureur dont il ne pouvait me donner une idée. Il avait été obligé de rester à Chambéry pour se faire soigner d'une fièvre ardente, causée par les atrocités dont il avait été témoin.

Je n'osai qu'en tremblant demander des nouvelles de ma mère, de mon frère, de M. Lebrun et de tous mes amis. Cependant M. de Rivière me rassura un peu, en me disant que ma mère ne quittait plus Neuilly, que M. Lebrun restait assez tranquille à Paris, et que mon frère et sa femme étaient cachés. Quant à mes amis et à mes connaissances, le danger ne les avait point encore atteints; mais beaucoup d'entre eux étaient inquiétés.

On imagine bien que je renonçai au projet d'aller à Paris. Je me décidai à rester à Turin, c'est-à-dire fort près de cette ville, pour être plus à portée des nouvelles. En conséquence, je louai une petite maison, ce qu'on appelle une vigne, sur le coteau de Montcarlier, qui domine le Pò. M. de Rivière vint habiter avec nous cette solitude, où nous ne pouvions rencontrer que de bons paysans, si pieux et si calmes, que ces braves gens réjouissaient le cœur et consolaient l'esprit. Nous avions un clos, entouré de berceaux de vignes et de figuiers. Nous montions souvent à la forêt qui était au-dessus de notre habitation; plusieurs sentiers nous menaient à de petites chapelles, situées de distance en distance sur la hauteur du coteau, dans lesquelles nous allions les dimanches entendre la messe. J'avoue que les églises champêtres m'ont toujours vue prier avec plus de ferveur que les autres. Je me souviens que mon amie, Mme de Verdun, me grondait souvent de ne point me montrer assez assidue au service divin. Certes, si je n'allais pas en France régulièrement à la messe, ce n'est point par irréligion; mais dans les églises de Paris, où il y a foule, je ne suis pas assez avec Dieu. J'y vois des couleurs, des draperies, une multitude d'expressions diverses de physionomies, des effets de soleil : enfin, comme la peinture et le bruit m'y poursuivent, je ne puis prier aussi bien que je le fais dans une église de village.

Ma santé se rétablit peu à peu et je pus aller à Milan dont je visitai la cathédrale qui est fort belle; quelques jours après, je vis le lac Majeur et tous les environs... (1).

* * *

Je me rendis à Saint-Pétersbourg le 25 juillet 1795, par le chemin de Peterhoff, qui me donna une idée avantageuse de la ville; car ce chemin est bordé des deux côtés par de charmantes maisons de campagne, entourées de jardins du meilleur goût, dans le genre anglais. Les habitants ont tiré parti du terrain, qui est très marécageux, pour orner ces jardins, où se trouvent des kiosques et de jolis ponts, par des canaux et de petites rivières qui les traversent. Il est malheureux qu'une humidité effroyable vienne le soir désenchanter ce gracieux aspect; même avant le coucher du soleil, il s'élève sur ce chemin un tel brouillard que l'on se croit entouré d'une épaisse fumée presque noire.

Toute magnifique que je me représentais la ville, je fus ravie par l'aspect de ses monuments, de ses beaux hôtels et de ses larges rues, dont une, que l'on nomme la Perspective, a une lieue de long. La Néva, si claire, si limpide, traverse la ville chargée de vaisseaux et de barques, qui vont et viennent sans cesse, ce qui anime cette belle cité d'une manière charmante. Les quais de la Néva sont en granit, ainsi que ceux de plusieurs grands canaux que Catherine a fait creuser dans l'intérieur de la ville. D'un côté de la rivière se trouvent de superbes monuments, celui de l'Académie des arts, celui de l'Académie des sciences et beaucoup d'autres encore, qui se reflètent dans la Néva. On ne peut rien voir de plus beau, m'a-t-on dit, au clair de lune, que les masses de ces majestueux édifices, qui ressemblent à des temples anciens. En tout, Saint-Pétersbourg me transportait au temps d'Agamemnon, tant par le grandiose de ses monuments que par le costume du peuple, qui rappelle celui de l'âge antique.

Quoique je vienne de parler du clair de lune, il ne me fut pas possible d'en jouir à l'époque de mon arrivée; car au mois de juillet on n'a pas à Saint-Pétersbourg une heure de nuit; le soleil se couche vers dix heures et demie du soir; la brune dure jusqu'au crépuscule, qui commence vers minuit et demi, en sorte que l'on y voit toujours clair, et j'ai souvent soupé à onze heures avec le jour.

Mon premier soin fut de me reposer; car depuis Riga les chemins avaient été ce qu'on peut imaginer de plus effroyable; de grosses

(1) On doit se souvenir que ce sont ici de simples extraits, reproduisant les pages les plus intéressantes de Mme Lebrun; il y a donc de fréquentes lacunes, qui embrassent parfois une période de plusieurs années.

pierres posées les unes sur les autres nous donnaient à chaque pas des secousses d'autant plus violentes, que ma voiture était une des plus rudes du monde, et les auberges étant trop mauvaises sur cette route pour qu'il fût possible de s'y arrêter, nous avions marché de cahot en cahot jusqu'à Saint-Pétersbourg sans prendre de repos. Mais je sais que l'empereur Alexandre a fait rétablir cette route, depuis que j'ai quitté la Russie, et qu'elle est fort belle maintenant.

J'étais loin de me sentir remise de toutes mes fatigues, car je n'habitais Saint-Pétersbourg que depuis vingt-quatre heures, lorsqu'on m'annonça l'ambassadeur de France, le comte d'Esterhazy. Il me félicita de mon arrivée à Saint-Pétersbourg, me dit qu'il allait en informer tout de suite l'Impératrice, et prendre en même temps ses ordres pour ma présentation. Un instant après, je reçus la visite du comte de Choiseul-Gouffier. Tout en causant avec lui, je lui témoignai le bonheur que j'aurais à voir cette grande Catherine; mais je ne lui dissimulai pas la peur et l'embarras que j'éprouverais lorsque je serais présentée à cette princesse si grande. « Rassurez-vous, me répondit-il; lorsque vous verrez l'Impératrice, vous serez étonnée de son air de bonhomie; car, ajouta-t-il, c'est vraiment une bonne femme. » J'avoue que cette expression me surprit; je ne pouvais croire à sa justesse, d'après ce que j'avais entendu dire jusqu'alors.

Quoi qu'il en soit, le soir même, M. d'Esterhazy, en revenant de Czarskoiesiolo, où l'Impératrice était établie, vint me prévenir que Sa Majesté me recevrait le lendemain à une heure. Une présentation aussi prompte, que je n'avais pas espérée, me jeta dans un extrême embarras; je n'avais que des robes de mousseline très simples; n'en portant point d'autres habituellement, et il était impossible de me faire faire une robe parée du jour au lendemain, même à Saint-Pétersbourg. M. d'Esterhazy m'avait dit qu'il viendrait me prendre à dix heures précises, pour me mener déjeuner avec sa femme, qui habitait aussi Czarskoiesiolo, en sorte que, lorsqu'il arriva à l'heure indiquée, je partis assez inquiète de ma toilette, qui vraiment n'était pas une toilette de cour. En entrant chez Mme d'Esterhazy, en effet, je remarquai tout son étonnement. Sa bienveillante politesse ne put l'empêcher de me dire : « Madame, est-ce que vous n'avez pas apporté une autre robe? » Je devins cramoisie à sa question, et je lui expliquai comment le temps m'avait manqué pour me faire faire une robe plus convenable. Son air mécontent de moi redoubla mon anxiété, au point que j'eus besoin de m'armer de tout mon courage quand arriva le moment d'aller chez l'Impératrice.

Nous traversâmes une partie du parc, lorsque, à la fenêtre d'un rez-de-chaussée j'aperçus une jeune personne qui arrosait un pot d'œillets. Elle avait dix-sept ans au plus; ses traits étaient fins et réguliers, et son ovale parfait; son beau teint n'était pas animé, mais il était d'une pâleur tout à fait en harmonie avec l'expression de son visage, dont la douceur était angélique. C'était la princesse Élisabeth, femme d'Alexandre. Elle m'adressa la parole, et me retint assez longtemps pour me dire mille choses flatteuses; puis elle ajouta : « Il y a bien longtemps, Madame, que nous vous désirions ici, au point que j'ai rêvé souvent que vous y étiez arrivée. » Je la quittai à regret, et j'ai toujours conservé le souvenir de cette charmante apparition.

J'arrivai chez l'Impératrice un peu tremblante, et quelques instants après j'étais en tête-à-tête avec l'autocrate de toutes les Russies. M. d'Esterhazy m'avait dit qu'il fallait lui baiser la main, et en conséquence de cet usage elle avait ôté un de ses gants, ce qui aurait dû me le rappeler; mais je l'oubliai complètement. Il est vrai que l'aspect de cette femme célèbre me faisait une telle impression, qu'il m'était impossible de songer à autre chose qu'à la contempler. J'étais d'abord extrêmement étonnée de la trouver très petite; je me l'étais figurée d'une grandeur prodigieuse, aussi haute que sa renommée. Elle était fort grasse, mais elle avait encore un beau visage, que ses cheveux blancs et relevés encadraient à merveille.

Elle me dit aussitôt avec un son de voix plein de douceur, un peu gras pourtant : « Je suis charmée, Madame, de vous recevoir ici; votre réputation vous avait devancée. J'aime beaucoup les arts, et surtout la peinture. Je ne suis pas connaisseur, mais amateur. » Tout ce qu'elle ajouta pendant cet entretien, qui fut assez long, sur le désir qu'elle avait que je pusse me plaire assez en Russie pour y rester longtemps, portait le caractère d'une si grande bienveillance, que ma timidité disparut, et lorsque je pris congé de Sa Majesté, j'étais entièrement rassurée. Seulement je ne me pardonnai pas de n'avoir pas baisé sa main, et je regrettai d'autant plus cet oubli que M. d'Esterhazy m'en fit des reproches. Quant à ma toilette, elle ne me parut pas y avoir fait la moindre attention, ou peut-être a-t-elle été moins difficile que notre ambassadrice.

Je parcourus une partie des jardins de Czarskoiesiolo, qui sont une vraie féerie. L'Impératrice y avait une terrasse qui communiquait à ses appartements, sur laquelle elle entretenait une grande quantité d'oiseaux; on me dit que tous les matins elle venait leur donner la béquée, et que c'était un de ses grands plaisirs.

On ne s'apercevrait point à Saint-Pétersbourg de la rigueur du climat, si, l'hiver arrivé, on ne sortait pas de chez soi, tant les Russes ont perfectionné les moyens d'entretenir de la chaleur dans les appartements. A partir de la porte cochère, tout est chauffé par des poêles si excellents, que le feu qu'on entretient dans les cheminées n'est autre chose que du luxe. Les escaliers, les corridors, sont à la même température que les chambres, dont les portes de communication restent ouvertes sans aucun inconvénient. Aussi lorsque l'empereur Paul, qui n'était alors que grand-duc, vint en France sous le nom de prince du Nord, il disait aux Parisiens : « A Saint-Pétersbourg nous voyons le froid, mais ici nous le sentons. » De même quand, après avoir passé sept ans et demi en Russie, je fus de retour à Paris, où la princesse Dolgoruki se trouvait aussi, je me rappelle qu'un jour, étant allée la voir, nous avions un tel froid toutes deux devant sa cheminée que nous nous disions : « Il faut aller passer l'hiver en Russie pour nous réchauffer. »

On sort en prenant de telles précautions, que les étrangers mêmes souffrent à peine de la rigueur du climat. Chacun, dans sa voiture, a de grandes bottes de velours fourrées, et des manteaux doublés d'épaisses fourrures. A dix-sept degrés on ferme le spectacle, et tout le monde reste chez soi. Je suis la seule peut-être qui, ne me doutant pas, un jour, du froid qu'il faisait, imaginai d'aller faire une visite à la comtesse Golovin, le thermomètre étant à dix-huit degrés. Elle logeait assez loin de chez moi, dans la grande rue qu'on appelle la Perspective, et, depuis ma maison jusqu'à la sienne, je ne rencontrai pas une seule voiture, ce qui m'étonnait beaucoup; mais j'allai toujours. Le froid était tel, que d'abord je crus les glaces de ma voiture ouvertes. Lorsque la comtesse me vit entrer dans son salon, elle s'écria : « Mon Dieu! comment êtes-vous sortie ce soir? ne savez-vous donc pas qu'il y a près de vingt degrés? » A ces mots je pense à mon pauvre cocher, et, sans ôter ma pelisse, je cours regagner ma voiture, et retourne bien vite chez moi. Mais ma tête avait été saisie par le froid au point que j'en étais étourdie. On me la frotta avec de l'eau de Cologne pour la réchauffer, autrement je serais devenue folle.

Une chose tout à fait surprenante, c'est le peu d'impression que semble faire une aussi rigoureuse température sur les gens du peuple. Bien loin que leur santé en souffre, on a remarqué que c'est en Russie qu'il existe le plus de centenaires. A Saint-Pétersbourg comme à Moscou, les grands seigneurs et toutes les notabilités de l'empire vont à six et à huit chevaux; leurs postillons sont de petits garçons de huit à dix ans, qui mènent avec une adresse et une dextérité surprenantes. On en met deux pour conduire huit chevaux, et c'est une chose curieuse de voir ces petits bonshommes, vêtus assez légèrement, et quelquefois même

leur chemise toute ouverte sur leur poitrine, rester gaiement exposés à un froid qui bien certainement ferait périr en peu d'heures un grenadier français ou prussien. Moi, qui me contentais de deux chevaux à ma voiture, je m'étonnais de même de la douceur et de la résignation des cochers; jamais ils ne se plaignent. Par les temps les plus rigoureux, lorsqu'ils attendent leurs maîtres, soit au spectacle, soit au bal, ils restent tous là sans bouger, on les voit seulement battre du pied sur leurs sièges pour se réchauffer un peu, tandis que les petits postillons vont s'étendre sur le bas des escaliers. Je dois dire à la vérité qu'on a soin de donner aux cochers des habits et des gants fourrés, et qu'aussitôt que le froid dépasse les degrés ordinaires, si quelque seigneur veut recevoir ou donner un bal, il leur fait distribuer des liqueurs fortes et du bois pour former des feux de bivouacs dans les cours ou dans la rue.

Le peuple russe est laid en général, mais il a une tenue à la fois simple et fière, et ce sont les meilleures gens du monde. On ne rencontre jamais un homme ivre, quoique la boisson habituelle soit de l'eau-de-vie de grain. La plupart de ces Russes se nourrissent de pommes de terre.

Les Russes sont adroits et intelligents, car ils apprennent tous les métiers avec une facilité prodigieuse; plusieurs même obtiennent du succès dans les arts. Je vis un jour, chez le comte de Strogonoff, son architecte qui avait été son esclave. Ce jeune homme montrait tant de talent, que le comte le présenta à l'empereur Paul qui le nomma un de ses architectes, et lui commanda de bâtir une salle de spectacle sur les plans qu'il avait faits et qu'il lui avait soumis. Je n'ai point vu cette salle finie, mais on m'a dit qu'elle était fort belle. En fait d'esclaves devenus artistes, je n'avais pas été aussi heureuse que le comte. Comme je me trouvais sans domestique, le comte de Strogonoff me donna un de ses esclaves, qu'il me dit savoir arranger la palette et nettoyer les brosses de sa belle-fille, quand elle s'amusait à peindre. Ce jeune homme, que j'employai en effet à cet usage, se persuada, au bout de quinze jours qu'il me servait, qu'il était peintre aussi, et ne me donna point de repos que je n'eusse obtenu sa liberté du comte, afin qu'il pût aller travailler avec les élèves de l'Académie.

Les domestiques sont remarquables par leur intelligence. J'en avais un qui ne savait pas un mot de français, et moi, je ne savais pas un mot de russe; mais nous nous entendions parfaitement sans le secours de la parole. En levant le bras, je lui demandais mon chevalet, ma boîte à couleurs, enfin je lui figurais les différents objets dont j'avais besoin. Il comprenait tout et me servait à merveille. Une autre qualité bien précieuse que je trouvais en lui, c'était une fidélité à toute épreuve : on m'envoyait très souvent des billets de banque en payement de mes tableaux, et, lorsque j'étais occupée à peindre, je les posais près de moi sur une table ; en quittant mon travail, j'oubliais constamment d'emporter ces billets, qui restaient là souvent trois ou quatre jours sans que jamais il en ait soustrait un seul. Il était en outre d'une sobriété rare, je ne l'ai pas vu ivre une seule fois. Ce bon serviteur se nommait Pierre ; il pleura lorsque je quittai Saint-Pétersbourg, et moi je l'ai toujours vivement regretté.

Le peuple russe en général a de la probité, et sa nature est douce. A Saint-Pétersbourg, à Moscou, non seulement on n'entend jamais parler d'un grand crime, mais on n'entend parler d'aucun vol. Cette conduite honnête et paisible surprend dans des hommes encore à peu près barbares, et beaucoup de personnes l'attribueront à l'esclavage dans lequel ils se trouvent ; mais moi, je pense qu'elle tient à ce que les Russes sont extrêmement religieux. Peu de temps après mon arrivée à Saint-Pétersbourg, j'allai voir à la campagne la belle-fille de mon ancien ami le comte de Strogonoff. Sa maison à Kaminostroff était située à droite du grand chemin qui borde la Néva. Je descendis de voiture, j'ouvris une petite barrière en treillage qui donnait entrée dans le jardin que je traversai, et j'arrivai dans un salon au rez-de-chaussée, dont je trouvai la porte toute grande ouverte. Il était donc très facile d'entrer chez la comtesse de Strogonoff; aussi, quand je l'eus trouvée dans un petit boudoir et qu'elle m'eut montré ses appartements, je fus très surprise de voir tous ses diamants près d'une fenêtre qui donnait sur le jardin, et par conséquent à peu près sur la grande route. Cela me parut d'autant plus imprudent, que les dames russes ont l'usage d'étaler leurs diamants et leurs bijoux dans de grandes montres couvertes d'un verre, telles qu'on en voit chez les bijoutiers. « Madame, lui dis-je, ne craignez-vous pas d'être volée ? — Non, me répondit-elle, voilà la meilleure des polices. » Et elle me montra, placées au-dessus de l'écrin, plusieurs images de la Vierge et de saint Nicolas, patron du pays, devant lesquelles brûlait une lampe. Il est de fait que, durant les sept années et plus que j'ai passées en Russie, j'ai toujours reconnu qu'en toute occasion l'image de la Vierge, ou d'un saint, et la présence d'un enfant, ont toujours quelque chose de sacré pour un Russe.

Les gens du peuple, lorsqu'ils vous adressent la parole, ne vous nomment pas autrement, selon votre âge, que *mère, père, frère* ou *sœur,* sans que cet usage excepte l'empereur, l'impératrice et toute la famille impériale.

Lorsque le mois de mai arrive à Saint-Pétersbourg, il ne s'agit encore ni de fleurs printanières dont l'air soit embaumé, ni de ce chant du rossignol tant vanté par les poètes. La terre est couverte de neige à moitié fondue; la Doga apporte dans la Néva des glaçons aussi gros que d'énormes rochers amoncelés les uns sur les autres, et ces glaçons ramènent le froid qui s'était adouci après la débâcle de la Néva. On peut appeler cette débâcle une belle horreur, le bruit en est épouvantable; car, près de la Bourse, la Néva a plus de trois fois la largeur de la Seine au pont Royal; que l'on imagine donc l'effet que produit cette mer de glace, se fendant de toutes parts. En dépit des factionnaires que l'on place alors tout le long des quais pour empêcher le peuple de sauter de glaçon en glaçon, des téméraires s'aventurent sur la glace devenue mouvante pour gagner l'autre bord. Avant d'entreprendre ce dangereux trajet, ils font le signe de la croix. Au moment de la débâcle, le premier qui traverse la Néva en bateau présente une coupe en argent, remplie d'eau de la Néva, à l'empereur qui la lui rend remplie d'or.

On ne décalfeutre pas encore les fenêtres à cette époque, et la Russie n'a point de printemps; mais aussi la végétation se presse pour regagner le temps perdu. On peut dire, et c'est à la lettre, que les feuilles poussent à vue d'œil. J'allai un jour, à la fin du mois de mai, me promener avec ma fille au jardin d'été; et, voulant nous assurer si tout ce qu'on nous avait dit sur la rapidité de la végétation était vrai, nous observâmes des feuilles d'arbustes qui n'étaient encore qu'en bourgeons. Nous fîmes un grand tour d'allée, puis, étant revenues à la place que nous venions de quitter, nous trouvâmes les bourgeons ouverts et les feuilles entièrement étendues.

Les Russes tirent parti, même de la rigueur de leur climat, pour se divertir. Par le plus grand froid, il se fait des parties de traîneaux, soit de jour, soit de nuit, aux flambeaux. Puis, dans plusieurs quartiers, on établit des montagnes de neige sur lesquelles on va glisser avec une rapidité prodigieuse, sans aucun danger; car des hommes, habitués à ce métier, vous lancent du haut de la montagne, et d'autres vous reçoivent en bas.

Un dimanche matin, après la messe, je me rendis au palais pour présenter à l'impératrice Catherine II le portrait que j'avais fait de la grande-duchesse Élisabeth. Sa Majesté vint à moi, m'en fit compliment, puis me dit : « On veut absolument que vous fassiez mon portrait, je suis bien vieille; mais enfin, puisqu'ils le désirent tous, je vous donnerai la première séance d'aujourd'hui en huit. » Le jeudi suivant, elle ne sonna pas à neuf heures, ainsi qu'elle faisait ordinairement. On attendit jusqu'à dix heures et même un peu plus; enfin la première femme de chambre entra. Ne voyant pas l'impératrice dans sa chambre, elle alla au cabinet attenant, et, dès qu'elle en ouvrit la porte, le corps de Catherine tomba à terre. On ne put savoir à quelle heure l'attaque d'apoplexie l'avait frappée; toutefois le pouls battait encore, on ne perdit donc pas toute espérance; mais de mes jours je n'ai vu une alarme aussi vive se propager aussi généralement. Beaucoup aimaient Catherine, et surtout on avait une affreuse peur du règne de Paul !

Vers le soir, Paul arriva d'un lieu voisin de Saint-Pétersbourg qu'il habitait presque toujours. Lorsqu'il vit sa mère étendue sans connaissance, la nature reprit un moment ses droits; il s'approcha de l'impératrice, lui baisa la main, et versa quelques larmes. Enfin Catherine II expira à neuf heures du soir, le 17 novembre 1796.

J'avoue que je fus saisie de frayeur, attendu que l'on entendait dire généralement qu'il y allait avoir une révolution contre Paul. La foule immense que je vis en rentrant chez moi, sur la place du château, n'était pas propre à me rassurer; néanmoins, tout ce monde était si tranquille, que je pensai bientôt, avec raison, que nous n'avions rien à craindre pour le moment. Le lendemain matin, le peuple se rassembla de nouveau sur la place, exprimant son désespoir, sous les fenêtres de Catherine, par les cris les plus déchirants. Cette journée fut d'autant plus affligeante, qu'elle était de triste augure pour le prince qui montait sur le trône.

Paul avait beaucoup d'esprit, d'instruction et d'activité; mais la bizarrerie de son caractère allait jusqu'à la folie. Chez ce malheureux prince des mouvements de bonté d'âme succédaient souvent à des mouvements de férocité, et sa bienveillance ou sa colère, sa faveur ou son ressentiment n'étaient jamais que l'effet d'un caprice. La plus légère infraction à ses ordres était punie de l'exil en Sibérie, ou pour le moins de la prison, en sorte que, ne pouvant prévoir où vous conduirait la folie jointe à l'arbitraire, on vivait dans des transes perpétuelles. On en vint bientôt à ne plus oser recevoir du monde chez soi; si l'on recevait quelques amis, on avait grand soin de fermer les volets, et, pour les jours de bal, il était convenu que l'on renverrait les voitures, afin de moins attirer l'attention. Tout le monde était surveillé pour ses paroles et pour ses actions, au point que j'entendais dire qu'il n'existait pas une société qui n'eût son espion. On s'abstenait le plus souvent de parler de l'Empereur. Je me souviens qu'un jour, étant arrivée dans un très petit comité, une dame qui ne me connaissait pas et qui venait de s'enhardir sur ce sujet, s'arrêta tout court en me voyant entrer. La comtesse Golowin fut obligée de lui dire pour qu'elle continuât sa conversation : « Vous pouvez parler sans crainte, c'est Mme Lebrun. » Tout cela paraissait bien dur, après avoir vécu sous Catherine, qui laissait jouir chacun de la plus entière liberté, sans pouvoir jamais, il est vrai, en prononcer le mot.

Il serait trop long de raconter sur combien de choses futiles Paul exerçait sa tyrannie. Il avait ordonné, par exemple, que tout le monde saluât son château, même lorsqu'il en était absent. Il avait défendu de porter des chapeaux ronds, qu'il regardait comme un signe de jacobinisme. Des hommes de police avec leur canne faisaient sauter à terre tous les chapeaux ronds qu'ils rencontraient, au grand dépit des personnes que leur ignorance exposait à se faire ainsi décoiffer. En revanche, tout le monde était contraint de porter de la poudre. Dans le temps que parut cette ordonnance, je faisais le portrait du jeune prince Bariatinski, et, comme je l'avais prié de ne pas venir poudré, il y avait consenti. Je le vis arriver un jour, pâle comme la mort. « Qu'avez-vous donc? lui dis-je. — Je viens d'apercevoir l'Empereur en venant chez vous, me répondit-il encore tout tremblant; je n'ai eu que le temps de me jeter sous une porte cochère, mais j'ai une peur affreuse qu'il ne m'ait reconnu. » Cette terreur du prince Bariatinski n'avait rien de surprenant; elle atteignait les personnes de toutes les classes; car aucun habitant de Saint-Pétersbourg n'était sûr le matin de coucher le soir dans son lit. Pour mon compte, je puis dire avoir éprouvé, sous le règne de Paul, la plus effroyable peur que j'aie ressentie de mes jours. J'étais allée à Pergola, où je voulais passer la journée; j'avais avec moi M. de Rivière, mon cocher, et Pierre, mon bon domestique russe. Tandis que M. de Rivière se promenait, avec son fusil, pour tuer des oiseaux ou des lapins, auxquels par parenthèse il ne faisait jamais grand mal, je restais sur les bords du lac, quand, tout à coup, je vis le feu que l'on avait allumé pour faire cuire notre dîner, se communiquer aux sapins, et se propager avec une grande rapidité. Les sapins se touchaient, Pergola n'est pas loin de Saint-Pétersbourg!... Je me mis à pousser des cris horribles, en appelant M. de Rivière, et, la frayeur aidant, tous quatre réunis, nous parvînmes à étouffer l'incendie, non sans nous brûler cruellement les mains; mais nous pensions à l'Empereur, à la Sibérie, et l'on peut juger que cette peur nous donnait du courage!

Je ne saurais m'expliquer la terreur que m'inspirait Paul, qu'en me rappelant combien cette terreur était générale; car je dois avouer qu'il ne s'est jamais montré pour moi que bienveillant et poli. Lorsque je le vis pour la première fois à Saint-Pétersbourg, il se souvint de la manière la plus aimable que je lui avais été présentée à Paris, lorsqu'il y vint sous le nom de comte du Nord. J'étais bien jeune alors, et tant d'années s'étaient passées depuis, que je l'avais oublié; mais les princes en général sont doués de la mémoire des personnes et des noms; c'est pour eux une grâce d'état. Parmi tant d'ordonnances bizarres qui ont signalé son règne, une, à laquelle il était fort pénible de se soumettre, obligeait les femmes comme les hommes à descendre de voiture sur le passage de l'Empereur. Or, il faut ajouter qu'il était très fréquent que l'on rencontrât Paul dans les rues de Saint-Pétersbourg, attendu qu'il les parcourait sans cesse, quelquefois à cheval, avec fort peu de suite, et souvent en traîneau sans être escorté et sans aucun signe qui pût le faire reconnaître. Il ne fallait pas moins se soumettre à son ordre, sous peine de courir les plus grands risques, et l'on conviendra qu'il était cruel par le froid le plus rigoureux de se mettre tout à coup les pieds dans la neige. Un jour que je me trouvai sur sa route, mon cocher ne l'ayant pas vu venir de loin, je n'eus que le temps de crier : « Arrêtez! c'est l'Empereur! » mais, comme on m'ouvrait la portière et que j'allais descendre, lui-même sortit de son traîneau et se précipita pour m'en empêcher.

Ce qui peut expliquer comment les meilleurs caprices de Paul ne rassuraient point pour l'avenir, c'est qu'aucun homme n'était plus inconstant dans ses goûts et dans ses affections. Au commencement de son règne, par exemple, il avait Bonaparte en horreur; plus tard, il l'avait pris en si grande tendresse, que le portrait du héros français était dans son sanctuaire, et qu'il le montrait à tout le monde. Sa disgrâce ou sa faveur n'offrait rien de durable; le comte Strogonoff est, je crois, la seule personne qu'il n'ait point cessé d'aimer et d'estimer.

Comme on ne saurait tourmenter ses semblables sans être tourmenté soi-même, Paul était bien loin de vivre heureux. Il avait pour idée fixe qu'il mourrait frappé ou par le fer ou par le poison, et ce fait, qui est certain, prouve encore combien il régnait d'incohérence dans toute la conduite de ce malheureux prince. Tandis qu'on le voyait parcourir seul les rues de Saint-Pétersbourg, à toute heure de jour et de nuit, il prenait la précaution de faire mettre un pot-au-feu dans sa chambre, et le reste de sa cuisine se faisait dans le plus secret intérieur de son appartement. Le tout était surveillé par son fidèle Koutaisoff, un valet de chambre de confiance qui l'avait suivi à Paris et ne quittait point sa personne. Ce Koutaisoff avait pour l'Empereur un dévouement sans bornes, que rien ne put jamais altérer.

Paul était excessivement laid. Un nez camard et une fort grande bouche, garnie de dents très longues, le faisaient ressembler à une tête de mort. Ses yeux étaient plus qu'animés, quoique souvent son regard eût de la douceur. Il n'était ni gras ni maigre, ni grand ni petit; et, bien que toute sa personne ne manquât point d'une sorte d'élégance, il faut avouer que son visage prêtait infiniment à la caricature. Aussi, quel que fût le danger qu'offrait un pareil passe-temps, il s'en fit un assez grand nombre. Une entre autres le représentait tenant un papier dans chacune de ses mains. Sur l'un on lisait : *ordre;* sur l'autre, *contre-ordre,* et sur son front *désordre.* Rien qu'en parlant de cette caricature, j'éprouve encore un petit frémissement, car on sent bien qu'il y allait de la vie, non seulement pour celui qui l'avait faite, mais aussi pour tous ceux qui se l'étaient procurée.

Tout ce qu'on vient de lire n'empêchait pas cependant que Saint-Pétersbourg ne fût alors pour un artiste un séjour aussi utile qu'agréable. L'empereur Paul aimait et protégeait les arts (1)....

Je partis pour Moscou le 15 octobre de l'année 1800. Il est, je crois, difficile d'éprouver une aussi horrible fatigue que celle qui m'attendait sur cette route. Les chemins que je comptais trouver gelés, comme on me l'avait fait espérer, ne l'étaient point encore. Ces chemins sont atroces, et les rondins, qui les rendent à peine praticables dans les grands froids, n'étant plus fixés par la glace, ballottent sans cesse sous les roues et produisent le même effet que les grosses vagues de la mer. Ma voiture, à moitié embourbée, nous faisait ressentir de si terribles cahots, que je croyais rendre l'âme à chaque instant. Pour donner quelque relâche à ce supplice, j'arrêtai à moitié chemin, et je descendis à l'auberge de Novogorod (la seule que l'on trouve sur la route), dans laquelle on m'avait dit que je serais bien nourrie et bien logée. Ayant le plus grand besoin de me reposer, mourant de faim et de fatigue, je demandai une chambre. A peine y étais-je installée, que je sentis je ne sais quelle odeur méphitique qui me tournait le cœur. Le maître de l'auberge, que je priai de me faire changer d'appartement, n'en ayant point d'autre à me donner, je me résigne; mais bientôt, croyant remarquer que cette odeur intolérable m'arrive par une porte vitrée qui se

(1) Nous signalerons dans une note un des plus grands chagrins qu'éprouva Mme Lebrun au cours de sa longue carrière. C'était pendant son séjour en Russie, sa fille l'accompagnait dans ses voyages; elle était parvenue à l'âge de dix-sept ans; douée de rares talents, de qualités précieuses, elle était, dit Mme Lebrun, « charmante sous tous les rapports. » Mais la pauvre enfant ne tarda pas à connaître les écueils contre lesquels viennent se briser les intentions les plus pures, si un esprit profondément religieux et une extrême réserve ne deviennent leur sauvegarde. Melle Lebrun commit une première faute, trop fréquente hélas ! au milieu des enivrements que causent les soirées et les fêtes : elle lut des romans à l'insu de sa mère. Une violente passion ne tarda pas à s'emparer d'elle ; elle s'éprit d'un jeune Russe sans talents, sans fortune, et malgré l'extrême répugnance de sa mère et sa profonde désolation, elle finit par l'épouser. On croira peut-être que cette alliance mit le comble à son bonheur et lui assura pendant de longues années cette félicité sans mélange qu'elle avait rêvée? « Quinze jours suffirent, écrit Mme Lebrun, pour que l'amour s'envolât et que la jeune imprudente avouât son désenchantement. Quant à moi, tout le charme de ma vie se trouvait détruit sans retour. » Que d'exemples de ce genre on pourrait citer ! Que de jeunes filles se jettent en aveugles dans un abîme de maux, pour n'avoir pas eu un peu de cette sagesse élémentaire, si facile à acquérir, que l'on nomme *piété chrétienne !*

trouvait dans la chambre, j'appelle un garçon, et je l'interroge sur cette porte. « Ah! me répondit-il tranquillement, c'est que derrière cette porte il y a un homme mort depuis hier. » Je ne demande pas alors d'autres détails; je me lève, je fais mettre des chevaux à ma voiture, et je pars, n'emportant qu'un morceau de pain pour continuer ma route jusqu'à Moscou.

Je n'avais fait que la moitié du chemin, dont la seconde partie devait être encore plus fatigante que la première. Ce n'est pas qu'il s'y trouve de hautes montagnes, mais la route se compose de montées et de descentes continuelles, ce que j'appelle des tourments. Pour comble d'ennui, je ne pouvais me distraire par la vue du pays que je traversais; car, de tous les côtés, un épais brouillard voilait la nature, ce qui m'attriste toujours. Si l'on joint à ces tribulations la diète à laquelle je me vis condamnée quand j'eus dévoré mon morceau de pain, on concevra que je dus trouver le chemin bien long.

Enfin j'arrivai dans cette ancienne et immense capitale de la Russie. Je crus entrer dans Ispahan, dont j'avais plusieurs dessins, tant l'aspect de Moscou diffère de tout ce qui existe en Europe. Aussi n'essaierai-je point de décrire l'effet que produisent ces milliers de dômes dorés, surmontés d'énormes croix d'or, ces larges rues, ces superbes palais, situés pour la plupart à de telles distances les uns des autres que des villages les séparent; car, pour prendre une idée de Moscou, il faut le voir.

Je me fis descendre au palais que M. Dimidoff avait eu la bonté de me prêter. Ce palais immense était précédé d'une grande cour qu'entouraient des grilles très élevées. Personne ne l'habitant, je me promettais une tranquillité parfaite. On sent qu'après toutes mes fatigues et ma diète forcée, mon premier besoin, dès que j'eus satisfait mon appétit, fut celui de dormir; mais, hélas! voilà que vers cinq heures du matin, je suis réveillée en sursaut par un bruit infernal. Une énorme troupe de ces musiciens russes qui ne donnent chacun qu'une note de cor, venait de s'établir dans le salon voisin de ma chambre pour répéter. Ce salon était fort grand, et peut-être était-il le seul qui convînt à ce genre de répétition. J'eus grand soin de demander au concierge si pareille musique avait lieu tous les jours, et sur sa réponse, que, le palais n'étant pas habité, on avait consacré la plus grande pièce à cet usage, je résolus de ne rien changer aux habitudes d'une maison qui n'était pas la mienne, et de chercher un autre logement.

Dans mes premières courses j'allai voir la comtesse Strogonoff. Je la trouvai hissée sur une machine très élevée, qui faisait continuellement la bascule. Je ne concevais pas comment elle pouvait supporter ce mouvement perpétuel; mais elle en avait besoin pour sa santé; car elle était dans l'impossibilité de marcher et d'agir, ce qui ne l'empêchait pas d'être aimable. Je lui parlai de l'embarras où j'étais de trouver un loge-

LES RUINES AU FORUM (P. 163.)

ment. Elle me dit aussitôt qu'elle avait une jolie maison qui n'était point habitée, et me pria de l'accepter; mais comme elle ne voulait pas entendre parler du prix de la location, je refusai positivement. Voyant qu'elle me

23

pressait en vain, elle fit venir sa fille, et me demanda le portrait de cette jeune personne, pour le prix du loyer, ce que j'acceptai avec plaisir. J'allai donc, quelques jours après, m'établir dans cette maison où j'espérais trouver du calme, puisque je devais y loger seule.

Dès que je fus installée dans ma nouvelle habitation, je visitai la ville, autant que me permettait de le faire la rigueur de la saison; car durant les cinq mois que j'ai passés à Moscou, la neige n'a point fondu, ce qui m'a privée du plaisir de parcourir les environs, que l'on dit admirables.

Moscou a pour le moins dix lieues de tour. La Moskowa traverse la ville, et deux autres petites rivières l'arrosent. C'est un coup d'œil vraiment surprenant que cette multitude de palais, de monuments publics d'une très belle architecture, de couvents, d'églises, entremêlés de sites agrestes et de villages. Ce mélange de magnificence et de simplicité champêtre produit je ne sais quel effet fantastique qui doit plaire au voyageur, toujours avide d'originalité.

Je jouissais d'une tranquillité parfaite dans la maison que m'avait prêtée la comtesse Strogonoff; mais comme cette maison n'avait pas été habitée depuis sept ans, il y faisait un froid cruel. J'y remédiai autant qu'il était possible en faisant chauffer à l'excès tous les poêles. Cette précaution n'empêchait point que la nuit je ne fusse forcée de laisser du feu dans ma chambre à coucher, et j'étais tellement gelée dans mon lit, les rideaux hermétiquement fermés, sans parler d'une petite lampe allumée près de moi pour adoucir l'air, que je m'entourais totalement la tête dans mon oreiller que j'attachais avec un ruban, au risque d'être étouffée. Une nuit que j'étais parvenue à dormir, je fus réveillée par une fumée qui m'asphyxiait. Je n'eus que le temps de sonner ma femme de chambre, qui me soutint avoir éteint le feu partout. « Ouvrez la porte de la galerie, » lui dis-je; à peine m'eut-elle obéi, que sa chandelle s'éteignit et que ma chambre, et tout l'appartement, furent remplis d'une fumée épaisse et puante. Nous n'eûmes rien de plus pressé que de casser toutes les vitres, mais, ignorant d'où venait cette épouvantable fumée, on peut juger de mon inquiétude. Enfin, je fis aussitôt venir un des hommes qui chauffaient les poêles, et il m'apprit que son camarade avait oublié d'ouvrir le couvercle qui ferme les tuyaux, et qui est, je crois, placé sur les toits. Délivrée de la crainte d'avoir mis le feu à la maison de la comtesse Strogonoff, je visitai mon appartement, toute transie que j'étais. Près du salon où je donnais mes séances, était un grand poêle avec deux bouches de chaleur, devant lequel j'avais posé le portrait du maréchal Soltikoff, pour le faire sécher. Je trouvai ce portrait à moitié grillé, et calciné au point que j'ai été obligée de le recommencer. Mais ce qui causa mon plus grand tourment dans cette nuit de tribulations, fut pour moi l'impossibilité de faire enlever à l'instant une collection de tableaux de plusieurs grands maîtres que mon mari m'avait envoyée, et que j'avais exposée dans une salle voisine de ma chambre; car il était facile de prévoir que ces tableaux, qui ne m'appartenaient pas, souffriraient beaucoup.

Il était cinq heures du matin. La fumée se dissipait à peine, et, depuis que nous avions cassé les vitres, la place n'était plus tenable. Cependant que faire? où aller? Je me décidai à envoyer chez l'excellente Mme Ducrest de Villeneuve; elle accourut aussitôt et m'emmena chez elle, où je restai quinze jours pendant lesquels cette charmante femme me prodigua des soins dont je ne perdrai jamais le souvenir.

Lorsque je songeai à retourner chez moi, j'allai d'abord avec M. Ducrest de Villeneuve reconnaître les lieux. Quoique les vitres n'eussent point été remises, toute la maison conservait encore une si forte odeur de feu et de fumée qu'il était impossible de penser à l'habiter de si tôt. J'en étais extrêmement contrariée, lorsque le comte Grégoire Orloff, avec cette obligeance qui vraiment est naturelle aux Russes, vint m'offrir de me prêter une maison à lui, qui se trouvait libre. J'acceptai son offre, et j'allai m'établir dans ce nouveau logis, où, par parenthèse, il pleuvait tellement, que la maréchale Soltikoff, qui vint m'y voir, désirant rester quelques instants dans la salle où mes tableaux étaient exposés, me demanda un parapluie. Malgré ce désagrément d'un nouveau genre, je suis restée dans cette maison jusqu'à mon départ (1).

(1) Mme Lebrun, en quittant Moscou, retourna à Saint-Pétersbourg et de là se rendit en Prusse, d'où elle revint à Paris. Plus tard, elle fit un voyage en Angleterre et un en Suisse. Elle a raconté avec une aimable simplicité dans la suite de ses *Mémoires* ces diverses pérégrinations.

SOUVENIRS D'UNE PRISONNIÈRE

Mme de Girardin[1]

MON dessein, en écrivant ces Mémoires, est de rappeler ce qui s'est passé dans les diverses prisons d'État où j'ai séjourné pendant quatorze mois.

Enfermée d'abord au château de Chantilly, j'en fus tirée pour être conduite à Paris. La prison de Saint-Lazare ne put m'admettre, ni mes nombreuses compagnes d'infortune; on nous déposa dans celle du Plessis, nouvellement ouverte. Nos chambres, blanchies à la chaux, les fenêtres à demi murées, les vitrages couverts de plâtre, les chaises grossières, les matelas de coton provenant des maisons royales; enfin l'ensemble et les détails donnaient à cette prison l'aspect le plus bizarre. Le ci-devant collège du Plessis, réuni à celui de Louis-le-Grand, formait, sous le nom du premier, la plus vaste prison de l'Europe.

Logées à l'étage supérieur, nous n'eûmes d'abord aucune communication avec les prisonnières qui habitaient l'étage inférieur; aucun guichet ne nous en séparait, mais la plupart d'entre nous se flattaient d'être d'un moment à l'autre transférées au Luxembourg et espéraient y être moins exposées à la fatale condamnation. Beaucoup de personnes rédigeaient, signaient, envoyaient journellement des pétitions, soit à Fouquier-Tinville, soit au comité de sûreté générale. J'en redoutais le résultat; mais heureusement les geôliers auxquels ces dames les confiaient en furent si ennuyés qu'ils les brûlaient, même en notre présence, et l'un d'eux m'ayant souvent vue chez la duchesse de

(1) Plus tard, comtesse de Bohm. Extrait de son ouvrage intitulé *Les Prisons en 1793.* (Paris, Bobée et Hingray, libraires, 1830.) — On trouvera la première partie de sa relation dans notre recueil intitulé : *Le martyre du cœur, scènes de la vie intime en 1793.* Nous reproduisons spécialement ici ce qui a trait au séjour de la comtesse dans la prison du Plessis, où elle a été le plus longtemps renfermée. Ces extraits du reste ne figurent pas dans notre autre recueil : *Les drames de la captivité*, qui contient un grand nombre de relations de prisonniers et prisonnières célèbres. On y lira avec intérêt, comme comparaison avec le présent récit, les belles pages que la duchesse de Duras, aussi *pensionnaire* du Plessis, a consacrées à sa captivité sous le titre de : *Journal des prisons de mon père, de ma mère et des miennes.*

Narbonne, me dit confidentiellement : « Si vous continuez à pétitionner, vous ne passerez pas la semaine, car l'accusateur public et nous, nous en sommes fatigués. »

En effet, déclinant sans cesse la juridiction du tribunal révolutionnaire, nous devions irriter Fouquier-Tinville, qui se débarrassait promptement, et lui et les concierges et les gardiens, de tout prisonnier devenu importun.

Nous cessâmes donc cette écrivaillerie, et bien nous en prit; d'ailleurs, les communications clandestines au dehors étaient plus faciles qu'à Chantilly. Les geôliers se prêtaient volontiers à porter des lettres, à faire de petits achats, s'arrangeaient de telle sorte avec leurs camarades des autres maisons d'arrêt, que plusieurs d'entre nous, ayant leurs maris ou leurs frères, soit au Luxembourg, soit aux Madelonnettes, en recevaient journellement des nouvelles.

Peu à peu cependant, nous perdîmes la faculté de nous faire apporter à manger du dehors. Le maximum rendait les vivres chers, rares et mauvais. Les gardiens s'ennuyaient de ces allées et venues continuelles; et bien que chaque cruche d'eau qu'ils nous apportaient leur fût très largement payée, ils refusaient assez souvent de nous en monter.

Les aliments que nous pouvions obtenir du traiteur de la maison étaient à peine suffisants pour les payantes; nous devions encore les partager avec huit femmes pauvres, venues avec nous de Chantilly. Comment pourrait-on refuser un morceau de viande, un verre d'eau à une compagne d'infortune..., en prison!

Je me nourrissais avec une soupe à l'eau et du chocolat, que je préparais moi-même.

Cependant, malgré notre bonne volonté et les privations personnelles que nous nous imposions, nos ressources pécuniaires diminuaient journellement. Les huit femmes indigentes furent réduites à demander au concierge la pitance allouée gratuitement aux prisonniers; elle consistait, pour vingt-quatre heures, en une demi-livre de pain noir, et une dégoûtante galimafrée, que des marmitons crasseux versaient dans nos écuelles de bois; le concierge Haly ajouta pour chacune de nous un gobelet et un couvert de la même matière. Cette quantité d'aliments était véritablement insuffisante; les prisonniers indigents habitant le rez-de-chaussée se jetaient avidement sur les débris de vivres que les geôliers descendaient de nos chambres, et ceux-ci les leur abandonnaient par pitié.

Haly avait donné aux nombreux corridors de la prison les dénominations les plus bizarres : ceux qu'habitaient les femmes se nommaient corridor des Grâces, corridor des Parques; ceux des hommes portaient les noms de Brutus, de Scévola, etc.

Ce corridor des Grâces qui servait de dégagement à nos réduits, avait trente-cinq pieds de long sur trois et demi de large; logées deux à deux dans chaque cellule, nos lits se touchaient; l'espace vacant était si borné que pour placer une chaise, il fallait tenir la porte ouverte. Cependant, durant six semaines, il fut notre seule promenade; nous le parcourions successivement à heure fixe, pendant un certain laps de temps; et, malgré les soins multipliés que nous prenions, soit en y jetant du vinaigre, soit en y brûlant du genièvre, il devint bientôt infect et putride. Les maçons travaillaient sans cesse dans nos chambres; ils muraient ou démuraient nos fenêtres, renversaient par malice ou maladresse du plâtre sur nos meubles, et nous assourdissaient par d'atroces chansons.

Lorsque je les entendais hurler, je me disais : La cruauté et la démoralisation deviennent donc extrêmes en France, puisqu'elles sont parvenues à étouffer toute pitié dans les êtres chez qui l'ambition, le luxe, l'intrigue sont pour ainsi dire ignorés; mais alors la multitude était convaincue qu'il fallait, à tout prix, par tous les moyens possibles, conquérir la liberté, l'égalité ; et sans examiner si les voies qui pouvaient les lui procurer étaient licites ou non, elle suivait aveuglément la direction que les terroristes lui imprimaient. Elle était sans prévoyance et sans humanité. Les hommes influents pouvaient tout entreprendre avec la certitude du succès; car depuis la condamnation inique et violente de Camille Desmoulins, aucun écrivain n'avait élevé la voix en faveur de la justice outragée. La cessation d'un tel régime, pensai-je, ne naîtra jamais d'un noble mouvement d'indignation nationale!

Grandpré, bien qu'il inspectât tous les jours la plus grande partie des bâtiments de la prison, n'était pas encore monté à notre étage. Il y vint un jour, et parut surpris de nous voir gardées si étroitement. Les geôliers alléguèrent de mauvaises raisons; il les tança, leur enjoignit expressément de nous laisser communiquer, si nous le voulions, avec les prisonnières du corridor des Parques.

Espérant y trouver quelques femmes de notre connaissance, nous profitâmes aussitôt de cette permission. Hélas! ces pauvres prisonnières, nées dans les dernières classes, étaient couvertes de haillons, et ramassées au hasard dans les départements; elles parlaient divers patois, se querellaient perpétuellement, sans pouvoir mutuellement se comprendre. Toutes attendaient avec résignation l'acte qui devait les mettre en jugement; car, quoique le régime de la terreur fût en pleine activité pour les hautes classes, il n'avait point encore atteint, à l'égard des autres, le degré d'audace et d'injustice auquel il parvint quelques mois plus tard.

Fouquier-Tinville n'osait pas encore livrer publiquement à ses sicaires, ensuite aux bourreaux, les individus pauvres, isolés, inconnus, ne pouvant certainement être ni complices, ni promoteurs du privilège. L'accusateur public demandait seulement aux proconsuls en mission l'arrestation des prêtres, des nobles, des reines, des gens à talents; mais dans ces temps d'horrible mémoire, tout Français était complice ou victime ; heureusement pour l'honneur de la nation, il se trouva des citoyens de tous rangs qui aimèrent mieux souffrir que proscrire. La persécution s'étendit sur eux : elle fut atroce, sans terme et sans choix.

L'enceinte que Grandpré nous avait désignée pour promenade, était couverte le matin d'une foule de prisonniers de tout âge, de toute profession, de soldats de toute arme. Vers six heures du soir, ils étaient consignés et verrouillés dans leurs chambres. Les gardiens nous sommaient alors de descendre dans la cour; nous franchissions péniblement, pour nous y rendre, cinq étages séparés par des guichets; nous traversions les corridors de Brutus et de Scévola. Les prisonniers qui à prix d'argent obtenaient des gardiens de ne pas être renfermés, se pressaient sur notre passage, nous saluaient respectueusement, mais ils demandaient en vain nos noms à leurs guichetiers, qui ne répondaient jamais à de semblables questions.

Cette partie de la cour servant de promenade avait à peu près deux cents pieds de long sur cinquante de large; exposée une partie du jour à l'ardeur du soleil, elle était, de plus, toujours couverte de plâtre, de poussière et d'immondices.

Des maladies contagieuses s'étant manifestées à la Conciergerie, Fouquier-Tinville ordonna que les prisonniers seraient transférés soit à Bicêtre, soit au Plessis. Il nous en arrivait à chaque heure; en sorte que les réduits vacants à notre étage furent tous occupés. Nous distinguâmes, parmi ces nouvelles venues, MMmes de Bussy et de Grimaldi. La générosité, la franchise, les belles qualités de la plus âgée de ces dames, nous la rendirent chère. Mme de Grimaldi était si inquiète, si alarmée sur sa position, qu'elle se livrait peu à la société.

Mme de Bussy avait été jetée, pour ainsi dire, de prison en prison; elle nous donna les détails les plus curieux sur les diverses geôles; elle nous raconta, avec effroi, avec indignation, les excès, les crimes inouïs commis dans la Vendée; les femmes, les enfants, les vieillards, immolés par le vainqueur. Ces contrées malheureuses, si impitoyablement dévastées sont cependant les seules, dans ces temps funestes, qui aient constamment maintenu l'honneur français, résistant courageusement au système terroriste, et conservant ainsi dans toute leur énergie les sentiments qui honorent l'humanité.

Nous pûmes nous convaincre par ces tristes récits, que la destruction d'une multitude de Français entrait dans les projets des comités de gouvernement; qu'ils y marchaient par le fer, le poison et l'échafaud. Leurs attentats envers la famille royale semblaient assurer que tout était permis à qui avait frappé si haut. Qu'étions-nous? Comment nous flatter d'échapper à leurs coups?

Mme de Bussy nous fit connaître aussi les particularités qui accompagnaient les jugements à mort du tribunal; nous l'écoutions avec avidité, avec émotion. Nous savions que l'échafaud nous attendait, mais comment mourrait-on? Les femmes, à la Conciergerie, d'où venait notre amie, habitaient un corps de logis tout à fait distinct de celui des prisonniers; ils pouvaient tous se parler à travers la grille qui séparait les deux cours.

Mme de Bussy avait vu dans cette prison la duchesse de Choiseul et celle de Grammont; cette dernière, appelée au tribunal, ne descendait pas; la duchesse de Choiseul, sa belle-sœur, cherchait à la hâter : « Qu'ils attendent, répondit Mme de Grammont, ils iront toujours trop vite. »

Une Mme de Chary parut au tribunal dans tout l'éclat de la jeunesse, de la beauté, rehaussé encore par la parure la plus élégante; elle disait : « Ils n'oseront jamais faire tomber une aussi jolie tête. » Ils la condamnèrent à l'unanimité, et le féroce Fouquier-Tinville se plaça sur le balcon en face même du tombereau qui la conduisit au supplice.

La reine de France, Marie-Antoinette, y subit, pendant trois mois, les traitements les plus inhumains : gardée à vue dans une chambre basse et malsaine, elle obtint, mais avec peine, d'être servie par une femme. Le choix tomba sur la fille de Le Beau, concierge de La Force. A quinze ans, chargée d'un tel emploi! Cette jeune personne devenue depuis la femme d'Haly, se faisait remarquer par la finesse de ses traits, la délicatesse de sa complexion. Que de physionomies sont trompeuses! Jamais, je le crois, âme aussi insensible ne fut revêtue d'une enveloppe plus gracieuse.

Mme Haly racontait que l'infortunée reine de France, aussi longtemps qu'il lui fut permis de se servir d'aiguilles et de ciseaux, raccommodait elle-même les grossiers vêtements dont elle était couverte; et, lorsque tout moyen de lire et de travailler lui fut enlevé, elle arrachait les fils d'une tapisserie en lambeaux qui recouvrait la muraille de son cachot, et les tressait artistement sous diverses formes. Elle prépara avec soin la robe blanche et la coiffure qu'elle portait en allant au supplice. Sa bonté, sa piété, sa résignation durant sa captivité, furent telles que la femme d'Haly, qui assurément sous ce rapport est au moins digne de foi, nous assura que son père en avait été étonné.

Dans la suite, les prisonniers mis en jugement ne rentrèrent plus dans l'intérieur de la Conciergerie; conduits par des gendarmes dans la salle dite des accusés, où se trouvaient les défenseurs officieux, ils étaient de là emmenés sur les gradins des délinquants, en face des jurés. Ils entendaient Fouquier-Tinville lire leur acte d'accusation; un bref interrogatoire avait lieu, des témoins apostés déposaient à charge, quelques débats s'effectuaient pour la forme, les jurés se retiraient pour délibérer, puis allaient aux voix. Le président, assisté de deux juges, ayant posé les questions, proclamait la solution, appliquait la loi; le greffier rédigeait la sentence et la lisait à haute voix; les gendarmes, lorsque la peine de mort devait être encourue, ramenaient les victimes dans une

Les gendarmes le conduisirent sur-le-champ au tribunal. (Page 203.)

salle dite des condamnés, où les bourreaux leur ayant coupé les cheveux, s'éloignaient jusqu'au lendemain. Les infortunés destinés au supplice restaient quelquefois plus de vingt-quatre heures dans ce funeste lieu. Un jour! plus d'un jour dans une agonie morale qui rend le trépas si pénible! Lorsqu'un d'entre eux demandait à manger, on servait un splendide repas, dont tous pouvaient à leur gré désigner les mets, les vins, fussent-ils les plus exquis. Mais, à leur sortie de table, ils retombaient immédiatement au pouvoir des exécuteurs; ceux-ci leur liaient les mains derrière le dos, déchiraient ou coupaient le col des chemises, attachaient aux patients l'habit sur les épaules; et, ces cruels préliminaires achevés, les soldats d'escorte contraignaient ces infortunés à descendre rapidement le grand escalier du Palais de justice. La multitude agglomérée les injuriait, témoignait sa joie de les voir dans les tombereaux aller à la mort.... Les rues que ce convoi funeste traversait étaient toujours encombrées de spectateurs, gens oisifs ou malveillants, qui tous à l'envi insultaient au malheur, et se portaient spontanément sur la place de la Révolution. Là, des garçons bourreaux, bien vêtus, coiffés à la mode, sautaient lestement des charrettes, faisaient mettre par les gendarmes les hommes à terre, prenaient les femmes dans leurs bras, les descendaient, les aidaient à monter à l'échafaud; et lorsque l'exécution, qui ne durait pas une minute par patient, était achevée, les innombrables assistants remplissaient l'air des cris mille et mille fois répétés de : Vive la nation!

Les valets de bourreau, portant pêle-mêle au cimetière de la Madeleine les cadavres mutilés, s'asseyaient sur les grands paniers pour les clore, et dérobaient ainsi aux regards les sanglantes dépouilles de ces horribles boucheries. On versait de l'eau à torrent sur la place où elles avaient eu lieu, espérant ainsi en faire disparaître les traces; mais la terre saturée de sang, ne pouvant plus en absorber, on fut obligé par la suite de transférer au faubourg Saint-Antoine l'exécrable théâtre de ces scènes infernales.

Quelques mois après son arrivée parmi nous, la respectable Mme de Bussy nous fut enlevée. « Il faut à ce tribunal, nous disait-elle, des victimes et non des coupables; ce sont des tigres, non des magistrats; lorsqu'un hasard quelconque met un individu en contact avec ces hommes redoutables, cet infortuné doit périr! » Elle nous dit adieu avec résignation et affection, donna son argent, ses effets précieux, aux jeunes filles d'émigrés venues de Chantilly avec nous, et se déroba à nos soins empressés « qui, ajoutait-elle, affaiblissent mon courage, au moment suprême où je dois en donner la dernière et la plus forte preuve. »

Les guichetiers pillèrent sa chambre, se partagèrent ce qu'elle contenait, et poussèrent l'audace jusqu'à nous proposer d'acheter ses vêtements. Voir perpétuellement commettre les attentats les plus inouïs, les seconder, en profiter, était devenu pour eux des habitudes féroces auxquelles ils se livraient machinalement.

Le 1er messidor, un gardien vint d'un air empressé dans la cour où j'étais, me sommer de comparaître de suite au greffe. L'heure, la manière dont il s'énonçait, la pâleur mortelle qui se répandit sur le visage des femmes qui m'entouraient, me firent présumer que mon heure dernière était arrivée. Je leur serrai la main, je suivis le greffier, il me présenta un papier. Je m'assieds près d'une table; j'ouvre cette lettre remise avec tant d'apparat, j'y vois, à ma très grande surprise, la modique réclamation d'un fournisseur. Le nègre Théodore, constamment de garde au guichet où je me trouvais alors, dit au greffier : « Tu sais, citoyen, que les prisonniers ne possèdent ni or ni argent. Ton cousin, qui revendique une créance, est maintenant en compte ouvert avec la nation; que veux-tu de mieux? » Le greffier s'éloigna honteusement : c'était un piège odieux!

Mon prompt retour causa une vive satisfaction parmi mes compagnes; notre commun malheur nous rendait, pour ainsi dire, solidaires. L'arrêt prononcé contre une femme veuve de Chantilly semblait les atteindre toutes. « C'est un essai, leur dis-je; ce moment, je vous l'assure, n'est pas aussi pénible que nous l'imaginons. »

Peu de jours après cet incident, nous apprîmes la condamnation de Mme Elisabeth, et nous aperçûmes, parmi un grand nombre de prisonniers arrivant de la Conciergerie, l'abbé de la Trémoille. Il fut, en traversant la cour, entouré de pauvres prisonnières qu'il avait assistées à la Conciergerie. Son transfèrement au Plessis était l'effet du ressentiment qu'avait conçu Richard en voyant l'abbé de la Trémoille exprimer respectueusement sa douleur à l'aspect de l'infortunée princesse, jugée, condamnée, allant au supplice! Le prince de Talmont et l'abbé de la Trémoille étaient jumeaux; ce fut leur extrême ressemblance qui motiva l'arrestation de l'abbé, car on n'en voulait qu'au prince. Le premier ne désavoua pas la méprise; néanmoins cet héroïque dévouement fut infructueux. Moissonnés tous deux dans la force de l'âge, tous deux dignes d'un sort prospère, l'un par son brillant courage, l'autre par la noblesse et la douceur de son caractère, ils périrent violemment : conformité aussi frappante dans leur destinée, que celle de leur naissance et de leurs traits.

Le désespoir, l'ennui, les mauvais traitements, inspiraient aux prisonniers, et particulièrement aux jeunes gens, un tel dégoût de la vie que plusieurs dénués de sentiments de religion, se suicidèrent. L'un d'eux, ayant en vain tenté plusieurs fois de s'ôter la vie, choisit l'instant où, seul dans sa chambre, il pouvait, sans nuire à ses camarades, crier : Vive le roi! cette exclamation inaccoutumée attira les geôliers : le jeune prisonnier redoubla le vivat proscrit, lançant à la tête des survenants des barres de bois arrachées de son lit. Les gendarmes accoururent sans être requis. Il les maltraita, s'empara même d'un de leurs sabres; et prêt à s'en frapper, les soldats l'assaillirent, le terrassèrent, le conduisirent sur-le-champ au tribunal. Le gardien assigné comme accusateur et témoin, déposa seul, et au moment d'être supplicié, le jeune homme donna sa montre à son délateur en disant : « Tu m'as rendu le plus grand service. »

L'état-major du régiment ci-devant Berry, accusé d'avoir favorisé la trahison de Dumouriez, périt sur l'échafaud; ces officiers furent les seuls détenus auxquels nos gardiens témoignassent quelque intérêt : « Tais-toi, dit l'un d'eux à une prisonnière qui chantait : Berry est condamné! »

*
* *

Il n'y a plus de préjugés pour l'être raisonnable placé en face de l'échafaud. Lorsque la pénurie d'aliments, le manque absolu de toutes les jouissances de la vie se font trop vivement sentir, l'imagination, mise en mouvement par la souffrance, s'exalte à un point indicible : mille idées se succédaient dans ma tête. Leur force, leur étendue, leur clarté me surprenaient; ma vie se trouvait, pour ainsi dire, soutenue par une fièvre ardente et continue, produite par le malaise et le défaut absolu de repos. Je sentais dans ses fréquents paroxysmes mon esprit dégagé de toute entrave. Je me trouvais une facilité inexprimable pour passer d'un aperçu à un autre, pour en déduire les conséquences, en saisir les rapprochements : je n'éprouvai jamais, dans le cours de ma vie, une semblable disposition.

La mort est certaine, et nous agissons constamment comme si nous ne devions pas la subir, elle se présente à nous confusément : c'est une pensée terrible. Le sage même n'en sonde ordinairement les mystères que dans ces moments calmes où il jouit de la plénitude de la vie : elle n'est pas, tant que nous sommes; lorsqu'elle est, nous ne sommes plus.

Une maladie, même la plus grave, ne l'offre pas sous un aspect aussi hideux que celui sous lequel je l'attendais. Ce nom de mort ne cessait de retentir à mes oreilles; son image se trouvait perpétuellement sous mes yeux : nos visages en portaient déjà l'empreinte! Le jeune âge, la beauté, les talents, la vertu semblaient exciter la furie de cette reine inexorable : sa terrible faux se promenait nuit et jour sur nos têtes, une douloureuse agonie précédait de longtemps le terme fatal.

J'éprouvais depuis le 10 août, peut-être même à dater du 14 juillet 1789, mais plus fortement encore dans ma prison, une disposition funeste qui tour à tour glaçait mon sang, et le mettait en ébullition. La lecture, qui avait toujours été pour moi une occupation utile et agréable, m'était devenue insupportable. Les fictions romanesques contrastaient trop péniblement avec les rigueurs de ma position. L'histoire me montrait si souvent le crime triomphant, les excès les plus répréhensibles se commettant sans résistance! La morale, proprement dite, s'offrait aussi comme un topique impuissant (1). Ces maximes positives, banales, propres à

(1) C'est l'aveu de tous les malheureux, quand ils sont sincères. Il est donc constant que la religion seule peut adoucir les maux de l'homme; disons mieux, les faire accepter avec résignation, les faire aimer!... Qu'on ouvre la vie des saints, et l'on aura, à chaque page, la preuve de cette bienfaisante influence, comme on a la preuve du contraire à chaque page de la vie de ceux qui ne s'appuient pas sur la religion.

adoucir des souffrances communes, bornées, vulgaires, me semblaient sans rapport direct avec mon étrange et cruelle situation ! Nul autre, nul autre siècle, n'en vit jamais de semblable ! Des milliers d'êtres innocents, étroitement emprisonnés, livrés à toutes les douleurs de l'âme et du corps, périssant successivement sur l'échafaud !

Hormis le remords, nous éprouvions tous les genres de tourments. Je résolus de me tracer un plan de conduite pour une position si extraordinaire; et, afin de mettre un terme à toute anxiété, je dus examiner à loisir la question suprême de la vie et de la mort.

Un jour donc, me trouvant seule dans ma chambre, auprès d'une petite table sur laquelle j'appuyais mes deux mains croisées sur mes yeux, je me dis mentalement : Il faut mourir prochainement, avant trente ans, de la main du bourreau, au milieu des vociférations d'une multitude égarée ! Il faut mourir sans gloire, sans utilité aucune, n'excitant ni regrets, ni étonnement !

Je regarde autour de moi : le silence, l'abandon, la douleur y règnent. Presque effacée du nombre des vivants, je ne trouverais peut-être pas dans ce Paris, où j'ai habité longtemps, un ami qui osât avouer qu'il me connût; pas un souvenir consolant n'arrive jusqu'à moi : telle qu'un malade condamné par les médecins, moi vivante, je suis déjà considérée comme n'existant plus !

Eloignez-vous, éloignez-vous de mon brûlant souvenir, sentiments doux et généreux auxquels j'ai si souvent sacrifié mon repos ! Illusion, prospérité, tout m'abandonne, je ne tiens plus à la vie par aucun lien enchanteur ! Le libre emploi du temps est maintenant hors de mon pouvoir ! Rien ne m'appartient plus, ni en lui ni dans l'espace ! Une force irrésistible m'entraîne vers la tombe ! Il faut marcher ! Il faut marcher !...

Mon fils, séparé de moi dans cet âge heureux où les sensations varient et s'amortissent rapidement, s'accoutumera au désastreux régime qui m'immole !... Courbera-t-il donc le front sous le joug humiliant d'une semblable autorité ? Les sentiments tendres, dans les chances ordinaires, maintiennent la vie, mais quant à moi, ils ne sauraient qu'aggraver mes peines ! Un espace immense, infranchissable, me sépare à jamais des objets chers à mon cœur ; il s'élance en vain vers eux, je le sens se briser !

Poursuivons : je suis seule ; oui, seule, livrée à des chagrins dévorants; mes vêtements, couverts de poussière, défigurent mes traits; j'éprouve un dénûment absolu. Un cachot de quelques pieds d'étendue, et ce lit de douleur sur lequel je ne goûte jamais le repos, me sont seuls assignés sur la terre ! Je ne suis en réalité que l'ombre de moi-même ! Une telle existence est un tourment, un supplice insupportable ! Envisageons froidement le trépas; contemplons-le sans effroi : qu'a-t-il pour moi de menaçant? Il mène au repos, il rend à chacun suivant ses œuvres! Non, ce n'est pas lui qui m'épouvante; ne suis-je donc pas depuis un an sous son prochain empire? Grand Dieu! mutilée par l'échafaud! Qu'importe, après tout, le moyen qui mettra un terme à mes maux? Quelques jours seulement, et les souffrances que j'endure cesseront pour jamais! L'agonie est vive, mais courte!

Certains croient que mourir, c'est simplement cesser tout à coup d'exister; non, la mort paraîtrait trop redoutable si elle pouvait anéantir tout à la fois corps et âme. Cet élan sublime qui, en certaines circonstances, nous fait préférer la vertu à l'existence, prouve combien l'âme est supérieure à son enveloppe; elle en diffère, elle en triomphe, elle y survit.

Après cet examen sincère, après m'être tracé pour ainsi dire une règle de conduite pour chaque instant qui précéderait mon trépas, ayant recueilli mes esprits, je me sentis calme, résignée, et convaincue que je subirais courageusement ma sinistre destinée. Aucune souffrance corporelle n'affaiblissant encore mes facultés, je me trouvais allégée d'un poids immense; un nouvel horizon m'apparaissait, et, préparée à quitter prochainement la vie, j'attendais sans effroi le coup fatal qui me menaçait et me paraissait inévitable.

Le galetas qui précédait celui que j'habitais nous servait de lieu de réunion; il fut tout à coup encombré par six pauvres femmes amenées de la Conciergerie. Elles parlaient divers patois, et parmi elles une fermière berrichonne, fort âgée, avait une terreur extrême de la mort. Comme je m'en étonnais : « Les jours qui sont passés, me dit-elle, sont nuls pour vous comme pour moi; l'avenir, à votre égard et au mien, est fort incertain; le présent seul nous appartient à toutes deux, j'en jouis comme vous, mais je suis épouvantée en pensant qu'il peut m'échapper d'un instant à l'autre. »

Les nombreux mois que j'ai passés en prison ont plus avancé mon étude favorite, la connaissance du cœur humain, que ne l'aurait pu faire la plus longue vie. Vices, vertus, bons ou mauvais penchants, préjugés, mœurs, coutumes, croyances, opinions, s'y montraient sans contrainte, sans réserve. J'habitais familièrement avec les femmes les plus distinguées; je logeais porte à porte avec cinq crieuses des rues, et, soit que j'entrasse dans mon réduit, soit que j'en sortisse, elles m'arrêtaient, me débitaient leurs grossières apostrophes; et si je leur donnais quelque argent pour leur échapper, elles achetaient à l'instant même du cognac, et devenaient d'autant plus bruyantes.

La dénonciation de Vadier contre Don Gerle causa un étrange vacarme au Plessis. Nous entendîmes pendant la nuit des geôliers qui traînaient dans notre corridor de malheureuses prisonnières; ils les forcèrent à se coucher sur des couvertures jetées sur le carreau.

Mais il est bizarre, me disais-je, que dans ce siècle de lumières, de perfectibilité, qu'en France où, depuis 1789, la plupart des églises ont été pillées et démolies, des milliers de prêtres bannis ou même égorgés, on rencontre à côté du culte des théophilanthropes, sous les yeux des zélés promoteurs de la déesse Raison, les croyances les plus absurdes, les sottises les plus grossières.

Le vulgaire a perdu la foi; il oublie sans cesse qu'il existe un Dieu, un jugement, une vie future. Il se rit de la vertu, de la persévérance, de la miséricorde; mais il a recours aux sorciers (1), il veut connaître l'avenir; il sacrifie son pain quotidien à une mégère, à un sycophante pour qu'ils lui révèlent, au moyen de cartes ou autres ingrédients, la destinée qui l'attend, la conduite qu'il doit tenir. Cette manie de tirer les cartes, manie fatale des esprits faibles, était, au Plessis, l'occupation journalière de la plupart des prisonnières, la seule qui les intéressât. On ne voyait que cartes en main; la comtesse de V*** en devint folle.

Une vieille porteuse d'eau, native d'Orléans, profitant, comme de raison, de la sottise publique, usurpa dans ce genre une sorte de réputation dont elle jouissait, chose rare, sans concurrentes et sans envieuses, mais non certes sans orgueil. Un babil intarissable l'avait aussi accréditée au Plessis; une sorte d'éloquence populaire, une assurance imperturbable, l'habitude de son métier la faisaient rechercher.

Un jour, je la trouvai seule dans le corridor obscur servant de promenade aux prisonnières qui n'aimaient pas plus que moi à descendre dans la cour; la devineresse y tenait ses assises; une planche appuyée sur deux chaises lui servait de tréteau. Survint inopinément une jeune dame, femme d'un accusateur public en Lorraine. « Voyons, dit-elle à l'Orléanaise, si tu es aussi habile que moi : point d'histoires de mariage ni d'argent : les ci-devant rois seront des accusateurs publics; les reines, de bonnes républicaines; le neuf de pique, l'échafaud! Tire les cartes pour toi; je les expliquerai, » ajouta-t-elle, jetant sur la table une pièce de cinq francs.

Cette jactance terrifia la vieille prophétesse; elle hésita, puis trembla. « Fouquier-Tinville, » disait-elle tout bas. Il fallut passer outre, la chance

(1) « Incrédules les plus crédules. » Cette parole reste toujours vraie. Chacun sait que de nos jours des personnages politiques très marquants, ennemis forcenés de la religion, vont consulter une certaine devineresse de grand renom, qui fait d'excellentes affaires en dupant ces pauvres esprits forts. Quand on renie Dieu, on se jette dans les bras du diable.

fut affreuse : la belle provinciale la commentait malicieusement. Soudain, sa pauvre victime découvrit le neuf et l'as de pique !

« Eh bien ! que dis-tu de cette accolade ? Tu pâlis, » dit en riant la femme de l'accusateur public. « Ce soir au tribunal, demain guillotinée. »

La malheureuse Orléanaise pleurait amèrement; j'étais révoltée de la méchanceté de la jeune Lorraine. Je cherchais à consoler la porteuse d'eau; elle aurait dû, elle aurait pu mieux que personne apprécier l'extravagance d'un tel jeu. Mais sa tristesse, sa préoccupation, ses craintes parvinrent à leur comble ; et l'événement ayant confirmé subitement la prédiction (1), l'art divinatoire acquit au Plessis un immense crédit.

Une après-dînée, à l'heure où nous nous promenions dans la cour, survinrent inopinément Fouquier-Tinville, Hermann, président du tribunal révolutionnaire, et l'inspecteur des prisons, Grandpré ; ils nous observèrent avec attention, et en examinant les bâtiments, ils s'aperçurent que nos fenêtres étaient murées presque en entier. « Je n'entends pas, dit l'accusateur public, que ces aristocrates étouffent ici; ils seraient, parbleu, trop contents ; il faut aérer leurs chambres, y brûler du genièvre ; ils crèveraient comme à la Conciergerie ; car leurs opinions et leurs personnes propagent subitement la contagion. »

La mort des prisonniers remplissait à la vérité les vues de ces hommes féroces, mais si elle était naturelle, ils perdaient le plaisir de la donner. Fouquier-Tinville, en particulier, éprouvait une telle satisfaction à voir périr des femmes, que la jeunesse stimulait presque constamment ses arrêts de mort. La condamnation à peine prononcée, il se précipitait à une fenêtre du palais de justice, d'où il pouvait les voir monter dans le fatal tombereau. Son rire, à cet aspect, paraissait infernal ; il les insultait par des discours furibonds, par des gestes menaçants. Cet homme dénaturé était époux et père. Les tigres ont aussi une famille, ils la nourrissent de débris palpitants !...

Le local que nous occupions depuis notre arrivée au Plessis devenait inhabitable. Notre nombre s'étant prodigieusement accru, la chaleur extrême, le manque d'espace et d'air multipliaient les maladies, les rendaient contagieuses ; Haly craignait d'en être atteint.

Il décida donc que nous serions provisoirement transférées dans le bâtiment en face, nommé « Police correctionnelle. » *Provisoirement* était le mot suprême dans les prisons ; jamais expression ne fut plus souvent employée, jamais dénomination ne se trouva si exacte. Les geôliers nous la répétaient du matin au soir. C'était provisoirement que nous mangions, buvions, marchions, dormions, vivions. C'était aussi

(1) Soit hasard, soit machination diabolique : l'ûn est aussi possible que l'autre.

provisoirement qu'ils nous laissaient des jours entiers dans le dénùment absolu des objets de première nécessité. A peine avions-nous acheté une cruche d'eau, qu'il fallait la partager avec les détenues pauvres qui en manquaient.

Comment dans une prison refuser un verre d'eau! Ceux qui n'ont point éprouvé, dans le cours de la vie, ces cruelles privations, en concevront difficilement la rigueur : dix pieds carrés pour se mouvoir; être contraint, pour respirer, d'appuyer ses lèvres desséchées sur des barreaux de fer, qui tout à la fois interceptaient la libre circulation de l'air et le bienfait de la lumière; tenir sans cesse à la main un mouchoir trempé de vinaigre, afin d'échapper aux dangereuses exhalaisons qui s'élevaient des cachots infects où les vivants, les mourants, les morts restaient souvent oubliés. Chaque jour, à diverses reprises, nous brûlions des herbes dont l'épaisse vapeur nous portait à la tête et nous tirait des larmes. Ces pénibles soins prolongeaient à la vérité notre existence. Quelle existence! ils absorbaient une partie de notre temps, mais ils activaient à un degré inexprimable les tristes sensations qui nous dominaient.

Le déménagement fut effectué avec une promptitude inconcevable; une demi-heure nous avait été assignée pour y procéder. Il se fit sous d'horribles auspices, car durant son cours on enleva sous nos yeux l'intéressante Mlle de Blair. Elle reçut son acte d'accusation avec un calme, une dignité admirables, et distribua aux jeunes filles qui l'entouraient l'argent et les bijoux qu'elle possédait. La lettre de comparution devant le tribunal ne désignait pas laquelle des deux de Blair était appelée; la seconde était détenue à Saint-Lazare. Nous en fîmes la remarque comme moyen de défense. « Je réclame, dit la jeune victime, le droit d'aînesse; les délits royalistes reprochés à ma famille retomberont en entier sur ma tête, je sauverai ainsi un frère bien-aimé. » Elle accueillit avec sensibilité nos regrets et nos hommages. Pieuse et résignée, on la vit subir avec courage son jugement et sa condamnation.

Les administrateurs venaient chaque semaine inspecter la prison et enlevaient aux prisonniers argent, billets, bijoux; à la vérité, au moyen d'une assez légère rétribution, nos geôliers s'en chargeaient pendant la visite, et, il faut l'avouer, nous les rendaient exactement après le départ de nos spoliateurs. Ne voulant pas néanmoins renouveler trop souvent cette épreuve, j'avais couvert de laine cent pièces d'or, et, au moyen du plâtre qui abondait dans nos chambres, imaginé follement de maçonner ces deux pelotons contre l'embrasure extérieure de ma croisée. Mais mon trésor avait tellement adhéré à la muraille, qu'à l'aide même d'un couteau il me devint impossible de l'en détacher.

L'heure donnée s'écoulait; les gardiens, comme de nouveaux Barbe-Bleue, nous sommaient sans cesse de descendre. J'éprouvai une anxiété extrême. La jeune P*** me prêta obligeamment un compas de toilette; il se rompit deux fois, mais à force de persévérance et d'efforts nous parvînmes à notre but. J'enlevai en hâte cet or, seule ressource qui me restât. A peine échappée à cette contrariété, je retombai dans un danger plus réel. Il s'agissait immédiatement de la vie.

J'avais entrepris, dans ma prison, la traduction de l'*Essai sur l'Histoire,* par Bolingbroke, et de plus un journal en chiffres de mon séjour à Chantilly et au Plessis. Afin d'accélérer mon déménagement, qui se trouvait fort en retard, j'avais vite roulé pêle-mêle dans un couvre-pieds, linge, plumes, papier, livres. Les gardiens, en jetant du haut en bas nos effets dans la cour (car c'est ainsi qu'on descendait nos objets), aperçurent mes livres, mes papiers et les apportèrent soigneusement dans ma nouvelle demeure. L'un d'eux, ce fut le cocher, ferma la porte avec rudesse, s'appuya contre, et me parla ainsi : « Nous ne voulons pas te dénoncer, car ce soir tu n'existerais plus; mais pourquoi diable écris-tu, lis-tu? les patriotes n'ont pas besoin d'être savants. Vive la nation! c'est assez pour eux. »

Sans tenter aucune explication je leur donnai deux cents francs; ils me remercièrent, sourirent et me quittèrent. Je n'ai jamais eu lieu de les soupçonner de m'avoir trahie; la conscience d'un geôlier est un étrange ingrédient!

Je fus installée dans un même local avec Mme d'Hécourt, femme suivant mon cœur. L'habitation, dans ce corps de logis, uniquement réservé aux femmes, était meilleure; les étages ne se trouvaient pas séparés par des guichets, mais les fenêtres des salles basses donnant sur la cour furent revêtues d'abat-jour garnis de grillages, ils interceptaient le soleil et l'air courant, en sorte que les mauvais effets produits par l'humidité n'étaient pas neutralisés. Les détenues qui les habitaient s'en plaignirent : Haly leur permit d'y entretenir un feu de cheminée.

Les croisées de notre demeure donnaient sur la vaste cour d'entrée. Comment dépeindre l'effrayant aspect qu'elle offrait à toute heure de jour et de nuit? Comment retracer les scènes tragiques dont elle devenait sans cesse le théâtre! Aucune expression ne peut rendre les sentiments pénibles qui tourmentaient les infortunés prisonniers, dont les regards se fixaient continuellement sur cette triste enceinte.

Nous étions sous l'empire de cette impérieuse loi de salut, qui, s'élevant parfois dans les âmes, même les plus nobles, au-dessus de la pitié et de l'affection, fait prévaloir sans cesse le soin de notre propre conservation; nous contemplions avec une sorte d'avidité les scènes terribles qui se passaient sous nos yeux : cette sensation ne tenait du moins, dans mon cœur, ni à l'endurcissement ni à l'égoïsme. Mais au Plessis la destinée offrait à tout instant une loterie fatale où chacun redoutait d'obtenir un lot.

Lorsque le roulement de la voiture du tribunal révolutionnaire se faisait entendre au loin sur le pavé de la rue Saint-Jacques, nous montions sur des malles, sur des chaises, et, le corps penché sur la barre de fer des croisées, le regard dirigé sur la cour, nous attendions avec anxiété la sinistre issue des événements. Le portier, dès qu'il apercevait le véhicule, ouvrait, avec la célérité de l'éclair les triples serrures des grilles, qui à l'instant roulaient brusquement sur leurs gonds. Un coupé, fond blanc, portant sur ses portières un énorme bonnet rouge et traîné ventre à terre par deux chevaux dépareillés, s'arrêtait en face du greffe. Le cocher, poudré à blanc, vêtu d'une carmagnole bleue, le bonnet de laine rouge sur la tête, et, ceint d'une large écharpe de même couleur, sautait à bas de son siège, ouvrait la voiture; l'huissier du tribunal, accompagné de deux gendarmes, descendait, se portait précipitamment au greffe. A peine en avait-il atteint le seuil, que le greffier de la prison recevait la liste, et, aidé de son substitut, cherchait avec un égal empressement les victimes désignées.

Ces ministres de la mort iront-ils à droite, à gauche, au bâtiment des hommes ou à celui des femmes? A quel étage? dans quelle chambre? Quel individu atteindront-ils? Sera-ce moi? sera-ce quelque autre? une famille entière peut-être? Tout arrêt capital tombe ici sur un innocent! Échapper au péril présent ne donnait aucune garantie, aucun espoir raisonnable de n'être pas atteint prochainement. Quelle suite de pénibles instants! quelle continuité de crainte, de désespoir! Quel avenir effrayant! et lorsqu'un jour, composé de quatre-vingt-six mille quatre cent quarante secondes, s'écoule ainsi, que des mois entiers se forment de semblables jours, que des années renferment douze pareils mois, on peut s'étonner que les forces soit morales, soit physiques, puissent soutenir de telles souffrances et y survivre.

Ces observations formaient constamment la série de questions que les détenus s'adressaient entre eux. Les fenêtres étaient en pareilles circonstances et dans toute leur étendue garnies de prisonniers stimulés par le même motif, épiant avec une terreur égale la marche précipitée des greffiers. Le temps qu'ils employaient à chercher leur proie, celui qu'ils passaient dans l'intérieur des bâtiments, chose inouïe! paraissait toujours long. Il semblait que la mort ne frappait point encore assez promptement. Hélas! la plupart des infortunés réclamés par le tribunal se montraient résignés à leur sort. Quelques-uns même satisfaits de toucher enfin au terme de leurs maux, accéléraient le pas. Deux ou trois accusés montaient dans la voiture avec l'huissier ; le surplus des prévenus était lié sous nos yeux, et avec une telle violence que des hommes courageux poussaient involontairement d'affreux gémissements; les gendarmes escortaient ces enlèvements.

* * *

Cependant, de plus en plus, je me sentais mourir ; mon sang altéré par le chagrin se calcinait dans mes veines, les sources de ma vie s'épuisaient journellement; cette destruction lente, successive, sans douleur aiguë, et mettant enfin un terme à la plus affreuse situation, avait cependant un côté encourageant. J'entrevoyais avec satisfaction ma prochaine délivrance.

Tel était mon état moral lorsque je fus rappelée tout à coup à la plénitude de la vie par un événement déchirant et tout à fait imprévu.

Le bruit d'un grand nombre de chariots tournant dans la cour était à la vérité parvenu jusqu'à moi, mais totalement désintéressée de tout incident qui pouvait survenir, que m'importait de les connaître? Mme d'Hécourt s'écria avec une sorte d'effroi : « La cour est remplie de nouveaux arrivants : de femmes, de jeunes gens élégamment vêtus. D'où viennent-ils ? »

En achevant ces mots elle me quitta, recueillit quelques informations, revint près de moi, et me dit : « Ces prisonniers sont des nobles enlevés à Neuilly. — A Neuilly ! repris-je en tressaillant, » et je ne sais pourquoi, je croyais ne connaître qui que ce soit à Neuilly. « Il faut, ajouta Mme d'Hécourt, que vous quittiez cette chambre; l'air y est malsain, brûlant, concentré. — On ne meurt cependant pas de mal-être, répliquai-je, allons, si vous le voulez, jusqu'au palier voisin. » Elle m'y entraîna; ma tête défaillante s'appuyait contre les barreaux de la fenêtre lorsqu'une prisonnière me désignant une jeune femme, me serra la main avec affection. « C'est votre sœur, dit-elle, qui entre au greffe; la jeune fille qui l'accompagne, est Aglaé de Baze, votre cousine. » Mes regards se dirigeaient en vain vers ces deux femmes, je ne les reconnaissais pas. « Ma sœur, repris-je, serait parmi les prisonniers? elle, constamment étrangère de fait et de volonté à tout débat politique ! »

Etant restée, depuis notre séparation à Chantilly, sans nulle communication avec ma famille, j'ignorais le lieu où ma sœur habitait; mais rassurée par les opinions bien connues du général Barbantane, son mari, je la croyais à l'abri de toute malencontre ; mes incertitudes cessèrent lorsqu'un billet ainsi conçu me fut remis : « Votre sœur est ici, je lui ai parlé ; préparez-lui un lit, elle est fort souffrante. »

A cette lecture, la langueur qui depuis plusieurs mois minait mes jours se changea tout à coup en une ardente fièvre ; je repris mon activité habituelle, je retrouvai du courage et des forces; j'éprouvai, dans toute son étendue, que les souffrances personnelles sont faibles et supportables en les comparant à celles que nous font ressentir les dangers, les chagrins des êtres qui nous sont chers. Mes mouvements étaient convulsifs, je courus précipitamment vers un pan de muraille, d'où, par un essor dont je ne me serais pas crue capable, je parvins à établir entre moi et ma sœur, enfermée dans une salle basse, une communication véritablement périlleuse; je lui descendis un mouchoir lié à un long ruban, elle y déposa son portefeuille et quelque argent en me disant : « Je suis heureuse de me retrouver près de toi. »

Un gardien nous surprit; nous payâmes chèrement son silence : ma sœur, n'étant pas encore écrouée, il y avait peine de mort pour toute communication entre les anciens prisonniers et les arrivants.

En rentrant précipitamment dans ma chambre, je trouvai mon incomparable amie se disposant à la quitter ; j'essayai vainement de décliner cette généreuse résolution, car dans l'enfer que nous habitions, c'était donner le seul bien qu'on possédât. Elle s'établit dans un galetas en face qui lui répugnait d'autant plus qu'il avait été successivement occupé par trois femmes qui avaient péri sur l'échafaud; sa tendre affection pour moi et son noble caractère le lui firent néanmoins habiter avec sa fille, ange de neuf ans, dont la gentillesse et la douceur avaient tant de fois adouci nos peines. J'en aurais agi de même, j'en ai la conviction, mais cette preuve d'amitié excita vivement ma reconnaissance et m'attacha pour la vie à celle qui me la donna.

Le soleil commençait à baisser; six mortelles heures s'écoulèrent dans l'attente d'une réunion funeste et néanmoins ardemment désirée.

Le guichetier qui devait s'enquérir de la cause de ce retard me rapporta, tout effrayé, que le concierge ne permettait plus à qui que ce soit, d'approcher des salles basses. Une vive altercation avait eu lieu entre Haly et un gendarme de l'escorte : il s'agissait d'un riche bracelet confié au soldat; les gardes de la prison voulurent le lui enlever; il se battit avec eux, et sortit vainqueur de cette lutte.

Haly ne donna aucune suite à ce démêlé; il s'en vengea sur les arrivants en les faisant étroitement surveiller. « Ces prisonniers-là, ajouta mon envoyé, sont dans de mauvais draps; ils ont jeté dans le Champ-de-Mars des libelles contre-révolutionnaires; ils seront placés dans le bâtiment attenant au tribunal pour y comparaître demain ou après-demain. » Au moment même où ce récit me glaçait d'effroi, mon amie m'amenait ma sœur.

Je me jetai au cou de cette sœur chérie, et, pour la première fois, en la tenant dans mes bras, j'éprouvai un sentiment pénible : la revoir en de telles circonstances, la retrouver dans un cachot, sous le poids d'une accusation de conspiration, malheur indicible, et sans aucun doute celui sur lequel j'avais le moins compté !

L'arrivée inattendue de cent cinquante prévenus qu'il fallait installer dans un local presque encombré, aurait paru difficile à tout autre qu'à notre Haly ; son génie inventif en vint à bout : des greniers sans portes, sans fenêtres, servirent de demeure à vingt femmes distinguées.

Les événements, dès le lendemain, devinrent encore plus menaçants ; des greffiers de toute espèce parurent tout à coup parmi nous. Ils firent l'appel nominal des détenus arrivés la veille, en prirent les noms, prénoms, titres et âge.

Ma sœur se trouvait si souffrante que je n'osais pas l'interroger sur les motifs de son arrestation. J'appris par ma cousine que la loi du 22 prairial, enjoignant aux nobles de quitter Paris sous peine de mort, ma sœur et son mari s'étaient alors réfugiés à Neuilly, où les exilés vivaient assez paisiblement sauf l'obligation de se présenter tous les soirs à la mairie pour signer leur nom dans les registres. Remplissant donc, comme de coutume, cette humiliante corvée, cent cinquante d'entre eux furent arrêtés et conduits dans l'église paroissiale. Ils passèrent la nuit sur le pavé, éprouvant, comme de coutume, les mauvais traitements des autorités et les insultes grossières de la multitude. Enfin, après avoir été contraints de stationner plus de trois heures sur la place dite de la Révolution, le commandant du Champ-de-Mars, chef de l'escorte, ne les quitta qu'après s'être positivement assuré que le résultat de ses délations serait fatal aux prévenus.

Trois jours s'étaient donc écoulés sans qu'il eût été permis à ces infortunés de goûter le moindre repos; et le sommeil commençait à peine à calmer leurs souffrances et leurs alarmes, lorsque la quatrième nuit qui suivit leur arrestation, nous fûmes stupéfiées par un vacarme épouvantable qui se propagea dans la vaste étendue de la prison. Je m'approchai de la croisée pour en connaître la cause, et, à la lueur des flambeaux, j'aperçus les huissiers du tribunal, Haly, les guichetiers, précipitant sur le pavé de nombreux prisonniers, que trois vastes tombereaux amenaient à la Conciergerie excédés de fatigue, de besoin, de crainte ; ils s'étendirent sur la terre comme de vils troupeaux; je vis les chiens préposés à leur garde rôder autour de ces arrivants, tandis que les geôliers, par un raffinement de cruauté, passaient continuellement des torches enflammées sous le nez de ces pauvres captifs, qui, éblouis par la clarté, ne pouvaient, dans leur triste situation, jouir d'un instant de tranquillité. Ce manège dura quelques heures pendant lesquelles les voitures funéraires, au lieu de sortir du Plessis, stationnèrent au fond de la cour en attendant un nouveau chargement.

Minuit sonnait lorsque Haly, une foule de greffiers, de geôliers, d'énormes chiens, entrèrent bruyamment dans l'intérieur des bâtiments, parcourant à la hâte les longs corridors, les divers étages, pénétrant dans chaque chambre, visitant les galetas, les plus sombres cachots, et criant à tue-tête : « Les prisonniers de Neuilly, au greffe ! »

Cette foudroyante sommation éveilla ma sœur et me remplit d'épouvante. « Où nous menez-vous donc? » s'écria ma cousine; une voix répondit: «Au Luxembourg!» Cette assertion ne me laissa aucune illusion; cependant je la répétai, ma sœur l'adopta et me dit avec attendrissement : « Demande à Haly qu'il me garde ici, je ne veux plus te quitter. »

Je ne répondis pas. Sa funeste toilette achevée, épuisée de fatigue ainsi qu'Aglaé, elles se jetèrent toutes deux sur leurs lits, ma sœur s'endormit et je me mis à genoux. Ma tête soutenue par mon bras portait sur le bord de sa couchette, je pressais fortement ma poitrine, pour comprimer les violents battements de mon cœur. Dans cette agonie, toujours renaissante, mon heure suprême me semblait arrivée; mes pulsations accélérées m'en faisaient ressentir toutes les angoisses. La rapidité de mes pensées, de mes réflexions ne peut se décrire. Les unes et les autres ne se présentaient plus comme auparavant, seules, languissantes, arides; elles se pressaient en foule quoique distinctes et complètes. La vivacité de mes sensations détachait mon âme de son enveloppe terrestre. La vie sur laquelle je planais, s'offrait à moi comme un enchaînement de souffrances.... Je me rappelais ma méditation sur la mort... j'aurais trouvé, je le sentais, le courage nécessaire pour monter à l'échafaud... mais prévoir, calculer qu'un tel sort atteindrait sous peu ma sœur égarait mes pensées. La lune projetait sa clarté dans notre cachot; sa lumière frappait en entier sur le visage de cette tendre sœur; ce séjour ténébreux, tous les objets qui m'entouraient, augmentaient encore ma douleur. Je contemplais cette tête charmante offrant, même dans ces pénibles instants, les grâces de la jeunesse et de la beauté; puis, tout à coup, je me la représentais avec terreur abattue violemment, puis des torrents de sang coulaient entre ma sœur et moi... entre moi et ma sœur. Ah! si la pensée de lui survivre était jamais entrée dans mon cœur, ces images funestes qui, durant cinq heures consécutives, frappèrent mon imagination exaltée, m'eussent privée en peu de temps de la raison ou de la vie.

Aucun espoir ne luisait pour moi; nul événement consolant ne me semblait présumable, ne me paraissait possible... Cent cinquante victimes, la plupart à la fleur de l'âge, seront immolées!... Grand Dieu! les bourreaux désuniront nos bras enlacés, me repousseront loin de ma sœur! je serai le jouet de leur férocité, le point de mire de leurs insultes. L'idée seule d'être exposée à cette épreuve échauffait mon sang prêt à se glacer....

Quitter ma sœur, me la laisser enlever, ne pas partager son supplice, me paraissait un tort impardonnable;.. elle avait, à Chantilly, partagé volontairement ma prison. Et j'aurais pu ne pas savoir mourir avec une telle amie! La colombe sans fiel, sans défense, emploie ses faibles ailes pour voler au secours de sa compagne... un même coup en atteint deux! Je m'arrêtai à cette idée.

Telles étaient les réflexions qui tourmentaient mon âme oppressée. Ma cousine les interrompit tout à coup par d'effrayantes exclamations. Elle s'écriait avec effroi : « Ils vont nous conduire à l'échafaud! Pourquoi ne nous ont-ils pas massacrées avant-hier? » Elle retomba douloureusement sur son lit. Ma sœur pour la calmer, lui dit avec une résignation touchante : « Ils abrègent nos souffrances, recueillons nos forces, espérons en Dieu. »

Plusieurs heures se passèrent ainsi, elles me parurent un siècle. Ma sœur se leva; je craignais les informations qu'elle voulait prendre, néanmoins je n'osai pas la retenir. Les prisonnières venues de Neuilly croyaient fermement à un transfèrement au Luxembourg. Cet espoir était pour ma sœur une diversion, une distraction; car il faut quelquefois, si la réflexion affaiblit le courage, donner tête baissée dans l'abîme. Je la suivis de loin. Les dames venues de Neuilly se flattant d'une translation prochaine, jouissaient d'une telle sécurité qu'elles s'étaient endormies sur les marches du grand escalier, à côté d'un amas de vêtements qu'elles croyaient leur être nécessaires. Toutes, à leur réveil, parlaient du Luxembourg. Je respectai cette ineptie; et croyant l'illusion utile à ma sœur, je la laissai avec ces prisonnières tout à la fois si malheureuses et si crédules.

Je remontai dans ma chambre, où entrèrent deux religieuses du convoi de Neuilly. Je ne les avais pas encore rencontrées; elles logeaient dans les combles; je les reconnus à l'instant comme ayant été maîtresses des pensionnaires à Saint-Thomas et à Sainte-Marie, deux couvents où j'ai passé successivement ma première jeunesse. « Ayant appris, me dirent-elles, que j'étais prisonnière au Plessis, elles venaient amicalement me demander à déjeuner. » Leur présence, me rappelant un âge heureux, contrastait singulièrement avec les pensées qui occupaient mes derniers moments. Je les accueillis cependant avec affection, espérant que leur léger repas, et les apprêts qu'il exigeait, en trompant les rigueurs de l'attente, entretiendraient mes forces morales. On leur apporta du café; ces saintes filles mangèrent avec appétit; leur calme différait du mien, il était réel; elles s'applaudissaient d'être transférées au Luxembourg, en parlaient comme d'une amélioration.

Lorsqu'elles m'eurent quittée, je parcourus rapidement notre bâtiment, mais en vain : je ne rencontrai ni le concierge, ni les geôliers; ce n'étaient assurément pas les premières victimes qu'on avait livrées! Mais il est certain que par leur nombre, leur âge, leur choix, elles inspiraient un

JOSEPH VERNET (Page 151).

tel intérêt que tous les détenus prirent part à cet événement, et prodiguèrent à ces infortunées les soins les plus généreux. Parmi ces prisonnières se trouvait Mme Hippolyte de Choiseul, femme d'un esprit et d'un caractère remarquables. Ma cousine, franchissant vingt fois en un quart d'heure tous les étages de la prison, recueillait de côté et d'autre les moindres détails. Hélas! comment en pareilles circonstances songer à la contrarier! je lui voyais un pied dans la tombe : mes appréhensions ne se réalisèrent en apparence que trop tôt, car elle apprit aussitôt le sort qui l'attendait. Pâle, effrayée, elle nous aborde en s'écriant : « Ils vont nous conduire à la Conciergerie; l'huissier du tribunal l'a dit. »

Je la pris par la main, et pressant ma sœur entre mes bras, je m'écriai : « Nous périrons toutes trois ensemble! »

La voix d'Haly retentissait dans le corridor, je courus vers lui. « Nous sommes prêtes, » lui dis-je. Son air ouvert et riant me frappa; un doute consolateur s'éleva dans mon âme. « Les tombereaux partent, répondit-il, une erreur de liste a causé tout ce mouvement; rassurez vos amies, vous avez gagné du temps. »

J'annonçai, à l'instant même, à ma sœur et à ma cousine ce changement imprévu. Elles ne voulaient pas le croire, tant il paraissait miraculeux. « Conduisez-nous, disaient-elles; nous mourrons courageusement, je vous l'atteste. — Vous ne me quitterez pas, » répondis-je en les embrassant. L'heureuse nouvelle se répandit avec la rapidité de l'éclair, et fit naître dans ce funeste lieu quelques lueurs de satisfaction inconnues jusqu'alors.

Deux jours après, nous apprîmes avec douleur que les mêmes voitures avaient transféré du Luxembourg à la Conciergerie, de là à l'échafaud, cent cinquante prisonniers dont la fortune, l'âge, l'éducation, les talents, semblaient leur promettre une tout autre destinée!...

Le nombre des malades s'augmentait journellement, ces malheureux périssaient sans être soignés, sans être secourus; on n'essayait même pas de les soulager. Les gardiens les jetaient dans une salle basse, plaçant près de ces moribonds une cruche d'eau froide, et c'était tout.

Haly avait toléré jusqu'alors que nous gardassions le soir, et même la nuit, de la lumière dans nos chambres; mais lorsque les prisonniers furent entassés sans mesure dans cette vaste prison, chandelles, bougies, huile, furent totalement prohibées, d'abord à huit heures, puis à sept, enfin à six en été : on nous claquemurait impitoyablement. Alors, endormies avant la nuit, nous nous éveillions au point du jour. L'obscurité d'un cachot enfante des idées funestes. Des femmes sans éducation prirent bientôt la désastreuse habitude de boire immodérément de l'eau-de-vie; cette liqueur, prise à fortes doses, produisait en elles des accès de mélancolie qui leur donnaient un désir effréné de se détruire.

Ni la raison, ni la religion ne pouvaient, dans ces âmes communes, triompher de ce vil penchant; il atteignit même des classes élevées; car en face de mon réduit, dans un pitoyable galetas, sous le toit, habitait la femme d'un médecin devenu très riche. Lié avec les puissants d'alors, il avait, on ne sait pourquoi, fait enfermer sa moitié au Plessis. Petite, faible, à peine âgée de trente ans, cette femme consommait journellement une demi-bouteille de cognac; plus elle en buvait, plus elle s'affaiblissait. Elle n'était pas dépourvue de savoir-vivre, ni de ces bonnes manières que donnent les richesses; elle venait nous voir dans ses moments lucides, nous apportait complaisamment des fruits que son mari lui envoyait en lui promettant qu'elle obtiendrait prochainement sa liberté, assurance qui ne se réalisait pas. Je hasardais de temps à autre quelques conseils, les tristes exemples que nous avions sous les yeux en fournissaient le texte; elle écoutait patiemment, elle nommait ses excès un remède sûr. Je ne crois pas qu'il y eût chez elle un penchant vicieux, mais une fausse manière de voir; au reste, sur trois points capitaux, la croyance, l'opinion, le régime, les humains ne peuvent souffrir d'être contredits et sont terriblement sujets à errer.

Un après-dîner, sa compagne de chambrée poussa des cris d'alarme. La pauvre ivrognesse se précipitait dehors par une étroite lucarne donnant sur la rue Saint-Jacques. Elle tomba du troisième étage sur le pavé, vivante, mais brisée. Les guichetiers, peu après cette chute, la rapportèrent dans la prison, la jetèrent sur un lit, ne lui donnèrent nul secours: meurtrie de la tête aux pieds elle ne jouissait d'aucune de ses facultés, un mouvement involontaire et convulsif l'entraînait encore vers la fatale issue, les gardiens nous éloignèrent; restée seule, elle expira.

Quarante Anglaises amenées au Plessis furent entassées dans une salle si peu spacieuse que leurs lits se touchaient. Ces étrangères passaient la journée sur les marches du grand escalier; calmes et froides, elles ne témoignaient aucun intérêt, nulle curiosité ni pour les personnes, ni pour les objets. Je suis persuadée que des consciences anglaises n'ont jamais pu concevoir l'ordre de choses dans lequel nous vivions.

*
* *

J'arrive enfin aux grands événements qui décidèrent de notre salut.

Le gardien qui, en cachette, nous apportait chaque jour les journaux, entra un matin dans notre chambre; il paraissait mortellement effrayé en nous apprenant à mots entrecoupés que la veille un geôlier de la Conciergerie avait été guillotiné pour avoir procuré les feuilles publiques à un prisonnier. « Quant à lui, déclarait-il, il avait eu trop longtemps cette complaisance pour nous; vingt francs par jour étaient bien peu pour s'exposer volontairement à un tel péril; au reste dût-il gagner le double, il ne s'en chargerait même plus. »

En se perdant, il nous aurait infailliblement trahies, nous lui continuâmes la fourniture du bois et du charbon; il nous la faisait payer au poids de l'or, quoiqu'il prît l'un et l'autre aux cuisines publiques dont le gouvernement faisait les frais.

Cependant notre désappointement fut extrême; les journaux étaient pour nous un objet de première nécessité. L'importance des événements qui s'annonçaient, la lutte engagée entre les divers membres du Comité de Salut public devaient produire en notre faveur d'immenses résultats. Les journaux nous paraissaient donc d'un intérêt majeur : ils étaient le seul point de contact qui nous restât avec les humains. Nous étions six qui les lisions exactement, je les rendais le lendemain au gardien : la tradition en ébruitait quelques articles, car les nouvelles apportées par les arrivants étaient tronquées, souvent absurdes; la circulation les défigurait encore.

Les corridors de la prison et toutes les communications intérieures se trouvaient parfaitement éclairés au moyen d'un grand nombre de lampes qu'entretenait avec soin un homme âgé, silencieux et fort attentif. Je le déterminai, moyennant une bonne récompense, à nous apporter tous les jours une feuille publique quelconque.

Il fallait, outre dix francs, lui donner chaque matin un verre d'eau-de-vie, don fort dangereux pour nous. Il est certain, quoique singulier, que la basse classe est moins corruptible par l'argent qu'elle ne l'est en réalité par l'appât du vin, des liqueurs, des vêtements et autres bagatelles. Cet homme eut un jour fantaisie d'un grand rideau de tissu vert qui me garantissait du vent et du froid, il fallut en découdre chaque lai; et ainsi séparés, nous les roulions autour de son corps; il remettait par-dessus sa vieille veste, paraissait gros comme un tonneau; nous en avons ri aux larmes.

Je lui confiai par la suite des diamants qu'il me rendit, et vingt-cinq louis qu'il garda. J'avais tort; en fait de confiance on doit connaître les convenances et le degré.

Il ne se douta jamais du danger qu'il courait, quoique souvent nous ayons eu des remords de l'y exposer; mais nos minutieuses précautions furent heureusement couronnées par le succès. Il avait l'apparence si stupide qu'il n'inspira aucune défiance ; il gagna beaucoup d'argent sans se croire en rien répréhensible, et nous le lui donnâmes avec plaisir, car il nous servit avec un zèle, une régularité dignes d'éloges.

Depuis quelques jours nous partagions, sans trop en savoir la cause, l'inquiétude générale. Enfin le 9 thermidor, jour à jamais mémorable pour la France et pour les détenus, vint heureusement à luire. Nos gardiens, dès la veille, avaient négligé la fermeture de nos chambres, déserté presque continuellement leurs postes; leurs vociférations contre Robespierre s'exhalaient plus librement; M. et Mme Haly ne se montraient pas, la générale battait dans Paris. Nous nous précipitâmes, au point du jour, vers une lucarne qui dominait la rue Saint-Jacques. Nous vîmes dans un logement en face de nous au cinquième étage deux personnes se disputant vivement; une jeune femme présentait à un homme, que nous supposâmes être son mari, l'équipage complet d'un garde national. Il s'en revêtit, s'arma, puis tout à coup en dépit des instances réitérées de son épouse, il jeta loin de lui l'uniforme et tout l'attirail militaire. Ce manège se prolongea plus d'une heure; la femme regardait de temps à autre à la fenêtre pour découvrir sans doute si la garde nationale se formait.

Vers cinq heures après-midi, Mme d'Hécourt à l'aide d'une longue-vue jeta par hasard les yeux sur un grenier où habitait un jeune homme qu'en plaisantant nous nommions Vert-Vert : Haly le tenait depuis quinze jours au secret; mais les geôliers le servaient à souhait tant il était, disaient-ils, bon et généreux. Nous vîmes que pour attirer notre attention il faisait flotter en dehors de sa fenêtre un mouchoir blanc; ensuite présentant à nos regards des feuilles de papier chargées de grandes lettres, nous apprîmes par ce moyen que Robespierre, attaqué, mutilé, mourant, venait d'être rapporté aux Tuileries. Vert-Vert paraissait au comble de la joie.

Notre situation était indéfinissable, cependant le 10 thermidor, vers sept heures du soir, un gardien, l'ex-valet de chambre de la duchesse de Narbonne, me dit avec une sorte d'importance : « Employez-moi pour sortir promptement d'ici; je suis l'intime d'un membre du comité de sûreté générale. »

Quel langage inaccoutumé! On spéculait déjà dans la ville, dans les prisons, partout enfin, sur l'obtention de mises en liberté, comme on avait trafiqué sur les mandats d'arrêt. Il existe de nos jours tant de personnages qui mangent à deux râteliers, tant d'hommes à double visage et à quadruple main!

Pour la première fois, et à compter de cet instant nous eûmes quelque espoir, quelque sécurité. Nos idées dans cette prison changèrent même du noir au blanc : force pétitions furent envoyées çà et là pour solliciter des délivrances. Cette engeance qui, à Paris, ne vit que d'intrigues, affluait au Plessis : Haly ne s'y opposait pas. On lui offrait des services, on les marchandait, on cherchait des clients, on trafiquait directement ou par intermédiaire; les geôliers employaient plus volontiers leur crédit en faveur des prisonniers, les agents d'affaires s'adressaient aux femmes. A chaque heure, depuis la mort de Robespierre, des détenus quittaient la prison.

Ma sœur, et les cent cinquante prisonniers venus de Neuilly avec elle, sortirent des premiers ; mon amie les suivit de près; je restai seule dans mon réduit, et désormais sans inquiétude sur mon existence, je consacrais la plus grande partie de la journée à l'étude. Je n'étais ni distraite ni interrompue, et vers le soir je rendais visite aux prisonnières de ma connaissance qui attendaient comme moi leur sortie.

Le 14 fructidor au matin, le greffier m'apporta un mandat de sortie, signé de trois membres du comité de sûreté générale. Quel fut l'être obligeant qui me le fit obtenir, jamais, malgré toutes mes recherches, je n'ai pu le connaître.

Le détestable greffier refusa d'abord de me laisser communiquer avec aucune prisonnière; il voulait véritablement me jeter dehors. J'obtins enfin à prix d'argent un quart d'heure de répit, je l'employai à faire mes adieux à Mmes de Duras et de Lafayette, qui me confièrent des lettres. Ensuite, emportant mes notes, laissant mon chétif mobilier aux gardiens, je fus, pour dernier service, poussée par eux dans la rue.

Mes vêtements plus que mesquins, n'attiraient pas l'attention; je me rendis rue Sainte-Anne, où logeait mon père; le suisse me refusa net l'entrée de la maison, mes opinions lui déplaisaient; il ne lui était parvenu aucun ordre pour me recevoir. Le cœur brisé, je m'éloignai précipitamment. Où devais-je porter mes pas? sans répondant, sans autre papier qu'un extrait d'écrou, détenue libérée, comment me procurer un asile quelconque? Il y avait de quoi perdre la tête. Se trouver au milieu du jour prise au dépourvu dans une ville telle que Paris, rôdant ainsi, je devais éveiller les soupçons de la police.

Je revins donc sur les quais : la vue de cette rivière coulant à son gré, les coteaux qui la dominent charmaient mes regards, et malgré ma détresse, je les considérais avec complaisance.

Vaguant au hasard, je me trouvai en face des bains de Poitevin; j'y descendis, je me baignai, et chaque quart d'heure de plus que sonnait l'horloge me faisait frissonner. Les femmes de service se présentaient de temps à autre. Je me fis apporter des articles de toilette pour avoir seulement occasion de montrer quelque argent. Je demandai ensuite à déjeuner. Deux heures s'écoulèrent ainsi, mais il fallait sortir. Je montai sur le quai; je me procurai rue du Bac des vêtements convenables. Jamais ce temps ne s'écoula pour moi aussi péniblement.

Je bénissais Dieu d'être hors de prison, mais je ne savais où aller dîner et coucher! Je me promenai au hasard sur la terrasse des Feuillants; lorsque je rencontrai M. et Mme de V*** que j'avais vus au Plessis. Ils me proposèrent de dîner chez le suisse; j'acceptai avec empressement, et vers le soir, mon fils m'ayant rejoint, nous nous rendîmes à pied à leur jolie maison de campagne à l'entrée de la plaine des Sablons près Neuilly; j'y soupai et j'y couchai.

Le lendemain dès l'aurore je quittai mes gracieux hôtes : ma sœur était à Neuilly; mais il me fallait un gîte à Paris.

Enfin M. de V*** me conduisit vers six heures du soir dans une maison garnie dont il connaissait l'occupant, tailleur de profession, tenant l'hôtel de la Marine, rue Vivienne. Ce singulier personnage, vêtu en carmagnole, portait le bonnet rouge, la ceinture, enfin le costume complet d'un jacobin. « Eh bien! me dit-il, tu ne me plais pas, je te l'avoue, car tu es une échappée des prisons, suspecte, et pouvant me compromettre; en conséquence je te logerai au troisième. Vois si les chambres te conviennent. »

Elles étaient étroites, mal meublées, tristes et sales; j'en payai d'avance le loyer pour trois mois. Cette maison, habitée par des gens de toute condition, de nations diverses, ressemblait à la tour de Babel. Nous nous y installâmes à l'instant, moi, Amédée et notre servante. Nous allions dîner au Palais-Royal, chez les frères Provençaux.

La rigoureuse loi du 22 prairial m'interdisait sous peine d'être de nouveau et indéfiniment incarcérée, de rester plus d'une semaine à Paris après ma sortie de prison. Quinze jours étaient déjà écoulés, mon hôte ne les comptait pas. Il fallut cependant, pour éviter d'être happée par la police révolutionnaire, obtenir ce qu'on appelait alors une « réquisition. »

Ma famille tout entière était encore prisonnière; l'existence, la fortune, la sécurité de chacun de ses membres pouvaient se trouver compromises. Je dus m'occuper activement de leur mise en liberté. Nulle démarche pour un tel but ne me répugnait; je n'en négligeai aucune.

La tâche sacrée que je m'étais imposée étant remplie, fatiguée de sollicitations et de rebuffades, je me réfugiai dans une maison de campagne solitaire : la jardinière m'apportait des légumes, du lait et des fruits, mes seuls aliments; son vieux mari gardait tant bien que mal notre demeure écartée. Là, sans autre communication avec les humains, je retrouvai la santé, je repris force et courage, pour achever, comme il plaira à Dieu, le drame de la vie.

SOUVENIRS D'UNE REINE

Hortense de Beauharnais[1]

IDÈLE à mes habitudes, je quittai la Suisse au mois d'octobre 1831, et je partis comme à l'ordinaire pour Rome.

J'étais inquiète de ce qui allait se passer en Italie. Je m'attendais à ce que la révolution éclatât dans ce pays, et ma seule pensée était de garantir mes enfants d'un entraînement funeste.

Ce que je redoutais pour eux arriva malheureusement. Menotti alla les trouver à Florence, leur exposa l'état de l'Italie et les gagna à sa cause.

Ignorant alors cet événement, j'étais à Rome aussi tranquille qu'on peut l'être quand on sent le sol trembler sous ses pas. Le nouveau pape (2), pieux, indulgent, mais étranger aux passions qui agitent le monde, voyant le péril qu'allaient courir ses États, se jeta dans les bras de l'Autriche.

Mes enfants, bien au courant de tout ce qui se préparait, furent inquiets à leur tour de me savoir seule, et malgré mes lettres, qui devaient les rassurer, ils m'écrivirent qu'ils me priaient en grâce de quitter Rome, et ajoutaient qu'ils partaient décidément le lendemain pour venir au devant de moi. Cette lettre, comme l'annonce d'un grand malheur, me frappa d'un coup terrible. L'insurrection approchait; ils allaient peut-être se trouver au milieu, s'y jeter. Je les voyais perdus dans une lutte aussi inégale, car je ne m'abusais pas sur les résultats. Ne pouvant maîtriser mes craintes et mes inquiétudes, je me décidai à partir à l'instant même. Il fallait que je me retrouvasse avec eux pour être tranquille.

(1) *La reine Hortense en Italie*, fragments de ses Mémoires inédits, écrits par elle-même. Paris, Levavasseur, 1834. — Femme de l'ex-roi de Hollande, mère de Napoléon Bonaparte, dont elle va raconter la mort, et de Louis Bonaparte, qui fut plus tard Napoléon III, Hortense de Beauharnais écrivit ces Souvenirs à la suite de son passage en France et en Angleterre, en 1832. — Voir le volume de cette collection, que nous lui avons consacré sous ce titre : *La reine Hortense, sa vie, ses malheurs, sa sainte mort.*

(2) Grégoire XVI.

Je quittai Rome avec un vif sentiment de regret. Ce ciel avait été doux à mes souffrances, ce peuple si cordial m'avait inspiré un intérêt réel. Là tout me plaisait; mes fils étaient tous deux près de moi, et l'exil même avait perdu pour moi un peu de son amertume. Cette terre hospitalière est véritablement la patrie de toutes les grandes infortunes; l'image des vicissitudes humaines s'y présente partout, et si ces vastes ruines, qui saisissent notre admiration, nous montrent que toute grandeur est passagère, ces pieux monuments élevés près d'elles rappellent en

NAPOLÉON III (Page 226.)

même temps à nos cœurs les seules consolations dont la source soit immortelle.

Je pars avant le jour. A chaque voiture que j'aperçois de loin, je crois voir mes enfants, puis je me désespère; ensuite je me persuade que mes craintes sont vaines. En recevant leurs lettres je leur ai écrit de rester, que j'arrivais, que je les priais de ne pas venir au-devant de moi, que j'étais bien escortée. Ils auront suivi mon désir, j'ai tort de m'inquiéter. Mais j'ai beau me le répéter, plus j'avance et plus mon effroi augmente. Je ne puis cacher à ceux qui sont avec moi toutes mes angoisses.

J'avais pour guide, M. de Bressieux, qui avait accompagné dans sa fuite Charles X et sa famille, et qui, par un hasard extraordinaire, se trouvait encore la sauvegarde d'une autre infortune; il employait tous ses efforts pour me rassurer, mais sans pouvoir y parvenir.

La nuit avançait : même à la porte de Florence j'espérais encore voir venir à cheval, comme à l'ordinaire, mes enfants au-devant de moi; mais c'est en vain. J'arrive à l'auberge, je puis à peine descendre de voiture, mes jambes tremblaient sous moi. Je parle d'eux, on ne sait que m'en dire, on les croit chez leur père. Je n'ai pas encore perdu tout espoir.

M. de Bressieux court chez mon mari. Ce moment d'incertitude est affreux. Il revient enfin, et c'est pour me porter le coup le plus cruel. Ils sont partis!...

Je peindrais mal toutes les craintes qui m'assaillirent, et toutes les douleurs que je pressentis à l'instant. J'en fus accablée.

Un domestique, laissé par mon plus jeune fils, m'apporte une lettre de lui. « Votre affection nous comprendra, me disait-il : nous avons pris des engagements, nous ne pouvons y manquer, et le nom que nous portons nous oblige à secourir les peuples malheureux qui nous appellent. Faites que je passe aux yeux de ma belle-sœur pour avoir entraîné son mari, qui souffre de lui avoir caché une action de sa vie. »

A la lecture de cette lettre, qui me brisait le cœur et ne me laissait plus d'incertitude, je m'écriai : « Allons! il ne s'agit pas de s'abandonner au désespoir, il faut du courage à présent! » et je recueillis tout le mien. Les voilà donc exposés à tous les dangers, à toutes les infortunes. Si l'on ne peut les en tirer, au moins que notre sollicitude se porte vers eux pour les guider, et les sauver, s'il y a lieu, par notre influence.

Je passai la nuit à leur écrire. Je les conjurais de revenir s'ils n'avaient pas pris parti dans cette cause qui ne pouvait leur être que funeste, et, s'il était possible, s'en retirer avec honneur. M. de Bressieux se chargea de ma lettre et de tous mes conseils. Il emmena l'officier qui allait se réunir à mes enfants, et auquel je les recommandai en pleurant.

Le lendemain, mon mari arrive tout effrayé chez moi. Habitué à la douceur de ses deux fils, à leur soumission absolue à toutes ses volontés, il ne concevait pas qui avait pu les entraîner à la plus petite démarche sans sa permission.

Il leur envoie courrier sur courrier, ordre sur ordre de revenir à l'instant. Un professeur de ses amis part aussi. Son retour nous apprend qu'ils avaient pris parti; qu'ils organisaient la défense depuis Foligno jusqu'à Civita-Castellana; que toute la jeunesse des villes et des campagnes leur obéissait; que sans être à peine armés, ils cherchaient à tirer parti du peu de ressources qu'offrait le pays, et se préparaient à prendre Civita-Castellana, et y délivrer les prisonniers d'état qui gémissaient dans les cachots depuis huit ans. De là à Rome il n'y avait plus d'obstacles.

A ces nouvelles qui confirmaient toutes mes craintes, je n'eus plus l'espoir de revoir mes enfants qu'au moment d'une catastrophe que je ne prévoyais que trop, et mes idées ne furent plus portées que vers les moyens de les sauver lorsqu'elle serait arrivée.

Mon mari, au désespoir, comme si un pressentiment lui eût appris tout ce qu'il allait avoir de douleur, ne me laissait pas un moment de repos (1). Il voulait absolument que je partisse pour aller chercher ses enfants et les ramener. « Je ne le pourrai pas, lui disais-je. S'ils doivent revenir, ce ne peut être que de leur plein gré. S'ils ont pris parti, je ne pourrai les détacher, et l'on ne manquera pas de dire que je vais avec des millions pour les aider. Alors, dans le moment terrible que je prévois, qui pourra leur être utile si je me suis compromise avec eux ? »

Je ne parvenais pas à le persuader, et son chagrin était si grand, qu'il allait jusque chez le ministre d'Autriche demander l'impossible : qu'on réclamât aux avant-postes ses enfants.

Forcée de le satisfaire en quelque chose pour le calmer, je me décidai à aller à la frontière de Toscane, pour de là écrire, comme il le désirait, à mes enfants de venir me voir. Je n'espérais rien de cette démarche; c'était simplement pour le contenter. Aussitôt que je demandai mes passeports, le prince Corsini, frère du ministre de Toscane, vint me trouver. Je vis l'inquiétude que faisait éprouver ma démarche, et je lui dis franchement le désir de mon mari. Le prince alors entra dans les mêmes idées, et de l'air le plus simple me conseilla le seul moyen de les ravoir : c'était de me dire malade, pour les attirer à la frontière, et pour qu'une troupe toscane placée là les prît de force. Ce piège qu'on proposait à une mère, et dont on pouvait user malgré elle, me fit préférer encore le tourment sans cesse renaissant que me causait l'inquiète agitation de mon mari. Je restai à Florence. D'ailleurs, un des jeunes fils de la princesse de Canino, femme de Lucien Bonaparte, qui s'était enfui du château de son père pour se soustraire à son gouverneur, venait d'être repris. La crainte qu'il n'allât se réunir aux insurgés contre le pape, auquel sa famille avait des obligations, avait fait obtenir à la

(1) Il écrivit, dit-on, au Souverain Pontife les lignes suivantes, qui témoignent de sa grande foi religieuse : « Saint-Père, mon âme est accablée de tristesse et j'ai frémi d'indignation quand j'ai appris la tentative criminelle de mon fils contre l'autorité de votre Sainteté. Ma vie déjà si douloureuse devait donc encore être éprouvée par le plus cruel des chagrins, celui d'apprendre qu'un des miens ait pu oublier toutes les bontés dont vous avez comblé notre malheureuse famille.... »

princesse une place pour son fils dans une des prisons d'état de la Toscane. On ne demandait pas mieux que cet exemple fût suivi pour mes enfants.

Je craignais quelquefois que ma pauvre tête ne pût suffire à tout ce qui l'occupait. La nuit, je ne pouvais dormir; je me promenais dans ma chambre, agitée de mille pensées sinistres. « Comment les sauverai-je, me disais-je, par quel moyen? où aller avec eux? » Je ne voyais que la Turquie. Smyrne, dont m'avait beaucoup parlé le duc de Rovigo, et qui fut le lieu où il passa son exil, était l'endroit que j'avais fixé. Mais cette lutte que je prévoyais me mettait la mort dans l'âme. « L'armée autrichienne va entrer. Ces pauvres Italiens, sans armes, seront battus, et je dois me trouver derrière le champ de bataille pour sauver des vaincus qui me sont si chers! » Alors j'étais prête à me livrer au désespoir; je me jetais à genoux : « O mon Dieu! m'écriais-je, qu'ils me reviennent en vie, je n'en demande pas davantage! »

Toutes mes nuits se passaient dans de semblables agitations, et mes journées à résister à mon mari, qui voulait me voir partir à l'instant, qui me faisait écrire au général Armandi (1), et qui lui-même employait tous les moyens pour faire sortir ses enfants du parti qu'ils avaient pris. Il ne voulait leur envoyer ni leurs chevaux ni les moyens de vivre loin de lui. Ils étaient partis, riches de leur courage, sans songer au lendemain, et je les voyais abandonnés sans secours et sans appui au milieu des dangers.

Pendant que nous étions accablés d'inquiétudes, mes enfants, non moins agités, étaient tourmentés dans tout ce qu'ils entreprenaient. A Rome, la consternation était grande. Ce nom envahissant se montre donc enfin! s'écriait-on de toutes parts. La diplomatie voulait en faire le prétexte de l'intervention déjà bien décidée. J'ai vu une lettre d'un diplomate, où il disait : « Ces jeunes gens qui se croient toujours princes impériaux, s'ils étaient pris, verraient bien ce qu'ils sont réellement, à la façon dont on les traiterait. »

Le cardinal Fesch, le roi Jérôme, restés à Rome, leur envoyaient des ordres, des prières pour quitter l'armée. D'accord avec leur père, on écrivait au gouvernement provisoire de Bologne qu'ils nuisaient à leur cause; au général Armandi, nommé ministre de la guerre, pour les faire rappeler de l'armée. Enfin, amis, ennemis, famille, tout le monde se donnait le mot pour neutraliser leurs efforts, tandis que l'enthousiasme le plus grand animait tout le pays qu'ils occupaient, et que la jeunesse, calculant la réussite sur son ardeur et sur son courage, se voyait déjà en

(1) Ancien gouverneur de mon fils Napoléon, et qui avait été appelé par les insurgés à occuper des fonctions importantes. (*Note d'Hortense.*)

espérance maîtresse de Rome, dont elle connaissait le découragement et le peu de moyens de défense. On ne mettait pas en doute que sous deux jours le Pape ne fût en la puissance de cette petite armée. On la redoutait sans doute à Rome, car M. de Stoelting (1) fut envoyé près de mes enfants par le roi Jérôme qui venait de voir le Pape. C'est donc avec l'autorisation du Pape qu'on voulut entrer en pourparlers, et savoir les véritables intentions des insurgés.

« Sa Sainteté, dit M. de Stoelting à mon fils aîné, ne sait pas ce que veulent les insurgés; qu'ils s'expliquent. Il serait important de lui faire connaître promptement le véritable état des choses. Si vous voulez présenter un aperçu de leurs réclamations, je me charge de le lui soumettre. »

Mon fils consentit à se faire l'interprète des vœux exprimés par toute la jeunesse qui l'entourait. Il fit rédiger par le comité de Terni les principaux griefs, les désirs comme les besoins du pays; et sa lettre au Pape, remise par M. de Stoelting, ne fut que l'expression de tous ces vœux réunis.

Cependant le concours de tant d'efforts réunis obligea mes enfants à céder. J'en reçus la nouvelle par le général Armandi, qui m'écrivit :

« Madame, — Les jeunes princes sont ici et très bien portants. Ils ont fait un sacrifice pénible et qui demande un grand fond de raison et de sentiments; c'est pour ne pas nuire aux intérêts de cette malheureuse Italie, qu'il ne leur est pas même permis d'aider ouvertement; c'est pour ne pas affliger ou compromettre ce qu'ils ont de plus cher au monde.

» Je conçois, Madame, ce qui doit s'être passé dans votre cœur pendant ces derniers jours. C'était la première idée qui m'avait frappé aussi, et que j'ai eu l'honneur de vous exprimer par ma lettre du 28 mai. Soyez encore plus fière que vous ne l'étiez, Madame, d'avoir de tels enfants; toute leur conduite dans cette circonstance est un enchaînement de sentiments nobles, généreux, dignes de leur nom, et l'histoire ne l'oubliera pas. Un jour, il faudra bien qu'on appelle vertu ce qui est vertu, et toutes les diplomaties du monde n'y changeront rien.

» Ils partent aujourd'hui pour Bologne. Je prends la même route demain. Ils se proposent d'y rester quelque temps; et si cela encore devait donner de l'ombrage, ils se retireront à Ravenne, chez leur cousine. C'est à Bologne que j'attends les ordres de Votre Altesse, chez M. Le Bon. J'ai un pressentiment, Madame, de vous y voir aussi; au reste, tout est bien en l'air encore. Il me tarde d'être à Bologne, et je quitte Ancône à regret, car c'était mon poste d'élection. Veuillez bien, Madame, me compter toujours pour votre fidèle serviteur.... »

(1) Officier attaché au roi Jérôme.

D'un côté, le gouvernement de Bologne s'opposa à la prise de Rome; de l'autre, le général Sercognani arriva avec des troupes, et eut l'ordre de remplacer mes enfants. Ils se rendirent à Ancône, et de là à Bologne, voulant au moins servir comme volontaires.

Mon mari, qui croyait avoir réussi à les faire revenir, fut encore désolé; et malgré une lettre de ses enfants, qui lui disaient que si on les tourmentait aussi cruellement, ils iraient servir en Pologne, il n'en conservait pas moins l'idée que je devais aller les chercher. Mais dès qu'on sut qu'ils avaient quitté l'armée, les gouvernements devinrent plus sévères; on ne les redoutait plus. Malgré toute l'estime qui entoure mon mari, on vint lui signifier que ses fils ne seraient pas reçus en Toscane. Le ministre d'Autriche déclarait aussi de son côté qu'on ne les laisserait plus habiter la Suisse. Le roi Jérôme et le cardinal Fesch écrivaient de Rome que s'ils étaient pris par les Autrichiens, ils étaient perdus. Perdus! ce mot seul suffit pour faire deviner toutes les angoisses qui remplissaient mon âme.

J'avais confié à mon mari que je voulais emmener mes enfants en Turquie, mais que je serais peut-être forcée de m'embarquer dans un port de la Méditerranée, et de passer par la Corse. La Corse l'avait effrayé, parce qu'il savait qu'il y avait là beaucoup d'amis de la famille de l'Empereur, et qu'il redoutait même une marque d'affection qui pourrait devenir dangereuse. Je promis donc d'aller d'Ancône à Corfou; mais il voulait me faire partir sans retard, et moi, je ne voulais quitter Florence que lorsque les Autrichiens entreraient en Romagne, parce que je savais bien qu'il fallait une déroute pour me donner la possibilité d'avoir mes enfants, et qu'ils défendraient avec persévérance la cause qu'ils voulaient servir, tant qu'elle existerait. Je prenais donc mes dispositions pour m'exiler en Turquie. Je dis adieu à mes amis de France, à ma patrie, à l'Europe même que je croyais ne revoir jamais, lorsque j'appris qu'une flottille autrichienne se montrait dans l'Adriatique. Cette nouvelle m'anéantit, elle détruisait tous mes plans. Je pensai avec raison qu'il était impossible de ne pas être pris lorsqu'au dernier moment on s'embarquerait à Ancône. Alors toute mon anxiété recommença. Gagner un port par les États romains ou par le royaume de Naples, était impossible; la Toscane ne voulait plus recevoir mes enfants; par où fallait-il se diriger pour les soustraire, après une déroute, à tous les dangers qui allaient les environner?

J'eus l'idée de demander un passeport suédois pour deux jeunes gens de cette nation, et dont mes enfants pourraient profiter après la défaite, et traverser même toute l'armée autrichienne pour gagner la Suisse.

J'en parlai à quelqu'un qui pouvait avoir le moyen de l'obtenir, et j'appris le lendemain par une Italienne qui n'avait aucune relation avec celui qui s'en était chargé, que cet espoir de sauver mes fils lui avait été communiqué par plusieurs personnes.

A l'instant je compris qu'il fallait renoncer à un moyen resté si peu secret, et que je devrais garder pour moi seule ce que je pourrais entreprendre désormais.

Chaque jour, chaque heure épuisait mes forces et mon courage. La nuit surtout, où dans le calme je cherchais à me reposer des assauts et des discussions du jour, au lieu de repos je m'abandonnais à peser tous les moyens possibles de sauver mes enfants de tant d'ennemis acharnés contre eux.

Tout à coup une idée me vient, hardie, presque impraticable; c'est égal, je m'y livre. C'est le seul moyen, et je les sauverai. Je les emmènerai par le chemin où l'on pourra le moins les chercher, par la France, par Paris. Un décret de mort y est encore lancé contre eux : mais n'importe ; le nom de liberté, de justice, d'humanité doit avoir là trop d'empire pour que j'aie rien à redouter. Je suis bien décidée, mon plan est arrêté, je n'ai plus qu'à le mettre à exécution.

J'écris à un Anglais dont j'avais bien accueilli la famille il y avait quelques années, et qui, alors à Florence, était venu me faire une visite. Il arrive à l'instant : « Vous pouvez me donner plus que la vie, lui dis-je, il faut que vous m'ayez un passeport sous le nom d'une dame anglaise qui se rend avec ses deux fils à Londres par la France. » Il me dit avec une bonté touchante, et dont je me souviendrai toute ma vie : « En recevant votre lettre, je devinai votre sollicitude pour vos enfants. Je pensais même qu'ils étaient ici, que vous vouliez me les confier, et je regardais chez moi où je pourrais les cacher. Je sais tous les dangers qu'ils courent. Je ne suis pas du parti des révolutions, mais je dois sauver la vie de ces deux jeunes gens que trop de vexations ont accablés pour qu'ils ne soient pas excusables de s'être jetés dans de tels dangers. Mais vous n'avez pas de temps à perdre. Je vais m'occuper de votre passeport, seulement je vous demande d'en prévenir mon ministre ou mon gouvernement.

— Faites-le, lui dis-je ; ce ne sera pas lord Holland, lord Grey, les anciens membres de l'opposition, qui ont noblement défendu le prisonnier de Sainte-Hélène, qui pourraient vous blâmer de sauver la vie de ses neveux. Je vous demande pourtant d'attendre pour votre communication que nous soyons hors du pouvoir de ceux qui, avec raison, doivent en vouloir à mes enfants. »

Soulagée d'un poids énorme, je me faisais un effort pour ne pas confier à mon mari l'espoir qui venait de ranimer mon courage. Mais le ministre de Piémont lui avait refusé son visa sur un passeport qui aurait permis à ses enfants d'aller en Suisse. Le ministre d'Autriche lui avait dit qu'ils ne pourraient plus y demeurer. Tout ce qu'on lui proposait alors pour les sauver lui paraissait inexécutable, et il ne voulait plus entendre parler que de ce qu'il avait décidé. Aussi me répétait-il constamment : « Embarquez-vous à Ancône pour Corfou, il n'y a que cela à faire. »

Ses inquiétudes le troublaient tellement et influaient si visiblement sur sa santé, que je crus, pour le calmer, que le meilleur moyen était d'approuver en apparence tout ce qu'il voulait. D'ailleurs, il m'avait répété souvent : « Je vous laisse seule vous occuper d'eux, je sens que je suis trop souffrant pour pouvoir le faire. » Il m'offrit sa voiture de voyage, puisqu'une des miennes avait ramené M. de Bressieux à Rome.

Tout le monde sachant que j'allais vers mes enfants et m'embarquer avec eux à Ancône, mon passeport fut signé sans difficulté. L'Anglais auquel je m'étais confiée m'apporta celui de mes enfants. Il était sous le nom d'une dame de ses parentes, et revêtu de toutes les signatures exigées. Je ne peindrai pas mon émotion, ma reconnaissance, elle est restée bien profondément gravée dans mon cœur.

Il m'engagea à ne pas perdre de temps, attendu que les Autrichiens devaient être le jour même à Bologne. Je fixai mon départ pour le lendemain matin, 10 mars.

Une chose m'embarrassait beaucoup. Aux portes de Florence, il faut donner son nom. On met sans doute un visa de sortie sur le passeport. Il en faut donc un au passeport anglais que je possède, pour ne pas inspirer de soupçons; lorsque je le montrerai à la première ville où je prendrai le nom étranger, si l'on voit qu'il n'a pas été visé à la sortie de Florence, que dirai-je? C'est une des choses qui m'a causé le plus d'embarras, et peut-être était-elle inutile; mais lorsque je pensais quels tendres intérêts j'allais avoir à sauver, rien ne me paraissait à négliger.

J'avais envoyé près de mes enfants le plus jeune de mes valets de chambre, avec deux chevaux. Quelle peine il avait fallu pour enfreindre en cela les ordres de mon mari! Je n'avais près de moi qu'un valet de chambre encore souffrant d'une sciatique, et deux valets de pied. Mon cocher amenant mes équipages de Rome s'était cassé la jambe à la descente du pont de Florence; j'avais dû en prendre un étranger, et c'est ce qui me donnait beaucoup d'inquiétude pour la sortie que je voulais entreprendre.

Aussitôt que la nuit fut venue, je fis mettre mes chevaux conduits par le palefrenier en postillon, et mon valet de chambre malade se mit

dans la voiture de voyage de mon mari. Je montai avec ma dame dans la calèche conduite par mon cocher étranger. Arrivée à la porte de Santa-Croce, on vint prendre mon passeport anglais; il fut examiné et le nom inscrit. Seulement on vint me faire la remarque que je ne prenais pas la route indiquée. Je répondis que j'allais à une villa, et l'on me congédia par un « bon voyage » dont j'aurais bien voulu profiter.

Je fis une demi-lieue. Il n'y avait pas de chemin de communication de la route que je suivais à une autre route qui aurait pu me ramener à Florence. Je m'arrêtai près d'une auberge. Je dis à mon valet de chambre de reprendre ma place dans la calèche, de rester même un instant à faire boire le cocher, et je lui indiquai le chemin du retour, lui recommandant bien de ne pas rentrer par la porte par laquelle nous étions sortis.

Je montai avec ma dame dans la voiture de voyage et je retournai sur mes pas très inquiète de mon retour, car mon équipage était assez ridicule pour avoir été remarqué.

En arrivant près de la porte que je venais de quitter, le cœur me battit fortement. Heureusement que les hommes de police s'occupaient d'une diligence qui sortait à l'instant. Nous pûmes donc tourner cette porte sans être vus, et en dehors des murs aller rejoindre la première qui se rencontrerait. Mon palefrenier allemand, qui ne connaissait pas la ville, nous perdit, et ce ne fut qu'après une heure que nous pûmes retrouver notre hôtel. La calèche revint sans embarras, et l'on chargea mes voitures pour le lendemain.

Je refusai toutes les personnes qui, me voyant partir si seule, me proposaient de m'accompagner. J'avais mon plan; il ne fallait aucun homme avec moi; une dame me suffisait, et celle que j'avais, remplie de dévouement et de courage, me secondait parfaitement.

Ma pauvre belle-fille était au désespoir. Placée entre le désir de se réunir à son mari et le devoir de soigner sa mère qui était mourante, sa position, que son courage parvenait à dissimuler, attendrissait. « Je ne reverrai plus Napoléon, me disait-elle en pleurant; j'en ai la conviction. — Partout où nous irons tu viendras nous rejoindre, quand ta mère sera mieux, lui disais-je. Ne t'inquiète de rien. Si tu n'as aucunes nouvelles de nous, c'est qu'elles seront bonnes, et je suis sûre de les sauver! » Hélas! je croyais en partant quitter tous les tourments, et c'était pour me retrouver au milieu des plus affreuses douleurs.

Mon plan était d'aller me placer à Foligno et d'attendre là les événements. Les Autrichiens devaient entrer sur le territoire papal le jour même de mon départ. Il ne fallait pas me presser, et comme Foligno se trouvait dans l'embranchement des deux routes du Furlo et d'Ancône, j'étais à temps pour savoir par où se ferait la retraite et me porter de ce côté !

Toujours livrée depuis ma naissance à de grands événements, j'ai pris l'habitude d'en mesurer d'avance toutes les chances par mon imagination. Rarement, lorsqu'ils arrivent, ils me surprennent. J'ai toujours prévu tout ce qu'ils peuvent avoir de pénible ou de dangereux. Le bonheur seul, auquel je ne pense pas, me trouverait peut-être sans courage. Mais je n'en connais pas les émotions !

Tout en roulant dans cette voiture, je pensais à la déroute que je prévoyais. Comment allais-je retrouver mes enfants? blessés peut-être! « Ah! je me résigne à en avoir un blessé; je le coucherai dans cette voiture, je pourrai encore le soigner et je bénirai Dieu ! » Mais lorsque ma pensée allait plus loin, un froid mortel me saisissait, mes idées devenaient confuses, et je sentais que j'allais perdre l'usage de mes facultés et tout mon courage.

Ce fut dans ces tristes dispositions que j'entrai sur le territoire insurgé. Quel contraste avec mes impressions ! Tout respirait l'allégresse. La population entière, ornée de cocardes et de rubans tricolores, semblait jouir pour la première fois du beau soleil qui l'éclairait. Le mot de liberté l'enivrait comme l'opium, qui, dit-on, anéantit toutes nos facultés, hors celle de jouir de son ivresse.

J'arrivai à Pérouse. La ville entière avait une apparence de fête. M*** vint me voir. Il m'importait de prendre des renseignements positifs sur les localités, sur les chemins de traverse praticables, sur les chevaux à trouver lors de mon retour de ce côté.

Je ne lui cachai pas mes inquiétudes sur les événements qui allaient avoir lieu. Sa sécurité était complète ainsi que sa noble résignation. « Mon père, à la première révolution, perdit la vie, me dit-il; il fut sacrifié malgré les promesses de clémence. Je me suis voué aux mêmes chances, j'en supporterai avec courage le même résultat. » Il m'amena le comte Pepoli qui venait chercher à Pérouse des munitions dont on manquait à la petite armée du général Sercognani : nous causâmes toute la soirée. Ils montraient leur défaut de moyens de se défendre. Il n'y avait ni armes, ni canons. Et que pouvait entreprendre une jeunesse, intrépide il est vrai, remplie d'ardeur, mais contre une armée considérable, forte d'artillerie, instruite et disciplinée? « Pensez donc, après avoir fait votre devoir, à la retraite, leur disais-je, et du côté de la Corse, car de la France seule vous pourriez espérer un appui. C'est par là qu'il faut vous mettre en communication avec elle. » Mon conseil leur fut profitable plus tard.

Aussitôt après mon arrivée à Foligno, le général Sercognani s'empressa de venir me voir. Il me conta sa détresse, le courage de ces jeunes volontaires qu'il était forcé de réprimer, n'ayant pas de quoi faire le siège de la plus petite place forte. « Si l'on faisait une sortie, me disait-il, la valeur de mes jeunes gens s'emparerait à l'instant des canons; mais l'ennemi ne s'aventure pas. »

Il me fit son plan de campagne comme si j'eusse été un général, et j'avoue que je n'y entendais rien. Où sa gauche et sa droite étaient appuyées m'était fort égal; je ne voyais que la défaite, et je n'étais occupée que des moyens de les soustraire tous à l'affreuse position que je prévoyais, puisque aucune précaution n'avait été prise. Aussi je lui disais : « Comment ne pensez-vous pas à vous mettre en communication avec la mer Méditerranée? La retraite, pour défendre avec honneur et pied à pied vos pays insurgés, doit venir s'appuyer de ce côté. Les Français, au moins, s'ils ne vous soutiennent pas, peuvent vous envoyer des bâtiments pour vous sauver. S'ils vous soutiennent, ils doivent savoir où vous trouver. Si vous aviez eu Civita-Vecchia, vous pourriez communiquer facilement avec la Corse. Pourquoi n'avez-vous pas écrit au général qui commande dans cette île? Voilà, il me semble, où devaient tendre vos mouvements. »

Il approuvait mon plan de campagne; mais il n'avait pas un seul obusier pour effrayer assez une ville papale, et lui faire ouvrir ses portes. Le peu de munitions qu'on possédait avait été gardé pour Ancône, forteresse démantelée qui ne pouvait pas se défendre. Il envoya un courrier au général Armandi, ministre de la guerre, pour lui faire la demande de ces obusiers si nécessaires. J'écrivis aussi à mes enfants pour leur communiquer toutes mes craintes pour leur cause, et leur dire que j'étais là à en attendre le résultat; quel qu'il fût, je désirais savoir la route que prendrait la retraite.

Ces pauvres jeunes gens, qui dévouaient leur existence, qui sentaient que pour être vaincus avec honneur il fallait se défendre avec persévérance, enchaînés à la nullité par des considérations particulières, voyaient l'autorité, sans énergie, tout perdre en voulant tout ménager. S'ils se portaient en avant pour combattre, leur nom, ce nom si beau et si terrible aux ennemis, était un obstacle. Ils étaient retenus. On osait déchirer le brevet d'un simple grade accordé pour leur donner rang dans l'armée. Il ne fallait pas qu'on les soupçonnât là; que l'ennemi qui entrait enfin, les aperçût : ses coups en deviendraient plus forts sans doute. Et l'espoir de temporiser, de tout concilier, était la seule ressource de ceux qui avaient osé accepter de se mettre à la tête d'une révolution. Malheur à qui provoque aux révolutions, mais malheur à qui ose s'en emparer sans savoir les soutenir!

Pour moi, établie dans cette mauvaise auberge de Foligno, dans la même chambre que mes enfants avaient occupée quelque temps avant, et où ils se livraient sans doute aux rêves flatteurs de leur jeune imagination, j'étais comme un condamné qui attend sa sentence. Chaque mouvement, chaque bruit m'attirait à la fenêtre. La nuit, les « qui vive » si souvent répétés par les bourgeois qui gardaient les portes de la ville, ou les courriers du général Sercognani qui m'instruisait de sa position, me réveillaient à chaque instant.

Le jour, je faisais à pied, seule avec ma dame, des promenades autour des remparts. Je m'asseyais des heures entières sur un banc. Le temps était magnifique. Ce contraste du calme de la nature et de l'agitation des craintes les plus cruelles, cause une impression difficile à exprimer. Dans toutes mes courses je m'arrêtais toujours dans une église. Avec quel sentiment je demandais à Dieu la vie de mes enfants! Il y a dans ces grands édifices destinés à la prière quelque chose de calme aussi, et qui contraste moins avec nos impressions que l'aspect d'une belle nature. On se sent plus à l'aise avec sa douleur; elle ne retombe pas sur le cœur pour nous étouffer, comme lorsque l'image du bonheur nous environne.

Le 17 mars, j'étais encore plus agitée qu'à l'ordinaire. Le courrier que j'avais envoyé à mes enfants les avait trouvés à Forli. Bologne était déjà abandonnée par l'armée, qui voulait éviter d'être tournée par la route de Ravenne.

Pourtant ils me rassuraient sur l'entrée des Autrichiens et ne me parlaient pas de leur santé. Le courrier me dit qu'il les avait vus tous les deux, qu'ils étaient bien, seulement que mon fils Napoléon toussait beaucoup. En même temps, on m'apprit que la rougeole était dans le pays où ils se trouvaient. Facile à m'inquiéter, je pris le parti de me rapprocher de mes enfants et d'aller à Ancône, puisque les Autrichiens m'en donnaient le temps. Je ne pouvais plus tenir à Foligno, l'esprit constamment tendu vers les événements que je redoutais : il fallait me trouver près d'eux, partager même leurs dangers, s'il le fallait, pour me calmer.

Ravenne, Forli, me revenaient sans cesse dans la pensée. Je craignais là une bataille ou un malheur pour moi.

Comme les Autrichiens entraient par Ravenne, j'avais une frayeur extrême de voir mes enfants s'exposer là et comme le pressentiment d'un malheur qui devait m'y arriver.

J'étais en route pour Ancône, troublée, agitée, le cœur rempli de funestes présages, lorsqu'à la première poste après Foligno, une calèche s'arrête près de ma voiture. Un homme que je ne connais pas en sort.

Je ne sais pourquoi je tremble. Il vient de la part de mes enfants. « Le prince Napoléon est malade, me dit-il. — Il a la rougeole! m'écriai-je. — Oui, il vous demande. » A ces mots : *Il vous demande,* je m'écrie avec effroi : « Il est donc bien mal ! »

A l'instant je retourne sur mes pas. La route la plus courte doit me conduire près de mon fils. Je n'ai plus qu'une idée; voler près de lui, le soigner s'il en est temps encore, hélas! et je me sens saisie d'un profond anéantissement. Le coup a déjà été au-dessus de mes forces. J'ai beau me dire : « J'ai été trop malheureuse, non, cela n'est pas possible! Le Ciel est juste; ce serait trop ! Ah! non, il ne mourra pas! il me sera rendu, et pourtant je demeure sans force et sans courage. »

Ce messager envoyé de Forli, la figure de tous ceux qui m'entourent, m'annoncent un affreux malheur! je n'ose interroger! L'incertitude est encore un bienfait. Cependant j'entends à chaque poste ces mots terrifiants sans cesse répétés par le peuple qui entoure ma voiture : « Napoléon mort! Napoléon mort! » Je l'entends et je n'y crois pas....

J'étais morte aussi, sans doute, car je ne sentais rien. J'ignore où l'on me mène pendant un jour et une nuit, et tout semble m'être indifférent.

J'arrive pourtant à Pesaro, dans le palais de mon neveu. On me porte inanimée sur un lit, et c'est là que mon malheureux fils Louis vient se précipiter dans mes bras, fondant en larmes, et m'apprend qu'il est désormais seul dans ce monde, qu'il a perdu son frère, son meilleur ami, et que sans moi il serait mort aussi de douleur sur ce corps qu'il ne voulait pas quitter.

Je ne puis peindre ces moments déchirants! ma main tremble....

Ah! le désespoir d'une mère est éternel!

SOUVENIRS D'UNE SŒUR

Eugénie de Guérin [1]

Le 21 juillet 1839. — Non, mon ami, la mort ne nous séparera pas, ne t'ôtera pas de ma pensée : la mort ne sépare que le corps; l'âme, au lieu d'être là, est au ciel, et ce changement de demeure n'ôte rien à ses affections. Bien loin de là, j'espère; on aime mieux au ciel où tout se divinise. O mon ami, Maurice, Maurice, es-tu loin de moi, m'entends-tu? Qu'est-ce que les lieux où tu es maintenant? qu'est-ce que Dieu si beau, si puissant, si bon, qui te rend heureux par sa vue ineffable en te dévoilant l'éternité? Tu vois ce que j'attends, tu possèdes ce que j'espère, tu sais ce que je crois. Mystères de l'autre vie, que vous êtes profonds, que vous êtes terribles, que quelquefois vous êtes doux! oui, bien doux, quand je pense que le ciel est le lieu du bonheur. Pauvre ami, tu n'en as eu guère ici-bas, de bonheur; ta vie si courte n'a pas eu le temps du repos. O Dieu! soutenez-moi, établissez mon cœur dans la foi. Hélas! je n'ai pas assez de cet appui. Que nous t'avons gardé et caressé et baisé, ta femme et nous tes sœurs, mort dans ton lit, la tête appuyée sur un oreiller comme si tu dormais! Puis nous t'avons suivi dans le cimetière, dans la tombe, ton dernier lit, prié et pleuré, et nous voici, moi t'écrivant comme dans une absence, comme quand tu étais à Paris. Mon ami, est-il vrai, ne te reverrons-nous plus nulle part sur la terre? Oh! moi je ne veux pas te quitter; quelque chose de doux

(1) Extrait du *Journal d'Eugénie de Guérin*, publié par Trébutien. (Lecoffre éditeur, Paris.) Il serait superflu de faire ici l'éloge d'Eugénie de Guérin, qui semble personnifier l'amour fraternel au XIXe siècle.... La mort de son cher Maurice l'avait pour ainsi dire anéantie; elle voulait renoncer à continuer son *Journal*, qu'elle n'avait commencé que pour lui. Elle s'y remit pourtant, mais ce fut pour faire de ce discret compagnon le confident de son immense douleur. Eugénie intitule cette partie du Journal : « Encore à lui : à Maurice mort, à Maurice au ciel : il était la gloire et la joie de mon cœur. » Nous croyons que les funèbres souvenirs d'Eugénie forment les pages les plus remarquables d'un recueil que le grand poète Victor Hugo appelait » le plus beau des livres modernes. » La foi s'y mêle à la poésie, l'espérance à l'amour : de tels accents vont à l'âme parce qu'ils viennent de l'âme ; ils ont plus de puissance pour relever les cœurs abattus que toutes les pompeuses tirades de la philosophie humaine.

de toi me fait présence, me calme, fait que je ne pleure pas. Quelquefois larmes à torrents, puis l'âme sèche. Est-ce que je ne le regretterais pas? Toute ma vie sera de deuil, le cœur veuf, sans intime union. J'aime beaucoup Marie et le frère qui me reste, mais ce n'est pas avec notre sympathie. Reçu une lettre de ton ami d'Aurevilly pour toi. Déchirante lettre arrivée sur ton cercueil. Que cela m'a fait sentir ton absence! Il faut que je quitte ceci, ma tête n'y tient pas, parfois je me sens des ébranlements de cerveau. Que n'ai-je des larmes! J'y noierais tout.

Le 22. — Sainte Madeleine aujourd'hui, celle à qui il a été beaucoup pardonné parce qu'elle a beaucoup aimé. Que cette pensée, qui m'est venue pendant la messe que nous avons entendue pour toi, m'a consolée sur ton âme! Oh! cette âme aura été pardonnée, mon Dieu, je me souviens de tout un temps de foi et d'amour qui n'aura pas été perdu devant vous.

Où l'éternité réside
On retrouve jusqu'au passé.

Le passé de la vertu surtout, qui doit couvrir les faiblesses, les erreurs présentes. Oh! que ce monde, cet autre monde où tu es m'occupe! Mon ami, tu m'élèves en haut, mon âme se détache de plus en plus de la terre; la mort, je crois, me ferait plaisir!

— Eh! que ferions-nous de l'éternité en ce monde? Visites de ma tante Fontenilles, d'Éliza, de M. Limer, d'Hippolyte, de Thérèse, tout monde, hélas! qui devait venir en joie de noces, et qui sont là pour un enterrement. Ainsi changent les choses. Ainsi Dieu le veut. Bonsoir, mon ami. Oh! que nous avons prié ce matin sur ta tombe, ta femme, ton père et tes sœurs!

Des visites, toujours des visites. Qu'il est triste de voir des vivants, d'entrer en conversation, de revoir le cours ordinaire des choses, quand tout est changé au cœur! Mon pauvre ami, quel vide tu me fais! Partout ta place sans t'y voir.... Nos parents, nos voisins, qui remplissent en ce moment le salon, qui sont autour de toi mort, t'entoureraient vivant et joyeux, car tu te plaisais avec eux, et leur jeune gaieté t'égayait.

Lettre touchante de l'abbé de Rivières, qui te pleure en ami; pareille lettre de sa mère pour moi. Expression la plus tendre de regret, douleur de mère mêlée à la mienne. Oh! elle savait que tu étais le fils de mon cœur.

Au retour de....

Sans date. — Je ne sais ce que j'allais dire hier à cet endroit interrompu. Toujours larmes et regrets. Cela ne passe pas, au contraire : les douleurs profondes sont comme la mer, avancent, creusent toujours davantage. Huit soirs ce soir que tu reposes là-bas, à Andillac, dans ton lit de terre. O Dieu, mon Dieu ! consolez-moi ! Faites-moi voir et espérer au delà de la tombe, plus haut que n'est tombé ce corps. Le ciel, le ciel ! oh ! que mon âme monte au ciel !

Aujourd'hui grande venue de lettres que je n'ai pas lues. Que lire là dedans? Des mots qui ne disent rien. Toute consolation humaine est vide. Que j'éprouve cruellement la vérité de ces paroles de l'*Imitation !* Ta berceuse est venue, la pauvre femme, toute larmes, et portant gâteaux et figues que tu aurais mangés. Quel chagrin m'ont donné ces figues ! Le plus petit plaisir que je te vois venir me semble immense. Et le ciel si beau, et les cigales, le bruit des champs, la cadence des fléaux sur l'aire, tout cela qui te charmerait me désole. Dans tout je vois la mort. Cette femme, cette berceuse qui t'a veillé et tenu un an malade sur ses genoux, m'a porté plus de douleur que n'eût fait un drap mortuaire. Déchirante apparition du passé : berceau et tombe. Je passerais la nuit ici avec toi sur ce papier; mais l'âme veut prier, l'âme te fera plus de bien que le cœur.

Chaque fois que je pose la plume ici, une lame me passe au cœur. Je ne sais si je continuerai d'écrire. A quoi sert ce Journal ? Pour qui? hélas ! Et cependant je l'aime, comme on aime une boîte funèbre, un reliquaire où se trouve un cœur mort, tout embaumé de sainteté et d'amour. Ainsi ce papier où je te conserve, ami tant aimé, où je te garde un parlant souvenir, où je te retrouverai dans ma vieillesse... si je vieillis. Oh oui ! viendront les jours où je n'aurai de vie que dans le passé, le passé avec toi, près de toi jeune, intelligent, aimable, sensibilisant tout ce qui t'approchait, tel que je te vois, tel que tu nous as quittés. Maintenant je ne sais ce qu'est ma vie, si je vis. Tout est changé au dedans, au dehors. O mon Dieu ! que ces lettres sont déchirantes, ces lettres du bon marquis et de ton ami surtout. Oh ! celles-ci, qu'elles m'ont fait pleurer ! Il y a là tant de larmes pour mes larmes ! Cet intime ami me touche comme ferait te voir. Mon cher Maurice, tout ce que tu as aimé m'est cher, me semble une portion de toi-même.

Lu les *Confessions* de saint Augustin à l'endroit de la mort de son ami. Trouvé un charme de vérité, une saillante expression de douleur à cette lecture qui m'a fait du bien. Les saints savent toujours mêler quelque chose de consolant à leurs larmes.

Le 4 août. — A pareil jour vint au monde un frère que je devais bien aimer, bien pleurer, hélas ! ce qui va souvent ensemble. J'ai vu son cercueil dans la même chambre, à la même place où, toute petite, je me souviens d'avoir vu son berceau, quand on m'amena de Gaillac où j'étais,

Dans un bois près de la ville, les habitants viennent en grand nombre les jours de fête. (Page 157.)

pour son baptême. Ce baptême fut pompeux, plein de fête, plus qu'aucun autre de nous, marqué de distinction. Je jouai beaucoup et je repartis le lendemain, aimant fort ce petit enfant qui venait de naître. J'avais cinq ans. Deux ans après je revins, lui portant une robe que je lui avais faite. Je le menai par la main le long de la garenne du nord, où il fit quelques pas tout seul, les premiers, ce que j'allai annoncer en grande joie à ma mère : « Maurice, Maurice a marché seul ! » Souvenir qui me vient tout mouillé de larmes.

Le 6. — Journée de prières et de pieuse consolation : pèlerinage de ton ami, le saint abbé de Rivières, à Andillac, où il a dit la messe, où il est venu prier avec tes sœurs près de ta tombe. Oh! que cela m'a touchée ; que j'ai béni dans mon cœur ce pieux ami agenouillé sur tes restes, dont l'âme, par delà ce monde, soulageait la tienne souffrante, si elle souffre! Maurice, je te crois au ciel. Oh! j'ai cette confiance, que tes sentiments religieux me donnent, que la miséricorde de Dieu m'inspire. Dieu si bon, si compatissant, si aimant, si Père, n'aurait-il pas eu pitié et tendresse pour un fils revenu à lui? Oh! il y a trois années qui m'affligent; je voudrais les effacer de mes larmes. Mon Dieu, tant de supplications ont été faites! Mon Dieu, vous les avez entendues, vous les aurez exaucées. O mon âme, pourquoi es-tu triste et pourquoi me troubles-tu?

Le 13. — Besoin d'écrire, besoin de penser, besoin d'être seule, non pas seule, avec Dieu et toi. Je me trouve isolée au milieu de tous. O solitude vivante, que tu seras longue!

Commencé à lire les *Saints désirs de la mort,* lecture de mon goût. Mon âme vit dans un cercueil. Oh! oui, enterrée, ensevelie en toi, mon ami ; de même que je vivais en ta vie, je suis morte en ta mort. Morte à tout bonheur, à toute espérance ici-bas. J'avais tout mis en toi, comme une mère en son fils; j'étais moins sœur que mère. Te souviens-tu que je me comparais à Monique pleurant son Augustin, quand nous parlions de mes afflictions pour ton âme, cette chère âme dans l'erreur? Que j'ai demandé à Dieu son salut, prié, supplié! Un saint prêtre me dit : « Votre frère reviendra. » Oh! il est revenu, et puis m'a quittée pour le ciel, pour le ciel, j'espère. Il y a eu des signes évidents de grâce, de miséricorde dans cette mort. Mon Dieu, j'ai plus à vous bénir qu'à me plaindre. Vous en avez fait un élu par les souffrances qui rachètent, par l'acceptation et résignation qui méritent, par la foi qui sanctifie. Oh! oui, cette foi lui était revenue vive et profonde; cela s'est vu dans des actes religieux, des prières, des lectures, et dans ce baiser à la croix fait avec tant d'âme et d'amour un peu avant de mourir! Oh! moi qui le voyais faire, qui le regardais tant dans ses dernières actions, j'ai dit, mon Dieu, j'ai dit qu'il s'en allait en paradis. Ainsi finissent ceux qui s'en vont dans la vie meilleure.

Maurice, mon ami, qu'est-ce que le ciel, ce lieu des amis? Jamais ne me donneras-tu signe de là? Ne t'entendrai-je pas, comme on dit que quelquefois on entend les morts? Oh! si tu le pouvais, s'il existe quelque communication entre ce monde et l'autre, reviens! Je n'aurai pas peur un soir de voir une apparition, quelque chose de toi à moi qui étions si unis. Toi au ciel et moi sur la terre, oh! que la mort nous sépare! J'écris ceci à la chambrette, cette chambrette tant aimée où nous avons tant causé ensemble, rien que nous deux. Voilà ta place et là la mienne. Ici était ton portefeuille si plein de secrets de cœur et d'intelligence, si plein de toi et de choses qui ont décidé de ta vie. Je le crois, je crois que les événements ont influé sur ton existence. Si tu étais demeuré ici, tu ne serais pas mort. *Mort!* terrible et unique pensée de ta sœur....

Le 20. — Hier, allée à Cahuzac entendre la messe pour toi en union de celle que le prince de Hohenlohe (1) offrait en Allemagne pour demander à Dieu ta guérison, hélas! demandée trop tard. Quinze jours après ta mort, la réponse est venue m'apporter douleurs au lieu d'espérance. Que de regrets de n'avoir pas pensé plus tôt à ce moyen de salut, qui en a sauvé tant d'autres! C'est sur des faits bien établis que j'avais eu recours au vénérable thaumaturge, et je croyais tant au miracle! Mon Dieu, j'y crois encore, j'y crois en pleurant. Maurice, un torrent de tristesse m'a passé sur l'âme aujourd'hui. Chaque jour agrandit ta perte, agrandit mon cœur pour les regrets. Seule dans le bois avec mon père, nous nous sommes assis à l'ombre, parlant de toi. Je regardais l'endroit où tu vins t'asseoir il y a deux ans, le premier jour, je crois, où tu fis quelques pas dehors. Oh! quel souvenir de maladie et de guérison! Je suis triste à la mort. Je voudrais te voir. Je prie Dieu à tout moment de me faire cette grâce. Ce ciel, ce ciel des âmes, est-il si loin de nous, le ciel du temps de celui de l'éternité? O profondeur! ô mystères de l'autre vie qui nous sépare! Moi qui étais si en peine sur lui, qui cherchais tant à tout savoir, où qu'il soit maintenant, c'est fini. Je le suis dans les trois demeures, je m'arrête aux délices, je passe aux souffrances, aux gouffres de feu. Mon Dieu, mon Dieu, non! Que mon frère ne soit pas là, qu'il n'y soit pas! Il n'y est pas; son âme, l'âme de Maurice parmi les réprouvés.... Horrible crainte, non! Mais au purgatoire où l'on souffre, où s'expient les faiblesses du cœur, les doutes de l'âme, les

(1) A cette époque, on s'adressait de tous côtés à ce saint prêtre pour obtenir des grâces temporelles. On peut lire dans notre *Livre des Merveilles du XIXe siècle* le récit de quelques-unes des innombrables guérisons obtenues par son intercession.

demi-volontés au mal. Peut-être mon frère est là qui souffre et nous appelle dans les gémissements comme il faisait dans les souffrances du corps : « Soulagez-moi, vous qui m'aimez. » Oui, mon ami, par la prière. Je vais prier; je l'ai tant fait et le ferai toujours. Des prières, oh! des prières pour les morts, c'est la rosée du purgatoire.

Sophie m'a écrit, cette Sophie, qui m'aime et vient me consoler. Mais rien d'humain ne console. Je voudrais aller en Afrique porter ma vie à quelqu'un, m'employer au salut des Arabes. Mes jours ne me sembleraient pas vides, inutiles comme ils sont. Cette idée de cloître qui s'en était allée, qui s'était retirée devant toi, me revient.

Le rosier, le petit rosier des Coques, a fleuri. Que de tristesses, de craintes, de souvenirs épanouis avec ces fleurs, renfermés dans ce vase, emporté dans notre voyage, avec nous dans la voiture de Tours à Bordeaux, de là ici! Ce rosier te faisait plaisir; tu te plaisais à le voir, à penser d'où il venait. Je voyais cela et comme étaient jolis ces petits boutons et cette petite verdure.

Le 22. — Mis au doigt la bague antique que tu avais prise et mise ici il y a deux ans, cette bague qui nous avait tant de fois fait rire quand je te disais : « Et la bague? » Oh! qu'elle m'est triste à voir et que je l'aime! Mon ami, tout m'est relique de toi.

La mort nous revêtira de toute chose. Consolante parole que je viens de méditer, qui me revêt le cœur d'espérance, ce pauvre cœur dépouillé.

Comme j'aime ses lettres, ces lettres qui ne viennent pas! Mon Dieu, recevez ce que j'en souffre et toutes les douleurs de cette affection. Voilà que cette âme m'attriste, que son salut m'inquiète, que je souffrirais le martyre pour lui mériter le ciel. Exaucez, mon Dieu, mes prières : éclairez, attirez, touchez cette âme si faite pour vous connaître et vous servir! Oh! quelle douleur de voir s'égarer de si belles intelligences, de si nobles créatures, des êtres formés avec tant de faveur, où Dieu semble avoir mis toutes ses complaisances comme en des fils bien-aimés, les mieux faits à son image! Ah! qu'ils sont à plaindre! que mon âme souvent les pleure avec Jésus venu pour les sauver! Je voudrais le salut de tous, que tous profitent de la rédemption qui s'étend à tout le genre humain. Mais le cœur a ses élus, et pour ceux-là on a cent fois plus de désirs et de crainte. Cela n'est pas défendu. Jésus, n'aviez-vous pas votre Jean bien-aimé, dont les apôtres disaient que, par amour, vous feriez qu'il ne mourrait pas? Faites qu'ils vivent toujours, ceux que j'aime, qu'ils vivent de la vie éternelle! Oh! c'est pour cela, pas pour ici que je les aime. A peine, hélas! si l'on s'y voit. Je n'ai fait que l'apercevoir; mais l'âme reste dans l'âme.

Le 27. — Je ne sais, sans mon père, j'irais peut-être joindre les sœurs de Saint-Joseph, à Alger. Au moins ma vie serait utile. Qu'en faire à présent? Je l'avais mise en toi, pauvre frère! Tu me disais de ne pas te quitter. En effet, je suis bien demeurée près de toi pour te voir mourir.

Mon Dieu, que le silence m'effraye à présent! pardonnez-moi tout ce qui me fait peur. L'âme qui vous est unie, qu'a-t-elle à craindre? Ne vous aimerais-je pas, mon Dieu, unique et véritable et éternel amour? Il me semble que je vous aime, comme disait le timide Pierre, mais pas comme Jean, qui s'endormait sur votre cœur. Divin repos qui me manque! Que vais-je chercher dans les créatures? Me faire un oreiller d'une poitrine humaine, hélas! j'ai vu comme la mort nous l'ôte. Plutôt m'appuyer, Jésus, sur votre couronne d'épines.

Le 28. — Saint Augustin aujourd'hui, ce saint qui pleurait si tendrement son ami et d'avoir aimé Dieu si tard. Que je n'aie pas ces deux regrets : oh! que je n'aie pas cette douleur à deux tranchants, qui me fendrait l'âme à la mort! Mourir sans amour, c'est mourir en enfer. Amour divin, seul véritable! Les autres ne sont que des ombres.

Accablement, poids de douleurs; essayons de soulever ce mont de tristesse. Que faire? Oh! que l'âme est ignorante! Il faut s'attacher à Dieu, à celui qui soulève et le vaisseau et la mer. Pauvre nacelle, que je suis sur un océan de larmes!

Le 30. — Qu'il faisait bon ce matin dans la vigne, cette vigne aux raisins chasselas que tu aimais! En m'y voyant, en mettant le pied où tu l'avais mis, la tristesse m'a rempli l'âme. Je me suis assise à l'ombre d'un cerisier, et là, pensant au passé, j'ai pleuré. Tout était vert, frais, doré de soleil, admirable à voir. Ces approches d'automne sont belles, la température adoucie, le ciel plus nuagé, des teintes de deuil qui commencent. Tout cela, je l'aime, je m'en savoure l'œil, m'en pénètre jusqu'au cœur, qui tourne aux larmes. *Vu seule,* c'est si triste! Toi, tu vois le ciel! Oh! je ne te plains pas. L'âme doit goûter d'ineffables ravissements.

> Se plongeant dans l'extase où fut l'aveugle-né
> Quand le jour apparut à son œil étonné.

Le 31. — Quelle différence de ce que je dis à ce que je dirais s'il vivait! Mon Dieu, tout est changé en moi et hors de moi : la mort étend quelque chose de noir sur toutes choses.

Il pleut; cette pluie, qui reverdit prés et bois, tombe sur la terre qui te couvre et dissout tes restes au cimetière, là-bas, à Andillac. Qu'on est heureux de penser qu'il y a dans l'homme quelque chose que n'atteint pas la destruction !

« Il est des créatures que vous retirez de ce monde pour de légères faiblesses; c'est par amour et pour les sauver de nouvelles chutes. » — Si on ne savait que cette pensée est de Shakespeare, on la croirait de Fénelon. Oh! je sais à qui je l'applique.

Le 5 septembre. — Une lettre de Marie, la triste Marie, qui récite tous les jours l'office des morts. Ainsi le cœur de la femme : même en se tournant vers Dieu, il regarde ses affections.

Le découragement me prend pour tout dans la vie. Je ne continuerai pas d'écrire. A quoi bon ce mémorandum? Pourquoi? puisque ce ne peut être pour lui! Quand il vivait, j'avais en lui mon soutien; j'avais mon plaisir dans la pensée de lui faire plaisir. Cela ôté, que reste-t-il à ces distractions humaines, lectures, pensées, poésie? rien que leur valeur, qui n'est rien.

Écrit à Marie, autre poésie vivante encore. Je lui dis : « Croyez que vous êtes aimée du cœur le plus mort. »

Je voudrais que le ciel fût tout tendu de noir,
Et qu'un bois de cyprès vînt à couvrir la terre;
Que le jour ne fût plus qu'un soir.

Une gazelle errante
S'abrite en cette tour,
Et l'hirondelle y chante,
Y chante nuit et jour.

Le 3 octobre. — Écrit à Paris. Oh! quel jour anniversaire de mon départ l'an dernier! Dirai-je ici tous les souvenirs qui me viennent, larmes, regrets, passé perdu, sitôt changé en deuil? Mon cœur est plein, il veut pleurer. — Maurice, Maurice, n'est-ce pas vrai, les pressentiments? Quand je pense à ceux qui me tourmentaient dans la route et à Paris et le jour de la noce, et qui se sont accomplis! Je rêvais mort; je ne voyais que draperies mortuaires dans ce salon même où l'on dansait....

N'est-ce pas temps perdu que de rappeler ces choses, mon Dieu! Je suis seule devant vous : je pourrais mieux faire que de m'affliger. N'êtes-vous pas là pour mon espérance, pour ma consolation, pour me faire voir un monde meilleur où est mon frère?

Le 4. — Je voulais envoyer à son ami deux grenades du grenadier dont il a travaillé le pied quelques jours avant sa mort. Ce fut son dernier mouvement sur la terre.

Le 6. — A l'heure qu'il est, midi, premier dimanche d'octobre, j'étais à Paris, j'étais dans ses bras, place Notre-Dame-des-Victoires. Un an passé, mon Dieu! — Que je fus frappée de sa maigreur, de sa toux! nous allâmes ensemble à Saint-Sulpice à la messe à une heure. Aujourd'hui à Lentin, dans la pluie, les poignants souvenirs et la solitude.... Mais, mon âme, apaise-toi avec ton Dieu que tu as reçu dans cette petite église. C'est ton Frère, ton Ami, le bien-aimé Souverain que tu ne verras pas mourir, qui ne te manquera jamais ni en cette vie ni en l'autre. Consolons-nous dans cette espérance, et qu'en Dieu on retrouve tout ce qu'on a perdu. Si je pouvais m'en aller en haut; si je trouvais dans ma poitrine ce souffle qui vient le dernier, ce souffle des mourants qui porte l'âme au ciel, oh! je n'aurais pas beaucoup de regrets à la vie! Mais la vie c'est une épreuve, et la mienne est-elle assez longue? ai-je assez souffert? Quand on se porte au Calvaire, on voit ce que coûte le ciel. Oh! bien des larmes, des déchirements, des épines, du fiel et du vinaigre. Ai-je goûté de tout cela? Mon Dieu, ôtez-moi la plainte, soutenez-moi dans le silence et la résignation au pied de la Croix, avec Marie et les femmes qui vous aimèrent.

Le 19. — Trois mois aujourd'hui de cette mort, de cette séparation. Oh! la douloureuse date, que néanmoins je veux écrire chaque fois qu'elle reviendra. Il y a pour moi une si attachante tristesse dans ce retour du 19, que je ne puis le voir sans le marquer dans ma vie, puisque je note ma vie. Eh! qu'y mettrais-je maintenant, si je n'y mettais mes larmes, mes souvenirs, mes regrets de ce que j'ai le plus aimé? C'est tout ce qui vous viendra, ô vous qui voulez que je continue ces cahiers, *mon tous les jours* au Cayla.

Le 20. — La belle matinée d'automne! Un air transparent, un lever du jour radieusement calme, des nuages en monceaux, du nord au midi, des nuages d'un éclat, d'une couleur molle et vive, du coton d'or sur un ciel bleu. C'était beau, c'était beau! Je regrettais d'être seule à le voir. J'ai pensé à notre peintre et ami, M. Augier, lui qui sent si bien et prend sitôt le beau dans son âme d'artiste. Et puis Maurice et puis vous, je vous aurais voulu voir tous sous mon ciel du Cayla; mais devons-nous nous rencontrer jamais plus sur la terre!

En allant au Pausadou, j'ai voulu prendre une fleur très jolie. Je l'ai laissée pour le retour, et j'ai passé par un autre chemin. Adieu ma fleur.

Quand j'y reviendrais, où serait-elle? Une autre fois je ne laisserai pas mes fleurs en chemin. Que de fois cependant cela n'arrive-t-il pas dans la vie ?

Dimanche aujourd'hui. Revu à Andillac cette tombe toute verdoyante d'herbe. Comme c'est venu vite, ces plantes! Comme la vie se hâte sur la mort, et que c'est triste à notre vue! Que ce serait désolant, sans la foi qui nous dit que nous devons renaître, sortir de ces cimetières où nous semblons disparus!

Le 21. — Tonnerre, orage, tempête au dehors, mais calme au dedans, ce calme d'une mer morte, qui a sa souffrance aussi bien que l'agitation. Le repos n'est bon qu'en Dieu, ce repos des âmes saintes qui, avant la mort, sont sorties de la vie. Heureux dégagement! Je meurs d'envie de tout ce qui est céleste : c'est qu'ici-bas tout est vil et porte un poids de terre.

Lu quelques passages des *Saints Désirs de la Mort*, livre pieusement spirituel que j'aime, lecture qui porte au ciel. J'en ai besoin pour mon âme qui tombe, qui s'affaisse sous le poids de la vie. On peut se distraire dans le monde, mais les choses seules de la foi soutiennent. Que je plains les âmes tristes qui ne savent pas cela, ou ne le veulent pas croire! J'en ai tant parlé à Maurice; j'en parle à tout ce que j'aime, des choses de l'éternité; car, voyez-vous, je n'aime pas pour ce monde, ce n'est pas la peine : c'est le ciel le lieu de l'amour.

Le 24. — Lecture, ni écriture, ni prière ne peuvent empêcher les larmes aujourd'hui. Mon pauvre Maurice! Je me suis mise à penser à tout ce qu'il a souffert, physiquement et dans l'âme, les derniers temps de sa vie. Que cette vue est déchirante! Mon Dieu, ne l'aurez-vous pas soutenu ?

Le 27. — Nulle envie d'écrire depuis deux jours. Si je reprends la plume aujourd'hui, c'est qu'en ouvrant mon portefeuille vert, j'ai vu ce cahier et j'y mets que mon père vient de me remettre un paquet de lettres de son cher Maurice, et de ses cheveux, pour les renfermer, ces précieux restes, avec les autres que j'ai. O enterrement! Écrirai-je ce que je sens, ce que je pense, ce que je souffre? Je n'écris pas : je ne parlerais que du ciel et d'une tombe, de ces choses qui ne doivent se dire qu'à Dieu.

Le 1er novembre. — Quel anniversaire! J'étais à Paris, assise seule dans le salon devant une table, pensant, comme à présent, à cette fête des Saints. Il vint, Maurice, me trouver, causer un peu d'âme et de cœur, et me donna un cahier de papier avec un « Je veux que tu m'écrives là ton tous les jours à Paris. » Oh! pauvre ami! je l'ai bien écrit, mais il

NAPLES (Page 170.)

ne l'a pas lu! Il a été enlevé si subitement, si rapidement, avant d'avoir le temps de rien faire, ce jeune homme né pour tant de choses, ce semblait. Mais Dieu en a disposé autrement que nous ne pensions. Il est de belles âmes dont nous ne devons voir ici que les apparences, et dont l'entière réalisation s'achève ailleurs, dans l'autre vie. Ce monde n'est qu'un lieu de transition, comme les saints l'ont cru, comme l'âme qui pressent le *quelque autre part* le croit aussi. Eh! quel bonheur que tout ne soit pas ici! Impossible, impossible! Si nous finissions à la tombe, le bon Dieu serait méchant; oui, méchant, de créer pour quelques jours des créatures malheureuses : horrible à penser. Rien que les larmes font croire à l'immortalité. Maurice a fini son temps de souffrance, j'espère, et aujourd'hui je le vois à tout moment parmi les bienheureux; je me dis qu'il doit y être, qu'il plaint ceux qu'il voit sur la terre, qu'il me désire où il est, comme il me désirait à Paris. Ah! mon Dieu, ceci me rappelle que nous étions ensemble à pareil jour l'an dernier; que j'avais un frère, un ami que je ne puis plus ni voir ni entendre. Plus de rapports après tant d'intimité! C'est en ceci que la mort est désolante. Pour le retrouver, cet être aimé et tant uni au cœur, il faut plonger dans la tombe et dans l'éternité. Qui n'a pas Dieu avec soi en cet effroi, que devenir?

Je ne puis dire à quel degré je l'aimais, ni auquel je l'aime : c'est quelque chose qui monte vers l'infini, vers Dieu. Là je m'arrête; à cette pensée s'attache un million de pensées mortes et vives, mais surtout mortes, mon mémorandum, commencé pour lui, daté de quelque joie l'an dernier et maintenant tout de larmes. Mon pauvre Maurice, *j'ai été délaissée en une terre où il y a larmes continuelles et continuelles angoisses.*

Le jour des Morts. —

Voilà les feuilles sans sève
Qui tombent sur le gazon;
Voilà le vent qui s'élève
Et gémit dans le vallon.
. . . .
C'est la saison où tout tombe,
Aux coups redoublés des vents.
Un vent qui vient de la tombe
Moissonne aussi les vivants.

Il y a peu d'années nous disions cela; nous récitions ces vers. Maurice et moi, errant sur des feuilles sèches, le jour des Morts. Mon Dieu, le voilà tombé lui aussi, lui si jeune, le dernier né de la famille, que je comptais bien laisser en ce monde, entouré d'enfants qui m'auraient pleurée comme leur mère! Au lieu de cela, c'est moi qui pleure; c'est moi qui vois une tombe, où est renfermé tout ce que j'ai eu d'espérance, de bonheur en affection humaine. Oh! que cela déprend de toutes choses et porte l'âme affligée loin de cette vie, vers le lieu où n'est pas la mort! Prié, pleuré, écrit, rien autre chose aujourd'hui. O terrible fête des morts!

Le 5. — Posé mon front sur les mains de mon père posées sur ses genoux. Oh! le doux oreiller! Tout mon cœur s'était porté à ma tête dans ce repos pour en jouir. Mon père est bon, d'une bonté tendre, ardente et pour ainsi dire amoureuse, comme on dit de la bonté divine dont les pères tiennent, et il se fait aimer avec abandon. Je ne lui cache que ce qui pourrait le peiner.

Une visite, un curé du voisinage qui m'a fait plaisir. La vue d'un prêtre est bonne aux affligés. Celui-ci nous a parlé de sa petite église, de sa petite paroisse, de ses petites croix, et, de l'un à l'autre, nous a menés à une heure de conversation que j'ai trouvée courte. En trouve-t-on autant dans le monde? Plus d'une fois, dans un salon, il m'est arrivé de bâiller dans mon mouchoir. Ce n'est pas tant l'esprit ni ce qu'on dit qui attache, qu'une certaine façon de dire.

Le facteur! des lettres! Oh! sait-on ce que c'est que des lettres à la campagne? Ces chers absents qui vous reviennent en cœur et en âme. Que ne peut-on écrire au ciel!

Le 6. — Un enfant est venu m'apporter un oiseau mort qu'il avait pris sous une pierre. Pauvre oiseau! Je suis à penser comme cette jolie petite vie d'indépendance, de chants, tout aérienne, a été atteinte comme une autre, est tombée sous ce trébuchet de la mort où tout tombe.

Dans ce moment, je rentre d'une petite promenade au soleil, et rien ne bouge autour de moi, que quelques mouches qui bourdonnent à l'air chaud. Seule au grand monastère désert. Ce profond et complet isolement me fait vivre une heure comme ont vécu des années les ermites, hommes et femmes, ces âmes retirées du monde. Sans soins matériels, sans parole qu'intérieure, sans sentiments que d'intelligence, sans vie que celle de l'âme : il y a dans ce dégagement une liberté pleine de jouissances, un bonheur inconnu; je crois bien que pour les faire durer on puisse aller les cacher à cent lieues du désert. Aussi en était-il qui quittaient la cour pour cela, comme saint Arsène et tant d'autres qui, ayant goûté des deux, ne voulurent pas retourner au monde. C'est que le monde ne contente pas l'âme; il l'amuse et ne la fait pas vivre : c'est ce qu'on sent pour peu qu'on avance en âge, quand le cœur se déprend des illusions comme ils s'y était pris de lui-même. On se trouve tout étonné et triste près du vide que font les plaisirs en se retirant. Que devenir alors? La foi l'enseigne, le chrétien le sait. Mon pauvre Maurice!

que de fois je lui parlais ainsi, lui demandant s'il le trouvait vrai, et il ne me disait pas non. Je ne hais pas le monde néanmoins; je sais y vivre et m'en passer, et je plains ceux qui sont ou ses esclaves ou ses fidèles, ses malheureux ou ses fous.

Cher ami! que je pense à lui aujourd'hui; que ce matin dans la prière je me sentais portée vers l'autre vie où il est, où il m'attend comme il m'attendait à Paris! Combien nous verrons là d'autres merveilles que dans ces villes sur la boue! Depuis cette mort, je n'estime rien la terre; Dieu m'en avait déjà fait connaître le prix; mais pour le comprendre, le peu qu'est ce monde, il faut que le cœur ait sa leçon, et le mien l'a eue! Maintenant je vais m'occuper d'autre chose que d'écrire ici. Avec ou sans plaisir, tant que l'âme est ici, tant qu'on a charge de vie, il faut en remplir les obligations.

Le 12. — Il fut un temps où je décrivais avec charme les moindres petites choses. Quatre pas dehors, une course au soleil à travers champs ou dans les bois, me laissait beaucoup à dire. Est-ce parce que je disais *à lui*, et que le cœur fournit abondamment? Je ne sais, mais n'ayant plus le plaisir de lui faire plaisir, ce que je vois n'offre pas l'intérêt que j'y trouvais jadis. Cependant rien au dehors n'est changé, c'est donc moi au dedans. Tout me devient d'une même couleur triste, toutes mes pensées tournent à la mort. Ni envie ni pouvoir d'écrire.

Trouvé dans un livre une feuille de rose flétrie; qui sait depuis quand? Je me le demande en revenant sur les printemps passés, sur les jours et les lieux où cette rose a fleuri; mais rien ne revient de ces choses perdues. Ce n'est pas un malheur d'être une fleur sans date. Tout ce qui prend mystère a du charme. Cette feuille dans ce livre m'intéresse plus qu'elle n'eût pu faire sur sa rose et son rosier. J'en ai quitté de lire. Pour peu qu'on ait l'âme réfléchissante, il y a de quoi s'arrêter à chaque instant et se mettre en pensée sur ce qui se présente dans la vie.

Le front sur une fleur, je pensais à la tombe.

La pensée de la mort, de Dieu et de ceux que j'aime ne me quitte pas.

Le 14. — Revenue encore à ma solitude complète. Mon père est allé chercher quelques livres dans une bibliothèque voisine. Je ne sais ce qu'il apportera.... Peut-être serait-il mieux de rester dans l'ignorance de tout livre et de toute chose; mais je ne me soucie pas non plus de savoir. Ce n'est pas pour m'instruire, c'est pour m'élever que je lis; tout m'est échelle pour le ciel, même ce petit cahier que j'attache à une pensée céleste. Dieu la connaît. Quand Dieu ne verrait pas tout, je lui ferais tout voir. Je ne saurais me passer de l'approbation divine en ma vie et mes affections, mais peu m'enquiers de celle des hommes, encore moins des femmes.

Le 15. — Mon Dieu, mon Dieu, quel jour! le jour de son mariage. A pareille heure, un an passé, nous étions à l'Abbaye-aux-Bois, lui, moi, moi à côté de lui. Je viens d'une église aussi, et d'auprès de lui sur sa tombe.

Il y a un cercueil entre le monde et moi; c'est fini du peu qui m'y pouvait plaire. J'ai des liens de cœur, plus aucun de bonheur, de fête. Maurice et moi nous nous tenions intérieurement par des rubans roses. Tout m'était riant en lui, tout me plaisait, jusqu'aux peines : mon Dieu! mon Dieu! avoir perdu cela! que voulez-vous que j'aime à présent?

Le 10 décembre. — Enfin pourrai-je écrire? Que de fois j'ai pris la plume depuis huit jours, et la plume m'est tombée des doigts sans rien faire! Il y a eu tant de tristesse dans mon âme, tant de secousses dans mon être! O Dieu! je semblais toucher à ma fin, à une sorte d'anéantissement moral. Que cet état est terrible! Rien n'apaise, rien ne soutient : travail, repos, livres, hommes, tout est à dégoût. On voudrait mourir. Dans cette lutte, l'âme sans foi serait perdue, oh! perdue, si Dieu ne se montrait; mais il ne manque pas, mais quelque chose d'inattendu vient d'en haut.

J'ai trouvé dans les paroles d'un prêtre (encore un ami de Maurice!) un secours inespéré, un apaisement, un calme, un baume religieux qui me fait sentir la foi dans ce qu'elle a de plus doux et de plus fort, la puissance de consolation. De moi-même souvent je ne puis pas y atteindre. Ce sont des efforts qui me fatiguent, me brisent. Nous sommes trop petits pour les choses du ciel. Le besoin d'un médiateur se fait sentir en nous-mêmes. Entre Dieu et l'homme, Jésus-Christ. Entre Jésus-Christ et nous, le prêtre, celui qui met l'Évangile à la portée d'un chacun. Aux uns il faut les menaces, aux autres les espérances : à moi, il me faut l'amour, l'amour de Dieu, l'unique véritable. Dès qu'on me remet là, dès que j'y suis en plein, je cesse de souffrir de souffrances désespérées. Que béni soit le saint prêtre, l'ami du frère qui a consolé la sœur! C'est parce qu'il a connu Maurice que je suis allée le trouver, que j'ai pensé qu'il me connaîtrait plutôt qu'un autre. Je ne me suis pas trompée; en effet, il m'a comprise. Il a connaissance du cœur et des agonies de l'âme et des tristesses jusqu'à la mort, et il vous soutient, cet ange....

Qui m'eût dit, il y a dix ans, quand ils étaient au collège, que cet enfant saurait mes douleurs, que je les lui confierais, qu'il les apaiserait par des paroles comme je n'en ai pas entendu, paroles divines que j'irai de temps en temps écouter quoique ce soit un peu loin d'ici? Quand je souffrirai trop, je ferai ce pèlerinage.

Le 15. — En revenant de la messe (il est dimanche), j'ai fait chemin avec une femme qui me contait ses souffrances. Pauvre meunière! entourée de huit enfants, toute dévorée d'affections, et qui néanmoins en pleure une, pleure toujours sa mère qui lui manque. « Je la cherche partout, me disait-elle, et la nuit j'en rêve et je sens qu'elle me caresse. » Il y a dans cette douleur et dans cette façon de sentir une tendresse infinie, une expression du cœur de la femme qui plaît tant au naturel, ce qui ne se voit peut-être pas si bien dans le monde que dans ces pauvres femmes des champs. Ici telles qu'on est; ailleurs, comme on se fait sous les façonneries de l'éducation, des coutumes, de la vanité. Tout est superficie dans le monde. En vérité; et dans peu de temps j'ai vu bien des comédies de salon. On me l'avait dit, mais je n'aurais pas cru Paris ce qu'il est, car c'est à Paris seulement qu'on voit la société en grand, en corps. Nous n'en avons en province que des bouts de doigts, des fragments, qui ne peuvent donner des idées complètes. Ma pauvre meunière m'a fait voir entièrement ce qu'il y a pour moi de plus doux, un cœur de femme dans sa sensibilité naturelle.

Le 31 décembre. — Ce dernier jour de l'an ne se passera pas comme un autre : il est trop plein, trop solennel et touchant comme tout ce qui prend fin, trop près de l'éternité pour ne pas m'affecter l'âme, oh! bien profondément. Quel jour, en effet, quelle année, qui me laisse, en s'en allant, tant d'événements, tant de séparations, tant de pertes, tant de larmes et un cercueil sur le cœur! Un de moins parmi nous, un vide dans le cercle de famille, dans celui de mes affections. Voilà ce que le temps nous fait voir. *Ainsi finit une année!* Hélas! hélas! la vie s'avance comme l'eau, comme ce ruisseau que j'entends couler sous ma fenêtre, qui s'élargit à mesure que ses bords tombent. Que de bords tombés dans mes jours étendus! Ma première perte fut ma mère, dont la mort me vint entre l'enfance et la jeunesse et mit ainsi des larmes entre les deux âges. De vive et rieuse que j'étais, je devins pensive, recueillie, ma vie changea tout à coup, ce fut une fleur renversée dans un cercueil. De cette époque date un développement dans la foi, un élan religieux, un amour de Dieu qui me ravissait par delà toutes choses et qui m'a laissé ce qui me soutient à présent, un espoir en Dieu qui m'a consolée de bonne heure. Puis je vis mourir un cousin, un ami tendrement aimé, le charme de mon enfance, qui me prenait sur ses genoux, m'enseignait à lire sans me faire pleurer, me disait des contes. Plus grande, je m'en fis un frère aîné; je lui confiai Maurice quand il s'en fut à Paris. Mon cousin était garde du corps. Il est dit que j'aurai toujours des frères à Paris et que toujours ils y mourront. Celui-ci s'en alla au cimetière de Versailles en 1829. Je n'étais plus enfant, je m'enfonçai dans les tombes : deux ou trois ans durant je ne pensai qu'à la mort et presque à mourir. Mon pauvre Victor auquel ressemblait Maurice! Oh! j'avais bien craint qu'ils se ressembleraient jusqu'au bout. Tous deux si jeunes, tous deux morts! Mon Dieu! ce sont terribles choses et poignants souvenirs que ces morts l'une sur l'autre. Voilà de quoi je me souviens aujourd'hui en foule. Je ne vois que des trépassés : ma mère, Victor, Philibert de l'île de France, Marie de Bretagne, Lili d'Alby, Laure de Boisset, toutes affections plus ou moins près du cœur, et maintenant celle qui les couvrait toutes, le cœur du cœur, Maurice, mort aussi! Quels passagers rapides nous sommes, mon Dieu! Oh! que ce monde est court! La terre n'est qu'un pas de transition. Ils m'attendent là-haut. C'est dans ces funérailles que je finis ma journée, ma dernière écriture, mes dernières pensées que je vous laisse comme je les laissais à pareil jour et moment, l'an dernier, à ce pauvre frère. Je lui écrivais de Nevers, encore assez près de Paris et de lui. Oh! que la mort nous sépare! Que lui adresser, où il est, que des prières? C'est à cela que je vais penser. La prière, c'est la rosée en purgatoire. Si sa pauvre âme y souffrait!...

Le 1er janvier 1840. — Que m'arrivera-t-il, ô mon Dieu, cette année? Je n'en sais rien, et, quand je le pourrais, je ne voudrais pas soulever le rideau de l'avenir. Ce qui s'y cache serait peut-être trop effrayant : pour soutenir la vue des choses futures, il faut être saint ou prophète. Je regarde comme un bienfait de providence de ne voir pas plus loin qu'un jour, que l'instant qu'on touche. Si nous n'étions pas ainsi bornés par le présent, où ne s'en irait pas l'âme en appréhensions, en douleurs tant pour soi que pour ce qu'on aime? Que ne fait point sentir et souffrir le seul pressentiment, cette ombre de l'avenir, quand elle nous passe sur l'âme! Dans ce moment, je suis sans crainte, sans émotion pour personne; mon année se commence en confiance pour ceux que j'aime. Mon père est bien portant, Érembert se relève, Marie (1) a toujours ses joues de pomme vermeille, et l'autre Marie (2), l'amie de mes larmes, la femme de douleurs se soutient avec plus de forces. De tout cela, grâces à Dieu, que je prie de bénir et conserver ceux que j'aime. Les chrétiens vont chercher leurs étrennes au ciel.

(1) Sa sœur.
(2) Madame de Maistre, de Nevers.

Une lettre de Louise, douce étrenne de cœur, mais rien ne me fait plus grand plaisir, rien de ce qui me vient ne peut me consoler de ce qui me manque. En embrassant mon père ce matin, ce pauvre père qui, pour la première fois, à la première année, n'embrassait pas tous ses enfants, j'étais bien triste. J'ai cru voir Jacob quand il lui manqua Joseph.

Le 2. — Je me sauve ici de l'ennui des lettres du premier de l'an que j'ai à faire. L'ennuyeuse coutume de se faire des compliments tout un jour, d'en envoyer au loin! Mon paresseux d'esprit, qui aime mieux rêvailler que travailler, ne s'empresse guère à ces compositions louangeuses. Au demeurant, on le fait parce qu'il faut le faire, mais en raccourci, avec seulement quelques mots d'époque, de vœux au commencement ou à la fin. Le monde, ceux du monde sont habiles en cela, en parler flatteur et joli; non pas moi, je ne me sens aucune facilité de parole dorée, brillante, de ce clinquant de bouche qui se voit dans le monde. *Dans le désert on n'apprend qu'à penser.* Je disais à Maurice, quand il me parlait de Paris, que je n'en comprendrais pas la langue. Et cependant il y en a que j'ai entendus. Certaines âmes de tous les lieux se comprennent. Cela me fait croire ce qu'on dit des saints, qui communiquent avec les anges, quoique de nature différente. L'une monte, l'autre s'incline, et ainsi se fait la rencontre, ainsi le Fils de Dieu est descendu parmi nous. Voilà qui me rappelle ce passage de l'abbé Gerbet dans un de ses livres que j'aime : « On dirait que la création repose sur un plan incliné, de telle sorte que tous les êtres se penchent vers ceux qui sont au-dessous d'eux pour les aimer et en être aimés. » Maurice m'avait fait remarquer cette pensée que nous trouvions charmante. Qui sait s'il ne se penche pas vers moi maintenant, vers ceux qu'il aimait, pour les attirer à ce haut rang où il est, pour nous soulever de terre au ciel! N'est-il pas croyable que ceux qui nous devancent dans les splendeurs de la vie nous prennent en pitié et nous envoient par amour quelque attrait vers l'autre monde, quelque lueur de foi, quelque éclat de lumière qui n'avait pas lui dans l'âme?

Le 4. — Du monde au salon que je laisse pour venir un moment devant Dieu et ici me reposer. Oh! quelle lassitude aujourd'hui dans l'âme, mais je ne me lasse pas de la porter ici. Ce m'est comme une église où l'on entre avec calme. Des lettres! des lettres, et pas une qui aille au portefeuille vert où vont celles que j'aime, celles qui sont miennes par l'intime. Marie ne peut pas tarder. Je l'ai tant pressée pour l'affaire de Mme de Vaux. Quand je dois obliger, j'aime de le faire vite. Deux lettres sont donc parties.... Il faut que je sorte d'ici.

Le 6. — Je reprends mon fil coupé d'hier, qui se liait à cette boîte

VENISE Page 124.

aux lettres d'Andillac. Que cette boîte sait peu ce qu'elle renferme ! Elle est placée près de l'église, à côté du cimetière, et je trouve qu'il est bien là, ce reposoir du cœur ou d'affaires humaines, de tant de choses qui ne prennent cours qu'après s'être arrêtées près de Dieu. Ce peut avoir de très heureux effets, et telle main portant de mauvais papiers se retirer à la pensée de ce lieu. Qui oserait faire le mal à la porte d'une église, pour peu qu'il ait de foi? Cette boîte au mur béni pourrait donc eu retenir plusieurs de mal intentionnés en écriture, comme c'est assez commun, même dans nos campagnes où le savoir écrire est venu. Du petit au grand, le choix moral en toute chose aurait plus de portée qu'on ne pense. Quant à moi, lorsque je jette là mes chères correspondances, je sens qu'il me faut pouvoir dire : « A la garde de Dieu! » J'écris à beaucoup de monde, ayant je ne sais comment, des relations très étendues. Il s'est élevé autour de nous une plantation de cousines, jeunes filles toutes aimantes et causantes, toutes liées à nous de cœur et d'esprit, de sorte qu'il me faut répondre à toutes ces causeries.

Le 9. — Que m'arrivera-t-il aujourd'hui? Un bonheur, quelque chose de Marie, ses étrennes qu'elle m'annonce, une boîte mystérieuse que m'apporte la diligence. Il me tarde de la tenir, de l'ouvrir et de voir ce que m'envoie mon amie. Elle me dit après quelques mots intimes à cette occasion : « Vous comprendrez quand vous aurez vu la boîte. » Ce *vous comprendrez* me met l'esprit en cherche. Qu'est-ce que ce peut-être? Livres, musique, objet de toilette? De toilette, non; Marie sait mieux ce qu'il me faut, et que j'aurai plus de plaisir aux moindres choses du cœur qu'à toutes les parures du monde. J'ai assez de mes robes de Paris, tandis que l'âme n'a jamais trop de vêture. J'aimerais des livres, quelque chose où je m'envelopperais la pensée toute transie au froid de ce monde, quand je sors de mes prières, de mes pieuses méditations. Cela ne peut pas durer tout le jour, et je souffre n'ayant nulle lecture où me réfugier.

Le 10 janvier (1840). — Presque résolue de ne pas écrire; jour de privations; mais la vue de ce papier blanc me tente la main qui se laisse aller doucement là-dessus, et y marque une pose rare dans le calme. Lu la vie de saint Paul ermite, qui, après cent ans de solitude, demandait ce qui se passait dans le monde. Quelque jour, mais pas si tard apparemment, je pourrai faire la même question; car je ne pense plus sortir d'ici, du fond de ce Cayla où Dieu m'a mise, où je me trouve bien, où je ne désire rien, où tout ce qu'il me faut m'arrive comme à Paul par quelque moyen inattendu et de providence. N'est-ce pas vrai tant pour la vie du cœur que pour l'autre?

Le Cayla avec une tombe, tout pour moi maintenant finit là et s'y rattache. Voilà pourquoi je ne voudrais plus m'éloigner d'ici, pour toujours garder et regarder cette chère tombe. Mon regard cependant ne demeure pas tout là; il monte au ciel, où est le meilleur de ce que je pleure, au ciel qu'on voit de partout, où de partout je pourrai voir où est Maurice. Ainsi, si Dieu m'appelait ailleurs, j'irais; cette raison de cimetière ne m'empêcherait pas d'un devoir de charité, ou d'amitié, ou de vocation, où qu'il fût. Le chrétien est-il d'aucun lieu?

Le 19. — Six mois, six mois aujourd'hui de cette mort, de cette séparation! Mon Dieu, que le temps est rapide! il me semble que c'est d'hier. D'où vient cela, que tant d'événements, d'autres choses, soit douloureuses ou non, qui touchent à ce cher ami, me semblent dans un lointain infini: tels son dernier départ d'ici, mon arrivée à Paris, son mariage, et que sa mort soit toujours là récente, présente? Je le vois: il y a six mois, et c'est comme s'il n'y avait rien du tout, tant on y touche par l'âme! il n'y a ni temps ni espace pour l'âme, cela fait bien voir que nous sommes esprit. Oh! tant mieux, tant mieux de n'être pas bornés par ce temps si court et si triste! de n'être pas tout en ce corps de si peu de chose! Convenons-en, la foi nous ouvre de belles perspectives. Mais quelle douleur de penser qu'il y en a qui ne feront que les apercevoir, sans y atteindre par la possession, par la jouissance en l'autre vie, hélas! comme il adviendra à ces pauvres chrétiens de nom, hommes sans œuvres, sans pratique de foi! C'est martyre d'avoir des amis de la sorte.

Le 21 janvier. — Pauvre Louis XVI! J'étais enfant que je vénérais ce martyr, j'aimais cette victime dont j'entendais tant parler dans ma famille aux approches du 21 janvier. On nous menait au service funèbre à l'église, et je regardais fort le haut catafalque, trône lugubre du bon roi. Mon étonnement m'impressionnait de douleur et d'indignation; je sortais pleurant cette mort et haïssant les méchants qui l'avaient faite. Que d'heures j'ai passées cherchant par quels moyens j'aurais pu sauver Louis XVI et la reine, et toute la malheureuse famille, si j'avais vécu de leur temps! Tout calculé, cherché, combiné, rien de bon ne se présentait guère, et je laissais ces prisonniers fort à regret.

Le 22. — Il y a des jours où l'âme se retourne plus que de coutume vers le passé, où elle revoit à tout moment ce qu'elle a perdu. Ces visions lui plaisent; quoique tristes, on les conserve, on y demeure, on vit dans l'ombre de ce qu'on a aimé. Tout aujourd'hui je vois passer et repasser cette chère figure pâle; cette belle tête pose en moi dans toutes ses poses, souriante, éloquente, souffrante, mourante; surtout je me suis arrêtée, je ne sais pourquoi, à le voir chez l'abbé Legrand, vicaire de la paroisse, quand nous allâmes lui parler pour les arrangements du mariage. Je me trouve dans ce *salonnet,* décoré de croix, de saintes gravures, de beaux meubles et de beaux livres d'un goût pieusement exquis; là, tout éclatante de paroles et d'air affairé; Maurice dans le plein calme du visage et de la voix, sur un fauteuil, laissant tomber parfois quelques mots; l'abbé causant avec distinction, tout surpris de plaisir quand, par hasard, je lui nomme l'abbé de Rivières, un de nos voisins, qu'il a connu à Saint-Sulpice. Je revois cela, et quand, abordant la question religieuse sur ce qui nous amenait, l'abbé toucha avec un tact parfait les préparations chrétiennes, Maurice répondit en homme qui comprend et qui croit. J'en fus touchée, l'abbé de même, peut-être avec surprise. Je remarquai tout, tout m'est resté. Je ferais tableau du jeune prêtre et du fiancé chrétien en ce moment. Maurice était parfait. Frère bien-aimé!

Le 23. — Pourquoi des larmes montent-elles ce matin? pourquoi ce retombement dans la douleur et l'angoisse? Demandez au malade pourquoi son mal lui revient! il n'y a que suspension aux souffrances : si j'étais près d'une église, je m'en irais les y apaiser, me perdre, m'absorber dans la communion. Dans cet acte de foi et d'amour est tout mon soutien, toute ma vie, même celle du corps peut-être. Dieu me prend en lui; et que ne peut l'amour tout-puissant sur une âme qu'il possède! La consoler d'abord, de ce qu'elle souffre en aimant.

Le 24. — Ces paroles sont bien mystiques, incompréhensibles peut-être à qui n'a pas le sens pieux d'un sacrement ineffable, d'un mystère d'amour divin, la plus étonnante chose de Dieu pour les hommes. Galimatias spirituel pour le monde, tout ce qu'on en pourrait dire; mais ceci n'est pas pour le monde, et les solitaires peuvent mettre sur leur papier ce qu'ils veulent. C'est l'imprimerie cachée de mon âme qui se fait sur ce cahier, j'y trace tous ses caractères. Quelquefois je dis : « A quoi sert? A qui serviront ces pages? Ce n'était de prix que pour lui, Maurice, qui retrouvait là sa sœur. Que me fait de me retrouver? » Mais si j'y trouve une distraction innocente, si je m'y fais une pause dans les fatigues du jour, si j'y mets pour les y mettre les bouquets de mon désert, ce que je cueille en solitude, mes rencontres et mes pensées, ce que Dieu me donne pour m'instruire ou pour m'affermir : oh! il n'y a pas de mal sans doute. Et si quelque héritier de ma cellule trouve cela et trouve une bonne pensée, et qu'il la goûte et devienne meilleur, quand ce ne serait qu'un instant, j'aurai fait du bien. Je veux le faire. Sans doute, je crains de perdre le temps, ce *prix de l'éternité;* mais est-ce le perdre de l'employer pour son âme et pour une autre? Qu'ai-je à faire d'ailleurs qu'à coudre ou à filer? Si mes doigts étaient utiles au ménage, je ne les mettrais pas ici, je n'ai jamais donné le devoir au plaisir. Mais puisque ma bonne sœur veut bien prendre sur elle ces soins matériels, qu'elle m'en décharge avec autant d'amitié que d'intelligence, puisqu'elle est Marthe, je puis bien être Marie. Oh! le doux rôle de mon goût! Quand quelquefois tout s'agite et bruit en la maison, et que j'entends cela du calme de ma chambrette, le contraste me fait délices; dans mon haut reclusoir, je sens quelque chose des stylites sur leur colonne. Mais, discoureuse que je suis! me voilà bien loin de mon premier mot, de mon idée sainte. Oh! les courants de l'âme, qui les suivra? On les remonte. Je retrouverai celui-ci quelque autre fois.

Le 25. — C'est bien fait pour l'écrire! une lettre de ma chère Marie, sur mon chevet, à mon réveil ce matin. Aurore d'un beau jour, tant en moi qu'au dehors; soleil au ciel et dans mon âme : Dieu soit béni de ces douces lueurs qui ravivent parmi les angoisses! Je sais bien que c'est à recommencer, mais on s'est reposé un moment et on marche avec plus de force ensuite. La vie est longue, il faut de temps en temps quelques cordiaux pour la course : il m'en vient du ciel, il m'en vient de la terre, je les prends tous, tous me sont bons, c'est Dieu qui les donne, qui donne la vie et la rosée! Les lectures pieuses, la prière, la méditation fortifient; les paroles d'amitié aussi soutiennent. J'en ai besoin : nous avons un côté du cœur qui s'appuie sur ce qu'on aime; l'amitié, c'est quelque chose qui se tient bras à bras. Comme Marie me donne le sien tendrement, et que je me trouve bien là! Ainsi nous irons jusqu'à la mort : *Dieu nous a unies.*

Le 26. — Il y a deux ans, ici, à la même place, dans la même chambre d'où il venait de sortir, je pleurais. Jamais sien départ ne m'avait tant brisé l'âme, c'était comme un pressentiment que ce serait le dernier. Lui aussi s'en fut plus affligé, plus retenu que de coutume. Ces six mois avec nous, étant malade et tant aimé, l'avaient fort rattaché ici. Cinq ans sans nous voir lui avaient fait perdre peut-être un peu de vue notre tendresse; l'ayant retrouvée, il y avait remis toute la sienne; il avait si bien renoué tous les liens de famille, en nous quittant, que la mort seule aurait pu les rompre. Il m'en avait donné l'assurance. Ses erreurs étaient passées, ses illusions de cœur évanouies; par besoin, par goût primitif, il se ralliait à des sentiments de bon ordre. Je savais tout, je suivais ses pas; du cercle de feu des passions (bien court pour lui), je l'ai vu passer dans celui de la vie chrétienne. Belle âme, âme de Maurice!

Dieu l'avait retirée du monde pour la retirer au ciel. Hélas! que tout cela me revient, que j'en suis suivie, entourée, aujourd'hui, triste anniversaire de notre séparation! De ce jour nos rapports intimes ont été brisés ou dehors : il s'en allait....

S'il fût resté ici, si ce fatal hiver se fût passé au Cayla, le pauvre jeune homme ne serait pas mort. L'air de Paris lui était mauvais évidemment, il retombait malade en arrivant; puis tant de choses qui ont tourné à malheur! Il s'est fait un enchaînement de circonstances, d'événements, qui l'ont conduit au cimetière, et cela sans qu'on ait su comment l'éviter. O fatalité! si je croyais à la fatalité.... Mais non, c'est Dieu qui nous mène, Dieu tout bon, quoique la nature gémisse, quoiqu'on soit tous malheureux, sans qu'on sache pourquoi. Comprenons-nous le mystère de rien? Celui des souffrances me fait croire à quelque chose à expier et à quelque chose à gagner. Je le vois dans Jésus-Christ, l'homme de douleurs. « Il fallait que le Fils de l'homme souffrît. » Nous ne savons que cela dans les peines et calamités de la vie. La raison des choses est en Dieu. C'est le secret du gouvernement que le souverain se réserve. Se soumettre à ce qui advient, c'est unir notre volonté à la sienne, c'est la diviniser, c'est la porter aussi haut que l'homme puisse atteindre. Aussi je trouve dans l'acte de résignation chrétienne le mouvement le plus sublime de l'âme. Il est tout de foi, il porte tout à coup de la terre au ciel.

Le 27. — Trois douces heures à écrire à Marie. Note du cœur. Je marque toutes ses lettres et les miennes pour retrouver les jours où nous avons causé, qui font époque. Je n'en ai pas de plus chères que ces épanchements d'amitié. Tout, hormis ce qui me touche à l'intime, passe en ma vie sans sensations. Tout m'est indifférent de ce qui est affaires, cours du monde, nouvelles; quoi qu'il se passe sur la terre, je n'en suis plus. Ici ma présence, mon âme au ciel. Ce petit cahier est la seule chose pour laquelle je me détourne un peu de mes pensées d'habitude. Et encore est-ce pour les y reposer.

Aujourd'hui il se marie à Gaillac une de nos cousines qui nous voulait à sa noce; mais c'est fait de noces! Je ne saurais même dire combien cette invitation, cette vue de fêtes m'a attristée.

Le 28. — Saint François de Sales, celui que Rousseau appelait le plus aimable des saints, m'a fort occupée aujourd'hui. C'est sa fête que j'aime particulièrement, que je fais en mon cœur en lisant cette belle vie, en pensant aux choses qu'elle a faites, conversions, écrits, lutte de vingt ans contre la colère, douceur divine dans cette fougue, au point d'être comparé au Sauveur du monde, ineffables traits de charité, dires charmants tels que ce mot : « Il vaut mieux taire une vérité que de la dire de mauvaise grâce, » tendresse de cœur débordante, compassion maternelle pour les pécheurs, enfin, mille choses célestes, mille perles qui couronnent le front de ce bienheureux, m'y attirent l'âme, me le font aimer, vénérer, invoquer d'une façon particulière. Le cœur au ciel a ses élus aussi, et ceux-là du moins ne font pas souffrir pour leur bonheur! Il faut tout dire : à mes prédilections spirituelles pour ce saint il s'en joint une un peu humaine, les de Maistre sont alliés aux de Sales, Marie est parente de saint François, de sorte que l'amitié et la sainteté me font relique et s'enchâssent ineffablement au cœur l'une dans l'autre.

Le 1er février. — Du monde pendant deux jours; cela passé, je remonte à ma solitude avec trois lettres d'amies et un regret de départ. Parmi ces visites se trouvait le confesseur de Maurice, ce bon M. Fieuzet, qui vient de temps en temps prier sur cette tombe et voir où nous en sommes en tristesse. C'est l'âme de prêtre la plus saintement tendre, qui porte sur le fond le plus doux l'austérité de son ministère. Evangile imprimé sur velours. Je fus bien consolée de le voir au lit de mort de Maurice. De quoi vais-je me souvenir? Oh! qu'un tel prêtre, qu'un saint prêtre m'assiste aussi dans mon agonie! Ainsi mes cahiers s'emplissent de tristesse, de choses lugubres, de vues de mort : ma vie s'en va toute maintenant sur ce fond noir avec un peu de sérénité de ciel par-dessus.

Le 4. — J'aurais bien une lettre à écrire, mais j'aime mieux tourner ma plume ici; ici par goût, ailleurs par convenance, et la convenance est bien froide. Le cœur ne s'y plaît pas, il s'en détourne, s'en retire tant qu'il peut. Hormis les devoirs, je le laisse. La lettre, je la ferai; c'est peu de chose d'ailleurs, et ce n'est pas grand effort de surmonter un court ennui. Il en est de si longs qu'il faut tenir jusqu'au bout. Les uns accoutument aux autres. Les petits combats mènent aux grands et y forment. Ces contre-goûts sont bons comme une amertume, ils font agir la volonté pour les prendre et fortifient ensuite. Si tout nous venait en douceur et plaisance, que serait-ce de nous à la fin, au choc terrible de la mort? Il est bon de prévoir cela. De là vient que les solitaires, tous les saints, ces hommes qui entendent si bien l'âme, se vouent au sacrifice, se privent volontairement, se font mourir tous les jours rien qu'en cette vue qu'il faut mourir. Il sortent aussi bien doucement de ce monde. On m'a parlé d'une jeune fille, religieuse à Alby, qui s'est mise à pleurer de joie quand elle a entendu les médecins dire entre eux qu'il n'y avait plus d'espérance.

Je ne sais pourquoi, du temps du choléra, je me faisais aussi comme un bonheur de mourir, j'enviais toutes les agonies. Cela m'impressionnait au point d'en parler à mon confesseur. Était-ce langueur de jeunesse, était-ce désir du ciel? Je ne sais. Ce qui est sûr, c'est que c'est passé ou à peu près. Je me trouve vis-à-vis de la mort dans des sentiments de soumission, quelquefois de crainte, rarement de désir. Le temps nous change. Ce n'est pas en cela seul que je m'aperçois de l'âge. Quand j'aurai des cheveux blancs, je serai tout autre encore. O métamorphoses humaines, s'enlaidir, vieillir! Pour se consoler de cela, on a besoin de croire à la résurrection! Comme la foi sert à tout! Oui, cette pensée de la résurrection pour tant de femmes qui se font un amour de leur corps, un bonheur de leur beauté, leur serait bonne à la fin de leurs charmes, et il peut se faire que plus d'une belle chrétienne s'en serve, de celles à qui vient grand chagrin du visage. Celle-là, par exemple, qui disait : « Ce n'est rien de mourir, mais de mourir défigurée! » C'était l'insupportable pour elle. Pauvre femme! J'en ris beaucoup alors; à présent, j'en ai compassion, je souffre de voir qu'on ne porte pas son âme plus haut que son corps. Qui sait? Si j'étais jolie, peut-être ferais-je de même.

Le 11. — Demeuré plusieurs jours sans écrire. Il m'en coûte de commencer ce douloureux récit (1), de parler de cette mort, quoique j'y pense sans cesse. Il est des souvenirs qui déchirent l'âme en sortant plus qu'en demeurant, ce me semble. Même la douleur se fait quelque chose de doux et dépose avec le temps au fond du cœur comme un limon sur lequel elle s'endort. Peu après cette mort, j'en parlais sans trop de peine; à présent, quand on revient sur ce sujet, que nous y tombons par entretien en famille, une souffrance me prend l'âme.

Cette nuit, il a fallu faire garder le mausolée préparé pour Maurice, à cause de quelques paysans d'Andillac qui ne voulaient pas le laisser mettre. Ils trouvent que cela choque l'égalité de la mort et ont fait opposition violente, ayant l'autorité. Pauvre peuple souverain! c'est ce qu'il faut en souffrir, c'est ce qu'il sait faire. Au temps passé, tous se seraient signés devant cette croix qu'ils parlent d'abattre aujourd'hui, au temps lumineux où nous sommes. Malheureux temps, où se perd le respect des choses saintes, où les plus petits s'enorgueillissent jusqu'à se révolter contre la triste élévation d'une tombe! Le paysan dont l'esprit en est là ne vaut plus rien : fruit des lectures, en partie. Aussi, qu'il vaut bien mieux un chapelet qu'un livre dans la poche d'un laboureur!

Ce fut le 8 juillet, vingt jours après le départ de Paris, vers six heures

(1) Un ami de Maurice, Barbey d'Aurevilly, avait exprimé le désir de posséder la relation de ses derniers moments. Eugénie, en lui donnant satisfaction, consigna ce récit dans son Journal.

du soir, que nous fûmes en vue du Cayla, terre d'attente, lieu de repos de notre pauvre malade. Sa pensée n'allait que là sur la terre, depuis longtemps. Je ne lui ai jamais vu de plus ardent désir, et toujours plus vif à mesure que nous approchions. On aurait dit qu'il avait hâte d'arriver pour être à temps d'y mourir. Avait-il pressenti sa fin? Dans les premiers transport de sa joie, à la vue du Cayla, il serra la main d'Erembert, qui se trouvait près de lui. Il nous fit signe à tous comme d'une découverte, à moi qui n'eus jamais moins d'émotion, de plaisir! Je voyais tout tristement dans ce triste retour, jusqu'à ma sœur, jusqu'à mon père, qui nous vinrent joindre à quelque peu de distance. Affligeante rencontre! Mon père fut consterné; Marie pleura en voyant Maurice. Il était si changé, si défait, si pâle, si branlant sur ce cheval, assis à l'anglaise, qu'il ne semblait pas animé. C'était effrayant. Le voyage l'avait tué. Sans la pensée d'arriver qui le soutenait, je doute qu'il l'eût achevé. Il embrassa son père et sa sœur sans se montrer trop ému. Il semblait dans une sorte d'extase dès la première vue du château; l'ébranlement qu'il en eut fut unique, et dut épuiser toute sa faculté de sensation; je ne lui ai plus vu l'air vivement touché de rien depuis cela. Cependant, il salua affectueusement les moissonneurs qui coupaient nos blés, tendit la main à quelques-uns, et à tous les domestiques qui nous vinrent entourer.

Arrivés au salon: « Ah! dit-il, qu'on est bien ici! » en s'asseyant sur le canapé, et il se mit à embrasser mon père, qu'il n'avait pu atteindre que du bout des lèvres à cheval. Nous étions tous à le regarder content. C'était encore une joie de famille. Sa femme sortit pour quelque déballement; je pris sa place auprès de lui, et le baisant au front, ce que je n'avais fait depuis longtemps: « Dis, mon ami, comme je te trouve bien! Ici tu vas guérir vite. — Je l'espère... je suis chez moi. — Que ta femme aussi se regarde comme chez elle; fais-le-lui comprendre, qu'elle est de la famille, et d'agir comme dans sa maison. — Sans doute, sans doute. » Je ne me souviens plus des autres choses que nous dîmes dans ces moments de seul à seul. Caroline descendit, on annonça le souper que Maurice trouva exquis. Il mangea de tout avec appétit. « Ah! dit-il à Marie, que ta cuisine est bonne!... »

Mon Dieu, que ce passé me tient au cœur! Ma vie n'est que là. Je n'ai d'avenir que par la foi, de liens que ceux qui se rattachent à Maurice, et de lui au ciel.

La première de la famille j'ai vu le mausolée ce matin. Cela s'est ainsi rencontré; mais, lui et moi, ne nous sommes-nous pas toujours rencontrés tout d'abord et mis à part? Cela se continue, et le tête-à-tête, hélas! sur un cimetière! J'étais seule à genoux sur cette tombe, vis-à-vis de la blanche pierre où j'ai lu son nom et sa mort : MAURICE, 19 *juillet.*

Mais revenons à sa vie, à ce qu'il m'en est resté de derniers et précieux souvenirs. Oh! que n'ai-je écrit alors à mesure qu'il nous parlait et s'en allait! Que n'ai-je fait un journal d'agonie, inestimable recueil dont celui-ci n'est que l'ombre! Se rappeler n'est pas voir; les plus vivants détails sont morts, quoique le cœur les conserve. Mais pensais-je à rien de lui qu'à lui? Pensais-je même qu'il dût finir? Et je le craignais cependant. Je ne me comprends plus quand je reviens à ces souvenirs.

Nous espérions beaucoup du climat, de l'air natal, de la chaude température de notre Midi. Le second jour de notre arrivée, il fit froid; le malade s'en ressentit et eut des frissons. Ses bouts de doigts, son nez glacés me firent craindre; je vis bien qu'il n'y avait pas tout le mieux que nous espérions, qu'il ne guérirait pas si vite, puisque les accès revenaient. Il n'y eut pas de chaleur ensuite, et le médecin nous rassura. Ces médecins sont souvent trompés ou trompeurs. Nous décidâmes le malade à ne pas sortir de sa chambre le lendemain, attribuant le froid qu'il avait eu à quelque fraîcheur du salon. Comme il se laissait toujours faire, il se résigna, quoique contrarié, à ce qu'on voulut; mais il s'ennuyait tant là-haut, et il fit tant de chaleur bientôt, que je l'engageai moi-même à redescendre. « Oh! oui, me dit-il, ici je suis loin de partout. Il y a plus de vie là-bas avec tous, et puis la terrasse, je pourrai m'y promener. Descendons. » Cette terrasse surtout l'attirait pour y jouir du dehors, de l'air, du soleil, de cette belle nature qu'il aimait tant. Je crois que ce fut ce jour-là qu'il arracha des herbes autour du grenadier et piocha quelques pieds de belles-de-nuit; aidé de sa femme, il tendit un fil de fer le long du mur sur un jasmin et des treilles. Cela parut l'amuser. « Ainsi chaque jour j'essayerai un peu mes forces, » fit-il en rentrant. Il n'y revint plus. La faiblesse survint, les moindres mouvements le fatiguaient. Il ne quittait son fauteuil que par nécessité ou pour faire quelques pas à la prière de sa femme, qui essayait de tout pour le tirer de son atonie. Elle chantait, faisait de la musique, et le tout souvent sans effet. Du moins, je ne me suis pas aperçue qu'il en eût quelque impression. Il demeurait le même à toutes choses, la tête penchée sur le côté du fauteuil, les yeux fermés.

Cependant il avait des mieux passagers, des espèces de soubresauts vers la vie. Ce fut dans un de ces moments qu'il se mit lui-même au piano et joua un air, pauvre air que j'aurai toujours dans le cœur! Ce piano s'en est allé à Toulouse. Je l'ai vu partir avec le regret qu'y avait gravé Maurice. J'aurais voulu y noter ces mots : « Ici un jeune malade a chanté son dernier air. » Peut-être quelque main en passant sur ce clavier se serait arrêtée pour la prière. Chère âme de trépassé, je voudrais de partout lui tirer des secours! « Ce sont les meilleurs offices que les chrétiens puissent se faire. » Je reviens à ce mot de foi de l'ami de Montaigne, qui revient si bien à mon cœur.

Je veux vous dire aussi comme ce cher frère m'a laissé sujet de consolation dans ses sentiments chrétiens. Ceci ne date pas de ses derniers jours seulement; il avait fait ses pâques à Paris. Au commencement du Carême, il m'écrivait : « L'abbé Buquet est venu me voir; demain, il revient encore pour causer avec moi comme tu l'entendais. » Cher ami! oui, j'avais entendu cela pour son bonheur, et lui l'avait fait pour le mien, non en cédant par complaisance, mais en faisant par *conviction* : il était incapable du semblant d'un acte de foi. Je l'ai vu seul à Tours, dans sa chambre, lisant les prières de la messe un dimanche. Depuis quelque temps il se plaisait aux lectures de piété, et je me suis applaudie de lui avoir laissé sainte Thérèse et Fénelon, qui lui ont fait tant de bien. Dieu ne cessait de m'inspirer pour lui. Ainsi j'eus la pensée d'emporter pour la route un bon petit livre, pieux et charmant à lire, traduit de l'italien, le Père Quadrupani, qui lui fit grand plaisir. De temps en temps il m'en demandait quelque page : « Lis-moi un peu du Quadrupani. » Il écoutait avec attention, puis faisait signe quand c'était assez, se recueillait là-dessus, fermait les yeux et restait là à se pénétrer de ces douces et confortantes paroles saintes. Ainsi, chaque jour, au Cayla, nous lui avons lu quelques sermons de Bossuet et des passages de l'*Imitation*.

A cela il voulut joindre quelques lectures de distraction, et nous commençâmes les *Puritains* de Scott, n'ayant rien de nouveau dans notre bibliothèque. Il en parcourut un volume avec quelque air d'intérêt, et puis laissa cela. Il était bientôt las de tout, nous ne savions que trouver pour lui faire plaisir. Les visites lui apportaient peu de distractions; il ne causait qu'avec son médecin, homme d'esprit, qui par cela plaisait au malade et soutenait son attention. J'ai remarqué ces influences morales, et qu'au plus fort abattement, cette nature intelligente se relevait à tout contact de rapport. Ainsi, la veille ou l'avant-veille de sa mort, n'en pouvant plus, il se prit à rire vivement à votre feuilleton si plaisamment spirituel : *Il faut que jeunesse se passe*, dont il fut charmé. Il en voulut deux fois la lecture : « Ecris cela à d'Aurevilly, me dit-il et que depuis longtemps je n'avais ri comme je viens de le faire. » Hélas! et il n'a plus ri! Vous lui avez donné le dernier plaisir d'intelligence qu'il ait eu. Tout lui était jouissance de ce qui lui venait de vous. L'amitié a été le plus doux et le plus fort de ses sentiments, celui qu'il a senti le plus à fond, dont il aimait le plus à parler, et qu'il a pris, je puis dire, avec lui dans la tombe. « Oh! oui, il vous a aimé jusqu'à la fin. » Je ne sais à quelle occasion, parlant de vous étant seuls, je lui dis : « Es-tu content, mon ami, que j'écrive à ton ami ? — Si je suis content ! » me fit-il avec le cœur dans la voix. Ce jour-là même, en le quittant, je vous envoyai son bulletin de santé.

Nous le trouvions bien faible; cependant j'espérais toujours. J'avais écrit au prince de Hohenlohe. J'attendais un miracle. La toux s'était apaisée, l'appétit se soutenait; la veille fatale, il dîna encore avec nous; hélas ! dernier dîner de famille ! On servit des figues dont il eut envie, et que sur sa consultation j'eus la cruauté de lui interdire; mais d'autres ayant approuvé, il en mangea une qui ne lui fit ni bien ni mal, et je fus sauvée sans préjudice de l'amertume de l'avoir privé de quelque chose. Je veux tout dire, tout conserver de ses derniers moments, bien fâchée de ne pas me souvenir davantage. Un mot qu'il dit à mon père m'est resté. Ce pauvre père revenait de Gaillac avec l'ardente chaleur, lui rapportant des remèdes. Dès que Maurice le vit : « Il faut convenir, dit-il en lui tendant la main, que vous aimez bien vos enfants. » Oh ! en effet, mon père l'aimait bien ! Peu après, le pauvre malade se levant avec peine de son fauteuil pour passer dans la chambre à côté : « Je suis bien bas, » parlant comme à lui-même. Je l'entendis, cet arrêt de mort, de sa bouche, sans lui rien répondre, sans trop y croire peut-être ; mais j'en fus frappée. Le soir, on le porta avec son fauteuil dans sa chambre. Du temps qu'il se mettait au lit, je disais avec Érembert : « Il est bien faible, ce soir ; mais la poitrine est plus libre, la toux disparaît. Si nous pouvons aller au mois d'octobre, il sera sauvé. » C'était le 18 juillet, à dix heures du soir !

La nuit fut mauvaise. J'entendis sa femme lui parler, se lever souvent. Tout s'entendait de ma chambre, j'écoutais tout. Dès qu'il fut possible, j'entrai le matin pour le voir, et son regard me frappa. C'était quelque chose de fixe : « Qu'est-ce que cela augure? dis-je au docteur qui vint bientôt. — C'est que Maurice est plus malade. — Ah ! mon Dieu ! » Érembert alla avertir mon père, qui accourut. Bientôt il sortit, et s'étant concerté avec le médecin, celui-ci annonça qu'il fallait penser aux derniers sacrements. M. le curé fut mandé, ainsi que ma sœur, qui se trouvait à l'église. Je ne sais si j'aurai tout présent. Mon père pria M. Facieu, le médecin, de préparer Caroline à la terrible nouvelle. Il la prit à part. J'allai la joindre bientôt et la trouvai tout en larmes; j'entendis : « Je le savais. » Elle savait qu'il devait mourir! « Depuis trois mois je me prépare au sacrifice. » Aussi ce coup de mort ne l'effraya pas, mais je la vis désolée.

« Ma pauvre sœur, lui dis-je en lui passant les bras autour du cou, voici le terrible moment; mais ne pleurons pas, il faut l'annoncer au malade, il faut le préparer aux sacrements. Vous sentez-vous la force de remplir ce devoir, ou voulez-vous que je le fasse? — Oui, faites-le, Eugénie, faites! » Elle étouffait de sanglots. Je passai de suite au lit du malade, et, priant Dieu de me soutenir, je me penchai sur lui et le baisai au front, qu'il avait tout mouillé : « Mon ami, lui dis-je, je veux t'annoncer quelque chose. J'ai écrit pour toi au prince de Hohenlohe. — Oh! que tu as bien fait! — Tu sais qu'il a fait des miracles de guérison, notamment à Alby, dans une famille qui vient de m'en faire part. Dieu opère par qui il veut et comme il veut. C'est surtout le souverain médecin des malades. N'as-tu pas bien confiance en lui? — Confiance *suprême* (ou *pleine*, je ne me souviens pas). — Eh bien, mon ami, demandons-lui en toute confiance ses grâces, unissons-nous en prières, nous à l'Eglise, toi dans ton cœur. On doit dire une messe où nous communierons : toi, tu pourrais communier aussi. Jésus-Christ allait trouver les malades, tu sais? — Oh! je veux bien! oui, je veux m'unir à vos prières. — C'est très bien, mon ami. M. le curé devait venir, tu vas te confesser. N'est-ce pas que tu n'as pas de peine à parler à M. le curé? — Pas du tout. — Tu vas donc te préparer à ta confession. » Il demanda un livre d'examen, se fit faire toutes les prières qui précèdent la confession par sa femme. Je sortis; j'allai lui préparer de la fécule au lait d'amande. Dans ce temps, M. le curé arriva. Le malade le pria d'attendre encore un peu, ne se trouvant pas, dit-il, assez préparé. On le voyait tout pénétré et recueilli. Hélas! dernier recueillement de son âme! Au bout de dix minutes à peu près, il fit appeler le prêtre, et demeura avec lui près d'une demi-heure, causant, nous fut-il dit, avec toute la lucidité et facilité d'esprit qu'il aurait eue étant bien portant. « Jamais je n'ai entendu confession mieux faite, » nous dit M. le curé. Ce qui m'assure bien de ses dispositions, c'est ce qu'il fit comme M. le curé s'en allait. Il le rappela pour lui parler de M. de Lamennais et faire une haute et dernière rétractation de ses doctrines. Puis il ajouta : « M. le curé, je ne sais si je m'abuse, mais me croyez-vous bien malade? Alors je recevrai l'extrême-onction. Pour communier, je voudrais le faire à jeun et attendre à demain. » Sur la réponse que les malades étaient dispensés du jeûne, il fut prêt à tout et se prépara aux derniers sacrements. Nous allions et venions, ma sœur et moi, pour les arrangements convenables dans cette chambre qui s'allait changer en église. Sa femme, avec la tristesse et la piété d'un ange, lui récitait les prières de la communion, qui sont si belles, et celles des mourants, si touchantes; lui-même demanda celles de l'extrême-onction, calme et naturel comme pour une chose attendue.

Cependant il avait faim, il défaillait, et me demanda sa fécule que je lui portai. Comme il suait beaucoup, je lui dis : « Mon ami, ne sors pas le bras, je te ferai manger comme un *néné* (enfant au berceau). » Un sourire vint sur ses lèvres, où je posai la cuiller, où je fis couler le dernier aliment qu'il ait pris. Ainsi j'ai pu le servir une fois encore, lui donner mes soins comme autrefois. Il m'a été rendu mourant. Je remarquai cela comme une faveur de Dieu accordée à ma tendresse de sœur, que j'ai rendu à ce cher frère les derniers services à l'âme et au corps, qu'il s'est rencontré que je l'ai disposé aux derniers sacrements, et que je lui ai préparé sa dernière nourriture : aliments des deux vies. Cela ne semble rien, n'est rien, en effet, pour personne; je suis seule à le remarquer et à bénir la Providence de ces rapports repris avec mon cher Maurice avant de nous quitter. Triste et indéfinissable compensation à tant de mois d'amitié passive! Avais-je tort de vouloir le servir? qui sait?... Mais je veux achever ce douloureux mortuaire; laissons le cœur de côté, qui n'en finirait pas de dire.

Quand le saint viatique arriva, le malade se trouvait mieux, ce me semblait; ses yeux, rouverts, n'avaient pas cette fixité effrayante du matin, ni ses sens le même affaissement; il parut moralement ravivé et en pleine jouissance de ses facultés tout le temps des saintes cérémonies. Il suivait tout de cœur, bien pieusement. Quand ce fut à l'extrême-onction, comme il ne sortait qu'une main, le prêtre ayant dit : « L'autre, » il la présenta vivement. Il écouta de bien simples et touchantes paroles, et reçut le saint viatique avec toute l'expression de la foi. Il vivait encore, il nous entendait, il choisit entre de l'eau et de la tisane qu'on lui offrait à boire, serra la main à M. le curé, qui toujours lui parlait du ciel, colla ses lèvres à une croix que lui présentait sa femme, puis il s'affaiblit; nous nous mîmes tous à le baiser, et lui à mourir. Vendredi matin, 19 juillet 1839, à onze heures et demie. Onze jours après notre arrivée au Cayla. Huit mois après son mariage.

La voilà cette fin de vie, si liée à la vôtre, telle que j'ai pu la retrouver pour vous dans mes larmes. Que n'étiez-vous là ! Que n'avez-vous assisté à la mort chrétienne de votre ami !...

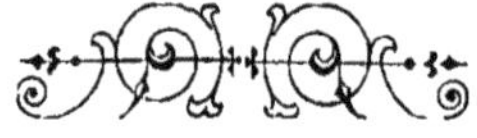

SOUVENIRS MILITAIRES ET PATRIOTIQUES

La princesse de Salm-Salm[1]

L'EMPEREUR Maximilien était assiégé à Queretaro par les républicains; mon mari était avec lui. Depuis longtemps je n'avais pas de nouvelles de ce côté; les bruits les plus contradictoires circulaient à Mexico. Je n'habitais point alors dans cette ville; mais dans la maison de plaisance du senor Hube, ancien consul du Mexique à Hambourg. Cette maison est à Tacubaya, lieu charmant, situé à quelques milles de la capitale et fréquenté par beaucoup de riches Mexicains qui y possèdent des villas.

Au mois de mars 1867, nous ouïmes dire que le général Marquez, à la tête de trois mille hommes, venait d'arriver de Queretaro à Mexico où régnait la plus vive agitation. J'étais si avide d'apprendre des nouvelles de mon mari que je priai le senor Hube de m'accompagner auprès du général Marquez.

Le général me reçut très courtoisement. Marquez était alors un grand homme; il en prenait du moins l'attitude avec une extrême complaisance. L'Empereur l'avait appelé son *alter ego;* il se le tenait pour dit, et tout en parlant de Maximilien comme d'un jeune frère à lui, il se posait en personnage plus important que qui que ce fût dans le pays tout entier. Il fut cependant très aimable pour moi et sut astreindre son visage rude et méchant à prendre une expression bienveillante à mon égard.

(1) Emprunté, avec l'autorisation du traducteur, Ph. de Toulza, aux *Souvenirs sur la chute de Maximilien Ier*, Empereur du Mexique (Palmé éditeur, Paris, 1874.) — Fille du colonel Le Clerq, la princesse de Salm fut mariée en 1862 à Félix de Salm-Salm, prince allemand, major au 4e régiment des Grenadiers de la reine Augusta. En 1866, déjà général, il offrit son épée au nouvel empereur du Mexique dont il était personnellement connu. Dans cette occurrence, la princesse accourut à ses côtés et fut témoin des graves événements qui se produisirent coup sur coup à Mexico. Le général toutefois, par prudence, la confia à des amis qu'il avait à Tacubaya, M. et Mme Hube; mais comme elle va nous le raconter, elle ne put y rester en repos pendant que son mari courait de si grands dangers, et bientôt elle se rendit à Mexico, où nous allons la voir tenter l'impossible pour sauver la vie du malheureux Maximilien. Cette page d'histoire est intéressante à plus d'un point de vue et peut offrir à nos lecteurs un grand exemple du courage dont une femme elle-même est capable quand elle sert la cause de la justice et ne s'inspire que de son patriotisme ou de sa foi.

Le général Marquez me parla de mon mari en termes extrêmement flatteurs. Il le déclara l'officier le plus valeureux de Queretaro et me raconta qu'il s'y était distingué de la manière la plus étonnante en s'emparant, à la tête d'une poignée de soldats, de six canons : « Pour cette action d'éclat, ajouta-t-il, l'empereur l'a décoré et l'a nommé général le jour même de mon départ. » Nous allâmes ensuite voir le général Bidaurry qui était venu avec Marquez. Il nous confirma la nouvelle que tout allait réellement bien à Queretaro et me parla, lui aussi, de mon mari de la manière la plus chaleureuse, me disant qu'il l'aimait comme son fils.

Les bonnes nouvelles arrivées de l'armée impériale causèrent une grande joie à Mexico. Les fêtes, les bals, les feux d'artifice s'y succédèrent pendant les dix jours que Marquez employa à se préparer par l'ordre de l'Empereur, disait-il, à marcher contre Porfirio Diaz qui avançait dans la direction de Puebla à la tête d'une armée républicaine.

Ces préparatifs achevés, les troupes impériales sortirent de Mexico où restèrent quelques soldats indigènes, en trop petit nombre pour empêcher les ennemis de s'aventurer à l'entrée de la ville. De légères escarmouches avaient lieu chaque jour à Tacubaya ou dans les environs.

Trois jours après le mouvement agressif des troupes impériales, le bruit courut à Mexico d'une grande victoire remportée par Marquez; Porfirio Diaz battu aurait vu son armée se dissoudre. Cette agréable rumeur ne fut pas de longue durée. Le lendemain, le général en chef de l'armée impériale rentrait précipitamment à Mexico, suivi d'un petit nombre de cavaliers et semblable en tout à un fugitif. Il précédait son armée en déroute sur laquelle il avait pris douze heures d'avance. Il venait de subir à San-Lorenzo une honteuse défaite et avait perdu toute son artillerie.

Si Porfirio Diaz eût été en mesure de marcher aussi vite que son ennemi en fuite, il serait entré sans opposition à Mexico; mais il ne parut devant la grande ville que trois jours après notre armée, alors que nos troupes vaincues s'étaient déjà en quelque sorte un peu remises de leur échec.

L'avant-garde républicaine défila devant la maison où j'habitais à Tacubaya. Je remarquai de beaux chevaux et de beaux uniformes; la plupart avaient été enlevés à nos troupes. Tacubaya et Chapultepec furent occupés sans résistance. Les préparatifs du siège de Mexico commencèrent.

La nuit suivante, je rêvai que je voyais mon mari expirant. L'empereur, penché sur lui, lui prenait les mains tout en lui disant : « Cher ami, vous ne devez pas me laisser seul. » Et mon mari jetait mon nom dans un cri aigu ; et autour de lui, on combattait; et je voyais du sang partout. Il y avait là toutes les horreurs d'une bataille.

Ce rêve me revint la nuit d'après. Je vis de nouveau mon mari se débattant avec la mort et je l'entendis encore cette fois m'appeler par mon nom. La bataille venait de finir; tout s'enveloppait à mes yeux dans des voiles sinistres dont l'obscurité était coupée çà et là par la lueur rougeâtre que projetaient des lampes funèbres. La troisième nuit, le même rêve se présentait à mon imagination, mais alors mon mari m'appelait d'une voix plus haute encore.

Un tel rêve deux fois renouvelé me jeta dans l'anxiété la plus grande.

MEXICO

Je pris la résolution d'aller sans rétard à Mexico pour parler à l'ambassadeur prussien, baron de Magnus, et pour me concerter avec le commandant en chef des régiments étrangers dans le but de sauver la vie à mon mari et à l'Empereur; je croyais l'un et l'autre en grand péril de la perdre.

Quand je dis au senor Hube que je voulais aller à Mexico, il s'y opposa énergiquement et protesta qu'il ferait tout au monde pour me rendre impossible une semblable folie. Il répondait de ma sécurité; mon mari m'avait confiée à lui; il ne souffrirait certainement pas que je m'exposasse de cette façon-là.

Le senor et la senora Hube m'avaient accueillie dans leur hospitalière habitation avec la plus grande amitié. Ils me témoignaient l'affection et l'intérêt qu'ils auraient éprouvés pour leur propre fille ; aussi m'était-il infiniment douloureux de faire quelque chose de nature à leur déplaire autant. Il est néanmoins des impulsions auxquelles on ne saurait résister ; contre elles les conseils de la raison demeurent impuissants.

Il me semblait qu'une force irrésistible me poussait à suivre la voix de mon cœur, et j'en vins à prendre l'incroyable résolution de mettre coûte que coûte mon projet à exécution, tout en gardant l'apparence de la soumission aux remontrances du senor Hube.

Mes hôtes parurent satisfaits de ma condescendance ; mais le senor Hube, craignant toutefois, sans aucun doute, que la nuit ne fît prévaloir dans mon esprit un autre avis, au lieu de fermer simplement sa porte extérieure suivant son habitude, retira la clef et la prit dans sa chambre à coucher.

Il eût mis ainsi un obstacle véritable à mon projet si je n'avais appris par d'autres informations sûres que la porte en question serait ouverte à six heures du matin pour laisser entrer des palefreniers qui ne dormaient pas dans l'habitation. Or, le moment venu, je me glissai furtivement, comme je l'avais résolu, hors de mon appartement avec ma femme de chambre, Margarita et Jimmy, mon fidèle chevalier à quatre pattes.

Le senor Hube était caché dans un recoin. A ma vue, il fut saisi d'une forte émotion ; il sortit de sa maison et me dit : « Vous voilà, princesse ? — Bonjour, senor Hube, » lui répliquai-je tranquillement ; et je m'acheminai vers la voie ferrée.

Mais il prit un sentier direct et je me trouvai face à face avec lui quand j'arrivai à la station.

De nouveau il chercha à me convaincre que mon projet était une folie et que je m'exposais aux plus grands périls ; mais rien n'eût été capable de m'ébranler dans ma résolution. Lorsqu'il en eut acquis la certitude, il ne chercha pas davantage à me retenir.

*
* *

Le 19 mars, quatre jours après la chute de Queretaro, j'arrivais dans cette malheureuse ville. Je descendis à l'*hôtel de la Diligencia*, où mon mari était fort connu. Il était entre les six et sept heures du soir, trop tard pour aller trouver Escobedo, dont le quartier général était établi à la *hacienda de Hercules*, à une certaine distance de la ville.

Je ne pouvais espérer avoir une voiture ; je fus obligée, le lendemain matin, de monter sur le cheval qu'un officier ennemi me prêta obligeamment. Suivie d'un domestique indien, je me rendis enfin au quartier général.

Escobedo m'accueillit très courtoisement, me tendit la main et protesta de tout le plaisir qu'il avait de me revoir. Je lui demandai la permission de visiter l'Empereur et mon mari. Il fit appeler immédiatement le colonel d'état-major Villanova pour m'accompagner à la prison.

Je m'arrêtai un moment à l'hôtel; puis j'allai avec le colonel au couvent de Santa Teresita.

Nous y arrivâmes entre dix et onze heures. Nous traversâmes une cour et nous montâmes un escalier qui n'était rien moins que propre. Il y régnait une odeur repoussante, ce qui, joint au diabolique vacarme que faisaient les soldats, me donna le vertige.

Nous entrâmes dans une chambre petite et malsaine où des officiers impériaux étaient étendus par terre sur des nattes de cocotier. Tous semblaient négligés et même malpropres. Je m'informai de mon mari; un homme petit et courtois, le senor Blasio, me dit que mon mari se trouvait avec l'Empereur dans la chambre voisine.

Il achevait à peine sa phrase lorsque mon mari entra. Salm n'avait point fait sa barbe, il portait un col de plusieurs jours Il me sembla qu'il sortait d'un monceau d'immondices. Il n'était pourtant point plus sale que ses compagnons d'infortune. Le revoir ainsi, le retrouver dans une circonstance semblable, m'occasionna une émotion si poignante, que je tombai dans ses bras, fondant en larmes et presque évanouie.

Mon mari alla trouver l'Empereur pour lui dire que j'étais arrivée; il me prévint à son retour que Sa Majesté se faisait un plaisir de me voir.

L'empereur était malade. Il me reçut quoiqu'il fût gisant sur son lit; mais, en de pareilles extrémités, on ne parle que pour mémoire de ces sortes de convenances qui rendent si incommode notre vie sociale. Salm m'avertit de ne point parler de la mort du général Mendez, fusillé quelques heures auparavant. Je n'oublierai jamais cette première conversation avec l'Empereur. Je ne l'avais pas vu encore, le hasard ayant voulu qu'il ne fût pas à Mexico lorsque j'y étais moi-même. Je le trouvais couché au lit dans une pauvre chambre froide et dépouillée. Il était pâle et accablé. Son abattement pouvait s'attribuer aisément à l'état de sa santé et au tapage continuel qui se faisait dans le local où il y avait impossibilité de prendre un moment de repos. Il souhaitait vivement une maison particulière pour lui et pour sa suite.

J'étais fort désireuse de lui procurer ce soulagement. J'allai trouver de nouveau Escobedo, qui m'accorda aimablement ma requête et, dès la matinée suivante, fit louer une belle maison meublée dont une moitié aurait été affectée à l'Empereur et l'autre moitié aux généraux prisonniers.

Mais ce bon mouvement fut vite étouffé. Le général Refugio Gonzales, un ancien chef de brigands, à qui venait d'être confiée la garde des prisonniers, reprocha à Escobedo de traiter Maximilien en prince, chose tout à fait contraire aux instructions de leur gouvernement. Et du reste, il ne répondait plus, disait-il, de la sûreté des prisonniers s'ils étaient logés dans une maison particulière.

Escobedo ne pouvait pas décliner ces remontrances, soit à cause des dispositions exaltées de ses troupes, soit parce qu'il savait de source certaine que son gouvernement était décidé à traiter les prisonniers avec la dernière rigueur. Il chargea en conséquence Refugio Gonzales de chercher une autre demeure pour l'Empereur et pour ses généraux; or il fut décidé qu'ils seraient transférés dans le couvent des *Capucinas*.

L'Empereur témoigna le désir de m'avoir auprès de lui pendant cette translation, et le colonel Villanova alla chercher de nouveau la voiture du senor Rubio; elle se fit attendre quelques heures.

Quand l'Empereur fut entré dans le couvent, devenu sa nouvelle prison, quand il vit la chambre qui lui était destinée, il s'arrêta sur le seuil et dit d'une voix émue : « En vérité cela ne peut pas être ma chambre; c'est un sépulcre.... Voilà bien un triste présage! »

L'Empereur avait raison. C'était le Panthéon, lieu des sépultures du couvent. Le colonel Villanova indigné comme nous tous, courut trouver le général Refugio Gonzales pour lui porter des plaintes sur ce grossier manque d'égards. Le valeureux chef de brigands répliqua : « C'est pourtant sa chambre; il faut qu'il y dorme au moins cette nuit. Cela lui rappellera que sa fin est très prochaine. »

Escobedo fut averti de cette indignité. Le lendemain l'Empereur eut une autre chambre d'où il pouvait se rendre dans une petite cour. Trois jours plus tard commença le procès. Le colonel Villanova me dit d'un ton particulièrement expressif : « L'affaire touche à sa fin; la fuite seule peut sauver l'Empereur. »

Je rentrai à mon logement très affligée; j'y trouvais le senor Bahnsen, de San-Luis, dont le morne regard n'était pas fait pour m'inspirer une disposition d'esprit plus gaie.

Je ne fermai pas l'œil de toute la nuit et dans ma tête s'agitait toujours cette question : « Comment faire pour sauver l'Empereur? » j'y pensai aussi toute la journée. Vers le soir, lorsque le senor Bahnsen et le colonel Villanova vinrent me voir, j'avais trouvé ce que je cherchais.

Je leur dis : « Qui de vous deux veut aller à San-Luis auprès de Juarez pour le supplier d'accorder un délai ? »

Le senor Bahnsen haussa les épaules et dit : « Personne n'ira. Demander un délai, c'est chose tout à fait inutile !... Vous ne connaissez pas Juarez ; je le connais moi, moi ! Il n'y faut pas penser. — Alors, colonel, je ne puis exiger de vous que vous y alliez.... Mais moi, femme, j'irai. — Vous ! » s'écria le senor Bahnsen avec un sourire sarcastique.

Mais les doutes et les moqueries de ce senor n'ébranlèrent pas ma résolution, et je dis au colonel : « Voulez-vous m'accompagner chez Aspirez ? Je lui demanderai la permission de visiter l'Empereur cette nuit. » Le colonel y consentit. Le lieutenant-colonel Aspirez, mon précédent compagnon de voyage, avait été nommé *fiscal* pour le procès de l'Empereur ; l'Empereur était dès lors placé sous sa surveillance.

Minuit était proche quand nous parvînmes à la porte d'Aspirez. Aspirez était couché ; Villanova le réveilla.

Je dis à cet officier — il semblait tomber de la lune — ma résolution d'aller encore une fois à San-Luis Potosi ; j'ajoutai que je désirais auparavant parler à l'Empereur, serait-ce en présence du colonel Villanova. Cette permission me fut accordée, non seulement de bonne grâce, mais de plus avec une bienveillance marquée.

Minuit était passé quand nous entrâmes aux Capucinas. Mon mari dormait tout vêtu ; il ne fut pas peu surpris de mon apparition subite ; il l'attribuait à quelque mauvaise nouvelle, celles-là seules lui semblant de nature à m'amener à pareille heure dans la prison.

Néanmoins, quand il sut ma résolution, il la trouva sage et vint avec moi auprès de l'Empereur que personne n'avait vu, à l'exception de son médecin, depuis le moment où il avait été séquestré des autres prisonniers.

L'Empereur me remercia beaucoup et approuva parfaitement mon projet. Villanova lui conseilla de rédiger en quelques mots, à Juarez, la demande d'un délai de quatorze jours pour préparer sa défense et pour s'entendre là-dessus avec des avocats de Mexico.

L'Empereur consentit à signer une lettre écrite en son nom par Villanova. Il me recommanda de remettre ce pli à Juarez en personne, et, si cela n'était pas possible, de le garder.

Je voulais partir sans différer ; je dis adieu à l'Empereur qui avait les larmes aux yeux. J'étais, de mon côté, extrêmement émue ; je croyais le voir pour la dernière fois.

Ayant promis de remettre la lettre à Juarez en personne, je redoutais de me butter contre quelque obstacle qui m'empêcherait d'arriver jusqu'à lui ; je crus prudent de me munir d'une lettre d'Escobedo.

Entre une et deux heures du matin, je me présentai chez le général Escobedo, accompagnée du colonel et de ma femme de chambre. Par bonheur il était encore sur pied. Non seulement il me donna pour Juarez la lettre que je lui demandais ; mais il y joignait un ordre adressé à tous les maîtres de poste entre Queretaro et San-Luis de me fournir immédiatement les mulets dont j'aurais besoin. Satisfaite de ce résultat, j'allai à mon logement prendre mes dernières dispositions pour mon voyage. Le senor Bahnsen m'avait promis de me prêter à cette fin sa petite voiture, une voiture fort légère.

Mais quand je fus rentrée, je trouvai le senor Bahnsen disposé à retirer sa promesse : « La voiture serait mise en morceaux ; mon entreprise était un caprice de femme ; toute l'affaire n'était qu'une inutile folie. »

Hors de moi, je fis ce que je pus pour persuader au senor Bahnsen de me prêter sa voiture, et, finalement, je vins à bout de l'y décider, non sans de grands frais d'éloquence, à la condition expresse que l'un de ses associés mexicains viendrait avec moi.

Il était cinq heures du matin quand nous nous mîmes en route menés par quatre forts mulets et deux postillons. Ces forts mulets accoutumés à traîner une pesante diligence et ne sentant alors qu'un poids si léger derrière eux, brûlaient le chemin ; ils semblaient vouloir se hâter de donner raison aux pressentiments du senor Bahnsen. Et en vérité, nous n'étions encore qu'à peu de milles de distance de Queretaro quand ils se heurtèrent si furieusement contre un mur de pierres que le timon fut rompu.

Mon chevalier mexicain fut jeté à terre. Or, après beaucoup de cris perdus, beaucoup de lamentations inutiles, le timon fut attaché avec des cordes ; il servit jusqu'au moment où nous pûmes en acheter un autre, ce que nous fîmes en arrivant à San-Miguel.

Nous voyageâmes toute la journée avec la plus grande rapidité possible et nous arrivâmes sans autre encombre à une hacienda qui se trouva à moitié chemin entre Queretaro et San-Luis. Il était minuit. Je voulais poursuivre mon chemin ; mais l'homme de paille du senor Bahnsen me dit qu'il était fatigué, qu'il avait besoin de dormir, que la route était infestée par les voleurs. En un mot, il ne voulait plus voyager de la nuit. Je lui cédai à la fin, sous la condition que trois heures après nous repartirions. J'étais prête à l'heure dite, et aussi les mulets et les postillons ; mais mon chevalier endormi ne se montra point, il ne nous servit de rien de faire du bruit contre sa porte. J'étais décidée à planter là ce Mexicain si bien dormant, lorsque, vers les six heures, il apparut frais comme une rose, bien vêtu, portant des gants glacés et demandant une tasse de chocolat. Furieuse contre lui, je l'aurais volontiers fait assommer si c'eût été permis; mais cela ne se fait point très aisément, pas même au Mexique! Je dus me contenter de le foudroyer mentalement et en paroles....

Entre six et sept heures du soir, nous arrivâmes à San-Luis Potosi et nous descendîmes dans la maison du senor Bahnsen dont l'aimable sœur m'accueillit avec la plus cordiale hospitalité.

J'avais toujours devant les yeux la pâle et mélancolique figure de l'Empereur, gisant sur le petit lit de malade d'où il me regardait avec une expression de si vive reconnaissance quand je prenais congé de lui, et je frémissais de peur à la pensée que chaque minute de retard pouvait lui coûter la vie.

Aussi, sans perdre du temps plus que d'habitude à ma coiffure, je me hâtai d'aller chez Juarez. Mais il y avait conseil de cabinet; le président ne pouvait me recevoir; il me fit inviter néanmoins à lui laisser la lettre de l'Empereur. Je la lui refusai naturellement, ayant promis de ne la remettre qu'au président en personne; je lui envoyai seulement le billet d'Escobedo. Sa réponse fut qu'il me recevrait la matinée suivante à neuf heures.

A l'heure dite, le jeune frère du senor Bahnsen m'accompagna chez le président qui me reçut, cette fois encore, en présence du senor Iglesia, ministre de la justice. Il prit ma lettre, la lut et la fit passer au ministre en me disant : « Que le temps accordé pour le procès de Maximilien était fixé à trois jours, et que, d'après un mûr examen de la chose, il se voyait contraint, avec le plus grand regret, de refuser le délai demandé. »

Je me tournai alors vers le senor Iglesia et je lui parlai le mieux que je sus en faveur de l'Empereur. Je lui dis qu'il y avait de la barbarie à frapper un prisonnier sans lui avoir donné du temps pour sa défense et de traiter comme un traître celui qui était venu d'Europe se croyant appelé par le peuple mexicain; quelques jours de plus ou de moins étaient d'ailleurs sans importance pour le gouvernement et la prudence conseillait de ne pas montrer un empressement si horrible; il fallait calculer les conséquences d'une action semblable et penser que non seulement l'Europe, mais encore tout le monde civilisé se soulèverait contre le Mexique après un si odieux procédé.

« Et maintenant senor Juarez, dis-je en continuant les yeux fixés sur le président, retardez votre décision au moins jusqu'à ce soir à cinq heures. Si vous restez dans la même disposition d'esprit, Dieu sait avec quel cœur oppressé je retournerai à Queretaro ! »

Le senor Iglesia me reconduisit et je me laissai aller à lui dire tout ce que mon cœur m'inspirait pour l'émouvoir. Il ne me répondit point; mais il me serra la main d'une manière qui semblait me promettre son appui.

Quand je le rejoignis à cinq heures, il vint au-devant de moi avec un visage radieux, me présentant sans dire un mot l'ordre précieux qui accordait le délai désiré. J'étais hors de moi de plaisir et j'eus de la peine à m'empêcher de me jeter au cou du bon ministre. Je voulais aussi remercier Juarez; mais il n'était pas chez lui, ou du moins ne se laissait pas voir.

Il me fut dit que l'ordre concernant le délai obtenu avait été expédié à Queretaro par le télégraphe; j'avais néanmoins la plus grande hâte de m'en retourner.

Une erreur par télégramme est chose très facile, et j'avais l'ordre écrit entre mes mains. Je refusai la compagnie du senor l'endormi pour accepter avec reconnaissance celle de Daus, autre associé de Bahnsen. Celui-là fut pour moi un très poli et fort utile compagnon de voyage; quand le cocher ne poussait pas assez ses chevaux, il montait sur le siège et prenait les rênes.

Les bonnes sœurs du senor Bahnsen auraient volontiers rempli ma voiture du mobilier entier de leur maison pour fournir, autant que possible, l'Empereur et les autres prisonniers de tout ce qui pouvait leur être utile ou agréable. Mon voyage fut très pénible. Les nuits étaient très obscures et la route se trouvait à moitié défoncée; si bien que nous fûmes obligés souvent de rallumer les lanternes qu'une pluie diluvienne éteignait sans cesse. Durant de longues heures, il nous fallut aller à pied. J'avais une seule paire de souliers et ces souliers étaient légers; ils furent bientôt déchirés par les cailloux. Ce voyage et les émotions qu'il m'occasionna me fatiguèrent beaucoup. Quand nous arrivâmes à Queretaro, entre dix et onze heures du matin, j'avais grand besoin, ou plutôt nécessité absolue de descendre à l'hôtel pour me remettre un peu; mais je soupçonnai que l'Empereur ignorait encore le délai obtenu et je me serais reprochée comme un crime de perdre une seule minute avant de le lui avoir annnoncé. J'allai donc immédiatement, et telle que je me trouvais, au couvent des Capucinas.

Arrivée là, morte d'épuisement, avec ma chaussure brisée, mes pieds meurtris, mes cheveux très en désordre, mon visage et mes mains non lavés, je devais, soit dit en un mot, ressembler à une guenon. Néanmoins j'étais très heureuse, et même un peu fière de mon succès.

L'empereur, extrêmement ému, me remercia dans les termes les plus affectueux. Pendant mon absence, il m'avait accordé la décoration de l'ordre de San-Carlos, fondée par l'Impératrice. Cette décoration était une petite croix d'émail blanc, portant inscrit au centre, sur un fonds vert, le mot *humilitas*. Cette croix était suspendue par un ruban rouge.

PAUSILIPPE (Page 173.)

Le délai était obtenu ; il s'agissait d'en profiter pour sauver l'Empereur. Déjà, quand je l'avais vu une première fois, j'avais cherché à lui persuader de faire venir de Mexico le baron de Magnus et quelques avocats ; il m'avait répondu qu'il ne voulait personne, tout étant inutile.

Il ne voulut pas non plus à mon retour de San-Luis les appeler par un télégramme, parce qu'il était absorbé en ce moment par un plan d'évasion que mon mari avait imaginé; il en espérait beaucoup le succès pour l'instant où trois officiers gagnés d'avance auraient pris le commandement du poste qui le gardait.

Dès le début, j'avais eu peu d'espérance dans l'heureuse exécution de ce plan, j'y avais pourtant concouru de toutes mes forces. En lui-même il était excellent; mais je n'avais aucune confiance dans les individus dont mon mari avait besoin de se servir. Deux étaient déserteurs de l'armée française.

Ils étaient d'ailleurs des officiers d'un rang trop inférieur et manquaient en outre, à mon avis, de la force et de l'habileté nécessaires pour mener à bien ce qu'ils se chargeaient d'entreprendre. Dans leur pensée il s'agissait peut-être avant tout de nous soutirer de l'argent. Je m'étais déjà prononcée contre les ouvertures qui leur avaient été faites, mon avis étant que l'Empereur devait se tourner vers de plus hautes notabilités.

Peu rassurée, en conséquence, sur le succès de l'évasion, je décidai l'Empereur à convoquer auprès de lui le baron de Magnus, avec les autres ambassadeurs européens et des avocats.

Le 5 juin, ce baron, son chancelier Scholler et deux avocats apparurent; le lendemain, ce fut le baron de Lago avec son secrétaire, le chevalier Schmidt. M. Hoorickx, ambassadeur de Belgique et le signor Curtopassi, ambassadeur d'Italie, suivirent de près.

Avant l'arrivée de ces personnages, il m'était facile de parvenir jusqu'à l'Empereur, mais depuis lors je fus, comme tout le monde, forcée d'obtenir pour chaque visite une permission spéciale.

Les gouvernements autrichien et belge ont dû savoir si leurs ambassadeurs avaient fidèlement observé leurs instructions; mais, à mes yeux, et aux yeux des Mexicains eux-mêmes, l'attitude de ces personnages semblait étrange et ne paraissait pas recommandable.

Déjà, lors du départ des Français, ils avaient fait leur possible pour renvoyer hors du Mexique les soldats étrangers qui avaient voulu y rester pour servir l'Empereur, et maintenant ils se comportaient comme s'ils étaient du parti de ses ennemis.

Il me fut dit que le chargé d'affaires d'Autriche et son secrétaire prenaient cette contenance pour mieux servir l'Empereur; quant à moi je confesse que c'était là une politique extraordinaire et difficile à comprendre.

M. Hoorickx, ambassadeur belge, poussa la chose jusqu'à parler de l'Empereur devant Escobedo et son état-major, dans des termes inconvenants. Il se servit d'une expression analogue à celle de *nigaud stupide* et dit que le gouvernement mexicain était parfaitement dans son droit en le faisant fusiller. Le général Escobedo et les officiers qui composaient alors son état-major peuvent attester la vérité de mon assertion. Plusieurs d'entre eux se sont exprimés énergiquement devant moi sur la bassesse et l'indécence de cette politique.

L'ambassadeur italien, signor Curtopassi, se comporta mieux que les diplomates d'Autriche et de Belgique; il chercha sérieusement à venir en aide à l'Empereur, et s'il ne réussit pas, c'est parce qu'il employa de belles paroles au lieu d'espèces sonnantes. Il s'adressa directement au médecin militaire, le senor Riva de Nejra, qui visitait d'office l'Empereur et lui promit dix mille dollars s'il pouvait obtenir le transfèrement de l'Empereur dans une maison particulière; c'était ce que nous désirions beaucoup comme la chose qui favoriserait le plus une évasion. Le docteur, qui n'aurait probablement pas résisté à la séduction des brillantes pièces d'or, se méfia des promesses creuses et trouva plus sûr d'aller révéler à Escobedo tout le mystère. Ce même désir que j'avais moi-même exprimé à Escobedo sans le moindre inconvénient, nous valut alors pour tout résultat un redoublement de vigilance.

J'avais déjà observé auparavant que les Mexicains se préoccupaient fort peu de l'air important des ambassadeurs. Au début, ils s'en étaient simplement ébahis et amusés; mais bientôt ils s'offusquèrent des raisonnements de ces seigneurs et de leur ton prépondérant. J'étais sur un pied d'amitié avec tous les officiers supérieurs de l'état-major d'Escobedo. Mon dévouement à l'Empereur, le zèle que je déployais pour lui, la manière dont j'en usais pour agir en sa faveur me gagnaient leur estime et je sais que beaucoup d'entre eux, du moins en secret, me souhaitaient un heureux succès. Par eux j'ai su beaucoup de choses ignorées des autres; ils me dirent que la façon d'agir des ambassadeurs était non seulement inutile, mais nuisible et propre à précipiter la catastrophe. Rien autre chose que la fuite ne pouvait sauver l'Empereur, c'est là ce qui me fut plus d'une fois murmuré à l'oreille.

J'en parlai sérieusement à l'Empereur; mais il était si ensorcelé par sa confiance dans les ambassadeurs que, regardant mes craintes comme des frayeurs de femme pusillanime, il voyait l'avenir sous des couleurs moins sombres qu'avant l'arrivée de ces diplomates. Il écouta néanmoins mes dires, parce qu'il ne pouvait douter ni de ma véracité, ni de ma bonne volonté; il avait d'ailleurs une certaine confiance dans mon jugement et dans ma prudence. Longtemps auparavant j'avais cherché, à propos d'un plan d'évasion, à le convaincre de recourir, non à des officiers en sous ordre, mais à des commandants. J'avais gagné l'un d'eux; c'était le colonel Villanova, commandant de tous les postes de la ville; il portait le plus vif intérêt à l'Empereur et regardait comme un malheur pour sa patrie l'action que ferait le gouvernement en faisant fusiller l'infortuné archiduc. Pour ce motif il était disposé à favoriser l'évasion. Il ne voulait pas recevoir de l'argent; mais, étant pauvre et se trouvant l'unique appui de ses sœurs, il demandait que l'Empereur l'emmenât en Europe et se chargeât de son avenir.

Le colonel Villanova me dit néanmoins que seul il ne pouvait procurer cette évasion et qu'il fallait gagner aussi le colonel Palacios, exerçant un commandement dans la prison. En conséquence, je désirais que l'Empereur déposât cent mille dollars en or à la banque du senor Rubio, sur qui on pourrait tirer des traites. « Les espèces sonnantes, disais-je à l'Empereur, sont toujours utiles, — je sais cela de vieille expérience, — quand on parlemente avec des Américains. »

L'Empereur me répondit que l'argent était la chose du monde la plus facile à se procurer, le baron de Magnus et les autres ambassadeurs lui ayant donné l'assurance que d'immenses sommes étaient à sa disposition.

Mais, chose étrange, une once d'or était suspendue toujours à chacune des paroles de ces ambassadeurs, tandis que sur la pointe de leurs doigts il n'y avait jamais un pauvre dollar!

Par malheur, le baron de Magnus, qui aurait probablement procuré l'argent, était à San-Luis-Potosi. Les deux avocats lui télégraphièrent de revenir, mais en vain; il lui semblait que le gouvernement inclinait vers une transaction. L'Empereur n'aurait pas voulu le laisser s'éloigner de lui parce que, comme il le disait à moi-même en présence du docteur Basch, il avait plus de confiance dans le baron de Magnus que dans tous les autres diplomates et qu'il aurait voulu garder près de lui un homme sûr.

Dans une telle occurrence, et, vu l'impossibilité de rien faire sans argent, l'Empereur envoya chercher le baron de Lago, chargé d'affaires d'Autriche qui ne s'était point laissé voir depuis deux jours. Ce baron appartenait, à mon sens, à la très nombreuse famille des *Cœurs de lièvre*. Lui aussi avait été d'avis, dès le premier moment, que l'on n'oserait fusiller l'Empereur; mais, dans les derniers temps, il était d'une humeur plus chagrine et commençait à craindre que ces endiablés républicains ne fusillassent non seulement l'Empereur, mais encore la personne sacrée du représentant de l'Autriche.

Au fait, l'Empereur se trouvait dans une position misérable.

Comme je lui disais que les officiers prisonniers, et mon mari avec eux, devaient quitter Queretaro prochainement et que moi bien certainement je suivrais mon mari, il s'émut et s'écria : « Vous êtes les seules personnes qui avez réellement fait quelque chose pour moi ; si vous partez, je serai tout à fait abandonné ! »

En conséquence de cette parole de l'Empereur, il fut décidé avec mon mari que nous produirions sa nomination au grade de général ; les généraux devant rester encore à Queretaro, notre but ainsi se trouvait atteint.

* * *

Le jour approchait où l'Empereur, Miramon et Mejia devaient comparaître devant le conseil de guerre qui se réunirait dans la salle de spectacle décorée à cette occasion comme pour un jour de gala. Il m'était poignant de penser que l'Empereur, faible et malade, serait mis ainsi en exhibition, et, lui faisant ma visite la veille au soir, je le décidai à ne pas y aller et à prendre plutôt le matin même quelque remède capable de le faire paraître plus malade qu'il ne l'était réellement. A lui aussi répugnait cette manière d'être présenté aux curieux sur un théâtre; mais il craignait d'être contraint par la force. Je pus le rassurer là-dessus, parce que ce cas avait été prévu par le colonel Villanova.

Le lendemain matin, 13 juin, quand vers neuf heures j'arrivai au couvent des Capucinas, mon cœur battit violemment en voyant une voiture près de la porte. Mais l'Empereur ne vint pas. Le général Miramon monta en voiture, calme et souriant comme s'il se fût agi d'aller au bal; le pauvre Mejia, au contraire, était très abattu.

Mon mari avait écrit à l'Empereur une lettre qu'il a rapportée et dans laquelle, tout en le conjurant de ne pas s'abandonner à de vaines espérances, il lui faisait part du projet et des particularités d'une évasion.

Je dis à l'Empereur que j'avais tout disposé d'avance, d'accord avec le colonel Villanova qui devait l'enlever de la prison et le conduire avec une escorte de cent hommes dans la Sierra-Garda et de là sur la côte de l'Océan.

L'Empereur approuva tout. Il demanda seulement que le docteur Basch et moi nous fussions prêts à le suivre pas à pas. Craignant d'être trahi et assassiné, il pensait que la présence d'une femme empêcherait les cavaliers de commettre une si vilaine action.

Je lui dis alors que j'avais déjà commencé par gagner le colonel Palacios, qui avait la garde de sa prison et qui se promenait toute la nuit devant sa chambre.

L'Empereur regarda alors en face sa terrible position; il regrettait amèrement le temps perdu, un temps qu'il aurait pu employer à ramasser du moins des fonds. Il n'en avait pas du tout; mais il ferait son possible, me dit-il, pour se procurer ce moyen de salut.

Quand je le revis, je le trouvai dans le désespoir. Il ne pouvait trouver l'argent nécessaire pour séduire le colonel. Il m'offrit seulement deux lettres de change de cent mille dollars chacune, l'une sur sa cassette, l'autre sur sa famille, la maison impériale d'Autriche, à Vienne. Vers les neuf heures du soir, il m'envoya, en prévision du besoin que j'en pourrais avoir, cinq mille dollars, pour être remis à Palacios et distribués aux soldats.

J'étais jusqu'à ce moment demeurée comme muette avec Palacios, mais j'avais convenu avec Villanova de rester dans la prison jusqu'au soir à huit heures, de me faire accompagner par Palacios et de l'amuser jusqu'à dix heures.

A cette époque je ne logeais point à l'hôtel; mais dans une maison particulière, chez une senora, Pepita Vicentis, veuve d'un homme de notre parti tué pendant le siège. Le général Echegarray habitait la même maison. La vieille senorita Pepita était extrêmement bonne pour nos prisonniers. Il y en avait quinze dont elle prenait soin.

Je restai jusqu'à huit heures près de l'Empereur et j'eus avec lui une longue et intéressante conversation. Il me confia ses chagrins secrets et ses épreuves douloureuses, me détaillant certaines particularités sur sa famille et me faisant part de ses plans pour l'avenir s'il pouvait revenir en Europe. Il me parla tendrement de sa mère et me chargea de ses adieux, en même temps que d'autres choses pour elle en prévision du cas où je parviendrais seule à aller à Vienne.

Cette conversation m'impressionna beaucoup. Je me sentais douloureusement saisie du pressentiment que je voyais l'Empereur pour la dernière fois.

Quand il fut environ huit heures, ce dernier me remit sa bague où le sceau était gravé. Si ma tentative auprès de Palacios réussissait, je devais rapporter le soir même la bague à l'empereur. Je le quittai avec le cœur gros et peu d'espérance. J'avais une mission difficile à remplir, et, pour cela faire, des moyens insuffisants : deux bouts de papier dont la signification était un mystère pour celui auprès de qui je devais les faire valoir.

Le colonel Palacios était Indien; il savait à peine lire et écrire. C'était un valeureux militaire; il s'était distingué toujours, et ses chefs, dont il avait acquis l'estime, le considéraient comme une sorte de prévôt à qui toutes les exécutions étaient confiées. Il avait une jeune femme qui lui avait donné depuis peu de temps un fils premier-né : ce bambin était la pupille de son œil paternel. Il n'était pas riche et j'augurai de là que la pensée d'assurer à son fils un avenir opulent, le disposerait à écouter mes propositions.

Le colonel m'accompagna chez moi et je l'invitai à monter. Je commençai par lui parler de l'Empereur afin de sonder son cœur et de savoir s'il y avait quelque espoir de l'ébranler. Il me dit qu'il avait été un ennemi acharné de Maximilien; mais qu'il éprouvait, si non tout à fait de l'amour et de l'admiration, du moins une profonde pitié pour ce prince, depuis qu'il le voyait de près supporter si longtemps son malheur avec une dignité si parfaite.

Après ce discours préliminaire, qui dura environ vingt minutes, j'en vins au fait, non sans palpitations de cœur. C'était là un moment d'anxiété suprême, d'où dépendait la vie ou la mort d'un homme généreux qui m'honorait de son amitié et qui était l'Empereur.

Je dis au colonel que j'avais à lui faire une proposition de la plus haute importance, pour lui comme pour moi; mais qu'avant de lui parler il devait non seulement me donner sa parole d'honneur d'officier et de gentilhomme, mais encore me jurer sur la tête de sa femme et de son enfant qu'il ne révélerait à personne ce que j'avais à lui proposer, alors même qu'il ne l'accepterait point.

Il me donna sa parole d'honneur et me fit le serment le plus solennel sur la vie de sa femme et de son enfant; c'était ce qu'il avait de plus cher au monde. Alors je lui insinuai que je savais de science certaine que l'Empereur était d'avance condamné à mort et qu'il serait fusillé s'il ne prenait la fuite. Le colonel fut de cet avis. Je lui avouai que j'avais, avec d'autres personnes, pris toutes les dispositions pour une évasion qui s'effectuerait la nuit même, pourvu qu'il voulût consentir, lui Palacios, à détourner un peu la tête et à fermer les yeux pendant dix minutes; sans cela, rien ne pouvait réussir, nous étions tous dans sa main et la vie de l'Empereur dépendait de sa seule volonté.

L'urgence du péril, lui dis-je, jointe à la gravité de la situation, m'obligeait à lui parler ainsi sans réticence. Je savais qu'il n'était pas riche, et qu'il avait une femme et un enfant dont l'avenir, dans ce temps de troubles, était plus qu'incertain; je lui présentais l'occasion d'assurer à cette femme et à cet enfant une belle position en lui offrant pour lui une lettre de change de cent mille dollars payables à Vienne par la famille impériale d'Autriche et de plus cinq mille dollars en espèces sonnantes pour ses soldats.

J'ajoutai que ce que je lui proposais n'était point contre son honneur, puisqu'en acceptant il servirait efficacement sa patrie contre laquelle la mort de l'Empereur soulèverait le monde entier, tandis que l'évasion de ce prince étant immédiatement suivie, comme elle le serait indubitablement, de sa retraite hors du pays, il en résulterait qu'aucune puissance européenne ne s'immiscerait jamais à l'avenir dans les affaires intérieures du Mexique. J'en dis plus encore.... Palacios m'écouta avec beaucoup d'attention; je pus voir dans les traits de son visage l'expression de la lutte violente que je soulevais en lui.

Je me tus : il prit la parole. Plaçant sa main sur son cœur, il m'assura qu'il éprouvait pour Maximilien la plus grande compassion et qu'il croyait que l'évasion d'un tel prisonnier serait effectivement un bonheur pour le Mexique; il ajouta qu'une affaire de si grande importance ne pouvait être décidée ainsi au pied levé; mais que, fût-elle décidée déjà, il n'accepterait pas néanmoins la lettre de change. Il la prit cependant dans sa main et la considéra avec curiosité.

L'Indien ne pouvait vraisemblablement se persuader que ce morceau de papier, où quelques mots se trouvaient griffonnés, pouvaient contenir une fortune pour lui et pour son fils. Un rouleau de pièces d'or lui eût assurément mieux convenu. Il me rendit la lettre de change en me disant : qu'il ne pouvait en vérité l'accepter; qu'il y penserait et me donnerait une réponse le lendemain.

Je lui montrai la bague de l'Empereur, je lui en expliquai la signification et je le priai de la rendre le soir même à l'empereur. Il la prit et la passa à son doigt; mais quelques minutes après, il l'en retira et me dit qu'il ne pouvait point l'emporter. Il pesait sans doute dans sa tête toutes les éventualités. Il s'embrouilla en me parlant de son honneur, de sa femme, de son jeune fils.

« Eh bien! colonel, lui dis-je, vous n'êtes pas décidé encore; pensez-y sérieusement et rappelez-vous votre parole d'honneur et votre serment. Sachez d'ailleurs que rien ne peut réussir sans vous et qu'il serait tout à fait inutile de me trahir. »

Le colonel Villanova, anxieux de connaître le résultat, vint chez moi vers neuf heures; un peu plus tard le docteur Basch arriva aussi...; mais... sans argent... et seulement pour voir comment allaient les choses !...

Quand Palacios fut sorti, je dis au docteur que la fuite pour cette nuit était chose impossible; que le lendemain matin j'aurais une réponse et que je n'étais pas sans quelque espoir. Je lui remis la bague de l'Empereur.

Il paraît que Palacios pesa ma proposition jusqu'à minuit; mais alors, prenant enfin son parti, il alla tout dévoiler à Escobedo.

Le matin suivant, je n'étais pas encore levée et déjà la maison que j'habitais était surveillée. Tout le monde pouvait entrer; mais quiconque sortait était arrêté. Ce fut le sort de l'innocent docteur Basch, envoyé chez moi par l'Empereur. Le prince avait crainte que ses deux lettres de change ne fussent enlevées, et qu'on ne les fît payer après sa mort.

CATHÉDRALE DE MILAN (Page 179.)

Pour rendre impossible une pareille forfaiture, il m'envoya le billet suivant dont je conserve l'original, il est écrit de sa main :

« *Queretaro, 13 juin 1867.* — Les deux lettres de change de cent mille pesos que j'ai signées aujourd'hui pour les colonels Palacios et Villanova, et qui doivent être payées par la maison et famille impériale d'Autriche à Vienne, sont valables seulement le jour de ma complète délivrance par l'intervention des colonels sus-nommés. — MAXIMILIEN. »

Deux domestiques de l'Empereur vinrent me dire que Sa Majesté voulait me parler. Je savais que Palacios avait manqué à son serment et que le docteur Basch était arrêté. Un officier de l'état-major d'Escobedo me l'avait écrit dans un billet que je brûlai sur-le-champ. Je m'apprêtais néanmoins à sortir comme si je ne soupçonnais rien. Or, au moment de franchir le seuil de la maison, je me heurtai contre le général Refugio Gonzales qui me dit, (et en me parlant ses traits portaient toutes les marques de la fureur), que le général Escobedo voulait me voir tout de suite. Je répondis que je me disposais précisément à lui faire une visite.

Déjà depuis quelque temps le quartier général des républicains était transporté de la hacienda de Herculès dans une maison voisine de la mienne.

Lorsque j'y arrivai, je fus introduite dans la grande salle de réception où s'entassaient en ce moment une foule d'officiers. Quelques-uns paraissaient en très bonnes dispositions, comme gens qui s'attendent à une scène amusante; d'autres me regardaient d'un air de compassion. Il y en eut un qui me glissa ce mot à l'oreille : « Tout est perdu ! »

Au bout d'un moment, Escobedo survint. Il paraissait plus sombre qu'un nuage portant la tempête; il me dit avec un sourire sardonique que l'air de Queretaro ne m'était pas bon et qu'il me trouvait très changée.

Je l'assurai que je ne m'étais jamais aussi bien portée; mais lui persista à soutenir que je n'avais pas bonne mine et que, du reste, j'avais déjà à la porte une voiture attelée et une escorte prête pour me conduire à San-Luis-Potosi où je me trouverais infiniment mieux. Je lui répondis que je n'avais pas dans ce moment la volonté d'y aller et que je le remerciais infiniment de sa bonté.

Alors il ne put contenir davantage sa fureur; elle déborda. Il me dit trouver très étrange, d'après tous les sentiments de reconnaissance que devrait m'inspirer sa bonté pour moi, que j'eusse été me mêler de corrompre ses officiers et de le mettre lui-même dans une position difficile. « Je n'ai rien fait, général, dont je puisse avoir à rougir; rien que vous n'eussiez fait vous-même si vous étiez à ma place. — Je ne veux pas discuter ce point, senora, mais je désire que vous quittiez Queretaro. — Vous savez, général, que maintenant je ne puis rien et que l'Empereur est perdu. Mon mari est ici, il y attend son jugement; je vous supplie de m'y laisser. Emprisonnez-moi, mettez une garde à ma porte; je vous promets de rester en paix.

Il ne voulut pas m'écouter; il était trop envenimé. Il disait qu'après ce que je lui avais fait, il ne pouvait pas même être sûr que je n'assassinerais pas ses officiers.

Ce propos d'Escobedo me mit en colère. Je lui répondis qu'il n'avait pas le droit de penser cela de moi, malgré toute ma volonté de sauver mon mari et l'Empereur.

Il me répliqua qu'il m'envoyait avec une escorte au Président et que je pourrais lui parler à mon aise; que d'ailleurs je n'étais pas la seule à quitter Queretaro; les ambassadeurs des puissances étrangères avaient reçu le même commandement. « Mais, général, je vous certifie que les ambassadeurs n'avaient rien à faire dans mon projet et qu'ils n'avaient pas osé me venir en aide. — Je le sais, me répondit-il sur un ton de mépris. C'est précisément parce qu'ils sont si lâches qu'ils doivent s'en aller. — Mais alors, général, l'Empereur est tout à fait abandonné et personne ne l'assistera dans ses dispositions dernières. — A quoi voulez-vous qu'ils lui servent ces ambassadeurs? Deux se sont déjà enfuis, laissant leurs bagages....

Ces deux timides représentants des puissances étaient ceux d'Autriche et de Belgique.

Voyant qu'il n'y avait rien à faire, sinon à se résigner, je quittai, fort émue, le général, qui lui-même n'était pas sans émotion.

Je trouvai à ma porte une voiture attelée de quatre mulets. Je me disposais à entrer chez moi, croyant avoir le temps de faire quelques préparatifs indispensables à mon voyage; or comme j'ouvrais la porte et m'approchais pour entrer, je me vis face à face avec le capitaine commandant l'escorte, qui, tirant la porte à lui, s'efforçait de me faire rétrograder. Cette seule pensée me fit devenir pâle comme un linge.

Prompte comme l'éclair, je saisis le petit revolver qui ne me quittait jamais et, l'appuyant sur la poitrine du capitaine interdit, je m'écriai : « Capitaine, levez un seul doigt sur moi et vous êtes mort. »

Le capitaine s'excusa, alléguant qu'il n'avait pas pensé à employer la force; mais que le général Escobedo l'avait rendu responsable de ma personne et qu'il était contraint de ne pas me perdre de vue. Je lui dis qu'il pouvait entrer lui aussi, attendu que j'avais besoin de temps pour faire mes préparatifs. Il essaya en vain des observations. Je montai chez moi, le revolver à la main, laissant mon capitaine derrière.

Avant tout, je voulais gagner du temps, dans l'espoir qu'il se présenterait une circonstance favorable de nature à changer le pli des choses.

Je déclarai au capitaine que ni moi, ni ma femme de chambre n'étant pas accoutumées à porter des valises, il devait être assez aimable pour aller chercher des gens propres à cette besogne.

Le pauvre officier en perdait l'esprit; il aima mieux aller trouver Escobedo et lui demander ce qu'il avait à faire. Au bout d'une demi-heure il revint avec six hommes. Le général l'avait assez mal reçu et menacé des arrêts, s'il ne venait point à bout de me transporter à Santas-Rosas, au pied de la Sierra-Gorda, et de m'installer dans la diligence de San-Luis-Potosi qui passait là!

Je m'aperçus alors qu'une longue résistance pourrait avoir des conséquences sérieuses, et je me disposais à faire mes malles, lorsqu'un domestique de l'Empereur vint me dire que Sa Majesté voulait me parler. Je priai le capitaine de me laisser écrire quelques mots à l'Empereur; il s'y refusa, et le domestique dut s'éloigner sans réponse.

Je cherchai à obtenir tout au moins que le capitaine envoyât demander pour moi à Escobedo la permission de prendre congé de mon mari. Cela aussi me fut refusé. Néanmoins, après une longue discussion, il me fut permis d'écrire à mon mari quelques lignes qui lui furent remises par ma servante indienne. Salm ne comprit pas l'affaire et m'écrivit un billet pour me supplier d'aller le trouver. Quand mes paquets furent faits, je montai dans la voiture. J'avais avec moi un petit panier.

J'ai oublié de dire que, quelques minutes auparavant, le colonel Villanova était venu. Je lui remis les deux lettres de change, et, tout en le priant de les rendre à l'empereur, je lui racontai les circonstances de mon départ, circonstances que je le priai de faire connaître à mon mari.

Je ne sais si le colonel avait porté au capitaine quelque ordre d'Escobedo, mais au moment où je m'asseyais dans la voiture et tandis que le cocher s'apprêtait à fouetter ses mulets, j'entendis le capitaine crier : « Au quartier général! » Quand j'entendis cela, je sautai en bas de la voiture, sans oublier mon petit panier, et je déclarai que je ne voulais pas aller voir Escobedo; je ne voulais pas m'exposer encore une fois aux observations ironiques du général et de ses officiers; s'il voulait me voir, il pouvait venir lui-même.

Le capitaine se mit à chanter de nouveau la vieille chanson de ses instructions, et moi je lui répondis que la force seule me conduirait chez Escobedo. Le colonel Villanova intervint à la fin; il offrit d'aller trouver Escobedo, et le capitaine promit d'attendre son retour qui ne tarda guère; la permission était donnée de me laisser effectuer mon départ à ma guise. Je remontai donc en voiture et je quittai Queretaro.

A Santas-Rosas, je fus logée dans une bonne chambre dépendante d'une hacienda appartenant à un républicain dont la famille me traita avec respect et avec bienveillance. Le lendemain matin, quand la diligence arriva, il y avait deux places réservées déjà : l'une pour moi, l'autre pour un officier en habit bourgeois qui m'accompagna jusqu'à San-Luis. Cet officier eut le bon goût de ne pas m'adresser la parole et personne, parmi les voyageurs, ne s'aperçut qu'il y eût un rapport quelconque entre lui et moi.

J'étais alors furieuse contre le général Escobedo; mais à présent, quand je pense à ce que je tentai, je dois avouer ma reconnaissance vis-à-vis du général et aussi du président Juarez et de ses ministres. En somme, tous les Mexicains auxquels j'eus affaire me traitèrent, à de rares exceptions près, avec la plus grande courtoisie et les plus grands égards. Car enfin, même aux États-Unis, où les femmes jouissent de privilèges importants, on m'aurait traitée tout autrement dans une circonstance pareille : c'est ce que m'ont assuré plusieurs officiers de notre armée confédérée.

En arrivant à San-Luis, mon gardien s'éclipsa. Je descendis dans un hôtel et je fis prévenir le senor Bahnsen, qui m'invita cordialement à venir loger dans sa maison. Je voulais parler au Président ce même soir; mais ce fut impossible, et, le lendemain matin, comme il était encore trop occupé, il me fit donner audience par son ministre Iglesia, à qui je racontai la cause de mon exil de Queretaro.

Le senor Iglesia me dit savoir très bien qu'il y avait à Queretaro des fourbes accessibles à la séduction, et, d'après lui, mon projet aurait réussi très certainement si j'avais eu des espèces sonnantes à donner au lieu d'une lettre de change.

Comme dans le cours de notre entretien, je le priais de me dire clair et net s'il n'aurait pas été heureux, dans le secret de son cœur, d'apprendre que l'Empereur s'était évadé, il me répondit en souriant qu'effectivement il l'eût été.

Je lui parlai ensuite de la position de mon mari et de mon inquiétude à son sujet; je lui demandai s'il n'était pas possible qu'il me laissât revenir à Queretaro pour être au moins plus rapprochée de mon mari. Le senor Iglesia me conseilla d'attendre jusqu'après l'exécution de Maximilien.

Bien que j'eusse tenté de faire évader l'Empereur, le président Juarez m'accueillit avec sa courtoisie accoutumée. Je commençai par lui parler de ce qui m'était arrivé ; mais il m'interrompit en me disant qu'il savait toute l'affaire. Il évitait ainsi de répondre à une question semblable à celle que j'avais déjà posée devant son ministre Iglesia. Toute sa contenance me fit néanmoins penser qu'à lui non plus l'évasion de l'Empereur n'eût pas déplu.

Le senor Juarez me dit que je devais rester à San-Luis et m'attendre à être surveillée. Quand je lui parlai de mon mari et de l'Empereur, il me répondit qu'il craignait de ne pouvoir rien faire pour ce dernier; mais que sur le sort de mon mari je devais me tenir parfaitement tranquille; dans le moment il ne pouvait lui rien arriver de fâcheux, et, au cas où il serait condamné à mort plus tard, il ne serait pas fusillé; j'en avais la parole d'honneur du Président.

L'Empereur, condamné à mort pendant mon voyage, devait être fusillé trois jours après. Le baron de Magnus était à San-Luis quand j'y arrivai. Il eut encore une audience du Président et en rapporta la certitude que l'Empereur ne pouvait être sauvé. Il sollicita toutefois un nouveau délai de trois jours, que le Président lui accorda purement et simplement, et c'était, disait-il, parce que cela lui était demandé; il voulait éviter toute apparence de rancune haineuse et de rigueur inaccoutumée; il ne pouvait, d'ailleurs, ajoutait-il, rien changer à la sentence.

L'ambassadeur prussien en était si persuadé qu'à son retour à Queretaro, il mena avec lui un médecin pour embaumer le corps de l'Empereur.

Pendant tout ce temps j'étais comme folle: Jour et nuit je roulais cette pensée : N'y a-t-il donc aucune possibilité de sauver l'Empereur? Je vis plusieurs fois le senor Iglesia, et chaque fois je le quittai avec une plus ferme certitude que rien ne pouvait sauver le malheureux monarque. Cependant, comme l'espérance ne meurt jamais, j'essayai d'obtenir un nouveau délai de huit jours. Je voulais avoir le temps de recevoir une réponse du président Johnson, que je connais beaucoup, et que je voulais supplier par le télégraphe de Brownville d'intervenir énergiquement au nom des États-Unis contre l'exécution de l'Empereur. Ce fut en vain. Le président Juarez et le senor Iglesia me dirent, l'un et l'autre, qu'un nouveau délai était chose tout à fait impossible, puisqu'il y avait à regretter que le premier eût été accordé à la demande du baron de Magnus, attendu que les amis de l'Empereur accusaient le barbare indien d'avoir prolongé de trois jours l'agonie de sa victime.

Le dernier jour avant celui de l'exécution s'était levé; le lendemain matin l'Empereur devait être fusillé. Quoiqu'il me restât peu d'espoir, je fis une dernière tentative pour toucher de compassion l'homme de qui dépendait la vie de cet Empereur dont le pâle visage, les yeux mélancoliques et l'air de franchise avaient fait impression sur Palacios lui-même. Sa figure était continuellement devant moi.

Il était huit heures du soir quand je me présentai chez le senor Juarez, qui me reçut tout de suite. Lui-même était pâle et défait. D'une voix hésitante, je le suppliai de m'accorder la vie de l'Empereur ou tout au moins un délai. Le Président me répondit qu'il ne pouvait point accorder un délai qui prolongerait l'agonie de l'Empereur; il fallait qu'il mourût la matinée suivante.

En entendant cette terrible parole je fus transportée de douleur. Saisie d'un tremblement soudain, étouffée de sanglots, je tombai aux genoux de Juarez, l'implorant avec des paroles qui débordaient de mon cœur et desquelles je ne me souviens plus.

Il cherchait à me relever; mais je ne voulais point le faire avant qu'il ne m'eût accordé la vie de l'Empereur; il me semblait que je viendrais à bout de l'obtenir. Il était ému et des larmes brillaient dans les yeux de son ministre Iglesia.

— Il m'est douloureux, senora, dit le Président, de vous voir à genoux; mais quand même tous les rois de l'Europe seraient là à votre place, je ne pourrais leur accorder cette vie. Ce n'est pas moi qui la prends; c'est le peuple qui veut la mort de ce prince. Si je ne faisais point cette fois la volonté du peuple, ce serait la même chose pour lui et ce serait ma propre vie que je vous donnerais.

— Oh! m'écriai-je dans mon désespoir, si on veut du sang, prenez le mien qui est celui d'une pauvre femme inutile au monde, et respectez celui d'un homme qui peut accomplir tant de bien dans un autre hémisphère! »

Tout fut inutile; le Président me releva et me dit une fois encore que la vie de mon mari serait épargnée; mon mari était, disait-il, véritablement compromis; mais il me donnait l'assurance de faire plus tard tout ce qu'il lui serait possible pour lui et qu'ainsi il aurait la vie sauve certainement.

Je remerciai et je me retirai.

*
* *

Comme complément de ces *Souvenirs* de la princesse, nous donnons ci-après le récit de l'exécution de l'infortuné Maximilien, tel qu'il a été rapporté par son mari, le prince de Salm.

« Le 15 juin dans la matinée, l'Empereur et ses co-accusés étaient condamnés à être passés par les armes. Trois juges avaient voté la mort de l'Empereur et trois son exil, la voix du lieutenant-colonel président, détermina la sentence; mais ce président ne tarda pas à comparaître à son tour devant le Juge suprême. Cinq mois après il était assommé par ses propres soldats. Les condamnés devaient être fusillés le lendemain entre deux et trois heures. Le bruit de la mort de l'impératrice Charlotte s'étant répandu alors à Queretaro, le général Mejia crut devoir en avertir Maximilien : « Un lien de moins entre ceux qui m'attachent encore à la vie, » dit l'Empereur en jetant un regard au docteur Basch; l'on assure qu'il fondit en larmes.

Le 16, vers onze heures du matin, la sentence de mort fut lue aux condamnés. « L'heure fixée est trois heures, dit l'Empereur, » et mettant sa montre sous les yeux du docteur Basch, il ajouta avec un visage calme et souriant : « Il nous reste plus de trois heures pour arranger tout. » Il se confessa au R. P. Soria et demanda que son corps fût enterré auprès de celui de l'Impératrice. A une heure la messe fut dite aux trois condamnés qui y communièrent. Entre trois et quatre heures, l'Empereur s'entretenait avec son confesseur et ses avocats en attendant qu'on vînt le prendre; il leur dit : « Véritablement la mort est plus légère que je ne l'imaginais. Je suis tout à fait prêt. Vous direz à ma mère que j'ai fait mon devoir comme soldat et que je suis mort en bon chrétien. » Un télégramme de San-Luis porta l'ordre de surseoir à l'exécution jusqu'au 19. L'Empereur parut contrarié. « C'est dur, dit-il, j'étais si complètement prêt! » Si l'Empereur fut contrarié, les soldats d'Escobedo le furent aussi; ils rentrèrent furieux et la tête basse dans leurs quartiers, d'où ils étaient sortis joyeusement, musique en tête.

Le 18, l'Empereur reçut la visite du baron de Magnus qui arrivait de San-Luis Potosi. Il chargea le docteur Basch de remettre à ses amis divers souvenirs; à trois heures, Escobedo vint traiter directement avec lui la question de la cession de son propre cadavre pour cause d'embaumement. «C'est par trop fort! » dit l'Empereur; et ce fut sa seule parole d'impatience pendant sa longue agonie; il écrivit au capitaine Pierson qui avait été son secrétaire de cabinet; il écrivit au président Juarez une lettre qui restera l'éternel monument de l'incommensurable candeur de son âme. Il avait dans la matinée envoyé un télégramme à San-Luis Potosi pour demander que son sang fût seul répandu, selon le vœu qu'il avait formulé en rendant son épée; il lui fut répondu à cinq heures que sa demande était rejetée.

A neuf heures, Escobedo lui dépêcha un émissaire pour lui dire qu'il serait embaumé. A neuf heures et demie il se coucha. Il lut une heure environ, puis il éteignit sa bougie et s'endormit. Vers onze heures de la nuit il fut dérangé par une visite d'Escobedo qui venait en personne lui souhaiter le bonsoir. « Quel dommage! dit l'Empereur après cette visite étrange, je dormais si bien! » Un peu de temps après, il se rendormit.

Le 19, vers trois heures du matin, l'Empereur se leva, fit sa toilette avec un soin minutieux, s'habilla de vêtements noirs et prit un chapeau de feutre blanc; c'est ainsi qu'il voulait aller à la mort. A cinq heures, le P. Soria, qui lui avait déjà administré les sacrements, dit la messe. Elle fut célébrée devant l'Empereur sur un autel érigé dans la niche voisine de sa cellule. Après la messe il s'entretint avec le docteur Basch à qui il donna diverses commissions pour ses amis fidèles. A six heures, les condamnés déjeunèrent avec du poulet, du pain, du vin et du café. A six heures et demie, un officier républicain, don Vicente Riva Palacio, se présenta. Les avocats qui étaient venus faire leurs adieux à l'Empereur se retirèrent. Escobedo avait avancé l'heure de l'exécution. L'Empereur n'attendit pas néanmoins que l'officier mexicain prît la parole. « Je suis prêt, » lui dit-il, et il vint au-devant; et, comme l'on pleurait autour de lui en lui baisant les mains : « Calmez-vous, disait-il, la volonté de Dieu est que je meure. Il n'y a rien contre cela. » En sortant de sa cellule, il alla devant celle où étaient Miramon et Mejia, criant d'une voix ferme : « Etes-vous prêts? Je le suis déjà. » Il descendit l'escalier d'un pied sûr; arrivé à la porte extérieure, il jeta les yeux à droite et à gauche, et tout en respirant l'air frais du matin, il dit : « Quel magnifique temps!... J'ai toujours désiré mourir un jour pareil. » Il monta avec le P. Soria dans le fiacre n° 10; Miramon et Mejia montèrent dans des fiacres séparés; chacun avait son confesseur. Le cortège funèbre se mit en marche pour le Cerro de la Campana, lieu de l'exécution, précédé par une division des Supremos-Poderos, flanqué à droite et à gauche par les Cazadores de Galeano et suivi par une partie du bataillon de Nueva-Léon qui était chargé de l'exécution. La ville était muette, les maisons closes. Tout à coup la senora Mejia traversa la rue, un enfant dans ses bras, échevelée, folle de douleurs, criant : Grâce! grâce! Le noble et vaillant rejeton des Caciques seigneurs et maîtres de ce pays ne put contenir son émotion, il s'attrista. L'Empereur répondait par des saluts et des sourires aux démonstrations sympathiques de la population. Les hommes se découvraient sur son passage; quelques paroles de malédiction tombaient du haut des maisons sur la tête des exécuteurs de la sentence.

Quand le cortège s'arrêta, l'Empereur ouvrit lui-même la portière de son fiacre et sauta à terre. Le seul courtisan de son malheur qui se rendit là pour le servir dans ce moment suprême, fut un domestique hongrois, Tudos, qui fit honneur ce jour-là à lui-même et à sa profession. « Il n'y a donc personne ici? » avait dit l'Empereur; Tudos répondit. Le baron Magnus et le consul Bahnsen n'étaient pas loin; mais ils dissimulèrent leur présence, tandis que Tudos ne dissimulait pas son indignation. Le P. Soria, plus ému que son pénitent, ne pouvait avancer. Maximilien, sortant de sa poche un flacon de sels, le tint sous le nez du bon prêtre. Les rôles étaient intervertis, le condamné devenait le consolateur. Ce détail a été donné par le R. P. Soria lui-même à la senora Aguierre, femme de l'ancien ministre.

L'Empereur, suivi de Miramon et de Mejia, entra dans le carré formé par les troupes. Il y avait là un mur dont le milieu était exhaussé; c'était la place assignée à l'Empereur entre ses deux généraux. L'Empereur la prit. Un officier et sept hommes du premier bataillon de Nueva-Léon s'étant avancés, l'officier qui commandait le peloton dit à l'Empereur qu'il n'avait pas désiré la mission dont il était chargé et qu'il suppliait l'Empereur de ne pas mourir en le détestant. « Jeune homme, répondit l'Empereur, je vous remercie de votre compassion, le devoir du soldat est d'obéir, accomplissez l'ordre qui vous a été donné. » Se rapprochant des soldats, il leur serra la main, donna une once d'or à chacun en pièces frappées à son effigie et dit : « Enfants, visez bien, visez droit ici, » et il mettait la main sur son cœur. Ensuite il reprit sa place entre ses généraux. Le peloton se plaça à un mètre des victimes. L'Empereur, après avoir embrassé Miramon et Mejia, leur dit : « Nous allons nous revoir à l'instant dans l'autre monde. » Et s'adressant à Miramon : « Un brave, même au moment de la mort, doit être distingué par son souverain; laissez-moi vous donner la place d'honneur. » Miramon dut obéir; l'Empereur se mettant à la gauche de Mejia, qu'absorbaient évidemment ses pensées au sujet de sa femme et de son enfant, lui dit : « Général, celui qui n'a pas été récompensé sur la terre le sera assurément au ciel. » Il jeta son feutre par terre, essuya la sueur de son front avec un mouchoir qu'il confia à Tudos, avec prière de le remettre de sa part à l'archiduchesse Sophie, sa mère; puis, d'une voix claire et d'un accent résolu il prononça les paroles suivantes : « Mexicains, les hommes de mon rang et de mon origine sont envoyés de Dieu pour faire le bonheur des peuples ou pour être victimes. Appelé par une portion d'entre vous, je suis venu pour faire le bonheur du pays et nullement par ambition; je suis venu animé des meilleures intentions pour l'avenir de ma patrie adoptive et pour celui des amis fidèles que je remercie avant de mourir des sacrifices faits à ma cause. Mexicains, puisse mon sang être le dernier versé pour la patrie!... et si celui de nos frères doit couler encore, que ce ne soit pas du moins par la trahison!... Vive l'indépendance! Vive le Mexique! » En achevant ces mots, il vit dans un groupe des hommes et des femmes qui sanglotaient bruyamment, il leur sourit avec affection. Et plaçant ses deux mains sur sa poitrine, tenant ses yeux si doux fixés sur l'horizon devant lui, il avait, dit-on, le nom de sa femme sur les lèvres.... Cinq coups de fusil alors retentirent à la fois; l'Empereur tomba. Plusieurs balles l'avaient frappé, une seule mortellement; mais, comme il palpitait encore, l'officier le retourna et désigna avec la pointe de son sabre la place du cœur au soldat qui tira le coup de grâce.

En ce moment, toutes les cloches de la ville sonnaient leurs glas funèbres. Miramon et Mejia étaient, eux aussi, noblement tombés sous les balles, le premier en protestant contre l'accusation de trahison, le second en faisant mention de sa femme et de son enfant. Ainsi finit cette sombre tragédie par un affreux dénouement qui mêla au sang des vieux caciques aztèques et d'un ex-président de la république mexicaine le sang d'un Empereur né dans la lignée de ce Charles-Quint, à qui Fernand Cortez avait conquis l'empire de Montézuma.

SOUVENIRS DE VOYAGE

Mme Craven[1]

CTOBRE 1858. — Il y a quelques jours, les *** vinrent me proposer d'aller faire avec eux une longue promenade dans les montagnes. Bien que le temps fût admirable, j'y consentis d'abord à contre-cœur, car j'étais plutôt disposée ce jour-là à en jouir seule, qu'en nombreuse compagnie, mais je fus bientôt ravie de les avoir suivis, et cette promenade me laisse un souvenir qui, même dans ce pays enchanteur, la distingue de toutes les autres.

La beauté de la nature ne peut, je le crois, aller au delà de ce qui s'est déployé sous mes yeux, lorsque, parvenue au sommet de San Liberatore, j'ai plongé sur tout ce qui m'entourait : d'un côté, la riche et riante vallée de la Cava, encadrée par les montagnes, dont le contour grandiose et gracieux se dessinait nettement sur le ciel pur, ainsi que les églises, les châteaux et les ruines dont elles sont parsemées et couronnées ; de l'autre côté, la mer, et, au delà, la plaine de Pæstum éclairée par les dernières lueurs du plus beau de tous les jours de cet été. Sur la rive du golfe de Salerne où nous étions, la route d'Amalfi se déroulait au loin, à droite, dans toute la beauté des montagnes qui la bordent, des ravins dont elle est coupée, et des villages sans nombre qui s'aperçoivent au milieu des rochers, où ils semblent suspendus. Le soleil avait disparu

(1) *Pages de Journal*, extraites des *Réminiscences, Souvenirs d'Angleterre et d'Italie*, par Mme Craven. (Perrin et Cie éditeurs, Paris.) Les ouvrages de Mme Craven sont assez connus pour que nous n'ayons pas à en parler ici ; son esprit religieux et toujours empreint d'une douce charité, va se révéler dans les courts extraits du Journal que nous reproduisons. — « La petite ville de la Cava, remarque l'auteur, dans une note sur cette relation, se trouve au pied des montagnes dans la vallée qui sépare le golfe de Naples de celui de Salerne. Elle est environnée de villages situés à mi-côte dans les sites ravissants que l'on rencontre à chaque pas sur ces hauteurs, et dont les plus beaux sont ceux qui dominent le golfe de Salerne, où la mer (que l'on perd de vue dans la vallée) vient s'ajouter au reste et compléter le paysage. Telle était la situation du petit village où ces pages furent écrites. Nous y occupions alors temporairement une habitation fort rustique, que nous partagions avec la famille du « *galant'uomo* » qui en était propriétaire et qui nous en louait une partie. Plus tard, nous fîmes dans ce même lieu l'acquisition d'une demeure, plus spacieuse et mieux située, où nous passâmes, pendant plusieurs années, tous nos étés. »

de ce côté et était déjà caché à nos yeux par cette même ligne de montagnes qui se détachait en bleu sombre sur le ciel ardent, tandis qu'à gauche la lumière du couchant éclairait encore vivement la mer, les plaines du Cilento, et la chaîne lointaine des Apennins, dont la ligne vaporeuse s'étend jusqu'à l'extrémité de l'horizon.

Accoutumés à la beauté de ces sites, la plupart de ceux qui nous accompagnaient s'étaient bientôt dispersés, les uns pour redescendre, les autres pour gravir plus haut; les enfants couraient et jouaient autour de nous en riant.... Je suis restée à cette place la dernière.

Assise là, toute seule, si haut, si loin, en face d'un tel spectacle, regardant le jour finir et la lune se lever, j'ai éprouvé un moment d'émotion et de joie dont je garderai le souvenir, avec celui de cette vue admirable.

Il suffisait, en effet, de demeurer immobile à cette place, les yeux fixés devant soi, pour sentir se réveiller dans l'âme l'adoration fervente qui est l'effet naturel d'une telle contemplation, adoration qui devient bien autrement intense lorsqu'on se souvient que la nature dans toute sa magnificence n'est que *l'escabeau du trône de Dieu.*

Que sera donc ce trône lui-même et la cité céleste ? Et quelle ascension fait faire à l'âme et à l'imagination cette éblouissante beauté, « que le Créateur, » dit Bossuet, « a jetée sur la terre comme si peu de chose, qu'il en laisse jouir indifféremment les méchants comme les bons! » Quels seront donc, mon Dieu ! les spectacles réservés aux derniers?...

Oh! oui, en vérité, heureux et mille fois heureux ceux qui seront appelés à les contempler!

Ces pensées ont complètement secoué la disposition un peu maussade dans laquelle je me trouvais au début de la promenade; elles ne m'ont pas toutefois inspiré le désir de causer, et j'ai été contente de pouvoir me taire. Mais, en redescendant ainsi lentement de cette hauteur, par cette fraîche soirée, à travers des touffes d'herbes embaumées, d'abord sous un ciel brillant encore des derniers reflets du jour, puis étincelant de toute la splendeur de la nuit, je me sentais joyeuse et paisible, séparée du monde entier, séparée surtout de moi-même et de tous les mille petits *riens* qui constituent les soucis habituels de la vie journalière....

En traversant au retour la *masseria* (1) pour rentrer, j'ai aperçu dans l'ombre mon petit voisin Vincenzino assis par terre avec quelques amis de son âge et se livrant tous ensemble à une véritable débauche de noix. Ils en avaient tant mangé que Vincenzino était barbouillé jusqu'à en être méconnaissable et que ses mains étaient aussi noires que son visage. Il n'en vint pas moins vers moi, les bras tendus. Mais je crus l'heure

(1) On nomme ainsi les vergers qui entourent les habitations. (Note de Mme Craven.)

propice pour lui faire une allocution utile. Je m'assis donc sur une pierre, je le pris sur mes genoux, et je lui adressai ces quelques mots :

« Vincenzino mio ! je voudrais bien t'embrasser, mais ne puis-je sur ta figure trouver une petite place qui soit propre ? cette joue ? cette autre ? ton menton ? ton front ?... il n'y a pas moyen, je vais te donner un petit baiser sur le bout du nez, et je ne t'embrasserai tout de bon que quand ta figure sera tout à fait propre. »

Depuis ce jour, dès qu'il entend ma voix, il se précipite dans la chambre de ses sœurs et demande impétueusement à être débarbouillé, *per dar un bacio alla signora mia*. Et elles y consentent pour satisfaire ma fantaisie ; de cette façon-là son visage et ses mains sont maintenant lavés tous les jours, et peut-être ai-je ainsi jeté dans cet esprit juvénile le germe d'une idée nouvelle, qui portera, un jour ou l'autre, des fruits inconnus jusqu'à ce jour dans cet excellent intérieur.

Vincenzino a quatre ans. Il est le dernier né d'une famille de vingt enfants dont huit seulement vivent encore et habitent avec leur père et leur mère une partie de cette maison, dont nous occupons le reste. Cette famille appartient à ce qu'on nomme dans ce pays la classe des *galant'-uomini*. Ce sont de petits propriétaires dont le revenu provient du maïs et de la vigne qu'ils cultivent dans les enclos nommés *masserie*, au milieu desquels se trouvent leurs maisonnettes décorées (souvent à bon marché) du nom de *casino* ou de *villa*. En apparence, rien ne distingue les *galant'uomini* des paysans qui les entourent. Leurs demeures ne sont pas mieux tenues, leurs habitudes et leur langage sont les mêmes, et, dans l'ordinaire de la vie, on n'aperçoit (surtout chez les femmes) aucune différence entre elles et les plus pauvres habitantes du hameau. Beaucoup de ces familles toutefois possèdent une ancienneté véritable, appartiennent même de loin à la noblesse, et quelques-unes portent encore l'écusson de leurs armes gravé au sommet de leur rustique demeure.

Cette supériorité de position, si peu apparente aux yeux des étrangers, n'est jamais absente de la mémoire de ceux qui la possèdent ; elle les rend souvent durs et orgueilleux vis-à-vis de ceux qu'ils regardent comme leurs inférieurs, et cet orgueil se retrouve chez la plupart d'entre eux, à côté d'habitudes grossières et même presque sauvages. Le dimanche ou les jours des grandes fêtes, leurs femmes et leurs filles se transforment, et paraissent à l'église dans des toilettes où l'on trouve des réminiscences de toutes les modes de Paris ; elles vont ensuite visiter les personnes de haut rang qu'elles connaissent aux environs et qui les reçoivent à peu près sur un pied d'égalité. Le lendemain toutefois, non seulement elles déposent toutes ces parures qu'elles semblent ne revêtir que pour montrer qu'elles les possèdent, mais elles passent de cet excès momentané d'élégance à un excès absolument contraire, et les jeunes filles en particulier semblent afficher une négligence complète du moindre soin habituel de leur chevelure ou de leurs vêtements. Me montrant étonnée un jour de ce contraste, on m'expliqua que, si elles étaient toujours bien peignées et bien vêtues, elles trouveraient difficilement à se marier, les jeunes gens et, en général, les hommes dans ces parages faisant peu de distinction entre la propreté et la coquetterie et tenant avant tout à ce que leurs femmes soient exemptes de vanité et d'une conduite irréprochable. Tout en protestant fortement contre le rapport qui semble exister dans leurs esprits entre la malpropreté et la moralité, je dois attester cependant, après une expérience de dix années, que, malgré l'absence de bon ordre et de netteté qui règne dans ce petit village, les femmes et les jeunes filles (soit qu'elles appartiennent aux familles des paysans ou à celles des *galant'uomini*) y sont d'une simplicité, d'une piété, d'une régularité peu communes. Leur vie se passe tout entière dans l'accomplissement des devoirs les plus rudes et dans une obéissance absolue au chef de famille, qui (surtout dans la plus élevée de ces deux classes) est souvent loin d'exercer son autorité avec douceur ou ménagement. Quant aux pauvres paysannes, j'ai plus d'une fois recueilli de leur bouche des paroles qui m'ont donné de frappantes et salutaires leçons. Ce fut l'une d'elles, que j'avais quittée dans un état incurable et que je retrouvais guérie, qui fit cette réponse à la question que je lui adressais : « Vous demandez ce que j'ai pris pour me guérir, signora?... J'ai pris mon bâton et j'ai été à San Pietro (un lieu voisin où se trouvait un sanctuaire vénéré), et le Seigneur m'a exaucée. Ah! voyez-vous, signora! poursuivit cette pauvre vieille femme avec une expression dont je me souviendrai toujours, les médecins sont pour les riches, mais pour nous, nous avons les saints! » Une autre fois, voyant travailler avec ardeur à son métier une jeune femme, je lui demandai pourquoi elle se fatiguait ainsi (1); elle me répondit « qu'il fallait absolument qu'elle achevât sa pièce de toile afin de toucher l'argent dont elle aurait besoin. » Elle ajouta qu'elle avait bien prié la Madone de lui obtenir pour cela le temps nécessaire.

Quelques jours plus tard je retournai chez elle, et sa pièce n'était pas achevée.

« Pauvre Gaetanella! lui dis-je. Vous n'avez donc pas pu finir votre pièce de toile?... — Non, signora; j'avais pourtant bien prié la Madone,

(1) Les femmes de ce village tissent des pièces de toile avec le fil que leur confient les marchands de la ville, et, lorsqu'elles apportent une pièce achevée, elles reçoivent pour leur travail une somme ordinairement fort modique. (Note de Mme Craven.)

mais il paraît que Jésus-Christ ne l'a pas voulu, et il sait mieux qu'elle ce qui est bon pour nous. »

Réponse qui, soit dit en passant, réfute une fois de plus l'absurde calomnie, renouvelée à satiété contre les catholiques (surtout contre ceux du Midi), lorsqu'on les accuse d'oublier dans leur dévotion envers la Sainte Vierge la source unique d'où découle la puissance de son intercession!...

Cette piété touchante existe ici au même degré dans les familles de *galant'uomini,* mais elle y est mêlée de quelques traits déplaisants qui sont la suite de la supériorité qu'ils s'attribuent, laquelle n'existe ni dans leurs sentiments ni dans leurs habitudes, et dont le seul résultat est de les rendre plus orgueilleux, plus avides et plus durs que leurs pauvres voisins.

Dans ces familles, les parents destinent ordinairement leurs fils à devenir, l'un avocat, l'autre médecin, le troisième prêtre; puis un ou deux restent à la maison pour s'occuper des travaux champêtres. Je dois dire qu'en général ce sont les derniers qui me semblent accomplir le mieux leur mission; mais, les autres carrières jetant plus d'éclat sur les familles, chacun tient à y voir entrer ses enfants sans considérer le moins du monde combien il serait désirable qu'elles fussent adoptées moins légèrement. Quant aux filles, on cherche à chacune d'elles un époux aux environs.

Ces coutumes sont fidèlement observées dans la famille dont nous partageons la demeure, et qui se compose de quatre garçons dont l'aîné a vingt ans et étudie pour devenir avocat; le second, qui en a quatorze, a déjà revêtu la soutane; il y en a ensuite un de huit ans dont la carrière est encore indéterminée, ainsi que celle de mon petit ami Vincenzino qui n'en a pas cinq; quatre sœurs (dont aucune n'est mariée) complètent le nombre de ceux qui grandissent aujourd'hui sous le toit paternel.

Les deux filles aînées sont les deux personnes de la famille que je connais le mieux et que je vois le plus souvent. Par un hasard qui est loin d'être rare et qui cependant semble singulier dans une localité où j'ai dit qu'il règne une grande piété, ces deux sœurs, l'une âgée de dix-huit ans, l'autre de seize, n'avaient pas encore été confirmées. Elles le furent au commencement de cet été et me demandèrent d'être leur marraine, car, selon une coutume qui n'est pas la nôtre, non seulement cette fonction existe pour la Confirmation, mais on attache dans ce pays plus d'importance au choix de celle qui la remplit qu'à celui de la marraine qui tient un enfant sur les fonts du baptême.

Plus que jamais depuis ce jour elles aiment à s'attacher à mes pas, et je suis très contente de mon côté d'être constamment accompagnée par l'une ou l'autre dans mes promenades. Elles me montrent dans la montagne tous les chemins praticables, en profitant elles-mêmes, avec empresse-

LES PAYSANS DE LA CAVA (Page 312.)

ment, d'une occasion de se promener, car, pour marquer d'une façon sensible la barrière (invisible d'ailleurs) qui les sépare des paysannes, il leur est interdit de quitter, sans être accompagnées, l'enceinte de leur masserie. Je joue donc, vis-à-vis d'elles, le rôle de chaperon dans ces excursions où elles me servent de guides et pendant lesquelles leur conversation m'amuse et m'instruit de toutes les habitudes du lieu, et de quelques-uns des faits qui s'y passent.

12 octobre. — Ayant appris un jour que Donna Fortunata (la mère de toute cette jeune famille) était malade, j'allai la voir; je la trouvai étendue sur deux chaises, fort contrariée et troublée d'un accident qui lui est survenu. Elle s'était blessé le pied et maintenant il en était résulté une plaie qui l'obligeait à demeurer immobile, tandis que le jeune avocat, son fils aîné, et le jeune séminariste, son fils cadet, étaient à la maison en vacances et « qu'elle avait tant de choses à faire! et qu'il était impossible qu'on se passât d'elle, et que personne ne pouvait la remplacer ou l'aider! » Tout en se lamentant ainsi, elle enlevait le bandage qu'on avait placé sur son pied malade afin de me le faire voir, selon une habitude chère aux Napolitaines qui semblent éprouver un grand soulagement à exciter de toutes les manières, lorsqu'elles sont malades, la compassion de leurs amis (1). Donna Fortunata m'en inspira beaucoup, mais toutefois je ne pus m'empêcher de lui représenter qu'elle avait tort de découvrir cette plaie sans nécessité et qu'elle aggraverait ainsi le mal au lieu de le guérir. Elle se mit alors en devoir de replacer le bandage, et, comme elle s'y prenait mal, je l'aidai de mon mieux; cette petite opération terminée, je demandai un peu d'eau pour me laver les mains. Cette demande amena un incident comique qui manifesta plus que jamais l'utilité de la petite allocution que j'avais adressée quelques jours auparavant à Vincenzino.

On trouva vite un bassin et les quatre sœurs se disputèrent le plaisir de le remplir d'eau et de me l'apporter; mais, lorsque je demandai du savon, la chose devint moins simple.

Il n'y avait dans la maison, pour l'usage de toute la famille, qu'un seul morceau de savon, et ce morceau avait disparu....

« Il y a certainement un morceau de savon dans la maison, où est-il? dit D. Fortunata avec autorité. Il faut qu'il se retrouve. Quel est celui de vous qui s'en est servi aujourd'hui? — Ce n'est pas moi, dit l'un.

(1) Ceci est vrai dans toutes les classes, à ce point qu'à Naples, lorsqu'une personne tombe malade, tous ses amis et toutes ses connaissances indistinctement pénètrent jusque dans sa chambre, pour lui témoigner l'intérêt que son état leur inspire. Je fus ainsi souvent bien étonnée de me trouver admise chez des personnes qui étaient dans leur lit et qui peut-être ne m'eussent pas reçue étant bien portantes. Un jour que je m'étonnais devant une dame napolitaine de cet usage bizarre et, selon mes vues, si nuisible aux malades, elle me répondit : « que ce serait pourtant bien triste d'être seule dans sa chambre quand on était malade, qu'il était toujours agréable de voir des gens s'occuper de vous et vous plaindre! » C'est la forme la plus étrange de toutes celles sous lesquelles se retrouve en tout l'extrême *sociabilité* qui caractérise les Napolitains et les rend si aimables. (Note de Mme Craven.)

— Je n'y ai pas touché depuis deux jours, dit l'autre. — S'en est-on servi pour Vincenzino? demanda encore sa mère. — Non, *pas aujourd'hui*. »

Le savon n'avait, en un mot, été employé par aucune des personnes présentes, et sa disparition demeurait inexpliquée, lorsque le jeune séminariste survint et déclara sur-le-champ qu'il était le coupable. Il s'était emparé de cet objet qu'il regardait comme la possession collective de la famille, et il fut ainsi reconnu que c'était lui, et lui seul, qui s'en était servi ce jour-là!...

Cette explication rétablit la paix et le silence, et j'allais me retirer, lorsque la pauvre D. Fortunata, distraite un instant de sa souffrance, recommença à se lamenter plus que jamais, répétant que tout lui eût semblé préférable à cet accident dans un pareil moment.

« Ah! dit-elle enfin, si ce n'était pas mon pied qui était malade, au lieu de me servir de tous ces remèdes qui ne me font aucun bien, je m'en irais en haut de la montagne prier San Vincenzo et je serais guérie. »

Je lui demandai une explication, car j'ignorais quel était le sanctuaire dont elle parlait, et j'ignorais aussi de quelle dévotion particulière le grand thaumaturge dominicain saint Vincent Ferrier (car c'est de lui dont il est ici question) était l'objet dans ce pays (1).

Ma demande eut le salutaire effet de distraire encore, et cette fois complètement, D. Fortunata de sa contrariété et de sa souffrance, et elle amena un récit qui m'intéressa et me toucha si profondément, que je l'écrivis en rentrant pour n'en pas oublier une parole.

Après m'avoir d'abord bien expliqué dans quelle partie de la montagne est située la charmante église où se trouve l'image vénérée de saint Vincent Ferrier, elle me dit :

« Vous saurez, cara Signora, que lorsque Peppino (son fils aîné) avait dix-huit ans, et pendant qu'il passait ici ses vacances comme à l'ordinaire, il tomba malade, très malade, si malade enfin, que le médecin ne savait plus que faire, et il vint me dire un jour « qu'il fallait lui faire quitter Castagneto, parce que l'air d'ici lui faisait mal, qu'il ne voyait plus d'autre remède à employer pour arrêter la fièvre qui ne le quittait pas, la toux et tous les autres mauvais symptômes qui augmentaient tous les jours. » Je lui répondis : « Comment! quitter Castagneto? Mais il ne le peut pas. Je ne peux pas me séparer de lui, malade comme il l'est, et moi, comment pourrais-je m'en aller et quitter les autres? C'est

(1) Saint Vincent Ferrier naquit à Valence en 1357. Son passage à travers ces montagnes y a laissé des traces si profondes, que la tendre dévotion conservée à sa mémoire ne s'y est jamais affaiblie. Cette dévotion se partage, dans toute cette contrée, entre ce grand dominicain espagnol et saint François de Paule (né en Calabre un demi-siècle plus tard), également cher à la piété populaire et dont le souvenir se retrouve partout dans cette partie de l'Italie. (Note de Mme Craven.)

impossible. Le bon Dieu sait que c'est impossible; il vous fera trouver un autre remède. » Mais le médecin répéta qu'il n'en connaissait pas d'autre, et qu'il était certain qu'en restant où il était il ne guérirait jamais, et qu'assurément, si elle s'obstinait à garder son fils dans ces montagnes, elle le perdrait.

« Alors, poursuivit D. Fortunata avec animation, je pris mon parti, et dès le lendemain de grand matin je me mis en route et j'arrivai au bas de la montagne peu après le point du jour; là, sauf votre respect (1) (formule dont elle se sert souvent, et, comme ici, sans l'ombre de nécessité), sauf votre respect, j'ôtai mes bas et mes souliers pour monter pieds nus, et j'arrivai ainsi jusqu'à l'église. J'allumai un cierge, je fis dire une messe, et je me mis à prier Dieu, mais à prier, à prier de manière à me faire entendre. Je disais : « Oh! san Vincenzo mio! je vous en prie, demandez à Dieu de guérir Peppino, je vous en prie!... Il faut absolument que vous m'obteniez cette grâce!... » Et je regardais sa belle image et je répétais : « Je ne me lèverai pas de cette place que vous ne m'ayez exaucée!... »

Après cette fervente prière, elle reprit le chemin de sa demeure. En arrivant chez elle, elle courut auprès du lit de son fils pour savoir comment il se trouvait ce jour-là. « Mieux, dit-il; la fièvre n'est pas revenue aujourd'hui à l'heure ordinaire. » — Signora mia! La fièvre ne revint pas ce jour-là, ni le lendemain, ni plus jamais!... Peppino s'est entièrement guéri sans quitter la montagne et il n'a jamais été malade depuis!... »

Aussi le dernier enfant de D. Fortunata, né deux mois après ce pèlerinage, reçut-il au baptême le nom de Vincenzo, et de plus elle me pria d'observer attentivement le visage de mon petit favori, et elle m'assura que j'y verrais une grande ressemblance avec celui du grand Saint qu'elle avait été invoquer avec tant de confiance, et dont elle m'exhorta à aller moi-même le plus tôt possible vénérer l'image.

Je le lui promis sans peine, en priant Dieu d'y porter un cœur aussi simple, aussi fervent que le sien, et d'y faire une prière aussi digne que la sienne d'être entendue!

Quelques jours après, en effet, je mis ce projet à exécution, et, accompagnée de Teresina, de Serafina, de leur frère aîné qui devait servir la messe et d'un jeune prêtre, leur *fratello cugino* (cousin germain), qui devait la dire, je me dirigeai vers la hauteur où, non loin du village de Dragonea, dans un site admirable qui domine la montagne et la plaine, se trouve située la jolie église de San Vincenzo.

Le temps était ravissant, la route pittoresque et charmante, et la vue

(1) *Parlando con rispetto.* (Note de Mme Craven.)

que l'on découvre en arrivant, si belle qu'on y viendrait par simple curiosité, si de toutes parts dans ce pays enchanteur on n'en découvrait de semblables de quelque côté que l'on tourne ses pas. Mais, dans cette lumière du matin, tout me semblait plus beau qu'à l'ordinaire et comme revêtu d'une parure nouvelle. Après avoir regardé avec extase le spectacle qu'on découvre de la terrasse sur laquelle s'ouvre le portail de l'église, j'entrai et m'agenouillai devant l'image de ce grand serviteur de Dieu auquel il fut accordé de faire tant de miracles pendant sa vie. Pouvais-je penser que sa charité et l'efficacité de son intercession fussent diminuées, aujourd'hui qu'il est couronné dans le ciel, puisque, lorsqu'il était encore combattant sur la terre, Dieu permettait déjà que cette charité fût si grande et cette intercession si puissante?

Les pauvres gens de ces montagnes regardent ce Saint comme un protecteur spécial, et, quant à moi, je crois sans peine et sans aucun étonnement aux grâces miraculeuses qu'ils obtiennent sans cesse par son intercession ; j'aime à en entendre citer les témoignages et à recueillir des faits tels que le suivant, qui sont attestés par cette foi naïve et filiale.

Une pauvre habitante de l'un de ces villages avait l'habitude de porter, à jour donné, une pièce de toile à un marchand qui la lui payait ordinairement un ducat ; elle ne manquait jamais ensuite d'employer une petite partie de cette faible somme à faire brûler la lampe allumée dans l'église de San Vincenzo devant l'image de l'ami qu'elle s'était choisi au ciel.

Un jour où elle arrivait comme de coutume avec son travail, le marchand la renvoya, en lui disant que pour cette fois il n'avait pas besoin de sa toile, ce qui causa à la pauvre femme une consternation d'autant plus grande que le ducat qu'elle comptait recevoir lui était indispensable ce jour-là pour payer une dette pressante. Son chagrin ne l'empêcha pas de monter comme de coutume au sanctuaire de San Vincenzo, et là, à genoux au pied de son image et s'adressant à lui comme s'il eût été devant elle sur terre, elle lui dit :

« Mon bon San Vincenzo, vous voyez que ce n'est pas ma faute si je ne viens pas vous porter aujourd'hui mon offrande. Mais maintenant qu'est-ce que je vais faire?... Vous savez bien que je ne puis pas payer les dix carlins (1) que je dois ; je vous prie, je vous supplie de m'aider, car sans cela je suis perdue. »

Après cette prière elle s'en revint un peu consolée, fort triste encore cependant ; et apercevant de loin, au retour, son créancier debout devant la porte de sa boutique, elle s'arrêta pour prendre un détour afin d'éviter ce jour-là de le rencontrer, mais le marchand l'aperçut de loin et il

(1) Dix carlins font un ducat. (Note de Mme Craven.

l'appela. Elle approcha en tremblant, et quelle fut sa surprise, lorsqu'il lui dit : « J'ai quelque chose pour vous ici. Tenez, voici les deux ducats qui vous sont dus, j'en garde un que vous me devez, et voici l'autre. »

Elle le regarda stupéfaite et lui demanda ce qu'il voulait dire ; mais lorsqu'il lui eut expliqué qu'une heure auparavant, « *un bel galant'uomo* lui avait remis deux ducats pour elle, » comme elle savait que cette somme ne lui était due par personne, elle s'écria avec une joie beaucoup plus grande que sa surprise que c'était *San Vincenzo lui-même qui était venu la secourir!* Elle retourna alors en courant au lieu où se trouve sa chère image, afin d'y faire une de ces prières et une de ces aumônes qui obtiennent les grâces promises à ceux qui savent demander, et à ceux qui savent donner!

Ceci est un des récits qui, entre mille autres du même genre, sont ici dans toutes les bouches.

Foi fervente! foi vivante, foi poétique et consolante, qui, plus encore que son riant soleil, répand une chaude lumière sur ce pays enchanté, puisse Dieu vous la conserver toujours, et périssent tous les *faux* progrès qui pourraient vous la ravir!

Cette image de saint Vincent Ferrier, si belle aux yeux des pauvres habitants de ces montagnes, ne sembla pas telle aux miens, moins simples et plus difficiles à satisfaire. C'est une statue en bois, peinte et coloriée sans aucun art, et qui, pas plus que la châsse où elle se trouve, n'est dans un genre qui soit le moins du monde conforme à mon goût. Toutefois, me souvenant de tant de prières apportées en ce lieu et de tant de grâces implorées et obtenues, je n'ai pas eu de peine à prier moi-même avec ferveur ce grand serviteur de Dieu dont l'imparfaite image maintient dans ces contrées le souvenir si vivant et si cher.

Cette impression mélangée de critique et d'édification m'a fait faire une réflexion qui ne m'était pas nouvelle, mais que j'ai besoin de rappeler chaque fois que mon goût est ainsi contristé par la vue d'une statue ou d'une image sainte. Sans doute la perfection artistique serait fort désirable dans ces représentations destinées au but sublime de stimuler la piété des chrétiens. Mais, de fait, l'important c'est que ce but soit atteint; or, je ne puis douter que, pour le plus grand nombre, il ne le soit ici autant et plus qu'ailleurs, malgré l'imperfection qui me frappe. Il faut bien ensuite se dire que, relativement à l'idéal que l'on poursuit en retraçant les traits glorifiés de la Vierge et des saints, il n'y a, après tout, qu'une différence de degré tout à fait *imperceptible* entre la statue grossièrement sculptée devant laquelle s'agenouille un pauvre paysan de ces montagnes, et la Vierge de Francia ou de Raphaël qui, à mes yeux, est une merveille de l'art. Nous n'avons pas la prétention, je l'imagine, de supposer que cette dernière image soit effectivement ressemblante, ni surtout que cette soi-disant ressemblance ait un rapport quelconque avec la compassion céleste de ceux auxquels nous adressons nos prières. Le seul point important est donc que l'image réveille la ferveur et fixe l'attention. Si cet effet est produit, tout est dit; et si je ne prie pas mieux devant un chef-d'œuvre que ceux que je vois prier devant une laide image, leur image vaut mieux que mon chef-d'œuvre.

Je ne veux cependant pas dire assurément qu'il ne serait pas satisfaisant de voir revenir, avec un peu plus de civilisation réelle (c'est-à-dire avant tout *chrétienne*), un certain goût dans l'art religieux dont on s'écarte souvent par trop dans cette partie de l'Italie. Oui, je l'avoue, j'aimerais à voir le jour où ce peuple, naturellement doué pour voir et comprendre le *beau,* serait un peu instruit à en faire le discernement. Les yeux si ravis en Italie par l'aspect de la nature et par celui de tout ce que le génie de l'homme y a répandu avec tant de profusion, ne seraient plus contristés alors par des disparates qui frappent et blessent plus que partout dans cette belle patrie de l'art sous toutes ses formes. J'en dis autant de la musique religieuse dont l'office est le même que celui des images saintes et qui, lorsqu'elle s'écarte trop des lois que doivent observer les arts au service de la religion, est encore plus infidèle à sa mission que les autres.

Tout cela dit, il faut bien se garder cependant d'attacher trop d'importance à la forme d'une statue ou d'une image religieuse, car ce serait, en quelque sorte, nous éloigner de la pensée catholique et nous rapprocher de la pensée païenne pour laquelle la beauté de la statue était celle du Dieu lui-même. Pour nous, au contraire, l'image n'est *rien* et le culte que nous lui rendons s'adresse *tout entier* à la créature sainte et immatérielle dont la représentation matérielle, quelle qu'elle soit, est sous nos yeux. On pourrait même dire en vérité que l'indifférence de la plupart des catholiques à cet égard et la laideur de quelques-unes des images les plus vénérées attestent avec évidence que ce n'est pas à ce que regardent leurs yeux, mais à ce que voient leurs âmes, que s'adressent leurs hommages et leurs vœux, et c'est là ce qui est absolument vrai au temps présent comme au temps passé, aujourd'hui comme toujours.

Le 20 octobre. — Ce qui me plaît dans ces montagnes et dans tous ces charmants villages, c'est une sensation de solitude que l'on n'éprouve jamais à Castellamare, à Sorrento, et encore moins à Pausilippe où, malgré la splendeur incomparable de la vue, on se sent encore dans la ville de Naples. A coup sûr, tout cela est enchanteur, mais les yeux de tous les touristes de l'univers s'y sont reposés, les plumes de tous les écrivains bons ou mauvais se sont exercées à les décrire, et les artistes et les amateurs du monde entier à les retracer. On a presque peine à y ressentir une impression originale, tant se presse dans la mémoire, à l'aspect de ces lieux trop célèbres et trop célébrés, les vers qu'on a lus ou les tableaux qu'on a regardés; non cependant que je veuille nier l'espèce de plaisir que l'on éprouve *aussi* à voir pour la première fois les endroits familiers à l'imagination, et la satisfaction qu'il y a à contempler enfin la *réalité* après le *rêve* (j'estime même cette jouissance comme l'ombre de celles qui nous attendent en paradis). Mais il n'en est pas moins vrai qu'il y a quelque chose d'agréable à être surpris par une vive admiration dans des localités dont jamais on n'avait entendu prononcer le nom et que l'on découvre dans le cours de ses promenades journalières : San-Cesario, Pietra-Santa, Dragonea, Benincasa, Raiti. Autant de lieux charmants que le plus grand nombre des voyageurs ne se donnent jamais la peine de visiter, parce que la Cava ne figure dans leur programme que comme l'un des endroits qu'il faut traverser pour se rendre à Amalfi ou à Pæstum.

Lorsque l'on séjourne dans ces montagnes, on ne peut se lasser d'explorer tous ces lieux où la nature est si belle et où partout les hommes ont laissé la trace de leur croyance en Dieu. La pauvreté sans doute règne dans ces villages, mais la laideur et la tristesse n'y existent pas. Les *loggie* qui décorent jusqu'aux plus humbles de ces demeures, la vigne grimpante qui les embellit, la physionomie gracieuse de ceux qui les habitent, la beauté des enfants qui les peuplent, le brillant soleil qui les éclaire, tout cela réjouit le cœur et les yeux, et la misère elle-même n'y est pas désolante, parce qu'elle est facile à soulager, et que la moindre aumône illumine des plus joyeux sourires les visages expressifs de ceux qui la reçoivent et fait jaillir de leurs lèvres un flot de remercîments et de bénédictions.

Mais il n'est pas de village, quelque petit qu'il soit, qui ne possède une église ordinairement située à l'endroit d'où la vue est la plus belle, et le plus souvent riche intérieurement de marbres et même de tableaux. Plusieurs d'entre elles sont des sanctuaires et contiennent des autels auxquels la piété du peuple vient de loin apporter des offrandes et des prières. Nous venons de parler de celle de San Vincenzo à Dragonea, consacrée à la mémoire de saint Vincent Ferrier. Plus loin, et au revers de la montagne, du côté où l'on descend vers la mer dans la direction de Vietri, on arrive au couvent et à la charmante petite église de Benincasa, où se vénère non moins pieusement le grand saint calabrais, François de Paule (1), qui évangélisa ces montagnes et reçut l'hospitalité dans ce couvent; il y laissa même, dit-on, une empreinte miraculeuse de son visage sur le linge que les moines lui apportèrent pour essuyer son front lorsque, épuisé de faim et de fatigue, il vint frapper à leur porte.

Cette légende est-elle authentique? Les autres reliques que l'on conserve avec un tendre respect dans plusieurs de ces sanctuaires le sont-

BARBEY D'AUREVILLY (Page 268.)

elles davantage?... Je ne puis l'affirmer, ce sont des points sur lesquels assurément le doute est permis. Mais, je l'ai déjà dit, cette question de *fait* n'a pour moi aucune importance, et ce n'est pas à des érudits et à des antiquaires que je m'adresserais pour la résoudre. Ce que je sais, et ce qui m'importe uniquement, c'est que la vénération qu'inspirent les reliques est la suite de l'amour toujours vivant que les catholiques éprouvent pour les saints; amour qui leur rend cher tout ce que ces amis

(1) Né en Calabre en 1416, mort en 1507. (Note de Mme Craven.)

de Dieu ont touché, et vénérable la moindre parcelle des corps qui ont servi d'enveloppe à leurs âmes bienheureuses. Ce sentiment de vénération et de tendresse s'accroît naturellement en proportion de la sainteté de ceux qui l'inspirent, et atteint son comble pour tout ce qui peut avoir touché l'humanité divine du Christ ou l'humanité sans tache de la Vierge sainte.

Pénétrée comme je le suis de la justesse et de la raison profonde de cette piété, je puis pourtant, en présence de ces objets sanctifiés, me demander si ce qu'on me désigne est réellement ce que j'entends vénérer? ou bien si on se trompe? Vérité, erreur ou supercherie, les trois choses sont possibles; toutefois, selon ma conviction et malgré ce que les sceptiques superficiels et incrédules peuvent en penser, ce dernier cas est rare, et il est d'ailleurs sévèrement puni par l'Église.

C'est donc seulement entre la vérité et une erreur involontaire qu'il pourrait régner dans mon esprit une incertitude matérielle et raisonnable; mais, au bout du compte, je suis ou je crois être en présence d'un objet qui, à mes yeux, est vénérable et cher parce qu'il a appartenu à un être que je crois au ciel vivant et sanctifié. Voilà le fait, et, dans ce cas, voilà l'important; le reste l'est moins; je vais expliquer pourquoi : nous croyons (c'est notre foi catholique) qu'il y a des miracles véritables, aussi bien que des reliques authentiques. Or, je ne crois pas, quant à moi, que nous soyons fort coupables aux yeux de Dieu, lors même que, trop pressés de lui rendre gloire, nous attribuons parfois à un acte exceptionnel de sa puissance des faits dont la cause peut être naturelle; et encore moins lorsque, prompts à suivre l'antique exemple des chrétiens et à révérer comme eux les reliques des saints, il nous arrive quelquefois de nous tromper sur l'identité de celles que nous croyons posséder. Ce que *Dieu sait que nous vénérons*, c'est l'objet que nous croyons avoir sous les yeux, c'est cet objet, *en quelque lieu qu'il se trouve*, que nous voulons honorer. C'est par exemple, assurément, le vêtement porté sur terre par le Sauveur, que tant de pieux pèlerins vont vénérer à Trèves et baiser avec tendresse, comme ils l'auraient fait, prosternés dans la poussière, s'ils s'étaient trouvés sur ses pas en ce monde. Nous croyons, en ce cas particulier, la tradition autorisée; mais, fût-elle douteuse, l'intention de ces pèlerins ne l'est pas, et la signification de cet acte de respect demeure la même. Pour me servir d'une comparaison familière : si nous voyions ici-bas quelqu'un porter à ses lèvres une fleur, un ruban que nous aurions porté, ou un objet quelconque qu'il croirait nous appartenir, lors même qu'en cela il se tromperait, sachant ce qu'il suppose, n'en serions-nous pas également touchés? N'en conclurions-nous pas *qu'il nous aime* tout autant que si ces objets nous avaient effectivement appartenu? Ne se pourrait-il pas même que cette promptitude de témoignage nous semblât dénoter plus d'amour que ne l'eût fait un long examen préalable?

Quoi qu'il en soit de ces réflexions, comment nier le charme et la vie que ces croyances répandent sur toute la nature? Comment ne pas comprendre qu'elles rapprochent le ciel de la terre, et comment aussi ne pas voir combien elles égalisent les conditions? car ces amis célestes et puissants semblent être plus encore ceux des pauvres que des riches, puisque tous ont pratiqué et glorifié la pauvreté, et que leurs maximes et leurs exemples sont ceux du Sauveur lui-même, suivis par eûx de plus près que par d'autres. Dans ces pauvres populations, j'atteste que tout cela est compris. Aussi, loin d'éprouver cette envie qui trop souvent dévore ailleurs les classes déshéritées des biens de ce monde et les arme contre ceux qui les possèdent, on pourrait dire que, dans ces esprits simples et pourtant intelligents et lucides, cette échelle sociale est retournée, et que ce sont *eux* qui se trouvent dignes d'être enviés par ceux dont le partage est ici-bas plus brillant que le leur.

Une des plus pauvres femmes de ce village, après avoir regardé un jour ma maison et mon jardin et s'être écriée plusieurs fois que « cela était bien beau, » ajouta sur-le-champ, avec un sourire qui ne ressemblait guère au rire amer de la pauvreté incrédule et désespérée : « Mais pourtant Notre-Seigneur n'a pas voulu être riche et demeurer dans une belle maison comme celle-ci ; il a voulu être pauvre et demeurer dans des maisons comme les nôtres. »

Cette réflexion semblait donner à ses yeux un tel avantage à sa situation sur la mienne, que j'en fus profondément pénétrée moi-même, et que je sentis beaucoup mieux en ce moment que ne me l'avait jamais fait comprendre l'éloquence de Bossuet quelle était *l'éminente dignité des pauvres dans l'Église.*

Il ne faudrait pas imaginer, d'après ce qui précède, que je ne désire pas le progrès matériel et politique de ce ravissant pays, et que je n'envie point pour lui quelques-uns des avantages que possèdent aujourd'hui la France et l'Angleterre.... Mais, lorsque ma pensée change de direction, et qu'au lieu de considérer l'Angleterre par exemple dans son bel ensemble de liberté, de respect, d'ordre public et d'indépendance individuelle, ou bien la France dans sa prospérité matérielle, je me représente le monde immense des malheureux qui, dans ces deux pays, souffrent les tortures de la misère, dans les ténèbres de l'impiété, alors tout change d'aspect, et je ne vois plus autour de moi que la lumière qui rayonne ici dans tous les cœurs, et qui parfois élève les pensées de ces paysans à une hauteur que pourrait envier le génie des poètes, tout comme la lueur dorée de leur beau soleil jette sur leurs haillons des reflets dignes du regard et de l'admiration des peintres !

La misère revêt en Angleterre un aspect repoussant. Elle abrutit en particulier les femmes à un degré absolument inconnu en Italie, car on y constate avec dégoût qu'il s'en trouve parmi elles un grand nombre qui n'ont d'autre plaisir ni d'autre consolation que l'ivresse. Mais, hélas! par le fait, je le demande, où ces malheureuses créatures qui dans les pays protestants ne peuvent plus voir dans les églises la magnificence des fêtes chrétiennes, où, je le demande, peuvent-elles apercevoir quelque chose qui brille à leurs yeux (à leurs pauvres yeux, non moins que les nôtres, avides d'une certaine joie naturelle?) où, si ce n'est à ces *Gins Palaces* dans lesquels se débitent, au milieu de l'éclat des lumières, le poison de leur âme et celui de leur corps !...

En France, au moins, malgré tant de destructions, il reste encore aux pauvres, quelle que soit leur misère, des temples où ils peuvent revoir des autels éclairés, des fleurs, de riantes images, des autels splendides, où ils peuvent respirer l'odeur de l'encens, entendre une musique qui réjouit leurs oreilles, et écouter des paroles qui consolent beaucoup plus encore leurs cœurs, et les aident à supporter ensuite avec plus de courage le lourd fardeau de leur vie. Mais, hélas! que d'efforts pour les arracher à ces doux et bienfaisants refuges, et pour leur faire chercher ailleurs des distractions funestes ou des spectacles dangereux! Quel vide! Quelle fausseté! Quelle insulte, j'ose le dire, à la misère et au malheur, que ces fêtes, dont on leur fait entrevoir l'éclat de loin, ces sortes de palais de fées, artificieusement présentés à leurs regards, où leur pauvreté les empêche de pénétrer, et dont trop souvent les pires moyens peuvent seuls leur ouvrir la porte ! Qu'y a-t-il de surprenant à ce que cette porte soit ainsi franchie, à tout prix, par ceux auxquels, d'autre part, on répète sans cesse qu'il n'y a aucune joie à espérer, hormis celles de ce monde? L'ivresse qui naît de tout cet ensemble, moins ignoble peut-être que celle du gin, n'en est pas moins mortelle pour l'âme et pour la vie de ceux qui s'y livrent, et elle est plus dangereuse que l'autre pour les imprudents qui la leur préparent; car n'est-ce pas cette soif de jouissances follement excitée qui soulève de temps en temps, contre la société tout entière, des tempêtes dont sont victimes ceux qui les provoquent, non moins que ceux qui auraient voulu les prévenir ?

Oh! si les premiers étaient, du moins, assez égoïstes et assez clairvoyants pour laisser les autres les préserver de ces désastres plus redoutables assurément pour eux, qui attendent tout du temps, que pour ceux qui ont leur regard fixé sur l'éternel avenir! Mais l'esprit, sans Dieu, s'amoindrit plus encore que l'âme. Il peut rester à l'impie quelques vertus, il ne lui reste plus de raison !

Malheureusement, en France, nos églises, diminuées en nombre et en splendeur, et se relevant avec peine de tant de ruines au milieu de tant de menaces, n'offrent plus au peuple d'aussi beaux spectacles qu'autrefois. Ceux qui multiplient les cafés illuminés y mettent bon ordre, en mesurant parcimonieusement les ressources accordées au culte, et en interdisant partout les processions qui, en même temps qu'une dévotion, sont par excellence un plaisir populaire. Tout ceci me ramène aux pauvres habitants de ces contrées, où la seule vue du ciel bleu donne à leur vie une joie inconnue aux peuples du Nord, et où leurs églises, même loin des villes, sont si riches de marbres et de peintures qu'elles leur permettraient de voir sans surprise les plus beaux palais du monde. Quant à leurs fêtes religieuses, malgré ce qui peut parfois déplaire à notre goût, plus difficile que le leur, il n'en est pas moins certain qu'à leurs yeux elles sont splendides, et qu'il n'est pas dans ces montagnes un seul habitant, même parmi les plus pauvres, qui ne contribue à leur éclat par une petite aumône, apportée volontairement et joyeusement pendant tout le cours de l'année. Ces fêtes (même celles qui tombent à une autre époque) sont toujours célébrées en été, afin que ceux qui y assistent soient absolument *assurés* qu'elles seront éclairées par un soleil sans nuages, que les habits réservés pour ce jour seront revêtus sans danger, et qu'aucun nuage ne troublera, le soir, le feu d'artifice qui doit terminer la journée.

En effet, après avoir assisté aux différents offices du jour dans l'église, après avoir prié de tout leur cœur et chanté de toute leur voix le *Tantum ergo,* pendant la bénédiction accompagnée ce jour-là de bruyantes détonations ; lorsque, dis-je, on ouvre les grandes portes et que la foule se répand au dehors sous le ciel étoilé, on voit alors chacun chercher la meilleure place pour regarder les *Focchetti* qui vont suivre. Les familles se réunissent ; jeunes et vieux, tout le monde est là. Personne ne songe ni à la danse ni au cabaret. Bientôt l'azur sombre de cette belle nuit s'éclaire, et alors, à chaque fusée qui s'élève, on entend des cris de joie et des applaudissements.... Cette gaieté publique, qui n'entraîne aucun désordre, donne la sensation d'une récréation véritable, exempte de tout mal et de toute fatigue, et on se sent heureux d'en voir jouir en paix ce peuple pauvre, intelligent, laborieux et chrétien.

Je ne puis dire combien ces feux d'artifices (pour lesquels les Italiens ont tous, on le sait, de l'habileté et du goût), qui procurent à toutes ces populations un plaisir si innocent et si vif, m'ont toujours semblé supérieurs en fait d'amusement à tous ces divertissements plus ou moins dangereux ou grossiers, qui sont ailleurs partout, dans les villes ou dans les villages, l'ingrédient indispensable des fêtes populaires.

Assise sur ma terrasse pendant ces belles nuits d'été, que de fois j'ai vu s'illuminer tour à tour tous ces petits villages cachés dans la montagne, et les fusées s'élever, et le bruit lointain des détonations se faire entendre! La même fête, souvent, se célébrait dans deux ou trois localités différentes; alors les feux répondaient aux feux, les fusées aux fusées, et toutes ces lumières me réjouissaient à voir, car elles signifiaient qu'une fête joyeuse et *saine* terminait gaiement pour tous, depuis les riches jusqu'aux plus pauvres, une journée qui avait été remplie par la pensée de Dieu et par le souvenir des Saints.

Les jours passés dans cette retraite ne s'effaceront jamais de ma mémoire. Ils y demeurent, avec les joies et les peines qui les ont remplis, colorés par cette lumière enchanteresse qui répand sur tout, en Italie, son charme incomparable. Mais, en transcrivant aujourd'hui les pages qui retracent ces souvenirs déjà si lointains, en me souvenant de tout ce que je redoutais et désirais alors et de tout ce qui s'est accompli depuis, plus que jamais je renouvelle ici ce vœu, formé naguère, en même temps que celui de voir se développer la prospérité matérielle de ce beau pays. Oh! puisse-t-il ne jamais rien acquérir aux dépens de ce qu'il possède de plus précieux! Puisse ce *Progrès*, quel qu'il soit, et de quelque façon qu'il s'accomplisse, être plus impuissant encore à obscurcir dans les âmes le soleil divin de la foi, qu'il ne le serait à altérer l'éclatante lumière du ciel et l'immuable beauté de la nature!

TABLE DES MATIÈRES

www.ingramcontent.com/pod-product-compliance
Ingram Content Group UK Ltd.
Pitfield, Milton Keynes, MK11 3LW, UK
UKHW020309230726
13925UKWH00001B/312